中国国际问题研究基金会

国际问题研究报告

STUDIES ON INTERNATIONAL ISSUES

(2011—2012)

张德广/主　编
刘古昌　安惠侯/副主编
黄舍骄/执行副主编

世界知识出版社

图书在版编目（CIP）数据

国际问题研究报告：2011—2012 / 张德广主编. —北京：世界知识出版社，2012.3
（中国国际问题研究基金会丛书）
ISBN 978 – 7 – 5012 – 4238 – 2

Ⅰ.①国… Ⅱ.①张… Ⅲ.①国际问题 – 研究报告 – 2011—2012
Ⅳ.①D815

中国版本图书馆 CIP 数据核字（2012）第 030235 号

责任编辑	贾如梅
责任出版	林 琦
责任校对	马莉娜
封面设计	小 月

书　名	国际问题研究报告（2011—2012） Guoji Wenti Yanjiu Baogao（2011—2012）
作　者	张德广／主　编 刘古昌　安惠侯／副主编 黄舍骄／执行副主编
出版发行	世界知识出版社
地址邮编	北京市东城区干面胡同 51 号　（100010）
排版印刷	科鑫苑图文设计制作中心排版　北京楠萍印刷有限公司印刷
经　销	新华书店
开本印张	787×1092　1/16　31 印张
字　数	362 千字
版次印次	2012 年 3 月第一版　2012 年 3 月第一次印刷
标准书号	ISBN 978 – 7 – 5012 – 4238 – 2
定　价	42.80 元

版权所有　翻印必究

主　编：张德广

副主编：刘古昌　安惠侯

执行副主编：黄舍骄

编委会（按姓氏笔划为序）：

于振起　王海运　刘古昌　刘宝莱　朱祖寿
齐建国　安惠侯　陈永龙　陈　涛　谷源洋
吴长胜　张德广　姚匡乙　黄舍骄

序　言

　　2011年国际形势错综复杂、乱象丛生。一是西方国家经济疲软、债台高筑，引发社会和政治危机。这种状况以及它们为转嫁困难而采取的举措拖累世界经济复苏，给发展中国家制造麻烦，给世界局势带来诸多不确定因素。西方的困境既与政策失误有关，也有制度弊端的原因，短时期内难以缓解。二是西亚北非局势持续动荡，孕育着重大变革。阿拉伯世界进入大动荡、大调整、大变革、寻求适合自己的发展道路，进而实现民族复兴的新的历史时期。动荡第一波已催生地区政治生态和战略格局的明显变化：政治多元化，伊斯兰势力崛起，阿拉伯民族主义情绪高涨。这不仅使得以色列更加孤立，更对美国在中东地区的主导地位形成冲击。三是美国高调将其全球战略重心向亚太转移。这是在其综合国力下滑、亚洲崛起、中国迅速发展的背景下，为维护其亚洲和全球霸权目标而作出的战略调整，形攻实守。美亚太战略是要进一步控制其亚太盟友，挑拨亚太国家与中国的关系，既要捞取经济实惠，缓解其国内经济困难，又要阻遏中国的崛起，对华继续实行"接触加防范"的政策。美国"重返"亚洲会给我国制造一些麻烦，但美国不可能放弃欧洲和中东，其战略东移会受到种种牵制；亚太国家从自身利益出发对美战略重心东移既会加以利用，又要予以防范；美国也无力取代中国对地区国家的经济影响，更无力与中国全面对抗。美亚太战略不会顺利实施，目标难以实现。四是俄罗斯复兴势头增强，其作用不可小视。

透过纷乱复杂的变化，可以看到世界格局的几大发展趋势都在加速。一是美国对国际事务的主导能力削弱，世界多极化更加明显；二是新兴力量继续上升，西强东弱的基本格局虽未改变，但国际力量对比东升西降的速度在加快；三是亚洲正在成为世界政治、经济中心，各种力量都在进军亚洲；四是发展模式多元化的理念得到日益增多的国际认同，西方发展模式广遭质疑，中国经验备受关注。

我国外部挑战增多，机遇也增多，这也是我国发展走强、影响扩大、作用提升的反映。中国面临的外部环境总体有利的基本格局没有改变。面对国际风云变幻，我坚持和平发展不动摇是必由必胜之路。

如何从纷乱复杂的国际形势中理出脉络，解开真相，并把握今后的走向，是关心国际事务和中国外交的公众普遍的愿望。中国国际问题研究基金会出版这本《国际问题研究报告》，对2011年世界重大事件一一进行深入的分析和解读，努力满足公众的这一需求。

中国国际问题研究基金会的研究员团队对国际重大问题进行综合性、前瞻性和战略性研究，并为我国外交决策机构建言献策，发挥外交智囊团的作用。这本《国际问题研究报告》正是他们辛勤研究的成果。我基金会曾于2011年内部出版年度《国际问题研究报告》，受到读者的好评，现正式公开发行2011—2012年《国际问题研究报告》，以飨广大读者。今后我们将每年定期发行年度国际形势研究报告，为关心国际事务和中国外交的国内外公众，提供一本有价值的国际问题参考书。

我们热诚欢迎读者对本报告的内容、行文及形式提出批评和建议，以便不断改进工作。

中国国际问题研究基金会

理事长　张德广

目 录

第一章 总论 乱象丛生彰显世界大势

2011年国际形势总结报告 ………… 中国国际问题研究基金会 3
国际形势发展的特点和趋势 ……………………… 杨洁勉 9
大动荡加速秩序重建 ……………………………… 钱文荣 25
美欧经济困难 亚太地区变动 西亚北非乱局 …… 杨成绪 39
世界经济在多重冲击下艰难爬行 ………………… 谷源洋 49
世界军事安全形势 ………………………………… 孟祥青 67
中国外交面临的机遇和挑战 ……………………… 尹承德 81

第二章 西方陷入多重困境 影响复杂深远

西方困境和世界格局的变化 ……………………… 吴正龙 97
美国经济缓慢复苏 ………………………………… 周世俭 109
美国亚太政策调整对中美关系的影响 …………… 陈永龙 118
"占领华尔街"运动的本质和影响 ………………… 陈永龙 125
欧洲对外政策 ……………………………………… 关呈远 131
欧债危机及欧盟一体化发展前景 ………………… 蔡方柏 146
欧洲形势及中欧关系 ……………………………… 丁原洪 155

第三章　亚洲成为世界中心的地位基本确立

亚太地区形势	张铁根	165
中国海洋战略态势	张　纬　温金荣	179
核危机与朝鲜半岛局势	张庭延	188
变争议之海为和平、友好、合作之海	凌德权	195
中国—东盟自由贸易区发展状况	许宁宁	208
中日关系现状	王泰平	219
美国从阿富汗撤军对地区形势的影响	郑瑞祥	230

第四章　俄罗斯复兴势头仍强

俄罗斯的经济、社会与民生	徐向梅	241
俄罗斯与西方关系在困难中运行	万成才	248
独联体国家经济形势	刘华芹	258
二十年后再看苏联演变	俞　邃	271

第五章　西亚北非持续动荡　孕育重大变革

阿拉伯国家社会和政治动荡	安惠侯	289
美国的中东战略及政策调整	刘宝莱	299
巴勒斯坦问题的现状和前景	李国富	311

阿拉伯四国政局走向 …………………………… 顾正龙 320
土耳其在中东地区的作用和影响 ……………… 姚匡乙 333
伊朗核问题及伊朗在中东地区的地位和作用 … 刘振堂 343
南苏丹独立后面临的挑战 ……………………… 黄舍骄 356

第六章　相对平稳发展的非洲和拉美地区

黑非洲形势：平稳发展　严峻挑战
　　………………… 程 涛　许孟水　黄舍骄　贺红燕 369
西亚北非局势对黑非洲的影响
　　………………… 中国国际问题研究基金会非洲研究中心 402
平稳兴起的拉丁美洲 …………………………… 吴长胜 408
崛起的三个拉美新兴大国 ……………………… 沈 安 419
古巴稳步推进改革 ……………………………… 孙光英 429
查韦斯病情和委内瑞拉政局 …………………… 王 鹏 442

第七章　世界性难题增多

国际能源安全形势回顾与思考 ………………… 王海运 453
国际恐怖主义及反恐斗争新动向 ……………… 李青燕 462
携手共建全球生态安全
　　………………… 中国国际问题研究基金会生态安全研究中心 474

第一章

总论 乱象丛生彰显世界大势

2011年国际形势总结报告

中国国际问题研究基金会

2011年国际形势错综复杂，令人眼花缭乱。中国国际问题研究基金会的大使、专家、学者、研究员们举行多次研讨会，认为从六个看点切入即可看出一年来国际形势的主要特点。

一、乱象丛生彰显世界大势

日本遭受复合灾害，欧洲深陷债务危机，美国严重经济困难，西亚北非剧烈动荡，亚太角力风起云涌，世界经济增速下滑，安全形势更加复杂。乱是表象，表象里面有规律。透过乱象可以看到几个世界趋势在加速发展。一是美国的主导能力削弱，就连欧洲盟友也难摆平，各种国家、各种地区和国际组织在不同问题上作用上升，世界多极化更加明显。二是与西方颓势相映照，新兴力量继续上升。中、俄、印、巴GDP均已进入世界排名前11位。据IMF测算，发达国家对世界经济增长的贡献率从1990年的88.6%下降到2010年的30%，金砖国家同期则从-0.6%上升到60%多，国际力量对比东升西降的速度加快。三是亚洲是新兴大国最为集中的地区，人口占世界人口的61%，2010年GDP已超过欧洲和北美（亚洲196606.80亿美元，欧洲190416.99亿美元，北美174924.90亿美元），跃居各大洲之首。各种力量都在进军亚洲，亚洲成为世界中心的地位基本确立。四是发展模式多样性的理念获得越来越多的国际认同。西方发展模式广遭质疑，普世推广更难为继，中国的成功经验备受关注，多数国家都在转变发展方式，探索适合自己的发展道路。

二、西方陷入多重困境，影响复杂深远

美国高失业、高赤字、高通胀与低增长结构性矛盾突出，债务沉重，首失"3A"级主权信用评级，民主、共和两党围绕债限问题展开恶斗，引发对美两党政治的信任危机，民众不满情绪爆发，"占领华尔街"运动遍及各地。欧洲债务危机由点到面，不断深化蔓延，欧盟及各国政府救助不力而失信于民，一年内已有六国政府倒台。极端势力、民粹主义、仇外排外势力开始泛滥。社会风潮迭起，抗议活动此起彼伏。日本债务占GDP比重已逾200%，政局动荡不已，政权更迭频繁。西方目前的困境是长期被表面繁荣掩盖的经济虚拟化、产业空心化、政府借债度日、国民超前消费、社会两极分化、资本贪婪逐利、党派恶斗、选举至上、民主异化等痼疾经过量化积累的公开爆发，从根本上讲，西方的政治制度和发展模式走到了一个需要与时俱进、改革创新的节点上。

但是，西方的困境并不意味着资本主义制度已到尽头，也未改变西强东弱的基本格局，对此必须清醒判断。与此同时，对其产生的复杂影响值得高度关注。一是美、欧、日普遍实行

紧缩政策，影响自身增长，减少国际需求，拖累世界经济；二是美欧通过量化宽松、贸易投资保护等手段向发展中国家转嫁危机，加剧国际矛盾与斗争；三是一些西方国家困境中不甘示弱，采取特别手段转移矛盾，展示能力，发动对利比亚战争，并试图将此作为新干涉主义模式加以推广，就是例证；四是西方国家为摆脱困境而进行内外战略与政策调整和采取纠错修复措施，将给世界带来诸多不确定因素。

三、西亚北非动荡难息，地区孕育重大变革

阿拉伯国家动荡，内部多种矛盾激化是主因，国际金融、经济危机以及美国中东政策起了催化作用，动荡发生后，美欧大国插手干预又使事态扩大和激化。已经政权更迭的国家还可能发生新的动荡，未发生政权更迭的国家前途未卜。动荡不仅在阿拉伯地区扩散，且在外力的推波助澜之下有向南亚、中亚外溢的可能。动荡拉开了阿拉伯世界政治、社会大变革的序幕，阿拉伯世界进入大动荡、大调整、大变革、寻求适合自己发展道路、实现民族复兴的新时期。这将是一个漫长曲折的历史时期，会有很多变故反复，局势在相当长时期内难以稳定。

地区的政治生态和战略格局正在发生改变。伊斯兰势力明显上升，阿拉伯民族主义情绪发展。崛起的伊斯兰势力即使是温和派，也不可能像被推翻的政府那样配合美国，阿拉伯民族主义矛头首先指向以色列，并冲击美国的中东政策。美在中东的主导地位势将削弱。以色列的处境更加孤立。伊朗影响上升，西方竭力打压，由此引发的事态将对地区乃至世界带来重要影响。

四、美国战略重心东移来势汹汹，其实难至

美高调宣示将战略重心移向亚太（实为亚洲），这是美为推行其亚洲和全球霸权目标作出的战略调整，核心是阻遏和防范中国崛起。美在我周边挑起事端，制造东北亚紧张，插手南海，挑拨东盟国家与中国关系，对台售武，破坏两岸和平发展，强化地区盟国军事合作机制，推动美国主导的跨太平洋战略经济伙伴协定（TPP）。美所作所为加剧了亚洲格局之争，搅乱了地区稳定秩序。

美战略重心东移是在其综合国力和主导能力下滑的背景下对亚洲崛起作出的被动式反应，其称霸亚太的战略不会顺利实施，目标难以实现。一是美国内问题缠身，无力大量投入，其出口倍增计划显示其对亚太国家主要是取而不是予；二是从阿富汗、伊拉克完全脱身不易，欧债危机、中东乱局、俄罗斯振兴都将对其形成牵制；三是中国对地区国家的经济影响美国无法取代，东盟国家担心其主导地位被美取代；四是美将中国视为主要战略对手的同时也视中国为主要合作伙伴，美中利益交融，深度相互依存，美国不能与中国全面对抗。美国"重返"亚洲如以遏制中国为目的，结果则必然害人又害己，只有相互尊重，互利共赢，合作共处才是正确抉择。

五、俄罗斯复兴势头增强，其作用不可小视

俄作出梅、普换位执政的决断，进一步强化普京的主导地

位,为俄今后若干年国家稳定发展奠定了基础。12月初,杜马选举后反对派的抗议活动对普京的支持率会有一些影响,但无法阻止普京重返克里姆林宫。预计普京重新主政后将继续推行强国战略,适当放权,扩大民主,确保政治稳定。经济上将坚持以能源为重心,推进渐进式改革,逐步实现再工业化,同时吸取梅德韦杰夫现代化战略的合理成分,注重创新,俄罗斯的振兴进程势将加快。普京将经历颜色革命的乌克兰、吉尔吉斯重新拉回,成功启动俄、白、哈关税同盟,进而提出建立欧亚联盟的构想,表明俄主导独联体的势头增强,推进独联体地区一体化是既定目标。俄加入东亚峰会,参与东盟伙伴关系,倡议亚太地区安全合作,彰显俄积极参与亚太竞争的战略取向。俄与美西方遏制与反遏制的矛盾斗争不会停息。

俄经济总量2010年1.48万亿美元,世界排名11位。俄是安理会五常之一的政治大国,世界第一的资源大国,仅次于美国的军事强国,与美并列的核大国,世界公认的科技、文化大国,其综合国力远远超出其经济排名。俄是世界上除中、美以外唯一能够独立发挥作用的大国。小视甚至忽视俄的作用会犯战略性错误。

六、中国的外部环境发生复杂变化,坚持和平发展不动摇

中国成为世界第二大经济体,被称为世界老二,招到更多嫉妒、疑虑和防范,树欲静而风不止。世界乱象使中国的能源安全、金融安全面临严峻挑战,外部经济环境更加复杂。发达国家实施贸易保护主义向我转嫁危机,利用气候变化、环境保护、劳工待遇等提高我发展成本,削弱我国的竞争力。南海问

题由于美国插手更加复杂难解。中国的海洋权益受到更多挑战。对于外部势力将其他地区的动乱引向东方，破坏我国社会稳定的企图，必须保持警惕。

来自外部挑战增多正是中国发展走强、影响扩大、作用提升的反映。中国面临的外部环境总体有利没有根本改变。坚持和平发展不动摇，依然是中国应对世界风云变幻的必由和必胜之路。

（2011年12月27日发布）

国际形势发展的特点和趋势

杨洁勉

2011年国际形势继续沿着2008年金融危机以来的轨迹发展,世界面临更多的经济、政治和安全挑战。一年来,世界经济复苏乏力且欧美债务问题严重,全球性挑战增加但全球治理缺失,欧美"以攻为守"加大对北非西亚和亚太地区的战略性介入。展望2012年,国际力量对比东升西降和南升北降的基本格局没有改变,地区和次地区的合作趋势没有改变,和平、发展、合作的时代潮流没有改变。因此,中国在应对挑战中依然处于可以利用和发挥作用的战略机遇期。但是,我们对可能的挑战也要有足够的估计和准备,如国际力量对比的局部交叉升降,西方和非西方国家在应对全球性问题挑战中的碰撞、斗争和磨合将向纵深方向发展,以及选举因素、热点问题和经济社会问题对国际关系的影响加深等。

一、深化的欧美债务危机和步履维艰的世界经济

(一)欧洲债务危机成为2011年世界经济的聚焦点

2011年主权债务危机在希腊、西班牙、意大利等国不断发酵,达到临界点,直接威胁欧元区的存亡。法国反对严格的紧

缩计划和剧烈改革,德国支持改革但领导层缺乏魄力而行动迟缓,其间无原则的外交博弈致使欧盟应对不力,债务减记、银行业资本扩充、扩大欧洲金融稳定基金等新的"一揽子协议"于10月底才艰难达成,但资金来源仍无着落。欧债危机前景依然不定,欧盟内部的信心、决心、智慧和行动缺乏,外部资金救助迟疑不决,且难以取代欧盟真正挽救欧债危机。欧元对美元持续贬值,欧盟经济景气指数全线下滑,欧盟委员会称欧洲经济或将陷入停顿,2011年欧元区GDP增长率预计约为1.5%,明显低于2010年的1.9%,而2012年预计仅为0.5%,希腊、葡萄牙等则陷入衰退。

(二)欧债危机掩盖了美债危机的危险性和紧迫性

2011年美国预算赤字和国债余额占其GDP的比重分别约为10%和100%,而且两党一直未能就赤字削减方案达成协议。但是,与欧洲的处境不同,美国是一个独立的主权国家,美元依然是全球唯一具有垄断地位的国际货币,意味着美国仍然拥有通过其货币政策向全球范围转嫁主权债务危机的特权机制。因此,至少从当前看,美国无所谓债务违约问题,美国实体经济复苏虽然亦出现放缓,但表现明显好于欧洲。11月美国失业率下降至8.6%,制造业采购经理指数升至52.7,表明生产保持扩张态势,预计今明两年GDP增长率在1.5%~1.6%。但是,美国面临深刻的长期体制和信用危机。

(三)G20戛纳峰会有所进展,但全球经济治理机制进入盘整期

2011年11月3日至4日,G20峰会在戛纳举行,领导人就此前争论激烈的一些机制问题达成协议,包括明确近期内将集中于讨论经济议题、确认前后三届峰会主办国组成的"三驾马车"机制作为峰会运转的非正式组织形式以及今后峰会轮流举办顺序等,有利于今后加强相互间的务实和细节合作。金砖国家协调机制越来越活跃,除了每年一度的峰会之外,相互间在欧债、气候谈判等领域的沟通和协商日益频繁,并且扩大和加深了部长级的合作。但总的来说,全球经济治理机制已经从国际金融危机爆发催生的经济治理机制改革的高潮期进入了盘整期,西方主要国家从以G20替代G7/G8转为双轨并存和各取所需,美欧拒绝新兴经济体以注股国际货币基金组织援手欧债,世界贸易组织的多哈回合谈判依旧逡巡不前。

二、全球性问题挑战和全球治理缺失

2011年,全球性问题挑战趋多和趋重。日益严峻的全球性问题挑战需要加强全球合作,但很多主要国家却更多内向和内顾,日益迫切的全球制度建设问题需要世界各国加快国际体系改革的步伐,但世界各国在战略和政策方面难以形成合力,从而加重了全球和国家治理赤字。

(一)在全球层次,发展中国家和发达国家同时面临如何应对金融危机延续和引发的系列挑战

在经济方面,许多发展中国家和发达国家的经济增长动力不足,经济转型困难,失业率、通胀率或负债率长期居高不下,致使全球经济复苏乏力,甚至存在"二次探底"的可能。而且,金融危机的后续发酵效应正在从经济领域向政治和社会领域扩散,从年初的"北非西亚动荡"到"占领华尔街"的

街头政治诉求几近世界一半的国家,反映了在权力转移和权力扩散的作用下,全球治理和国家治理在发展中国家和发达国家都面临新的制度性难题和挑战。在国际社会呼唤整合各国资源和智慧应对全球性挑战之际,国际体系建设却步履蹒跚,20国集团难以顺利和有效地从应对金融危机向全球宏观经济协调平台过渡,联合国的权威性在利比亚事件中再次受到损害,多哈回合举步不前,朝核、伊核和日本核电事件凸显了全球核安全和核电安全机制的缺失。

(二)以美国和欧盟为代表的发达国家群体面临最大的挑战是它的基本制度和理念受到了极大的冲击,陷入了制度困境

西方民主政治制度的弊端日益暴露:其一,美国和法国等已经进入选举年,日本内阁更迭频繁,"选举驱动"政治造成领导集团注意力内顾,并着眼于短期利益,取悦利益集团,迎合选区民意,不敢也不愿触及深层次矛盾,更不用说进行深刻的政治体制改革。其二,有责政府与无责党争的矛盾突出。在党派政治和党争日益泛滥的情况下,西方政府普遍缺乏前瞻性和全局性,根本无法进行有效治理。在美国产生了政府和国会在债务上限问题的僵局,在欧元危机上各国竞相考虑本国利益,特别是德国迟迟不愿施以援手。其三,社会动荡和政治丑闻不断。2011年,挪威发生严重爆炸枪杀案,伦敦发生规模空前的街头骚乱,英国发生新闻"窃听门"事件,美国的"占领华尔街"行动扩散到几乎所有的发达国家。

西方的经济制度也受到质疑。发达国家在经济顶端的金融监管方面出了大纰漏,经济困难积重难返,社会福利体系难以为继,中产阶级深受冲击,主流社会和边缘社会矛盾加剧,出现"99%与1%"的严重对立。一年来，欧美国家"内外交困"，多重社会危机集中爆发，各国对外政策均受制于国内矛盾的演变，西方国家在意识形态、政治制度和公共政策三个层面受到冲击。因殖民结构的解体和全球化的不断深入，欧美逐步丧失作为"先发型"现代化国家的优势，制造业转移带来的整体竞争力下降、工作岗位减少更引发作为西方普选制政治基础的"蓝领"阶层的不满，对西方制度所依赖的外部条件和生存基础形成挑战，进一步凸显了西方当前的制度缺陷。

西方的经济困难既有2008年国际金融危机的诱发因素，但更有"四失"的深层次原因，即经济发展战略失误，虚拟和实体经济失调，财政外贸赤字失衡，金融产业管制缺失，等等。而且，经济困难正在向系列危机方向发展，有可能由金融危机扩展为经济危机并可能演变成社会危机、政治危机和心理危机。事实上，人们越来越担心世界经济可能会"二次探底"，2011年"北非西亚动荡"和"欧美制度困境"折射出经济危机对全球社会、政治和心理方面的影响。

（三）以金砖国家为代表的新兴大国群体的经济发展势头面临增速放慢、通胀压力及资本损失的巨大风险

一是普遍面临通胀压力。为应对2008年全球金融和经济危机，金砖国家普遍出台经济刺激措施，并因此率先走出危机，但同时亦孕育了通胀压力，加之大宗商品价格上涨的输入性因素，2011年以来金砖国家面临6%以上甚至两位数的持续通胀，宏观经济政策均由宽松转向紧缩。

二是国际热钱涌入加剧，监管难度加大。以金砖国家为代表的新兴经济体具有较高的资产升值预期，历来是国际热钱觊觎的对象。当前欧美仍然保持危机以来持续宽松的货币政策，

而金砖国家的加息政策和货币升值预期，带来国际游资套利活动加剧（包括合法与非法渠道）。而且，金砖国家的金融监管制度和能力不足，国内金融稳定受到威胁。

三是欧美债务危机和复苏乏力导致外部需求下降，金砖国家发展模式面临转型挑战。金砖国家的发展模式具有内部差异，但是基本均处于国际产业链的较低端，依靠廉价的劳动力或者自然资源实现"以量取胜"，对发达国家需求具有较高的依赖。欧美经济复苏乏力，全球资源环境约束日益严峻，金砖国家实施产业结构升级时不我待。

四是在政策应对上面临国内国际双重"两难"。一方面，为抑制通胀而持续采取的紧缩政策给就业市场和中小企业带来压力；另一方面，紧缩性政策措施与欧美持续宽松的货币和财政政策相冲突，金砖国家实际上均为"美元陷阱"所困，在国际宏观经济政策协调中较为被动。金砖国家合作机制在G20等全球经济治理平台尚未能发挥实质性影响力。

三、大国关系进入深度整合期

（一）西方大国试图借助政治和军事优势扭转总体颓势

虽然西方国家在经济和社会领域正面临前所未有的巨大挑战，但美欧通过加强跨大西洋联盟的"价值共同体"机制，强调自由、民主、经济增长和人权等原则的普遍意义，对内巩固跨大西洋同盟的基础，对外联合拓展全球影响，努力构筑符合自身利益的外部环境。西方在利比亚的军事行动集中体现了美欧跨大西洋联盟协调机制在后冷战时期的战略转型，从成员国领土范围内的"集体防御"转变为超越成员国领土范围,主动维护自身利益的全球性政治、军事同盟组织。北约从美国手中全面接管军事指挥权并实施对利比亚的军事行动,说明美欧跨大西洋联盟在新的历史条件下依然需要倚重北约这一关键的协调机制。在新兴国家群体性崛起的同时,美欧以"共同价值"为纽带和工具,在其经济影响力下降的背景下,试图保持对当代国际体系转型的主导权,并借助北约此次军事行动为所谓人道主义干预建立示范效应。中国采取正面应对方针,联俄否决了制裁叙利亚的联合国安理会决议,避免了西方国家二次利用军事优势拓展自身利益。

(二)金砖国家的国际影响力和发言权进一步得到扩大,但仍受制于内部矛盾与外部压力

从整体上说,金砖国家在正式吸纳南非后,实际上整合了原有的交叉复合的机制,使金砖国家在合作协调方面前进了一大步。但金砖国家的机制性合作还是初步的,各国之间还存在利益差异和政策对消等问题,如巴西在人民币汇率问题上时有向中国发难。从具体各国说,俄罗斯提前推出梅普的"王车易位"有利于保障俄罗斯外交的延续性和加强中俄战略合作关系,但"普梅核心"下一阶段的外交政策很可能趋于"内向",集中解决国内问题。印度较好的国内经济和大国关系,增强了其外交自信,并在对外战略上呈现出强势,但众多且在深化的国内矛盾迫使印度政府更加内顾。巴西和南非政治基本稳定,经济继续发展,把寻求经济发展,改善民生作为国家发展的优先方向。巴西和南非的外交注意力主要还是在所在地区,在全球性制度建设和议题设置等方面的能力还相当有限。

（三）中国和西方大国在全球性和地区性事务中竞争性摩擦有所凸显

中国作为世界第二大经济体和国际体系的改革者，需要在全球事务中具有更大的议程设置能力，也需要与全球性大国匹配的实力支撑。但是，作为一个发展中国家，中国目前尚不完全具备这些条件，因此往往难以掌握主导权。在全球经济事务中，中国在国际金融危机中获得的"补偿性"权利提升今后难以保持相同的速度和幅度，中国在国际金融体系改革的作用已经进入了平坡缓进时期。在全球政治和安全事务中，美欧联手制华的基本格局不仅没有改变，而且还有变本加厉的可能。中国在国际舆论引导、合作反恐、防扩散等主要热点问题上仍处于"第二梯队"的位置，仍较多地受制于美欧等西方国家。

在亚太地区性事务中，中国成为美国战略重心东移的直接目标，即美国防范中国对其在亚太地区主导地位的挑战。一方面，中国在 2010 年沉着应对和有力回击了美国在东海和南海问题上的挑战，并在 2011 年基本稳定了中国周边的形势。另一方面，奥巴马政府在 2011 年继续将战略重心从中东向东亚和太平洋地区转移，加强了对中国的防范和施压。美国通过加强亚太军事同盟体系加大了对中国的安全防范，通过加强同一些亚洲国家的关系抵消了中国的部分政治影响，通过扩大东亚峰会稀释了中国在地区合作机制中的外交影响，通过插手南海问题增加了中国和声索国的矛盾。

四、北非西亚的政治社会动荡

2011 年伊始，突尼斯因一失业青年自焚而引发了后来被称为"阿拉伯之春"的政治社会动荡,至今已经使突尼斯、埃及、利比亚等国长期执政的领导人失去政权甚至生命,还使也门、叙利亚等国陷入了内乱。北非西亚内生的社会动荡又引起了欧美国家的介入,使之更加国际化和复杂化。

(一) 北非西亚动荡从根本上说是场内生的社会革命

在20世纪50年代,纳赛尔领导的埃及革命标志着阿拉伯国家进入了后殖民时代。但总的来说,阿拉伯国家普遍存在经济单一、家族统治、腐败盛行、贫富差距扩大、社会进步迟缓等问题。在长期的阿(巴)以冲突、全球化和信息化、当前国际金融危机等多重因素的冲击下,阿拉伯国家的人民以广场革命的形式要求更多的公正和公平。这场革命的特征是"无领袖、无组织、无政纲"的群众政治运动,也是阿拉伯世界姗姗来迟的社会改革运动。虽然这一动荡还在进行中,但阿拉伯国家长期世袭政治和家族统治将难以为继,今后的执政者也必须更多地考虑民众的需求。

(二) 北非西亚动荡因西方插手从内生革命向新一轮"颜色革命"方向发展

内生的北非西亚动荡在其发端初期使欧美猝不及防,西方国家在最初的震惊之后迅速抓住机遇,以政治、经济和军事手段介入,力图将其转化为自1980年波兰事件以来的又一轮"颜色革命",美欧在利用"西亚北非动荡"时暴露了其"双重标准"的政治虚伪性。一方面,美欧鼓吹"民主"、"自由"、"人权",煽风点火,在利比亚以武力实现了政权更迭,试图在叙利亚复制"利比亚模式",并且还把矛头直指宿敌伊朗。另一方面,美欧为维护其地缘战略、政治、经济利益,对巴林国内动荡保持沉默,并与海湾君主国达成默契。

(三)北非西亚动荡加快了国际和地区关系的局部调整

首先,美欧利用北非西亚动荡调整了跨大西洋联盟的关系。美欧在总体上保持了政治的一致性,并且实现了美欧利用空中军事优势而不出地面部队就使利比亚易帜。美欧的局部得手成为它们在金融危机中相互鼓气的难得机遇,加强了政治和战略上的相互呼应。其次,金砖国家在应对利比亚问题中逐步协调并在叙利亚问题上表现得更加成熟。它们在联合国安理会的相似立场,显示了他们从经济问题向政治安全问题扩展的机制性合作。最后,北非西亚动荡使本地区的国际关系更加复杂多样,地区矛盾和驱动力呈多元化态势,并影响到阿以矛盾和巴以矛盾的核心地位。在 2011 年,伊朗和土耳其等地区大国的影响呈明显上升趋势,埃及作为阿拉伯世界的核心国家作用则明显下降。此外,美欧在阿拉伯世界煽风点火和祸水东引的过程中,不仅注意维护其在沙特和巴林等战略支点的稳定,而且还利用海湾国家作为其代言人和代理人,使后者在阿拉伯联盟中代表西方提出动议和出手。

五、亚太地区矛盾叠加复杂

(一)美国加大插手亚洲事务的力度,增加了亚太地区国际关系的多变性和复杂性

2011 年,美国的战略重心东移,亚太成为世界关注的聚焦地区。奥巴马政府利用 APEC 会议和东亚峰会大肆造势,强调

美国将加强在本地区的政治、经济和军事存在。与此同时，一些中国周边国家出自对大国的担心，对中国的态度和政策发生变化，纷纷寻求美国以取得大国平衡。

美国亚太战略意图主要是进行四个方面的强化：一是国内对战略东移加速的共识强化，把亚太地区作为未来世界权力中心，美国将在该中心扮演领导角色。二是在前沿部署外交的统领下，提出六大"主体行动能力"，强化在亚太地区全方位的军力部署，最终形成一种地缘广布、运行灵活、政治有序的同盟和新安全伙伴关系。三是强化整体塑造对华政策和中美关系，积极拓展中国周边的建设。在安全上以同盟为支柱，经济上以跨太平洋战略经济伙伴协定（TPP）为蓝本，试图架空现有"10+1"、"10+3"的治理架构，在社会和发展领域提出强化美国的主导权，在自由和人权问题上继续抨击"中国模式"的不可持续性。四是短期内强化亚太地区的二元权力结构，即在经济上倚重对华合作，在政治安全方面继续挤压中国的空间，并且试图在长期战略中扭转经济依赖的局面，推动建立对美国更为有利的一元结构。

美国高调回归东南亚，积极向西太平洋地区集结军事力量，强调其在东亚地区的存在，并试图增强美在东亚的领导地位。美国在前沿部署外交的统领下，提出深化同盟关系，积极介入地区性多边机制，扩大对亚太地区伙伴国的贸易和投资。同时，继续宣言民主和人权概念，强化其军事存在。美国在整体实力和影响力相对下降的背景下，进一步加速运筹"东移"战略。美在阿巴事务和对缅甸关系上努力打开局面，寻求"新增长点"，造成周边国家在经济上借助中国、政治上依靠美国的矛盾心态。

(二) 亚太地区机制处于整合和盘整期，域内外各方在权益分配和规则制定方面进行着相当激烈的政治博弈

对于长期以来的东盟在地区合作方面的主导权而言，由于美国的介入而产生猛烈的冲击。面对南海争端、美国加入东亚峰会、中日韩难以形成合力、跨太平洋伙伴机制（TPP）的挑战、东盟驱动能力减弱等不利因素，东盟在 10＋X 地区合作框架中的地位正在逐渐降低。朝核问题山重水复使东北亚安全合作难以形成机制化，阿富汗和巴基斯坦的严峻形势使南亚地区安全合作充满变数，所有这些导致亚太地区合作在全年基本处于徘徊和整合状态。

(三) 亚洲地区经济增速放慢增加了亚太地区政治和社会的不稳定性

受欧债危机升级，中东地区地缘政治风波冲击，美国经济减速，以及日本地震、泰国洪灾以及地缘政治不稳定等多重因素影响，亚洲地区经济开始出现明显放缓。预计东亚发展中国家 2011 年的实际 GDP 增长为 8.2%（如不包括中国则为 4.7%），2012 年增长将放缓至 7.8%。从短期来说，在刺激增长与防范全球不确定性的影响之间寻求平衡点是主要的政策挑战。包括中国在内的亚洲大部分国家都已将重点从抗击通胀和应对过度资本流入转移到保持增长上。从中长期看，经济增长放缓也有可能给亚洲各国政府带来一个聚焦改革、重新调整经济发展政策的机遇，同时也很可能刺激亚洲地区的各种次区域和跨区域合作，促进贸易和需求。

(四) 地区反恐形势变化和阿富汗、巴基斯坦前景难卜

美国政府于 2001 年 10 月 7 日打响了阿富汗战争，至今历

时10年。美军在阿富汗驻军曾高达10万人，每月花费100亿美元，死亡人数约2000人。2011年5月2日，"基地"组织首领奥萨马·本·拉登被击毙。此结果符合美国反恐策略调整的需要，为美国从阿富汗撤军并开展下一步行动创造了条件。6月23日，美国总统奥巴马宣布了从阿富汗撤军的计划，计划到2014年底完成向阿富汗移防。

在美军逐步撤出阿富汗之际，美国和巴基斯坦关系进入"高摩擦"期。巴基斯坦和美国在主权及南亚战略格局方面发生严重分歧，国内民众反美情绪普遍高涨。对于美国而言，视巴为敌不符合美国战略调整需要，而与巴合作则不符合美当前政治气候，美巴将持续斗争与妥协交替的局面。印度因素在南亚反恐中逐渐突出。印在阿富汗投入巨大，与巴对峙目标明确，试图创造美、印、阿联手制约巴基斯坦，在美退出阿富汗后建立以印主导的南亚格局。巴基斯坦内部动乱未止，外部压力剧增，迫切需要大国支持，积极向中国示好，旨在减轻压力并获得更多筹码与美周旋，并提升在阿富汗局势中的地位。同时，巴基斯坦主动与印度加强沟通，试图扭转局面。

六、2012年国际形势发展趋势

（一）在新的一年里，国际力量对比南升北降的总体趋势不会改变，但局部交叉升降的发展将会突出

从经济格局看：一方面，美欧传统大国在全球经济中的相对比重将继续下降，而金砖国家或范围更为广泛的新兴市场国家的相对比重则将进一步提升。另一方面，传统大国在金融危机初期向金砖国家在国际体系重组方面的阶段性让步已告一段落，而金砖国家在2012年也难再重聚力量而获得新一轮的进展。

从政治格局看：一方面，西方国家固守原有政治体制和坚持原有发展模式，特别是拒绝在全球化和信息化时代虚心学习和积极吸纳非西方的成功经验，这一政治优越感难以在短时期内消失。选举驱动、利益政治、党派争斗、地方主义和反全球主义等严重落后形势的政治机制和政治思想将继续催化西方的下行下滑。另一方面，备受质疑的西方政治体制和思想在全球仍维持着主导地位，并在一些西亚北非国家和亚洲的缅甸等成为后者转型的仿效榜样。特别是在一些西方国家大选和经济困难需要转嫁危机时，就更会突出政治和意识形态价值观问题。而且，同经济力量对比不同的是，非西方国家一时难以在国际主流政治体制、机制、思想方面成为增量提供者，也难以在可预见的将来取得与西方相对平等的地位。此外，一些极端思潮也在抬头，如投资保护主义、民粹主义、极端民族主义等。

从安全格局看：在经济困难、政治内顾和扩张受挫的三重压力下，西方主要大国的全球和地区安全战略都呈收缩态势。但从局部上讲，美欧在2012年都有可能在局部上"以攻为守"。一是在安全架构上的进取，美欧将继续加强跨大西洋军事联盟以及美国加强以其为核心的亚太军事同盟体系。二是在主导权上的进取，美欧将继续以军事安全为抓手强化各自在亚太地区和中东地区的安全主导权。三是在防范遏制中国上的进取，美、日、澳等将继续强化对中国周边的部署以防止中国在安全军事方面可能的挑战。四是在新的安全领域如网络、海洋、极地等"新公域"的规制权的进取。

（二）在新的一年里，西方和非西方国家在应对全球性问题挑战中的碰撞、斗争和磨合将向纵深方向发展

在全球议题设置方面：西方在 2012 年将继续在经济发展模式、气候变化、人道干预和核安全等方面推出新的议题，但在经济和气候变化方面将会面临更多来自非西方国家的挑战。在首尔和戛纳的 G20 峰会的主题上，西方分别因美国量化宽松和欧洲债务问题而被迫转向，在哥本哈根和德班会议上欧美陷入内部纷争，因此西方和非西方国家在 2012 年的墨西哥 G20 峰会和里约峰会上的斗争将难以避免。

在地区合作机制方面：传统大国在缺乏实力支撑背景下对某些地区的扩张将势必面临反弹，中国和东盟国家将会采取各种办法应对美国全面调整亚太经济和安全合作机制，阿拉伯/伊斯兰国家和非洲国家开始以各种方式抵制欧美代理国家对阿盟和非盟的绑架，西半球国家已经正式启动了没有美国和加拿大参加的拉美和加勒比国家共同体，等等。

在治理弱化和祸水外引方面：在 2012 年，国际社会及其主要组成部分面临的治理和机制挑战都将更趋严峻。西方国家在无法有效治理和机制改革的背景下将力图转移视线，美欧则可能会更加赤裸裸地将祸水外引，伊朗和缅甸等"另类国家"可能首当其冲，而新兴大国、特别是中国和俄罗斯则是其另一目标。

（三）在新的一年，选举因素、热点问题和经济社会问题增加了国际关系的复杂性和不确定性

就选举因素而言，美国、法国、俄罗斯、日本、韩国和中国及中国台湾地区的领导层都将进行更替，各国战略和政策调整在所难免，2012年成为主要大国和重要中等国家互相摸底、试探、碰撞、磨合之年，危机爆发和意外事故的概率因而提升。

就热点问题而言，西亚北非动荡的惯性在现有的轨迹上难以制动而将继续前行，利比亚的"索马里化"、叙利亚的内乱、伊朗核问题升温以及以色列有可能的动武等都将成为战乱的引火线。南亚的巴基斯坦和阿富汗形势因西方的撤离而增加了失控的可能，并可能同中亚和西亚问题共同形成安全并发症。

就经济社会问题而言，因经济衰退凸显的利益分配体制矛盾将激化，以各国权势集团为抗议对象的群众性社会运动将继续成为2012年动荡的重要标志，并可能在传统威权国家造成体制的不稳。

（作者为中国国际问题研究基金会研究员、上海国际问题研究院院长）

大动荡加速秩序重建

钱文荣

2011年是历史上罕见的大动荡的一年,其影响的深度和广度超过了二十年前的苏联解体和十年前的"9·11"恐怖袭击。这次的大动荡进一步推动并加速了各种秩序的重建,既使我国面临一系列更加复杂的新挑战,又给我们带来了新的机遇。

一、大动荡的一年

2011年的大动荡几乎波及全球大部分地区,从西亚北非到欧洲,同时亚洲和新兴国家也深受其害。这场大动荡从发端于美国2008年的金融危机开始,迅速演变成全球金融危机,进而演变成世界经济危机,又发展到债务危机,从而引发社会危机,最终在西亚北非(中东阿拉伯世界)、欧洲和美国酿成不同程度的政治危机。

发生在西亚北非或者说阿拉伯世界的这场动乱,美国等西方国家的媒体将其称为"阿拉伯之春"或"阿拉伯革命",中国有些媒体和学者也跟着照搬这种说法。而实际上,美国有些较严肃的智库如"外交学会"等从一开始就不同意这种说法，认为它既不是什么"阿拉伯之春"，也不是什么"民主革命"。《华盛顿邮报》2011年8月21日的一篇文章指出：所谓"阿拉伯之春"只是美国情报部门分析人士的结论，美国的资深分析人士并不这么看。日本《读卖新闻》8月22日文章说："阿拉伯世界的动乱并不能说是旨在争取自由和民主的风潮。"甚至英国《经济学家》杂志10月27日的文章也改口了，说"经过一个漫长的夏天，'阿拉伯之春'已演变成一个动荡之秋。"关于阿拉伯地区动荡的根源国内外有很多说法，英国《新左翼评论》主编佩里·安德森为该刊撰写的一篇社论，认为阿拉伯地区长期受美帝国主义的支配和得到美国扶植的长期独裁统治下的缺乏民主制度是引爆全地区动荡的根本原因。文章指出，虽然多数地区的动荡源自群众的不满，但到处可以看到美国等西方国家在背后干预，或是煽动（如在叙利亚），或是直接军事干涉（如在利比亚），或是帮助镇压（如在沙特和巴林）。可见，美国和西方国家并没有因为它们的实力正在相对下降而放弃霸权主义和强权干涉，恰恰是因为实力下降而担心失去对这个在地缘政治和能源上对它们至关重要的地区的控制，因此正在极力设法干预和控制阿拉伯地区。

2011年欧洲出现的"二战"结束以来所没有过的动荡局面，源自日趋严重的主权债务危机。欧洲的债务危机潜伏已久，源于它的三高政策（高福利、高消费和高收税），但肇始于美国的全球金融危机引发和加重了它的债务危机。为了应对金融危机，欧盟提出了超过3万亿欧元的刺激经济和金融危机救助计划，从而导致财政赤字猛增、债台高筑。现在奥巴马政府指责欧洲债务危机拖累了美国经济复苏，这是极不公正的，本末倒置，应该是美国要对此负相当一部分责任。现在欧洲的债务危机已导致社会危机和政治危机。从英国的伦敦到意大利的罗马、从西班牙的马德里到爱尔兰的都柏林、从葡萄牙的里斯本到希腊的雅典，乃至以色列和遥远的澳大利亚，都先后爆发了大规模的群众游行示威和抗议活动。同时，葡萄牙、意大利、爱尔兰、希腊和西班牙等国的政府首脑都不得不先后非正常下台，进行改组。从目前的趋势看，只要主权债务危机得不到很快解决，欧洲的社会危机和政治危机还会继续下去或重新爆发。

在美国，由于金融危机造成的美国经济衰退，三年来复苏乏力，十分缓慢，国债高达占国内生产总值的98.6%，远远超过警戒线，国会不得不通过再次提高债务总额上限的法案，暂时躲过了信用违约，但是失业率依然居高不下，不仅贫困人数急增，而且危及了广大的中产阶级的利益，引起群众普遍不满，从而在9月份爆发了"占领华尔街"运动，并迅速蔓延到全国1000多个大小城镇，变成了全国性的社会危机，社会分裂严重。马克思说，资本主义本质是不稳定，当触及资本主义社会的基础——中产阶级时，这种不稳定就会明显地突出出来。他在《资本论》中还指出："一切真正危机的根本原因不外乎群众的贫困和他们有限的消费"。"占领华尔街"运动之所以迅速蔓延美全国，就是马克思所说的两大原因：一是贫富差距越来越大，二是触及了中产阶阶级。"占领华尔街"运动提出的口号是"我们是占总人口的99%的那部分人"。这句口号击中了美国社会的要害。近一百年来，美国的贫富差距从未像现在这样严重：目前，美国1%最富有的人占有了美国极大多数的财富，其中400个最富的美国人占有的财富超过1.5亿底层美国人占有的财富总和。甚至美国中央情报局也不得不在它向外公布的国家报告中说：美国的分化比突尼斯和埃及更为严重。

这场大动荡尤其是源自金融危机和经济危机的西方世界的大动荡也使广大发展中国家和新兴国家深受其害,美国等西方国家千方百计转嫁危机,不仅影响了发展中国家和新兴国家的经济发展,出口困难,并促使通货膨胀不断攀升,损害了民众的生活甚至危及他们的生存,也影响了有些国家的稳定。

二、各种秩序的重建与博弈

这场大动荡暴露了西方世界从政治、经济、金融到新闻媒体等各个领域里的制度缺陷和问题,从根本上讲它是一场资本主义制度的危机,但也暴露了新兴国家自身的许多弱点和应对能力不足。历史规律证明,任何一次社会或国际的大动荡必然带来大变革,催生和加速全球、地区和国内范围内的政治、经济、军事和文化格局变化及秩序重建,包括各种力量的重新组合和各种游戏规则的修改或新订。如今,各国和各个国家集团都在全球和地区的秩序重建过程中抢占主导权,各种力量和主张之间的博弈十分激烈。

大动荡、大变革并非始于今日,而是从冷战结束后就开始了。但当今这一场秩序重组的深度和广度为前所未有,它至少包括五大领域,即政治外交、经济和金融、军事和安全、网络和太空、新闻媒体。

(一) 政治外交

(1) 美国全球战略重心是否东移在中国国内争论已久。如今美国国务卿希拉里·克林顿正式公开宣布奥巴马总统从上台第一天起就决定要把美国的战略重心转移到亚太，而且是把外交、经济、军事安全乃至价值观传播的重点全面向亚洲转移。我们不应该再去怀疑和争论这个问题了，而应集中关注美国将如何实施它的战略目标及其对全球、地区以及我国的影响上。

希拉里先后于2011年10月11日和11月10日以《美国的太平洋世纪》为题发表文章和讲话。她在讲话中提出要构建一个与跨大西洋一样的"跨太平洋体系"。她说："21世纪世界的战略和经济重心将在亚太地区。未来十年美国治国的最重要任务之一就是在这个地区大量增加外交、经济和战略等方面的投入。"这既是一个重建美国主导下的亚太秩序的蓝图，也是全面实施美国称霸全球的战略部署。虽然布热津斯基最近撰文主张构建一个"民主参与和全球合作"的国际新秩序。但是，奥巴马政府所要构建的仍然是一个美国一统天下的霸权秩序。正如法国评论家蒂埃里·梅桑所说："奥巴马3月28日在美国国防大学的演讲中公布了美国今后几十年的新战略——将全球置于华盛顿的掌控之中。五角大楼确立了一种更现实的全面帝国化模式，把未来世界一分为二，肢解政治实体和重塑地区面貌。"

除了亚太外，美国正在利用西亚北非的乱局，构建美国主导下的中东新秩序。它打着支持"民主"的旗号，支持乃至武装反对派把利比亚、叙利亚等一个一个阻碍它主导这个地区的政权搞掉，其中包括长期效命于美国的埃及穆巴拉克政府，现在又把矛头对准伊朗，一心要拔掉中东海湾地区这颗最大也是对美国"最危险"的眼中钉。与此同时，美国极力帮助沙特、巴林等国政府镇压反对派，以巩固美国在这个地区的军事基地。其实关于改造中东的计划早在小布什执政时就提出来了，现在由奥巴马政府根据新的情况去实施既定计划罢了。但在2011年最后几个月，从突尼斯到埃及，从伊拉克到利比亚等国内政治重组的情况看，阿拉伯世界未来秩序的走向远未确定，伊斯兰势力不但没有削弱，还在这场动乱中有所增强，美国和西欧大国要在那里建立西方"民主"秩序的梦想恐怕难以实现。

（2）苏联解体后，俄罗斯实力大大削弱，对全球和地区的影响也迅速下降。但经过20年的调整和奋斗，特别是从普京上台后，经过国内秩序的重组，加上正值石油价格迅速上涨时期，俄罗斯的实力得到较大恢复。2011年10月4日，普京在《消息报》上发表文章提出建立"欧亚联盟"构想不是他的心血来潮，而是俄罗斯始终没有放弃要重建具有全球和地区影响力大国的雄心的体现。普京说，这是一个强大的超国家联盟模式。俄罗斯《晨报》评论说："普京希望该集团成为'当代世界多极中的一极'，与美国、欧盟和亚洲分庭抗礼。"他还希望欧亚联盟能"在欧洲和亚太地区之间发挥有效的桥梁作用。"虽然普京否认这是要建立"新苏联"，但西方国家还是有不少担心。尽管西方媒体极力渲染该计划会遇到独联体内部一些国家的抵制，但普京已从经济开始着手行动了。先是建立了俄、白、哈三国关税同盟，不久前除这三国外，乌克兰、吉尔吉斯斯坦、摩尔多瓦、塔吉克斯坦和亚美尼亚五国已就创建自由贸易区签署了条约，而且白俄罗斯、哈萨克斯坦和俄罗斯三国已于11月18日签订了《欧亚经济一体化宣言》和《欧亚经济委员会条约》，向欧亚联盟又迈出了重要的一步。不管普京的梦想能做到什么程度，它说明俄罗斯要利用这个动荡和变革的时机构建有利于自己的秩序。这个构想如能实现或部分实现，即使主要是地区性的，它也将强化俄罗斯传统的势力范围，也会增强俄罗斯对全球的影响力。

（3）欧洲从1950年开始一体化进程，发展到今天已经61年了。但时下的欧盟正如法国国际关系研究所所长蒂埃里·德蒙布利亚尔所说"正面临着碎裂的威胁"欧盟一些成员国的严重主权债务危机引发了对欧元区分裂的担心。德国总理默克尔说"欧洲需要进行深层次的机构改革"。她已不止一次提出要修改欧盟章程。此前，法国总统萨科齐呼吁建立双速欧洲，即欧元区国家加速发展、深化融合，而这个货币区之外的扩展集团就更为松散地联系在一起，这意味着一些成员国可能需要退出欧元区。据报道，巴黎、柏林和布鲁塞尔的高级决策者们已就一国或多国退出欧元区，剩下的核心国家继续努力加深一体化程度的可能性进行了磋商。不管这些设想能否变为现实，欧洲一体化还会继续下去，但欧洲一体化的进程和欧洲秩序正处在艰难甚至痛苦地进行改革和重建的过程中。这是不争的事实。

我们还看到德法尤其是德国在欧盟中的主导地位凸显。在处理希腊主权债务危机中从一开始就显示出德国的主导作用，例如迫使希腊总理乔治·帕潘德里欧撤销全民公投，接受欧盟提出的1300亿欧元纾困计划的条件。两德统一特别是冷战结束后，人们就开始议论未来的欧洲究竟是欧洲的德国，还是德国的欧洲。现在看来很可能是后者。当然，这只是一种形象的说法而已。即使出现所谓德国的欧洲，也不会是像俾斯麦时代或希特勒时代那样，而主要是凸显德国的主导地位和作用而已。2010年罗马尼亚前驻华大使罗明访华期间到新华社世界问题研究中心座谈时说，随着美国实力相对下降及其全球战略重心东移，未来的欧洲还将是由德国和俄罗斯两国主导。这是值得我们关注的一个未来趋势。

（4）以金砖五国为核心的新兴国家和某些地区国家正谋求在构建世界新秩序中发挥更大作用或建立新的地区秩序架构。

2011年4月，金砖国家在我国海南省三亚举行第三次峰会，成员国从四国增加到五国，南非的加入，使金砖国家分布到亚、非、拉、欧四大洲，更好地代表广大发展中国家，同时金砖国家机制化也在逐步完善。会议发表了《三亚宣言》，就加强全球经济治理、推动国际关系民主化、提高新兴国家和发展中国家在国际事务中的发言权、反对一切形式的恐怖主义以及国际金融机构改革、国际货币体系改革等方面达成一致意见。这显示金砖国家不仅在经济领域，而且在政治领域也将发挥越来越大的作用，努力促进全球秩序重建和国际体系的转型向着更加公正、民主、平等和更加有利于发展中国家的方向发展。

在发展中国家中，拉美和加勒比国家正在努力进一步推进拉美地区一体化，谋求建立新的地区组织，使拉美地区成为多极世界中的一极。这也是一个不可忽视的趋势。2010年2月在墨西哥坎昆举行的里约集团和加勒比国家联盟首脑会议通过《坎昆宣言》，决定成立一个由拉美及加勒比地区33个国家组成的国家集团，并于2011年12月2日至3日的首脑会议上正式宣布成立拉美及加勒比国家共同体。它是"第一个把美国和加拿大排除在外的完全由拉美和加勒比国家组成的新地区组织"，"将标志着该地区的一体化进程进入一个全新的历史阶段，将是拉美国家独立200年以来最重大的历史事件"，表明"在建立新的世界经济体系和国际关系格局调整中，拉美国家将会发挥更大的作用"。

(二) 经济领域

(1) 美国正在构建"跨太平洋战略经济伙伴关系"(TPP)。这个举措就是要建立一个美国主导下的亚太经济新秩序。美国将制定一套新的贸易规则,若中国加入就会受其制约,其目的之一是要遏制中国在本地区的影响力。印度《经济时报》11月7日的文章说:"它将把美国引入亚洲地区贸易结构的中心,并且提供一支抗衡中国的力量。"

(2) 在金融体制改革方面,美欧之间以及西方与新兴大国之间都在争夺主导权。从2008年爆发美国金融危机到全球经济危机和欧洲主权债务危机,都日益明显地暴露了先行全球金融体制的缺陷和不合理、不公正。虽然世界银行和国际货币基金年组织已两次提升了中国等发展中国家的投票权和份额,但依然没有根本改变美国可以一票否决和欧盟提及否决的特权。现在美欧之间以及西方国家与新兴国家之间在今后金融体制改革方面的分歧越来越突出,核心问题一是争夺改革中的主导权,二是关于美元霸权的争斗。美国极尽全力要保持美元霸权,并还在利用它的美元霸权地位打击欧元和人民币,转嫁美国的经济危机;而欧洲国家和新兴国家正在努力争取逐步改变这种不公正、不合理的格局。

长期以来美国利用三大信用评级机构操控国际金融市场,影响全球经济。在这次欧盟主权债务危机中,又利用它的评级机构打击欧洲,对欧洲经济困难火上加油。因此,欧盟正计划在紧急情况下禁止信用评级公司针对陷入危机的欧盟成员发布信用评级。同时,欧盟正在考虑建立自己独立的评级机构,以削弱美国评级机构的影响力。中国的信用评级机构也正在崛起,如大公国际资信评估有限公司和北京中科经协信用评估中心有限公司等已初露锋芒。

(三) 军事安全领域

(1) 美国正在大力强化它的亚洲联盟体系。美国保守派智库"2049计划研究所"网站9月份发表了一份题为《21世纪的亚洲联盟》的研究报告。报告集中针对中国提出了强化美国在亚洲的联盟的五条政策建议。其中最重要的有三条：第一，把"辐射状"模式改为"点对点"模式，即建立网络模式的联盟以及特殊的联盟（指印尼、印度和越南）。报告说，"联盟需要结成一个集团网络。这个网络要能够使各个双边联盟（注：美国在亚洲有五个双边联盟）得以迅速和有效地单独或联合行动。"事实上美国政府已经在这样做了。最近，奥巴马访问澳大利亚期间，已与澳政府签订了在澳常驻美国海军陆战队的协议，这是"二战"以来在澳美军事关系上尚属首次。第二，建立美、日、韩三边联盟，2010年以来美国一直在尝试着这样做，如进行美、日、韩三国联合军演等。第三，美国政府须改变其在自己建造什么武器系统以及向盟国转让什么技术问题上的思维定式。文章说，过去对日本、韩国和台湾限制较严，是因为担心日本卷土重来和台湾和韩国获得发动战争的灵活性。现在面对中国崛起的新形势，要改变这种思维定式。其中包括要放宽对台湾出售武器和技术转让的限制。

特别值得注意的是据日本媒体报道，最近美国放松了对日本研制核武器的关注。美国卡托研究所副所长卡彭特曾表示："应该允许日韩两国进行核武装。"美国著名专栏作家、新保守主义的核心人物之一克劳萨默在《华盛顿邮报》上撰文说，"在不安分的邻国拥有核武器的今天，日本有必要重新考虑核武装的问题。"值得注意的是，虽然这种声音在美国尚未成为主流，但正在渐渐增多。

（2）美国正式实施在欧洲部署针对俄罗斯和伊朗的反导系统。除了在波兰已部署反导系统外，现在已开始在罗马尼亚和土耳其部署反导系统和供反导用的雷达，实际上这套系统把中国的西部也包括在内。俄罗斯已明确表示要考虑采取反制措施。11月23日，俄罗斯总统梅德韦杰夫正式宣布了四条反制措施。他说：俄罗斯将在西部和南部部署现代化武器打击系统，摧毁欧洲反导系统。俄罗斯的强硬立场不仅为了保卫本国的安全，与普京提出的构建欧亚联盟也有关系。

（3）由于美国未能说服伊拉克允许留驻美军享有豁免权，不得不在2011年年底全部撤举。现在美国将集中建设在海湾的军事基地，强化与海湾国家的军事联盟。早在2011年3月，美国务院常务副国务卿伯恩斯在参议院对外关系委员会作证时就表示美国要重新制定中东战略。9月20日，美国战略与国际问题研究中心提出了一份完整的新中东战略报告，题目叫《伊拉克与美国在海湾的战略》，强调在美军撤出伊拉克后，要集中加强在海湾地区的同盟关系，以利于加强对伊朗的遏制，提出要重塑与埃及、约旦、也门和土耳其这几个关键国家的战略关系，确保美国在整个中东地区的利益和主导地位。

（4）与西欧盟国一起推行新干涉主义。利比亚模式将会被复制。利比亚模式有两大特点，一是让阿盟和非盟出面，阻止中俄在安理会内使用否决权。在叙利亚问题上因未能说服阿盟再在安理会内出面遭到中俄否决，但现在又成功地说服阿盟出来制裁叙利亚，这可能是第一步。第二个特点是打着支持改革和民主要求的旗子，支持和武装反对派使用武力实现政权更迭。在叙利亚问题上，美法等国和北约可能给予空中支持，但有可能让土耳其和卡塔尔等国出兵支持反对派。法国已提出设立安全走廊建议,一旦被采纳,叙利亚冲突的扩大将不可避免。

(5)确立新战争模式:即零地面部队,无人机攻击,特种部队。美国在埃塞俄比亚建立的无人机基地已投入使用。美国正在制定机器人作战规则。

(四)网络和太空领域

随着网络武器(如震网武器)和太空武器(如空天飞机等)的出现,原来的战争法已经不适用了。原先中俄在联合国内一再提出反对太空武器化业已过时。现在美国正在努力主导网络战和太空战规则和秩序的制定。

奥巴马上台以来已经发表了《网络空间国际战略》、《国家网络安全综合计划》和《国家安全太空战略报告》等。美国一些学者指出,奥巴马政府这些报告旨在建立网络空间和太空国际规则。2011年5月白宫首次公布名为《网络空间国际战略》的纲要性文件,宣称美国将与全球其他国家加强合作,追求网络安全与自由。文件最"强硬"的一条规定是,如果未来遭到威胁美国国土安全的网络攻击,美国可以动用军事实力反击。11月16日,美国又出台了网络空间作战新纲领,制定了用于网络空间的攻击行动的法律框架。美国还敦促世界各国签署一项为期10年的打击网络犯罪公约,目前已有30个国家批准,但中俄尚未签署。作为对策,早些时候,中国、俄罗斯等国于12日向联合国提交《信息安全国际行为准则》文件,并呼吁各国在联合国框架内就此展开进一步讨论,以尽早就规范各国在信息和网络空间行为的国际准则和规则达成共识。2011年11月在伦敦举行的国际网络空间会议上,以美国为首的西方国家与以中俄为主的12国家就网络秩序展开了激烈的交锋。

(五) 新闻秩序

如今，西方四大通讯社（美联社、合众国际通讯社、路透社和法新社）控制了全球80%的信息流量，少数西方发达国家控制了全球90%的无线电波段，同时美国又控制了全球因特网信息系统。这就是为什么操控和左右全球舆论导向被西方国家操控的原因。广大发展中国家对这种不公正、不平等的新闻秩序早就表示强烈不满，要求改革。因此，早在20世纪70年代由不结盟运动在联合国内就提出了建立国际新闻新秩序的问题，从此成为每年联大的议题之一。但是，辩论了几十年基本上没有什么结果。然而，随着新兴大国的群体崛起，它们的新闻舆论影响力也在不断增强，特别是中国近年来新闻事业尤其是对外新闻事业快速发展，引起了西方国家的关注。2009年美国先后派了三个半官方和学者来华调查中国新闻事业发展趋势及其影响。尤其是2011年6月1日，《华尔街日报》全文刊登新华社社长李从军的文章《构建国际舆论新秩序》后，受到国际社会广泛关注，俄罗斯和广大发展中国家普遍表示赞赏与共鸣，但美国为首的西方发达国家则感震惊，并以警惕的眼光予以高度关注。最近，美国一些议员鉴于中国新闻影响力日益扩大，鼓吹限制中国媒体扩张，再一次暴露了西方鼓吹"新闻自由"的虚伪性。

2011年7月，英国《世界新闻报》窃听丑闻曝光，暴露了西方新闻自由的丑恶，媒体与政治勾结左右国内和国际舆论，也暴露了西方媒体客观公正的虚伪性，并侵犯了个人隐私和自由。现在西方国家如英国也提出要整顿新闻秩序。

由此可见，一场关于建立国际新闻新秩序的辩论将重新提到联合国和国际社会的议事日程，斗争将是十分激烈的。

总体上看，2011年这场大动荡不会很快过去，将持续若干年，而国际秩序的重建将需要更长的时间。我国作为一个正在崛起中的新兴大国要有足够的思想准备、理论准备、应对策略和人才准备。

（作者为中国国际问题研究基金会美国研究中心执行主任）

美欧经济困难　亚太地区变动　西亚北非乱局

杨成绪

2011年国际上重大事件接踵而来，从阿拉伯之"春"，伦敦之"夏"，到华尔街之"秋"，或许正在进入叙利亚和伊朗之"冬"。与20世纪相比，21世纪至今除了没有发生世界大战以外，国际局势之剧烈动荡，大国博弈之复杂多变，国与国之间公开和隐蔽斗争之交替，不同文化、宗教、信仰之相互排斥，一国之内不同部族之激烈对峙，恐怖主义自杀性袭击之持续不断，都在以前所未有的烈度和广度蔓延和开展之中。而美欧经济陷入困境，美国调整战略重点，引起亚太地区形势的变动以及西亚北非乱局，是2011年影响国际形势发展最为重要的三件大事。

美欧经济困境　影响世界政治经济

美国国债和欧洲主权债务危机是2011年撼动世界经济、影响政治最为重大的事件。

美国经济在2008年金融危机之后，复苏前景不明，经济始终疲软，失业率居高不下。8月标准普尔对美国长期主权信用评级由 AAA 降到 AA+，美国历史上首次失去了 AAA 信用评级。这一消息公布之次日，国际股市大跌，美国信用度一泻千里，震动全世界。发生这件事的来源还是在5月16日美国国债接近14.29万亿美元举债上限，面临违约风险，联邦财政支付能力仅能维持到8月2日。经过美国两党协商，终于就提高债务上限达成共识，但面临2012年美国大选，两党激烈的政治博弈，除了提高债务上限外，并没有能对真正的减少债务、推动经济增长产生积极影响。至今美国两党未能就削减财政赤字达成协议，影响2012年美国经济走向。

在2008年美国金融危机冲击下，2010年希腊引爆欧洲主权债务危机，并迅速波及爱尔兰、西班牙、葡萄牙和意大利。2011年，危机日趋严重，其影响已从经济领域扩大到政治领域。2011年因债务危机下台的第一个欧洲国家总理是爱尔兰的赖恩·考恩。第二位是葡萄牙总理苏格拉底因财政紧缩计划遭议会否决而辞职。在接近岁末时刻，希腊、意大利、西班牙三国领导人相继更迭。希腊由帕帕季莫斯取代帕潘德里欧出任总理，随后意大利总理贝卢斯科尼终于辞去总理，新任命的总理为经济学家马里奥·蒙蒂。面对难以缓解的债务危机，迫使西班牙不得不提前大选，反对党人民党获得大胜，人民党主席马里亚诺·拉霍伊当选为下届政府首相。

美国先后在阿富汗和伊拉克的十年战争，军费开支持续增加，已占美国全部预算的20%，两场战争耗资数以万亿美元。这一切只能促使美国国债问题进一步恶化。在经济全球化的进程中，美欧各国经济虚拟化不断深化，实体经济不同程度萎缩和空心化。在高福利、高消费的同时，储蓄率不断下降，失业率剧增，已成为这些国家经济的痼疾。而造成美欧债务危机的根本原因是多年以来，这些国家一直采取赤字预算，刺激经济，致使债台高筑。西方国家各政党通过选举上台执政，往往以高福利作为吸引选民的手段，一旦经济状况恶化，又要求人民节衣缩食，就必然引起人民的不满，其结局就是示威游行、罢工不断、政府更迭。

民意表明，美国人对国家的整体满意度已跌到11%，近3/4的人认为"美国正走在错误的道路上"。作为一个最为突出的反应是，美国纽约曼哈顿金融区9月中旬爆发了"占领华尔街"示威运动，抗议华尔街金融机构贪婪腐败，指责政府为了救助它们而让美国绝大多数人陷入经济困境。运动规模迅速扩大，而且产生"蝴蝶效应"，可持续性也惊人。美国各大、中城市都相继发生"占领"运动，参加者既有学生，也有退伍军人。12月，示威者又占领华盛顿"说客一条街"，他们提出不能让政府和国会为1%的富人服务。这些运动震动着美国，引起全世界的关注，"是当前美国社会矛盾的真实写照"，是"美国经济、社会、政治领域矛盾多年积累的一次大爆发"。

而欧洲国家反政府的示威游行更为频繁，其涉及问题之严重、政府更迭之多，可以认为这几乎与20世纪80年代初东欧剧变达到了同样的规模和深度。这次的不同之处在于，当时东欧人民要求改变的是社会制度，而现在欧洲国家人民固然对当前的社会制度有所置疑，但并不要求根本改变，而是反对执政当局紧缩财政支出、减少福利，或者反对贫富差距扩大、失业增加。欧洲国家的老龄化、福利多早已超出国家的承受能力。以往这些国家为了争取选票，保持执政地位，不断增加债务，现在已经达到了极限，处于难以为继的地步。尽管建立了欧盟，成立了欧元区，但是欧洲国家原来基础不一样，发展水平也有很大区别。现在处境较好的西欧国家，不愿将自己辛勤劳动的收入拿去援助陷入困境的南欧国家。当然欧洲国家的政治家们知道，在当今大国博弈的时代，欧洲作为一个强大的政治集团，欧元不能崩溃，欧盟不能解体。他们要说服自己国家的人民，救援南欧国家不容易；要迫使南欧国家紧缩开支，保证偿还贷款，也不容易。债务国和债权国的矛盾，政府和人民的矛盾一时难以缓解。可以预见，欧元区不会骤然崩溃。欧元主权债务危机也不可能在短时期内解决。这将在各种力量反复较量，经过残酷、曲折而深刻的斗争，才能见分晓。

排外、狭隘、民族主义思想抬头

32岁的挪威人布雷维克6月22日在奥斯陆市中心政府办公楼附近引爆炸弹，随后又登上奥斯陆以西的于特岛，向当地的挪威工党夏令营成员疯狂开枪扫射，在这两起惨案中，共有92人死亡，不少人受伤。这是自第二次世界大战以来，在挪威发生的最为严重的屠杀事件。布雷维克自称是一个"保守的人"，极右翼反穆斯林分子，极力反对不同文化共存。这一事件发生绝非偶然。早在2010年德国银行董事萨拉辛发表种族歧视言论，发泄排外情绪，他著书《德国的自我毁灭》声称由于大量移民涌入，德国正在自我毁灭。尽管德国社会声疾色厉地批判了萨拉辛，但这本书成了畅销书，认同萨拉辛观点的人也不在少数。2011年8月，伦敦一名黑人男子达根被警察开枪打死。这件事发生在白色贫民和有色移民杂居的伦敦托特纳姆区。最后证实达根死于无辜。这一事件最初是人们上街抗议种族歧视，但迅速演变成一场大规模骚乱，从伦敦蔓延到英国各大城市。参加这场骚乱的多为年轻人。在不断上升的失业率、民间排外情绪增长、极右翼势力极其活跃的影响下，欧洲不少国家如法国、德国、意大利、丹麦等极右翼政党在当地选举中，支持率日益上升，正在对本国的政局产生重大影响。

美重返亚太，地区形势变化

继2010年，美日、美韩加强军事同盟关系，挑动南海问题之后，2011年美国正式宣称，战略重点转移到亚太，重视经济问题，深化和盟国关系，加强和中国对话。围绕夏威夷亚太经合会议和巴厘东亚峰会前后，美国在亚太地区空前活跃。美、日、韩进一步协调加强盟国关系；美国鼓励印度关切缅甸，进一步向东看，负起更大责任；加强和菲律宾、越南的军事合作。东亚峰会前，奥巴马总统访问澳大利亚，希拉里国务卿访问菲律宾和泰国，12月初访问50年来从来也没有访问过的缅甸。10月美国国防部长帕内塔访问印度尼西亚、日本和菲律宾。按照美国主流媒体的说法，帕内塔这次访问意在向中国表明，美国因为反恐战争错过10年之后，现在美国战略重点已经确定放在亚太了。与此同时，日本、印度、越南和菲律宾相互访问异常频繁。在这些双边活动中，南海问题成了不可缺少的话题。9月菲律宾总统阿基诺三世访问日本，两国主张尽早制定一个具有法律约束力的南海行为准则。10月日、越签署《海洋战略安保协议》，两国要对南海争议问题采取统一协调政策。同一时期日本外相玄叶光一朗走访新加坡、马来西亚和印度尼西亚三国，游说它们支持日本在东亚峰会上提出建立南海安全论坛的建议。同月，日本《产经新闻》撰文将中国比作中国战国时代的秦国，将越南、菲律宾、美国、日本、印度、澳大利亚比作"六国",鼓励这六个国家在南海问题上推行连横战略,共同对抗中国。国际舆论对美国重返亚太,是攻还是守莫衷一是。2009年,日本民主党大选获胜,由鸠山由纪夫组阁出任首相。他公开宣称的对美、对华和建立东亚共同体的政策主张,被美、日一些舆论认为日本正在"脱美入亚",撼动了美日联盟。而韩国在李明博2007年出任总理前,美韩关系也并不十分融洽。美国反恐战争十年间,美国和它在亚洲关系最密切的日韩两个盟国出现麻烦。恰恰就在此期间,中国崛起,在亚太地区影响扩大、地位上升。特别是中日、中韩以及中国和东盟的贸易额均已超过美国和这些国家的贸易额。20世纪70年代,日本和东南亚国家的贸易额第一次超过美国和东南亚国家的贸易额,成为美国在这一地区最大的经济竞争对手,引起美国的警惕。美国力压日元升值,以加强美国产品的竞争力。直到1985年通过"广场协议",日元被迫升值,随后日本经济也进入了长期低迷。有鉴于以往的经验,美国将目标集中对付中国,仍然以压人民币升值为主,意图显然是在经济上削弱中国的竞争力,在政治上维护美国在亚太的主导地位。但是中国不是日本,美国难以像对付日本那样,对付中国。

奥巴马出任总统后,决定改弦易辙,2011年底从伊拉克撤军,2014年从阿富汗撤军。美国期望摆脱缠身十年之久的反恐战争,将力量集中解决国内问题,加强在亚太的存在。美国既要发展和中国的关系,也要牵制中国。

2011年在亚太地区军事演习之频繁,可以说超过以往任何时期。美国菲律宾、美国越南等军演接连不断,特别是7月,美日、日本和澳大利亚海军军演,一改以往在日本周边海域,第一次在文莱近海海域举行联合军演,这三个国家还将联合支援东南亚国家的军队,向各国传授排雷技术和反海盗经验。值得注意的是，不久以前传出澳大利亚外交部长陆克文支持美、澳、印三个国家缔结新的三方安全条约。据报道，印度外交部发言人称，不知道这份将印度拖入针对中国的防卫合作协议。《印度时报》网站报道，印度拒绝参加美澳印三边安全合作框架协议。澳大利亚外交部人士也立即声明，陆克文的讲话被误读。在经济上，美国推动"跨太平洋战略经济伙伴协定"（TPP），意在规范中国等新兴国家经济行为准则（如规定最低劳工收入，防止非法盗取专利知识等），也想压日本等国开放国内市场，削弱东亚和东南亚经济一体化进程，建立以美国为主导的亚太自由贸易机制。在安全政策上，从长远来看，美国意图建立类似美欧联盟的亚洲版北约，加强从日、韩、关岛直到澳大利亚的军事基地，目标对准中国。美国已将60%潜水艇部署在亚太，今后还将把60%的航空母舰部署在亚太。按照美国和一些国家舆论的说法是，美国正在进一步加强对中国的包围圈，加大对中国遏制的力度。美国"重返"亚太，2010年岁末，东北亚炮声隆隆不绝于耳。风平浪静，沉寂十余年的太平洋，2011年似乎波涛汹涌。国与国之间争议不断，相互戒备增加，军备竞赛加剧。但是所有这一切逆潮流而动的战略调整、军事部署、遏制假想敌，确能造成一时间的喧闹，但难以改变这一地区近十余年来发展的基本趋势。

西亚北非乱局

2010年底，突尼斯大学毕业生布瓦吉吉找不到工作，在街道上摆摊经商，又遭羞辱，愤而在自己家乡阿布宰德市当街自焚。这一事件引发了突尼斯群众大规模示威游行，遭到军警镇压，造成伤亡。2011年新年伊始，突尼斯发生的动乱迅速蔓延到埃及、利比亚、也门、巴林和叙利亚。西亚北非地区从阿尔及利亚、黎巴嫩、苏丹、毛里塔尼亚、摩洛哥、沙特阿拉伯、阿联酋、科威特等国先后爆发反政府游行或集会。这些国家的王室和政府通过改组政府、修改宪法、取消紧急状态、提高人民福利、向人民群众发放大量救济金等应急措施，暂时缓和了人民反政府影响的扩散，防止酿成一场动乱。

西亚北非乱局基本上是内部因素造成的。在这些国家中，既有石油丰富的富国，也有资源贫乏的穷国。自20世纪摆脱殖民统治、取得民族独立以后，有的国家依然保持君主制，有的国家推翻旧王朝，建立立宪政体。几十年来，政治改革滞后，有的国家经济发展缓慢。独裁家族统治，子承父业，贪污腐败，道德沦丧，造成民怨民愤。而20世纪阿拉伯国家和以色列进行战争屡战屡败。在人民群众中产生世俗政权难以应对当今世界新潮流，因此主张宗教治国，至少在今日政治中要增加宗教色彩。有的国家少数部族不能得到公正对待。有的国家占人口少数的什叶派统治占人口多数的逊尼派，有的国家则占人口少数的逊尼派统治占人口多数的什叶派。这种种矛盾在激化时，很易于酿成武装冲突或内战，导致难以收拾的局面。美欧等大国从地缘政治、石油资源等方面考虑，不失时机干预这些国家内政，推波助澜，支持反政府集团，以不同的方式推翻这些国家的政府。

2011年一年，全世界关注的焦点几乎集中在突尼斯、埃及、利比亚、也门、叙利亚和巴林六个国家。

1月，执政24年的突尼斯总统本·阿里流亡沙特，国内组建新政府，宣布举行制宪议会选举，制定新宪法。突尼斯形势始终没有缓和下来，但也没有出现大的动乱，逐渐淡出人们的视线。

2011年埃及游行示威不断，推翻了穆巴拉克政权，由军人接管政权。人们从怀疑对穆巴拉克审判的公正性，直到再次爆发大规模示威游行，要求军人交权。一年来，整个国家始终处于动荡不定的局面。

利比亚于1月底，先是爆发要求卡扎菲下台的示威游行，随后成立过渡委员会，呼吁人民起来，推翻卡扎菲政权，实现民主过渡。美、英、法利用联合国通过制裁利比亚和在利比亚建立禁飞区的决议，对利比亚实施大规模空袭，进行军事干预，向反政府者提供资金、武器和培训等。在外国武力干预下，卡扎菲逐渐败北。利比亚过渡委员会部队攻入的黎波里，卡扎菲本人最终战死家乡，次子赛义夫也被俘。

1月底，也门爆发反政府示威游行后，局势始终没有稳定，高达60万也门人在首都萨那示威游行，要求萨利赫总统下台。在海湾合作委员会斡旋下，萨利赫多次表示要交权，但一再食言，直到11月底，萨利赫眼见国内形势不断恶化，国际压力日增，终于在沙特阿拉伯首都利雅得签署协议，同意交权，以期获得自己和家人的豁免权。

2011年2月，巴林人民群众游行示威，要求执政40年的首相哈利法下台，实施君主立宪，建立民选政府，群情激奋。沙特和阿联酋迅速派出军队和警察保卫属于逊尼派的巴林政府，维护巴林社会秩序。国王哈马德表示愿意通过改革，缓和与大部分为什叶派的人民群众的关系。迄今什叶派反政府斗争未能消停下来。

叙利亚人民不断抗议政府屠杀示威游行群众，反政府活动从大马士革向阿勒颇、哈赛克等主要城市蔓延。美国总统奥巴马早已要求巴沙尔总统下台，国务卿希拉里称，巴沙尔已失去执政的合法性。美欧等国均在与叙利亚反对派进行接触，提供支持。法国还要求建立"人道主义通道"。阿盟在斡旋未果的情况下，宣布中止叙利亚阿盟成员国资格，对叙利亚进行制裁。叙利亚已签署阿盟派观察员的协议。到目前为止，叙利亚形势日趋严重，但巴沙尔仍在坚持中。

对比本·阿里逃亡，穆巴拉克进狱就审，卡扎菲战死沙场的结局，自称在"蛇头上跳舞"的沙利赫倒似乎有些"体面下台"的味道。巴林正在试图通过改革，缓和国内人民对政府的不满。10月突尼斯举行制宪议会，被认为温和的突尼斯复兴党成为第一大党，在议会217个席位中占据了89个席位。在埃及议会11月底举行的第一阶段选举中，获胜的穆斯林兄弟会下属的自由与正义党获得不到40%选票，另一个激进的伊斯兰政党——光明党（萨拉菲派）获得多于20%的选票。利比亚将在2012年举行选举，过渡委员会负责人已表示，利比亚要以伊斯兰教为立法基础。从以上三个国家来看，今后穆斯林将在政治中发挥主导作用，已确定无疑。

而叙利亚至今前景不明。在2011年中东乱局的"棋局"中，推翻巴沙尔政府是西方国家志在必得的最后一步棋。由伊朗、叙利亚、巴勒斯坦哈马斯和黎巴嫩真主党构成的月牙纵深地带，是这一地区最大的反对美欧和以色列的集团。攻下叙利亚，势必孤立伊朗，增加西方国家不战而胜的前景。反之，如攻不下叙利亚，势必增加孤立、打击伊朗的难度。攻下叙利亚是打击伊朗的前奏，叙利亚究竟能坚持多久？且拭目以待。

（作者为中国国际问题研究基金会研究员、中国前驻奥地利大使）

世界经济在多重冲击下艰难爬行

谷源洋

2010年12月,中央经济工作会议指出"2011年世界经济有望继续复苏",这一判断符合世界经济发展的客观现实。但究竟是什么样的复苏?人们有不同的说法:"缓慢的复苏"、"脆弱的复苏"、"放缓的复苏"、"被拉长的复苏"、"无就业的复苏"等,然而,共同点是"复苏",但复苏道路坎坷,突发经济事件不断涌现。从国际金融机构预测数据看,2011年发达经济体和发展经济体的增长幅度同步回落。国际货币基金组织(IMF)9月发布的《世界经济展望报告》将2011年世界经济增长率从早先预估的4.3%降至4.0%,这一预测值仍有些偏高,我们认为2011年世界经济增长率约为3%,世界经济周期远未从复苏阶段进入扩张阶段。

世界经济出现波折,复苏势头回落,主要表现与原因有以下几点。

一、美国复苏动力不足,加速世界经济下行风险

为刺激经济回缓、拉动就业增加,美联储两次实施"量化

宽松"（QE）货币政策，向市场提供了 2.35 万亿美元，推动国债收益率跌至创纪录低点及三大股指反弹；美元贬值改善了贸易条件，贸易逆差降至接近 3%；失业率从 2010 年 12 月的 9.4% 降至 2011 年 1 月的 9%、2 月的 8.9% 和 3 月的 8.8%；物价延续了自上年夏季以来攀升的势头，通货膨胀预期上升，通货紧缩压力缓解。然而，"量化宽松"货币政策所释放出的流动性并没有进入美国实体经济，相当一部分流入新兴市场国家。据国际金融协会（IIF）估计，2010 年全球流入新兴市场国家的资金约为 8700 亿美元，其中约 5500 亿美元来自美国。大量资金流入新兴市场国家引发资产价格泡沫，既导致美国经济复苏动力不足，又推动能源和大宗商品价格上扬，加剧全球通胀压力及全球经济下行速度，反过来又影响美国的商品出口和就业状况。

尤其金融危机积累的三大"痼疾"抑制着美国经济复苏步伐：

高失业率：2010 年 11 月，伯南克曾说，"按照当前的经济发展趋势，美国将面临持续多年的大量劳动者失业或不能充分就业的风险"。因此，奥巴马推出五年出口倍增、产业回归和创造就业岗位计划（2010—2014 年）；加强高速铁路及高速无线网建设的投资，拉动国内需求和创造就业；创建《就业和竞争力委员会》，发展制造业，扩大出口，通过科技创新，提升竞争力。但美国就业状况没有好转，美联储预测 2011 年失业率将维持在 9.0%—9.1%，高于 6 月份预测的 8.6%—8.9%。失业率居高不下的原因是：经济复苏力度不够；宽松货币和财政政策重点没有放在创造就业上；内外消费需求不够强劲，企业不愿增加雇用人员；企业投资战略重点转向海外，并不愿将其利润调回国内创业；联邦政府和地方政府支出减少，纷纷裁减人员，等等。美国要想消化掉约1700万人的失业（包括金融危机造成的850万人失业），将失业率降至危机前6%以下的水平，需要经过4—5年或更长时间的努力。长期的高失业率业已成为奥巴马争取总统连任道路上的最大障碍之一。

高房地产止赎率：美国次贷危机使550万笔住房贷款出现拖欠或丧失赎回权，导致"两房"资本金严重不足。为防止"两房"陷入破产，联邦政府只好向"两房"注入巨额资金。这一债务移动路径，就是美国卡门·莱因哈特和肯尼斯·罗格夫在《这次不一样》著述中所说的：家庭债务变成为企业债务，企业债务再变成为国家主权债务。然而，债务的转移并不意味着债务的消除。

2011年2月11日，美国财政部及住房和城市发展部共同发布白皮书，宣布对住房抵押贷款市场进行改革，政府逐步退出房地产市场，减少对"两房"的金融支持，并引入私人资本。美国消费者团体表示，政府退出住房抵押贷款市场，将促其住房贷款利率大幅上升，购房成本增加，购房需求减少，房价继续下挫。在美国住房市场上，旧房销售量占楼市销售总量的85%，美国全国房地产经纪人年初公布的数据显示：2010年旧房销售是13年来最差的一年。美国商务部年初发布的报告亦指出，2010年12月美国新房开工数量为52.9万套，环比下降4.3%，同比下降8.2%。2011年以来新房销售量和开工率依然不见起色，主要原因是：房地产市场信贷趋紧；住房需求受到抑制；房屋止赎率高企。房地产市场是美国经济复苏过程中的一根软肋，迄今，楼市仍处于"探底"过程之中，在失业率居高不下的形势下，大量丧失赎回权的房屋进入市场，必将继续压低房价，房地产市场根本好转尚遥遥无期。

高财政赤字：奥巴马上任初期将引领经济复苏作为"首要

任务",并提出"赤字减半"的目标。奥巴马的承诺在即将结束的任期内难以兑现。统计数字显示,2008年美国财政赤字为4590亿美元,2009年升至1.41万亿美元,2010年降为1.29万亿美元,2011年略高于上年约1.3万亿美元。随着财政赤字升高,债务规模迅速扩大。截止到2011年5月16日,美国公共债务已达14.294万亿美元,接近于14.3万亿美元法定上限。奥巴马要求8月2日前提高法定债务上限。美国国会两党围绕减赤和债务规模展开了长达数月之久的政治博弈,最终就今后10年第一部分减赤9170亿美元达成共识。但美国债务规模仍在扩大,到11月中旬已超过15万亿美元。为了大选,民主党打"穷人牌",共和党玩"富人牌",因而由两党组建的"超级委员会"将围绕减赤的方法及减赤的范围继续斗法,"大政府,小市场"与"大市场,小政府"的理论争议将持续下去。鉴于"超级委员会"未能在11月23日前就第二部分减赤1.2万亿美元方案达成一致,2013年将启动自动削减赤字机制。

三大"痼疾"叠加效应促使美国经济朝着疲软方向移动。美国财政部、IMF、世界银行等纷纷下调2011年美国GDP增长率的预期。美国一再放缓的利空经济数据,使国内外不少人多次判定美联储将推出QE3,但美联储只是把自2008年12月以来推行的"超低利率"延续到2013年中期,并没有出台QE3计划。究其原因:一是QE3将推高通胀率,导致利率上调,有悖于美联储"定期宽松"货币政策;二是国内疲软的经济吸收不了QE3释放出来的流动性,资金继续流入境外将加剧全球通胀压力;三是国内外存在抵制"量化宽松"货币政策的强大力量;四是美国已从通货紧缩转为通货膨胀;五是美国经济虽已步履蹒跚,但尚未恶化到需要重启QE3的程度。如果美国经济继续疲软,通胀率持续下降,美联储有可能推出新的

"量化宽松"的货币政策。美联储没有启动QE3，对新兴市场国家是有利的。

由于美国经济的利空因素远多于利好因素，因此，奥巴马在9月8日出台了《就业法案》，以提振美国经济和增加就业岗位，总金额为4470亿美元，主要用于减税和基础设施建设。美联储则实施4000亿美元的"扭转操作"计划，即出售3年以下期限的短期国债去购买6至30年中长期国债，继续压低长期利息。上述两项举措旨在引导资金流入实体经济，刺激经济复苏和增加就业，然而受到来自多方面的抵制，奥巴马难以摆脱"三高一低"的颓势，2011年第一季度到第三季度的经济增长率分别为0.4%、1.3%和2%，年内不会出现连续两个季度的负增长，美联储预计全年经济增长率为1.6%—1.7%，远低于6月份2.7%—2.9%的预测值。为改善经济不景气局面，美国于10月同韩国、巴拿马和哥伦比亚签署了自由贸易协定，并在军事和政治战略关注点转向亚洲的同时，又以主导者身份加速推动"跨太平洋战略经济伙伴协定"（TPP）谈判进程，试图以此举实现"出口倍增"计划。但TPP谈判路程艰难，难解美国"燃眉之急"。美国经济持续疲软对世界经济起了下拉作用。

二、美债信用等级下调，世界经济陷入乱象

2011年8月5日，标普公司将美国主权信用等级从AAA下调至AA＋，引发全球股市连续几个交易日暴跌，反映出市场对美国经济及世界经济缺乏信心。表面上看，标普降级依据是美国两党减赤规模不足等，实际上，自美国金融危机以来，

标普等三大信用评级公司肆意对其他国家的主权债务说三道四，而对美国主权债务风险却视而不见，因而受到国际社会批评，欧盟委员会主席巴罗佐谴责美国国际信用评级公司助长了金融市场的投机行为，具有明显的"反欧洲"倾向。标普下调美国主权债务等级表现出它的所谓"客观独立性"，其实是为了维护标普的长期商业利益。标普的降级行动虽没有引起连锁反应，但美国债信无疑受到冲击和质疑。

然而，美国提高债务法定上限及标普降低信用等级并不意味美国已经发生了主权债务危机。自 2011 年 5 月以来，美国总统奥巴马、财长盖特纳和美联储主席伯南克不断放言，如果不提高债务上限，美国政府将无法正常运作和按期偿还到期债务。但美国民主党和共和党都清楚，美国作为世界第一经济强国，美元作为主要国际储备货币、国际贸易计价和结算货币、国际投资货币，美国政府不会轻易对购买的国内外债券予以违约。美国主权债务之所以被炒热起来，主要是基于美国总统大选的政治因素，而非经济因素。

从理念上看，美国、欧洲、日本等发达国家都坚持一个基本信条：从国内外举债，只要是用在经济发展上，那么随着经济增长，财政收入就会增加，政府就有能力偿还债务，因而视"透支未来是积极的财政政策"。问题是将赤字和债务控制在多大规模上，才不至于失控而违约？现在还没有一个国际通用的衡量标准，只是把欧元区规定的赤字和债务规模不得超过 GDP 的 3% 和 60% 作为参考值。在克林顿执政时期，美债从占 GDP 的 65.4% 下降到 56.4%，小布什执政时，美债规模上升至 GDP 的 84.2%。奥巴马任总统以来，美债规模有所增加。根据美国财政部公布的数据，截至 2011 年 5 月，在美国政府的主要债权人中，美国社保基金、财政部、美联储等购买的国债超过9万亿美元,而国外持有美国国债约4.7万亿美元。

按理论常规逻辑,标普下调美债等级,将促其融资成本上升,影响实体经济发展,投资人不愿再持有美债,甚至导致持有国抛售美债,促使美债收益率上升,然而,现实情况并非如此,10年期美债价格上涨,而收益率却从约3%降至2%以下,为什么会这样?首先,美国金融机构的资金实力较2008年增强,市场对美债仍抱有较高的信任度;其次,美债市场规模巨大,与日本差不多,远高于德国债券市场规模;再次,在欧债危机继续蔓延形势下,投资人认为美债依然是全球各类资产中风险相对较低的品种;最后,美国为维持美元霸权地位及其影响力,尚没有借钱不还的历史劣迹。

然而,面对国内外的强大压力,奥巴马不得不宣称将转变"债务驱动型"增长模式,但这一模式转变谈何容易。美国财长盖特纳透露美国政府每支出1美元,就约有40美分是借来的钱。罗杰斯指出"30年前美国还是一个值得信任的国家,但现在已经成为世界历史上债务最大的国家之一"、"现在世界上最大的债权国是中国、日本、韩国、新加坡等,世界的资产已为亚洲国家所拥有"。因此,美国摆脱不了对中国等新兴经济体的"巨额外汇储备"及对产油国"石油美元"的依赖,以维持美国经济机器的正常运转。

但这并不是说美债和赤字占GDP的比重就永远降不下来。国际经验表明,任何国家举债都是有限度的,否则就会陷入债务危机。美国白宫行政管理和预算局9月1日发布的报告指出,2011财年联邦赤字占GDP的比重已从2月的10.9%调至8.8%。如果今后10年内美国能够真正做到削减财政赤字2.5万亿美元左右,加上美国经济总量仍在增加,美债占GDP的比重存在逐步降低的可能性。

今后 10 年美国面临偿还债务和减赤的痛苦，势必继续通过美元贬值和通货膨胀，向包括中国在内的其他国家转嫁危机，推动货币摩擦升温，这是中国购买美国资产和持有美元储备面临的风险。中国政府为摆脱"美元陷阱"和化解风险，一是坚持改革国际货币体系的诉求；二是推动美元储备投资多元化战略；三是以经济和贸易为基础，逐步推进人民币国际化。

三、欧洲债务危机"幽灵"搅全球金融市场，弱化了世界经济复苏势头

欧元区一体化存在的"先天不足"以及成员国的财政赤字和债务规模都已超出《马约》的规定，因而接二连三出现主权债务危机和债务险情并不会使人感到意外。2010 年欧盟和 IMF 等向希腊提供了第一笔 1100 亿欧元的救助贷款，但这笔贷款并没有让希腊从债务危机泥潭中走出来，从 2011 年 5 月起，希腊又无力偿还到期债务，欧盟、欧洲央行和 IMF 等经多次磋商，于 7 月 21 日又决定向希腊提供第二笔 1090 亿欧元贷款救助。与其第一次救助方案相比，第二次救助方案增加了私人资金的自愿参与，主要由银行机构提供 500 亿欧元；贷款条件更显优惠，借款利率降至 3.5%，还款期限从 7 年延长到 15 年，最长可达 30 年，从而平息了希腊政府债务违约的忧虑。但国际社会认为希腊存在或隐伏着"选择性违约"或"技术性违约"，第二次救援方案并不是"终极救赎"，加上美国三家信用评级机构推波助澜，数次下调主权债务信用等级，因此，全球市场担忧继希腊、爱尔兰、冰岛、葡萄牙之后，危机之火烧向欧元区第三大经济体意大利和第四大经济体西班牙。近 20 年

来，意大利经济没有什么起色，年均经济增长仅为0.9%，低速经济增长造成财政税收萎缩，而福利开支却居高不下，赤字和债务猛增，截至2011年8月初，意大利债务规模已占GDP的128%，10年期国债收益率升至6.26%，而西班牙10年期的国债收益率更高达6.46%。国债收益率攀升，导致借贷成本增加，使意大利和西班牙以及欧洲金融市场充满紧张情绪。为安抚和稳定市场情绪，意大利总理贝卢斯科尼宣布将提前一年在2013年实现财政收支平衡，意政府于8月12日推出了两年内削减455亿欧元的开支计划。由于意大利主权债务规摸高达1.84万亿欧元，是希腊的5.6倍，10年期国债收益率现已超出7%的危险线，因而市场并不相信意大利总理和政府的"承诺"。一旦意大利爆发债务危机，欧盟、欧洲央行和IMF也都无能为力，并将冲击欧元区的核心国家，对世界经济所产生的影响是希腊债务危机难以比拟的。

欧洲摆脱债务困境和走出债务危机并没有什么捷径，不外乎实施七项短期性和长期性的综合措施：一是弥补欧元区一体化存在的"先天不足"，将货币政策与财政政策协调起来，建立欧元区财政管理体系；二是严明内部纪律，严格执行加入欧元区的"五个趋同"标准；三是改革各成员国财政政策，降低社会福利支出；四是欧盟、欧洲央行、IMF和各国主要银行等坚持联手救援，建立足以应对更大经济体爆发危机的欧洲金融稳定基金（EFSF），并启动欧洲稳定机制，以扩大救助能力；五是欧洲央行购买欧元区风险高的债券；六是开源节流，扩大税收税种和提高税率，实施紧缩的财政政策；七是提高经济和企业竞争力和活力，缺乏竞争力是欧洲债务国面临的根本问题，除非能重振欧洲的竞争力，否则市场就不会稳定，危机将不断涌现。

上述路径和对策能否得到有效实施，涉及欧洲债情前景。前景无非：第一是债务危机国能忍受住"瘦身计划"带来的"长痛"和"短痛"，逐步兑现减少财政赤字及收缩债务规模的承诺，最终将赤字和债务规模降至占GDP的3%、60%或以下。第二是债务危机国是扶不起来的"阿斗"，最终被迫债务违约或债务重组。上述两种前景都有可能发生，希腊官方公布的数据显示：2011年的预算赤字相当于GDP的9%，虽然超过预期目标的7.6%，但比2010年的10.5%下降了1.5个百分点，由于希腊债务得以减记，2012年财政赤字将降至GDP的6.7%。EFSF首席执行官克劳斯·雷格林宣称欧元区在2014年有望结束债务危机。但这仅仅是人们心中的"希望和期待"。假如出现第二种前景，欧元区声誉及欧洲一体化进程将会受到损害，但所付代价远小于欧元区解体和欧元崩溃。默克尔明确表示，"欧元是德国经济成功的重要条件，没有欧元的欧洲是无法想象的，欧元值得我们付出所有的努力。"尽管德国越来越多的人认为德国不应成为欧元区某些国家的"提款机"，然而，德国最高法院裁决援助希腊等债务国不违背其法律，为救助欧元区排除了障碍。因此，尽管欧债险情继续恶化，但尚不存在欧元区解体和欧元崩溃的前景。

财政紧缩政策必然造成经济滑坡。经合组织（OECD）8月2日公布了关于希腊问题的调查报告指出，2009年和2010年希腊经济分别下降了2%和4.5%，2011年将再下降3.5%，而希腊政府则认为下降幅度将高达5.5%。但这并非说希腊经济永远不能翻身、永续衰退下去，OECD调查报告以及希腊政府均预测2012年希腊经济有望略有增长。然而，日趋紧缩的财政政策促使经济增长并不容易，经济衰退和长期缓慢爬坡无疑是希腊等国应对危机所必须付出的沉重代价。

由于欧元区各成员发展不平衡，其经济表现存在差异。德国经济总量约占欧元区的27%，经济表现好于区内其他国家，主要得益于生产成本降低，企业及产品竞争力强；拥有独特的高端制造业及名牌产品，宝马、保时捷、奥迪等高档汽车成为新兴市场国家富裕阶层所追求的商品；出口贸易旺盛并持有巨额贸易盈余，私人消费保持增长，等等。默克尔在7月底新闻发布会上宣称，"德国已度过危机，现在形势比危机前要好。"随着德国对欧元区命运和欧洲一体化前途决定权的不断扩大，"德国的欧洲"格局正在加速形成。因此，主权债务危机的"幽灵"虽在欧洲到处游荡，但在德国等带动下，欧元区经济仍处于缓慢复苏之中，但从第二季度开始，德国经济停顿，德国财长预测2011年经济增长率为2.9%，并持续下滑至2012年的1%，对欧元区经济拉动作用明显减弱。但德国仍将继续发挥欧洲稳定器和增长发动机的作用。从各方面的预测数据分析，2011年欧元区经济增长率在1.5%左右，较上年有所收缩，2012年可能出现零增长的局面。

欧债长期化和经济持续滑坡，不仅影响欧元的稳定和欧元区经济复苏，也对全球金融市场和世界经济造成冲击，为此G20财长和央行行长要求欧盟领导人表现出"政治勇气"，拿出更加切实可行的计划以解决债务危机。10月23日召开的欧盟峰会讨论了新的救市计划。然而，欧盟各方对新方案看法不一，德国财长认为布鲁塞尔峰会不会给这次危机带来"最终正式的解决方案"。这一看法有它的道理，欧洲债务危机是结构性问题，染上了"慢性病"，但有新的方案总比没有要好。10月27日欧盟峰会终于出台了一些新的举措，包括对希腊债券减记50%，并将EFSF从4400亿欧元扩大到1万亿欧元，等等，然而欧债的解决不会"一路风顺"。希腊总理帕潘德里欧在内外强大压力下，虽然放弃对"一揽子救助计划"进行全民公投，但政局依然动荡和混乱。帕潘德里欧、贝卢斯科尼已经下台，一些国家也在进行政府重组，但新政府要想走出困境，阻力巨大任务艰难，今后欧洲依然有可能发生预想不到的变故。

当前欧洲处于应对债务危机最艰难的关键时期，除欧洲采取"自救"措施外，由于欧债危机产生了"外溢效应"，加强国际合作共同应对危机是不可或缺的行动。IMF总裁拉加德在出席《北京国际金融2011年论坛》时指出，"如果我们不能协调一致，共同行动，世界经济将面临不断走下坡路的风险，并出现无法预测的金融不稳定局面。最终，我们将面对低增长与高失业的失去的10年。"旨在游说中国等新兴市场大国向欧洲伸出援助之手。但各经济体的经济表现不同，面临的经济困难不同，对通过IMF和EFSF购买债券有所顾及，因而对希腊等国"救助"乃至为推动全球经济增长进行政策协调的难度增大，各国的经济政策更加侧重于解决自身存在的问题。尽管如此，美联储等西方六大央行于11月30日联手释放流动性，这是改善欧洲银行业流动性的举措，以降低银行融资成本，应对欧债危机。近两年来，欧洲所采取的种种措施，其中包括23个国家签订的新条约，有助于推动欧债向缓解方向发展，而不是"渐行渐远"。

四、没有预料到的变数给世界经济复苏造成深远负面影响

世界充满危机，有些危机始料未及。首先是"3.11"地震、海啸和核泄漏重创日本经济，日元兑美元和欧元大幅升值

又影响到企业信心,对以汽车制造业为中心的出口造成极大影响,加剧了产业"空心化",使其经济连续三个季度收缩,步入"技术性衰退"。日元节节升高并非日本实体经济的真实反映,而是汇市被投机行为左右。为弱化日元升值对出口造成的负面影响,日本央行年内已数次在外汇市场抛售日元,阻止日元进一步升值,但收效甚微。日元升值、世界经济疲弱、电力供应紧张依然是日本经济面临的主要风险。面对多种风险冲击,日本央行扩大了"量化宽松"货币政策的规模,政府多次追加灾后重建资金,使日本经济收缩幅度趋窄,第三季度GDP环比增长1.5%,按年率计算增长了5.6%,主要得益于企业加大生产,内需与外需贡献率增大,但2011年日本经济为零长已是大概率的事件。日本经济难以走出自20世纪90年代以来"失去20年"的阴霾。大地震之负面影响不仅限于日本本土,日本生产着全球40%的电子元件、19%的半导体和20%的高科技产品,大地震造成对全球重要零部件供应键的中断,拖累了其他国家的工业生产,影响到全球经济复苏。

其次是西亚北非国家动荡或战乱的延续和扩散,乱局导致股市市值缩水;外汇储备减少;工业生产停滞;旅游收入锐减;经济衰退;商品匮乏;物价上涨和社会动荡,并造成全球原油产量每天减少200余万桶,国际油价一度连续大幅飙升,加剧了全球通货膨胀。由于欧佩克未能就增产抑制油价达成共识,国际能源署(IEA)28个发达国家在美国带头下,采取联合释放石油战略储备行动,在30天内平均每天向市场投放200万桶原油,弥补了西亚北非国家的原油减产量,再加上各类型经济体经济增速放缓、美元升值等多种因素作用,国际油价掉头下挫,但国际能源和大宗商品价格在波动中仍处于高价位,呈现"近弱远强"走势。联合国粮农组织、国际农业发展基金会和世界粮食计划署联合发表的《2011年世界粮食不安全状况》报告指出，继2008年世界粮食危机后，世界粮食价格居高不下和持续波动的局势今后可能会更加严重。因此，世界各国对输入型通货膨胀和粮食安全不能掉以轻心。

五、全球步入通货膨胀通道，削弱世界经济复苏力度

全球通胀压力增大是2011年世界经济减速的突出因素之一。IMF预测2011年发达经济体的CPI为2.6%，发展经济体的CPI为7.5%，2011年上半年越南的CPI已超过16%，同期内俄罗斯的CPI为9.6%、印度为9.06%、巴西为6.55%。欧美国家亦告别了通货紧缩走向通货膨胀，欧洲央行预估2011年欧元区的CPI为2.7%，受高油价影响，美国的CPI也在蹿升，5月18日美联储货币政策会议将2011年美国CPI提高到2.1%至2.8%。

CPI蹿升带有普遍性和全球性，主要原因有：成本推动型通货膨胀：由各种要素价格上涨而促成；输入型通货膨胀：美元贬值和流动性过剩导致大宗商品价格上扬；需求拉动型通货膨胀：由于各种动荡和天灾等不可预测的因素造成粮食和食品的短缺，诱发价格上升；投机行为加速通货膨胀压力升高，据欧佩克估算在每桶油价中，有20美元左右来自投机行为。奥巴马认为美国通胀升温主要是高油价引起的，因此，要求打击和惩罚石油领域里的投机行为。

为抑制通货膨胀，相关国家采取了一系列带有针对性的措施，包括提高银行存款准备金率和发行央票，冻结部分流动性和回笼货币；降低企业税率；提高劳动生产率；调整产业结

构；扩大内需；加强对跨境资本流入的监管，限制资本流动；加大汇率波动幅度，加强国际间汇率政策协调；央行加息，新兴市场国家纷纷调升利率，巴西央行到6月中旬已将基准利率提高到12.25%，而印度央行则13次上调利率。发达国家的CPI较新兴市场国家为轻，分为加息与不加息两个"阵营"。

国内外学者对通货膨胀是短期现象还是步入长期CPI的通道？通货膨胀的"祸根"是新兴市场国家还是发达国家？通货膨胀是否导致发达国家和新兴市场国家陷入"滞胀"？其认识与判断不同。"世界末日博士"鲁比尼断言2013年中国经济将"硬着陆"，所谓经济"硬着陆"是经济"滞胀"的通俗形象表述。20世纪七八十年代，美国等发生了"滞胀"。"滞胀"的标志：一是经济持续大幅下滑；二是CPI持续急速升高。但是，经济下行到什么程度，CPI上升到多么高，才算"滞胀"呢？人们对此的看法不尽相同。但不能简单地说GDP下降、CPI上升就是"滞胀"。有人说典型的"滞胀"是经济连续数个季度为负增长，而CPI高达两位数。然而，这并不是衡量一国经济是否"滞胀"的铁律。实际上现在没有理论意义上的界定"滞胀"的标准，只有一些具体案例分析。从当今世界各国现状考量，中国经济不会"硬着陆"，欧美国家也尚未形成"滞胀"的局面，但个别新兴市场国家，通胀率持续高于经济增长率，实际上已经陷入了"滞胀"的旋涡。

2011年新兴市场国家和发家中国家的GDP增长率较2010年减少了1.5—2个百分点，平均经济增长率约为6%—6.4%，不再表现为通常所说的"过热"。但内部和外部因素推动CPI上扬，为抑制通胀，新兴市场国家采取了数量工具和价格工具并举的紧缩措施，因而造成经济向下滑行，面临着增长的挑战。欧美国家则由于纷纷削减财政赤字和债务规模以及欧洲央行提高利率,促其经济更加疲软,因此,新兴市场国家抑或欧美等发达国家都面临着实施紧缩政策与保持经济适度增长的"两难选择"。从走势分析,2011年下半年,已加息的发达国家已停止升息或维持现行利率不变,甚至采取降息措施,澳大利亚央行和欧洲央行已经打开下调利率的闸门。新兴市场国家的货币政策亦趋于谨慎,但货币政策取向不同,巴西、印尼等国家纷纷下调利率,而印度等国则上调利率。IMF总裁拉加德提醒主要发达国家在削减财政赤字时,宏观经济政策必须能够支持经济增长。但从紧财政政策放松"过度",又难以控制住通胀,经济又将继续恶化。"两难选择"正在考验着各国政府在充满不确定性和不稳定性的内外环境中,其宏观经济政策的调控智慧与应变能力。

六、全球贸易保护主义进入高发期,世界经济增长"引擎"运速减慢

国际贸易形势同世界经济变化走势呈正相关关系。2011年第一季度全球贸易增长率为4.7%,而第二季度突降为负0.5%,全年预计约增长5.8%,远低于1998—2008年国际贸易年均7.2%的增速,主要原因:一是发达国家债台高筑,紧缩政策导致经济低迷,就业压力增大,消费需求减少;二是发达国家以应对气候变化为由加大设置贸易壁垒的力度;三是日本大地震、曼谷大水灾及西亚北非发生的突发事件影响全球贸易;四是美国以汇率等为手段转嫁危机,实施贸易和投资保护。贸易和投资保护既抑制世界经济复苏,又是世界经济放缓的动因。

在全球贸易降温过程中，突出特点表现为发展中国家对外贸易快于发达国家；贸易保护方式不断增多，技术性贸易壁垒涉案金额上升；贸易保护产业从传统产业转向重化工产业以及新能源、电子信息等高技术产业；贸易保护的范围从具体产品扩展到一个国家的国内经济政策；发展中国家发起的贸易救助措施数量增长幅度高于发达国家，但发达国家涉案金额远多于发展中国家。局部或国家间贸易摩擦在所难免，然而，由于自由贸易趋势不可逆转，国际分工趋势不可逆转，多边贸易趋势不可逆转，经济全球化趋势不可逆转，因而频频发生的国际贸易保护尚未失去控制，爆发大规模"贸易战"的概率不大。但是，发达国家和发展中国家发起的贸易保护主义多针对中国，中国要做好充分的应对准备。在国际贸易收缩的同时，各国货币政策走向不同，导致国际资本流向经济表现较好、利率较高的经济体；欧债风险上升又导致国际避险资金流向美国、德国和日本债券市场，国际资本的"大进大出"造成发展中国家金融市场的波动，易诱发金融危机，应引起高度警惕。

世界经济的上述六大障碍，促使世界经济向下滑行，这足以表明此轮金融危机影响深远。基于世界经济依然呈现"南高北低"态势，美国和日本维持"超低利率"，各主要经济体都在调整财政和货币政策，中国、巴西等已将宏观调控政策的着力点转向"稳增长"和"促增长"。因此，2011年世界经济跌入2.5%以下衰退线的可能性不大。野村证券指出受到多重冲击的影响，全球经济已经放缓，但这更多是复苏中的"阶段性疲软"，随着一些临时性因素的消退以及中国等经济体依然稳健的增长，世界经济复苏将得以持续，投资人无须过度反应。对于一些已经出现过热的亚洲经济体而言，这样的"阶段性疲软"未必是件坏事。巴菲特一再重申目前尚无任何迹象表明新的衰退正在临近,美国经济不会出现二次衰退,甚至欧洲的情况也没有那么糟糕。经合组织强调世界经济依然呈现"不同速度增长","西方不亮,东方亮"。世界银行行长佐利克和IMF总裁拉加德都警告说世界经济进入"新的危险期",但依然认为世界经济不会"双底衰退"。11月17日OECD发布的报告显示,34个成员国整体国内生产总值,第三季度环比增长0.6%,比第一季度提高0.3个百分点,欧元区和欧盟经济第三季度环比增幅均为0.2%,与前一季度持平,美、日等国经济"温和反弹",11月美国失业率已降至8.6%,好于预期。世界经济2011年没有、2012年也不可能重现2008年和2009年全球经济大衰退、国际贸易和国际投资大幅萎缩的惨状。客观分析当前形势,世界经济是"逆强风而行,而非衰退"。中国似应根据对世界经济形势的正确预判,排除来自各方面的干扰,冷静和自信地做好我们自己的事情。

(作者为中国国际问题研究基金会理事兼世界经济研究中心主任、中国社会科学院荣誉学部委员、研究员、博士生导师)

世界军事安全形势

孟祥青

2011年的国际安全形势如果用一个字概括，就是"乱"。西亚北非动乱先后蔓延到十多个国家，一些国家政权倒台，一些国家政权摇摇欲坠。利比亚内战也引发了北约对利比亚的军事打击，从而创造了冷战后西方大国干预地区事务的新模式。美欧债务危机导致的西方国家内乱，虽然与西亚北非动乱的性质不同，但金融危机引发的社会危机乃至政治危机也使西方模式受到更大质疑。大国深度介入南海争端，一些小国在主权问题上表现出的咄咄逼人态势，使我周边的海洋权益问题更加突出。在军事领域，地区热点此起彼伏，局部紧张局面升温。大国的军事调整继续深化，各国间的合作与斗争互现，军事斗争的新领域不断扩展。老牌大国军费开支减少而新兴国家加大投入，军事尖端领域竞争不仅激烈而且日益实战化，引起国际社会普遍关注。

一、地区热点此伏彼起，军事冲突有所升温

2011年以来，阿拉伯国家动荡、南海冲突、伊核危机等世

界新旧热点不断涌现，矛盾冲突严重程度更胜往年。其中，阿拉伯国家动荡至今仍余音未了。在它的影响下，整个西亚北非陷入混乱局势，多个国家政权垮台，利比亚爆发内战，而叙利亚至今仍处在动荡冲突之中。

（一）利比亚经历战火磨难，大国地区干涉新模式成形

2010年年底延续至今的西亚北非动荡在北非的利比亚达到了一个高潮。2011年3月19日，英、法、美等各国联军针对利比亚发动了"奥德赛黎明"的打击行动，标志着利比亚战争的开始。此次联军行动，以北约为主导，主要采取空袭手段，目的在于推翻卡扎菲政权。在长达近7个月的战争中，以美国为首的西方国家先后利用"战斧式"巡航导弹、"幻影"战斗机、B-2和B-52轰炸机等武器装备对卡扎菲政权进行"外科手术式打击"，并借用利比亚过渡委的武装力量，先后攻陷米苏拉塔和的黎波里等利比亚关键城市，最终推翻了卡扎菲政权。按美国副总统拜登的话说，此次战争是以"20亿美元的资金和不死一人的代价"，得到了这种处理全球事务的新"药方"。从利比亚事件的整个过程来看，拜登口中所谓的"药方"实际是一种干涉他国的新模式。在相互协调的基础上，西方国家以民主价值观和人道主义为借口，借以争取国际社会和地区组织广泛支持，并通过扶持国内反对势力、施加外部的制裁封锁甚至直接武力打击的手段来颠覆一个国家政权。这种模式的最大特点在于它充分利用了一国的动荡局势，在国家政权的合法性上大作文章，从而占领国际社会的道德高地和该国反对势力及部分民众的支持。这种模式反映在军事上，则表现为以军事训练、援助等方式积极强化和武装反对派的武装力量，同时实施制裁、禁运甚至采取有限军事行动来削弱该国的军事力

量,最终推翻该国政府。目前,西方国家已有将这种"药方"用在叙利亚的迹象。从谴责叙利亚国内人权状况,到联合阿拉伯国家开展对叙经济制裁,再到讨论设立安全区等活动,压力一步步加大。但叙利亚毕竟不同于利比亚,较强的军事实力、巴沙尔政权的总体控制力、拥有外部大国支持、阿盟国家的顾虑等因素是叙利亚对抗西方国家重压的有效资本。

(二)击毙本·拉登是美国反恐的重大战果,但中亚反恐僵局也使美国面临多种困难

2011年以来,美国在中亚的反恐行动成果颇丰,但也面临着日益凸显的困境。在阿富汗和巴基斯坦,美军在战略上逐渐开始区别对待塔利班和基地组织成员,对于基地组织实施不遗余力的打击,而对塔利班则开始私下进行接触。在策略上,美国努力避免较大规模的战术行动,重点突出对基地组织高层的精确打击,强调消除基地组织的领导和行动能力。美军这种策略取得了一定成功,基地组织一些高级领导人相继被清除,而本·拉登被杀更成为2011年美军在历时10年的反恐战争中最具标志性的事件。负责情报工作的国防部副部长迈克尔·维克斯就称:"基地组织的战略失败已经在望",如果美国保持目前的行动速度,"在18个月到24个月之内,基地组织核心层的凝聚力和行动能力可能被削弱到这样的程度:这一组织可能瓦解,充其量仅仅作为一个宣传团体存在"。然而,尽管基地组织在中亚地区受到严重打击,但极端势力仍然存在,而美国却日益陷入窘境。一方面,美军的反恐行动伤及了许多无辜平民,使美国逐渐开始失去当地的民心,而其潜入巴基斯坦刺杀本·拉登的行动以及北约"误炸"巴基斯坦军方哨所的行为更激起了巴基斯坦上下的强烈反感,成为美国与巴基斯坦这一最重要反恐盟友关系疏远的重要转折点。另一方面，在全球经济衰退的大背景下，阿富汗的重建之路更加艰难，其国内的乱象仍将持续，而基地组织在西亚北非的分支也因为动荡的局势而进一步发展壮大。若美军在阿富汗尚未稳定的情况下从阿富汗逐步撤军，该地区的极端势力很有可能死灰复燃，安全局势也将进一步恶化。

（三）伊核危机继续酝酿，战争威胁日益加大

2003年，自宣布发现并开始铀浓缩活动后，伊朗一直受到国际社会各界的压力。联合国先后多次对伊朗实施制裁，迫使伊朗停止相关核活动。然而在国际社会的重压之下，伊朗不仅没有停止相关研究，反而还步步升级其核技术。2011年，伊朗原子能机构甚至宣布已掌握核聚变技术。随着利比亚战事的结束，以及美军逐步从伊拉克、阿富汗撤军，伊核危机的紧张局势再度凸显出来。美、以两国在此问题上频频发出威胁，多次公开宣称不排除使用武力的可能。而伊朗则先后开展了多次大规模军事演习以示回应，双方围绕这一问题唇枪舌战，对抗激烈。11月8日，国际原子能机构报告出台，指出了伊朗曾秘密从事核武器试验，并提供了相关"证据"。对于美国和以色列而言，国际原子能机构的这份报告提供了武力打击伊朗的借口，武力叫嚣一度甚嚣尘上，但要最终定下动武的决心，美、以仍然顾虑重重，短期内伊朗战事不会爆发，但战争的危险却在加大。

（四）海权争夺进一步升温，北极、南海多方博弈

随着全球气候变暖以及大国对资源争夺的加剧，北极因其丰富的资源和潜在重要航道成为周边国家多方争夺的重点。

2011年，这一趋势更加明显。3月，美国的两艘核潜艇"康涅狄格"号与"新罕布什尔"号在阿拉斯加普拉德霍湾以北150英里处海域开始了2011年的北极演习，旨在提高海军在北极地区的行动和作战能力。6月，俄防长宣布将向北极派遣两个旅的兵力，作为北极的常驻部队。8月，加拿大则进行了为期一个月的"北极熊"军事演习，共动用部队1100人，规模为历年来之最，并首次使用了无人机。与此同时，丹麦则公布了其北极战略，宣布将在2014年12月之前向联合国提交延伸大陆架200海里申请。各国对北极的这一系列最新动作表明，北极主导权的争夺正趋向白热化。

2011年，南海争端呈现加剧之势。5月，中越两国围绕石油勘探而发生摩擦。随后越南在南海举行实弹演习，并由总理亲自发布征兵条令，对抗意味十分明显。与此同时，菲律宾在南海动作频频。除了联合美国进行海上军演之外，菲律宾还在东盟外长会议、东盟峰会等多边场合多次提出南海问题，试图将区域外大国和东盟引入南海争端。同时，南海周边国家军备竞赛也日益加剧。菲律宾政府称，除正常国防预算外，2011年还将耗资1.18亿美元进行新一轮军购计划，以满足"领土防卫需求"。而越南更是在2011年宣布购买六艘俄制"基洛"级潜艇"进行自卫"。南海争端升温，多边化、国际化的趋势进一步发展，南海问题更加复杂。

二、主要国家军事改革和战略调整继续深化

2011年，一些主要大国在军事战略调整上迈出了较大步伐，出台了军事战略学说，深化军事改革成为2011年这些国

家军事战略发展的显著特点。

（一）美国战略重心东移已成现实

从伊拉克撤军后，美国耗资巨大的反恐战争开始进入尾声，使得其军事战略得以重新调整。在时隔7年之后，美国于2月出台了《国家军事战略报告》。该报告对近年来全球和地区安全形势的发展变化及对美国的影响和挑战进行了深入分析，对未来国家利益和国家军事目标进行新的定位。报告称"亚太安全形势将愈发复杂"，而美国的"战略要务和利益将会越来越多地来自亚太地区"，强调要"终止并击败侵略势力"，"打造未来武装力量"。在威胁领域上，该报告更加强调从反恐转向应对传统安全威胁。在应对地点上，美军的关注重心正式投向亚太地区。为此，美军采取了一系列动作，如为应对正在出现的反介入/区域拒止情况，大力发展"空海一体战"理论，成立"空海一体战"办公室协调制定统一的作战理论；针对网络空间日益增加的威胁，发布《网络空间国家战略报告》，制定美国针对网络空间的国际策略和政策；出台《联合作战计划制定纲要》，规范未来作战的计划制定、兵力管理及态势预测等。2011年美军的动态表明，美国在关注海洋、网络、太空等军事新威胁的同时，重新关注传统安全领域，并准备投入更大的人力、物力、财力应对所谓"大国崛起"。

（二）俄罗斯加快军事改革步伐

自2009年开始军事改革后，俄罗斯一直注重改革军队的体制编制，逐渐裁减军队总兵力，优化武装力量结构和作战指挥层次。期间，俄罗斯重点实现武器装备的现代化和信息化，同时突出战略核威慑力量、空天防御体系等方面建设。2011年年中，普京总理宣布了一项持续到 2020 年的国家军备计划，拟在十年内更新 70% 的俄军装备，重点突出战略力量装备的更新换代，如加强新型核力量和导弹防御系统的研发，计划补充 20 艘弹道导弹核潜艇数量等。此外，俄军空天防御体系部队的体制编制也得到了进一步完善。2011 年 11 月，俄总统任命了空天防御部队司令，高层指挥成员也同时得到明确，核心指挥机构初步形成。12 月，空天防御部队作为一个新的兵种开始履行使命。在作战方向上，为了打破美日的战略围堵，应对朝鲜半岛和东北亚安全局势，俄罗斯加强了在远东地区的军事存在，其行动主要体现在军事演习和力量部署方面。2011 年 9 月，俄罗斯在远东地区进行了近年来最大规模的军事演习，其军事力量包括了约 1 万名士兵、50 架飞机和 50 余艘舰艇，演习甚至出现了俄轰炸机绕日本飞行和 20 余艘舰艇集体穿越宗谷海峡的情景。此外，2011 年俄还为东部军区更新了百余架的飞机和直升机，并规划在远东地区部署包括 S – 400 在内的导弹防御系统和两艘西北风航母以应对未来的威胁。

（三）日本强调应对多元威胁

在美俄两国外，日本近年来军事战略也在不断调整。2011 年 8 月，在时隔 6 年后，日本出台了新版的《防卫白皮书》，充分反映出日本军方对军事战略调整的迫切要求。该白皮书认为，新兴国家和美国的力量对比出现了变化，同时国际恐怖活动、网络安全等成为全球性安全问题，安全威胁逐渐复杂化。为此，日本积极充实西南地区的防卫，军事预算和力量发展逐渐向海空自卫队倾斜，强化应对周边事态的能力。同时，为应对网络攻击的威胁，白皮书还进一步强调了发展自卫队情报系统和通信网络防护能力的重要性。

三、大国军事投入此消彼长，新领域竞争日趋激烈

随着欧美债务危机深化，传统军事强国军费开支明显减少，但一些新兴国家和受全球经济危机影响较小的国家则加大军事投入。同时，各国在核、网络、空天等高新尖领域的斗争日趋白热化和实战化。

（一）传统强国紧缩军费开支，新兴国家不断加大投入

美国是军事领域受金融危机影响最深的国家。虽然2011年美国的军费支出仍在增长，但是迫于不断恶化的经济形势和严重的债务问题，美国在国会通过的2012财年国防支出法案中，已将美军的预算削减了260亿美元。更为严峻的是，美国还将在未来10年中削减4500亿美元的军费开支。军费预算的紧缩，导致美军一些大型项目下马，包括F-22、大型陆战系统等已经或将要停产，其他一些项目压缩经费。此外，美军近年来战争不断，武器装备亟须进一步升级，而军费预算的紧缩，使武器更新换代速度受到较大影响。针对未来预算的削减，美军已开始采取一些新举措来保证美军在未来的绝对优势。新任国防部长帕内塔明确提出，美军改革的目标是：既要削减国防预算，但又不能削弱美军战斗力和在世界上的优势地位。为此，美国在继续维持战略核力量、重点发展空间技术、纳米技术、信息技术等高新领域技术力量并积极开展国际合作以获取资金支持以外，下一步，美军将通过加快打造"1小时全球打击系统"、加强机动部署和重点地区部署来解决军费不足与军事优势之间的矛盾。

除美国外，北约国家中的英、法、德等欧洲大国也受到金融危机的严重影响。由于国防预算不足，各国普遍减少了对北约的支持力度，以至于美国防部长帕内塔强烈呼吁各成员国在削减国防预算时要公开和协调，以保证北约战斗力不受到削弱。同时，北约成员国之间还试图在一些领域加强合作和资源共享，以避免军费的消耗。北约秘书长拉斯穆森宣称，北约盟军司令部正在盟国间采取"灵巧国防"策略，致力于盟国间的合作。而北约中一些国家也开始注重国家间的双边合作以应对军费紧缩危机。如在2010年签订防务协议之后，英法之间的军事合作更加紧密，2011年，双方就在英国海军飞行员培训工作中进行了相互的合作。

虽然西方国家纷纷削减军费开支，但一些新兴国家如印度、俄罗斯及东盟和中东海湾一些国家却加大了投入力度。2011年2月，印度政府决定，将2011—2012年度的军费预算增加25%，其中航天技术、核技术研发和军事装备采购成为预算增加重点。而俄罗斯更是雄心勃勃地推出了持续10年耗资20万亿卢比（7049亿美元）的国家军备计划，2011年俄罗斯仅在更新战略力量方面的行动就包括采购36枚洲际弹道导弹、2艘战略导弹潜艇以及20枚巡航导弹。此外，随着南海、中东局势的紧张，根据自身装备现代化升级的需要，越南、菲律宾等东盟国家和沙特、约旦、巴林等海湾国家也加大了军费投入。越南国防部长就表示，越南2011年实际国防预算已达到26亿美元，比2010年提高70%。

（二）高新尖领域仍是大国军事竞争重点方向

金融危机导致一些国家在军费、人员和装备更新方面遇到了诸多困难，但在军事重点领域尤其是核技术、导弹技术、导弹防御体系、信息网络、空间技术等领域，各国资金投入仍在增加，竞争仍然激烈。

2011年，大国在军事领域最引人关注的举动集中在信息网络领域。在《网络空间国际战略》指导下，美军进一步发布了《网络空间作战战略》，正式将网络空间视为作战领域，并据此进行兵力组织、训练和装备。美国通过制定网络战规则、优化整合三军信息网络、培训招募网络专家、加大预算经费力度以及研发攻防软件等方式，积极抢占信息网络的制高点。英国、德国、俄罗斯、日本、韩国、巴西等国也相继加快了在信息网络领域的建设步伐。2011年4月，英国成立了网络安全策略小队，并举办全国性的网络安全竞赛，旨在全国范围内寻找网络安全专业人才。德国、巴西两国分别成立了国家级的和军队级的网络安全中心，统领国家信息网络防护工作。韩国则将网络司令部升级为独立部队，并拟在三年内将该部队人数增加一到两倍。

在战略核威慑领域，美、俄等国的步伐并未因金融危机而减缓。2011年以来，美、俄两国在武器更新、运载工具研发、模拟实验等领域依然保持了竞争态势。在预算经费紧张的情况下，美国用于相关核技术研发的经费十分宽裕。2011年，国会批准的相关核武器预算甚至比2010年增加了约7%，而核安全局活动的预算经费则大约增加了10%。通过改进核弹头技术，升级包括"三叉戟"、"民兵"、B-2在内的核运载工具，以及实施次临界核试验等各种形式，美国实际上正以不断改进和更新核武器的方式来推进核武器技术及其运载导弹技术的发展。而俄罗斯在耗资巨大的装备更新计划中，更是将战略核威慑力量作为优先考虑项目。2011年年初，俄罗斯就宣布将在10年内更新70%的战略核力量和90%的洲际导弹，并于2011年购买数十枚洲际导弹。同时，俄罗斯还重点推进核运载工具的研制工作。2011年，俄罗斯首次试射了先进的"莱涅尔"洲际导弹，并多次试射"布拉瓦"导弹，以期在2012年列装。此外，印度也在不断推进核运载工具的研制，先后试射了可装载核弹头的"萨尤尔亚"中程弹道导弹、"大地"导弹和"烈火"导弹，并努力提高弹道导弹的打击距离。

导弹防御技术、空间技术也是大国竞赛的焦点领域。2011年，美国在反导系统及其相关设施上投资近百亿美元，除按计划完成各种类型的反导拦截和激光试验外，美国还在太平洋完成了迄今为止"最具挑战性"的中程弹道导弹拦截试验。2011年3月，美国第二次试验了轨道试验飞行器X-37B，为美国的"全球闪电打击"进一步奠定基础。为应对未来威胁，俄罗斯则在年初宣布已经开始生产导弹防御系统试样。同时利用组建空天防御司令部的机会，俄罗斯正逐步统一防空、反导和太空防御三位一体的指挥体系。3月，印度也进行了一次助推段导弹拦截试验并获得成功，这是印度进行类似反导拦截的第五次试验，为印度实现双层反导系统的部署取得了更多经验。

四、各国军事合作与斗争相互交织演化

（一）核裁军进程有新进展，但核不扩散形势依然严峻

2011年以来，在新《削减战略武器条约》的协定下，美、俄两国各自削减核弹头和运载工具。有报道称，俄罗斯已部署的战略核弹头数目已减少到1566枚，接近对未来7年要求的上限1550枚，而轰炸机以及导弹发射平台数量也已降到871

个。美国部署的核弹头数目已减为 1790 枚，各种发射平台数目为 1043 个，部署核弹头数量相比于 2010 年减少了 678 枚。

虽然国际核裁军进程取得新进展，但是核不扩散形势仍然较为严峻。伊朗核危机陷入僵局。由于各方矛盾根深蒂固，互相缺乏信任，问题难以解决。一方面，伊朗声称坚持和平利用核能的权利，而另一方面，以美国和以色列为首的西方国家执意认为伊朗的核开发具有军事目的。随着时间推移，伊朗核技术必然不断发展，如何解决伊核问题将更加棘手。此外，2011年，南亚的印巴两国在核武器问题上动作频频。5月，印度前总统卡拉姆暗示，印度可能要增加核武器库存，作为应对其他国家潜在核建设的措施。巴基斯坦则成功试验了可携带短程核武器的导弹，巴方专家称巴基斯坦是针对印度实施的"冷启动"计划而被迫发展战术核武器的。两国在核武器问题上的相互竞赛，为全球核不扩散前景增添了新的隐患。

（二）军事合作领域扩大，程度加深

2011 年，随着西方国家陷入经济衰退，各大国军费相对宽裕的情况已不存在。然而现实的威胁并不因为不景气的经济情况而有所减少。困难迫使各国更加重视深度的军事合作，充分利用共享的资源来发展自身军事能力。如英、法两国军事领域史无前例的深度合作。按照签订的协议，两国将在组建联合部队、共享装备和核技术等领域展开合作，并且两国开始联合培训飞行员。同时，各国合作的领域在不断拓展。如军事斗争向网络空间的渗透使美国与澳大利亚将网络空间防御纳入两国的安全条约，同时美国还与欧盟开展了网络空间领域的联合演习。而在空天领域，美国和日本就空间态势感知、卫星导航系统开始了合作。此外，近年来，索马里护航行动也成为一些国

家军事合作的途径，如亚丁湾、索马里护航已成为中欧军事合作的新领域。

（三）军事斗争的对抗性更趋实战化

2011年全球军事形势的一个显著特点是地区热点和军事领域中的对抗，针锋相对、退而不让。无论是俄罗斯与西方国家就反导系统部署问题的争执、利比亚激烈的内战，还是伊核危机事件中美以两国对伊朗的威胁，或是南海争端中各国的态度和做法，都具有上述特点。如美国和俄罗斯围绕欧洲反导系统部署激烈博弈。9月以来，美国不顾俄罗斯的强烈反对加快了在欧洲部署反导系统的步伐。面对美国的步步紧逼，俄罗斯立场也日趋强硬，不仅在加里宁格勒启用了远程预警雷达，还计划在该地部署"伊斯坎德尔"战术导弹，甚至威胁退出新生效的《削减战略武器条约》。在伊核危机中，双方在台上台下明争暗斗，以色列多次声称将不排除用武力方式解决问题。同时，伊朗也不甘示弱，几次宣称击落西方国家入境侦察的无人机，并多次组织大规模军演，展示其强硬的一面。

总的看来，2011年，大国军事干涉手段更加多样，各国军事调整不断深化，全球军事斗争更趋激烈。从西亚北非到中亚南亚，西方国家在军事手段运用、军事策略谋划等方面拥有了更多选项，包括实施人道主义救援、开展军事援助、进行军事威慑、设置禁飞区和安全区、利用无人机空袭乃至直接作战等程度不同的军事行动。随着局势的演变，这些手段和策略也将反复出现在今后的军事行动中，成为西方大国干涉别国内政的有效工具。而近年来各国在军事战略上的调整，则是对世界格局变化的一种必然反映。格局的演变是各国实力消长变化的结果，而实力发展决定着各国军事战略的调整方向。只有在各国实力相对均衡的情况下，这种战略调整才会进入相对稳定期。因此，在未来相当一段时间内，军事战略的深度调整仍将是各国军事发展的一大趋势。实际上，目前在军事领域中最值得关注的现象是高精尖领域军事对抗的实战化倾向。这种军事对抗并不是普通意义上的"热战争"，而是低烈度的，以信息网络、生物技术、纳米技术等先进科技为代表的静悄悄的"冷战争"。这种战争已经被包括北约国家在内的许多国家定义为"真正的战争"，并且已经打响。近年来，爱沙尼亚全国性的网络瘫痪、破坏伊朗铀提炼进程的"震网"病毒发作、各国卫星不时出现的"瞎眼"现象等都已表明，军事斗争已进入一个新阶段。新形势的"冷战争"日趋实战化，并且更易发起，也更加隐蔽，造成的损失不亚于通常意义的战争。必须高度重视这一新型战争形态，深入研究，制定相应对策，才能谋取优势地位。

（作者为国防大学战略研究所副所长、教授）

中国外交面临的机遇和挑战

尹承德

2011年,中国外交在国际形势发生冷战结束以来最为深刻和错综复杂变化的背景下,积极开拓进取,取得丰硕成果,开创了全面发展的新局面。现在,中国在外交上机遇和挑战并存,两者都在加重,机遇继续大于挑战。

一、中国外交的主要亮点

(一) 中国和大国关系普遍提升

1. 中美合作伙伴关系深入发展

尽管美国坚持对华推行"接触加遏制"两面政策,且两面都在强化,但接触一面仍是主要的,强化的力度也更大,双方都加大了发展双边关系的努力,中美关系稳定发展的积极面明显上升。胡锦涛主席指出,中美关系现在"无论深度和广度都达到了前所未有的水平"。

在政治领域,胡锦涛主席访美取得极大成功;中美第三次战略与经济对话达成48项成果;两国建立了亚太事务磋商机制,并成功地举行了两次磋商会议;两国在朝核、伊核等地区热点和反恐、气候变化等全球性问题上保持了沟通和协调。特别是胡主席1月份访美取得历史性成果,两国元首就一系列重大双边和国际问题达成广泛共识。两国元首在会谈后发表的《中美联合声明》中提出"中美致力于建设相互尊重、互利共赢的合作伙伴关系","中美已成为不同政治制度、历史文化背景、经济发展水平的国家发展积极合作关系的典范"。双方在联合声明中如此明确、深刻、积极地点明两国关系的定位、性质、意义,在建交以来还是第一次,这对中美关系的未来发展和走向有重要指导意义。

在战略安全领域,两国元首强调要"推动两军关系健康、稳定、可靠发展"。为落实元首共识,双方举行了首次安全战略对话,两军总参谋长进行了互访,促进了两国和两军的战略了解、互信与合作。

在经贸领域,两国签订了《中美经济合作全面框架协议》,确立了共同建设全面互利的经济伙伴关系,把中美经济关系提高到一个新水平。一年来在世界经济遭遇寒流的情况下,中美相互投资和中国购买美国国债都保持增势,双边贸易增势尤强。2011年1月至11月,中美双边贸易额达4054.3亿美元,同比增长16.9%,其中美国对华出口超过1100亿美元,同比增长23.6%。两国愈益密切的经济关系为两国整体关系的发展奠定了更加牢固的基础。

2. 中俄战略协作关系跃升新台阶

中俄双方以纪念《中俄睦邻友好合作条约》签订10周年为契机,着力提升相互关系。胡锦涛主席6月访俄具有里程碑意义,两国元首发表了《中俄睦邻友好合作条约签署10周年联合声明》,并签署了《中俄关于当前国际形势和重大国际问题的联合声明》，将两国关系从1996年确定的"平等信任，面向21世纪的战略协作伙伴关系"提升为"平等信任、相互支持、共同繁荣、世代友好的全面战略协作伙伴关系"，并就当前国际形势和共同应对全球重大热点问题达成一致立场。双方还签署了相互投资、电力、企业融资、银行、可再生能源、节能等诸多领域的合作协议，确立了到2015年将双边贸易增加到1000亿美元，到2020年增加到2000亿美元的目标，这标志着中俄睦邻友好和战略协作关系发展到一个新阶段。

10月中旬普京总理访华，同温家宝总理举行两国总理第16次定期会晤，也取得丰硕成果。双方除签署一系列重要的合作文件，还就探讨在俄合作建设经济特区，重点推进和落实航空航天合作项目，加快推进跨境基础设施建设，建立跨国陆海联运通道等重大工程合作项目达成共识，将中俄全面战略协作伙伴关系向前推进了一大步。

在中俄多元化、全方位合作加速推进的基础上，在一些重点领域的合作更取得突出进展。在金融领域，两国本币——人民币和卢布成功地在两国外汇市场挂牌交易，两国央行正落实已达成的双边贸易用本币结算的协议，表明两国在推动国际金融体系改革、削弱美元的国际金融霸主地位方面迈出了实质性步伐。在能源领域，中俄原油管道开始向中国供油，双方还就原油管道贸易价格达成一致，并决定建立和发展全面、长期、稳定、互利共赢的能源协作关系，推动能源合作超越油气，向石化、煤炭、电力、核能、可再生能源等宽领域拓展。在经贸领域，双方克服了世界金融危机的负面影响，相互投资规模显著扩大，双边贸易更是创纪录地强劲增长。2011年1月至11月，两国贸易额达720.5亿美元，同比增长44%。两国元首确定的两国贸易中期目标有望提前完成。

3. 中欧全面战略合作伙伴关系达到新水平

在欧盟国家深陷主权债务危机，经济极端困难之际，胡主席、温总理分别访问了多个欧盟国家，都取得重要成果。特别是中国用实际行动向它们施以援手，通过向国际货币基金组织注资、购买欧盟国家债券、增加从欧盟国家进口和扩大对其投资等方式，支持它们克服危机，增加就业和恢复经济增长。这使欧债危机化为加强中欧关系的契机，推动业已建立的中欧全面战略合作伙伴关系进一步向深度和广度发展。经贸关系尤其是双方关系的主要着力点。双方相互投资增加，相互贸易尤其保持了快速增长强势，上半年中欧贸易额达2880.1亿美元，同增22.1%，欧盟对华出口增幅更达30.7%，创多年来新高。

4. 中日关系增强了良性互动和发展势头

中日双方高层接触频繁，成效显著。特别是温家宝总理2011年5月赴日出席中日韩领导人会议期间，同日本首相野田举行会谈，野田首相12月下旬访华，双方就进一步充实与深化中日战略互惠关系达成了重要共识，有力地推进了两国关系的良性发展势头。尤其是中国发扬守望相助精神，支持日本灾后重建和经济振兴，成为推进两国战略互惠关系深入发展的新动力。两国在经贸、环保、节能、人文等领域的交流与合作都有重要进展，尤其是作为两国关系基础的经贸合作继续快速增长，1月至11月，中日贸易额达3120亿美元，同比增长16.5%，全年有望达近3400亿美元，创历史新高。现在中国是日本第一大贸易伙伴，中日贸易额占日本贸易总额的21%，是日美贸易额的两倍。

（二）多边外交放异彩

2011年中国多边外交取得突出成就，主要体现在由国家高层领导人引领，为所参加的重要国际会议的圆满成功和有关多边组织的深入发展作出了独特的重大贡献。

4月，胡锦涛主席主持了金砖国家第三次首脑会议，此后先后出席了上合组织成员国元首理事会第11次会议、G20领导人第6次峰会和APEC第19次领导人非正式会议。温家宝总理先后出席了第4次中韩领导人会议、第14次"10+1"和"10+3"领导人会议及第6届东亚峰会。他们在会上所作的主旨讲话中，对如何开好会议和推进有关多边机制的发展提出了务实、平衡、建设性和前瞻性的原则主张和建议，受到各方普遍赞赏与认同，不少内容化为了会议成果，为这些会议的进程和成功产生积极影响。

在中国的大力推动下，这些多边组织领导人会议都取得重要成果，其中四次峰会成果尤为突出。

一是胡锦涛主席在三亚主持召开的中、印、俄、巴西和南非五个金砖国家第三次首脑会议达成三项重大成果：签署了《金砖国家银行合作机制金融合作框架协议》，首次提出五国将逐步扩大本币贸易和本币结算规模，这是它们在相互贸易和投资中逐步"去美元化"的重大举措，将对推进国际金融体系改革产生深远影响；通过了金砖合作机制《行动计划》，拓宽和深化了合作领域。在国际层面，会议凝聚了诸多共识，特别强调有关国家的问题应由其根据本国人民的"合法意愿"通过和平协商加以解决，各国应尊重别国的"独立、主权、统一和领土完整"，避免使用武力解决争端。这实际上是对西方列强发动利比亚战争持批判态度。

二是上合组织峰会提出致力于到2020年实现各成员国在商品、资金、银行、技术四个方面自由流动的目标，绘出了上合组织一体化进程的"路线图"。会议对西亚北非动荡局势深表关切，主张和支持该地区国家根据本国国情和历史文化特点推动民主发展，认为其内部冲突和危机只能通过政治对话和平解决，其他国家不应强行介入，而应严格遵守国际法准则，恪守不干涉内政原则。

三是东亚系列峰会排除干扰，坚持合作正道。2011年东盟峰会、"10+1"和"10+3"领导人会议和东亚峰会是在域内外一些国家热炒南海问题，企图使之国际化和美俄成为东亚峰会新成员的复杂形势下召开的。温家宝总理在讲话中有针对性地阐述了中国关于南海的一贯立场，强调在新形势下，东亚区域合作仍应由东盟主导，峰会不能偏离团结、协商、发展、合作的主题。绝大多数东盟国家顾大局、识大体，赞赏中国的立场，推动系列峰会取得积极成果。美国新加入的东亚峰会，在发表的宣言中，体现了《联合国宪章》和《东南亚友好合作条约》精神，坚持了东亚合作模式，即东亚峰会机制是领导人引领的战略论坛性质；东亚区域合作以东盟为主导，以"10+1"和"10+3"为主渠道。南海和南海航道问题最终没有列入系列峰会的议程，使某些势力的打算落空。

四是5月在东京召开的第四次中日韩领导人会议，就支持日本灾后重建，加强防灾、救灾合作，每年举行亚洲政策磋商和推进三国面向未来的合作伙伴关系等重要问题，达成一致意见。会议决定加强三国领导人会议机制建设，年内在韩国设立秘书处。会议最大的成果是决定加快三国自贸区建设进程，将原定于2012年完成自贸区联合研究的时间提前一年，并将采取必要的后续步骤。温家宝总理提出的2012年启动三国自贸区谈判的建议可望落实。

这些多边机制峰会的成功，有力地推动了有关多边合作机制的深入健康发展，也是促进地区与国际形势健康稳定发展的积极因素。这是各有关成员国共同努力的结果和共同的成功，中国在其中起了引领方向的关键作用，是中国外交的闪光点。

（三）经济外交新跨越

尽管欧美经济深受主权债务危机拖累，世界经济不景气，中国通过深化与扩大改革开放，调整经济结构，更深地融入全球化浪潮，对外经济逆势上扬，继续实现快速增长。在投资领域，1月至10月，中国实际吸收外资超过950亿美元，同比增长15.86%，全年可望实际吸收外资超过1100亿美元，创历史新高。到2011年底，中国实际吸收外资累计将超过16000亿美元，成为世界吸收外资最多的国家之一。同期中国对外直接投资达650亿美元，同比增长14.1%，全年有望达760亿美元，破历史最高纪录，到2011年底，中国累计对外投资将超过4000亿美元，跻身于世界投资大国之列。2011年的前7个月，中国对外承包工程完成营业额达513.8亿美元，同比增长20.4%，截至2011年5月底，中国对外承包工程完成营业额累计达4679亿美元，成为世界最大的对外工程承包国之一。在外贸领域，2011年1月至11月，中国进出口总额达33096.5亿美元，同比增长23.6%，其中出口额17240.1亿美元，同比增长21.1%；进口额15856.4亿美元，同比增长26.4%，全年进口额将超过36000亿美元，创中国和全球最高纪录。中国自2004年以来，外贸接连实现三个大跨越，即2004年外贸超1万亿美元，2007年超2万亿美元，2011年超3.6万亿美元，先后超过日本、德国、美国，成为世界第一大外贸国。

二、面临的挑战加重

一年来中国外交面对的困难和挑战也明显增多加重，面临的地区和国际环境是冷战后最为复杂和严峻的。

（一）美国全球战略重心东移，矛头主要针对中国

中国实行改革开放政策三十多年来，经济和综合国力跨越式发展，2010年跃升为全球第二大经济体，逐步缩小与美国的差距，美国不容和嫉恨。在军事上，美国仍把俄罗斯视为主要战略对手，但从综合因素和经济上看，它明显把中国视为主要战略对手。美国对外战略重心东移亚太，有看重大东亚整体崛起、战略地位显升和针对俄罗斯、朝鲜与防范日本重新军国主义化的考量，但其锋芒所向主要是冲着中国。这是中国外交面临的最大和最主要挑战。

其一，对中国安全、主权、领土完整的挑战和潜在威胁增大。这主要表现在四个方面。一是中国直接面对美国强化的军事压力。美国在将其军事布局重点移至亚太的同时，推出主要针对亚太地区的空海一体战构想。为此，它将其大部分海空主力配置在太平洋地区，加强西太平洋前沿第一岛链的军事基地和兵力部署，不时派军舰和航母编队闯入中国近海南海和黄海；以空前的频度和规模，在临近中国的西太平洋海域举行各类军演；其机舰高频度地对中国进行抵近战略侦察。二是美将加大干预台湾问题，对中国统一事业形成更大掣肘。美国坚守两岸不统不独、不战不和的政策底线，竭力维持台湾长期脱离中国的局面。它一方面欢迎两岸改善关系，以避免同中国正面

相撞，一方面又担心台湾同中国走得太近，可能加快中国统一进程。它将全球战略重心移向亚太，明显有加强其干预和"协防"台湾的军事力量、牵制两岸统一的考量。它还可能趁机提升与台湾实质性安全合作关系和对台出售武器的数量和质量。三是美国更大力插手中国与邻国的岛屿和海洋权益争端，使之更加复杂化和更难获得妥善解决。它公然将中国钓鱼岛划入美日安保条约防御范围之内；它还强行介入南海问题，支持一些国家希图将南海争端国际化的主张，实际上它想掺合进来并主导解决南海问题。美还以保护南海航道安全为由，计划向南海派驻军舰。四是加强军事同盟，企图对中国实施战略围堵。近一年来，它显著增强了同日本、韩国、澳大利亚等国的双边军事同盟，同印度和东盟国家加强和深化了双边军事合作，并拉帮结派，拼凑所谓"民主国家同盟"，还计划筹组"东方北约"，即亚太地区的多边军事组织。

其二，中国地缘经济面临严重挑战。奥巴马政府把加强同亚太国家的经济关系、确立美国在区域经济合作中的"领导地位"作为美国"重返亚洲"的优先战略目标，这也是美国将其对外战略重心东移亚太的主要出发点之一。为此，奥巴马政府采取了两大步骤：一是大力提升同亚太国家的经贸关系，将其作为美国实施"出口倍增"战略的主攻目标和重点对象。美国要实现奥巴马提出的外贸出口2015年比2010年翻一番的目标，同期其对亚太出口必须翻一番以上，这势必会加剧它同中国对亚太市场的竞争，增大中国对该地区的出口压力。二是加紧谋取对亚太区域合作的主导。它通过加快由其一手操控的《跨太平洋战略经济伙伴协定》（TPP）谈判进程，希图以TPP架空以至取代APEC，确立其对亚太区域经济合作的主角和主导地位，并挤压和排斥中国在其中的作用与影响。

其三，美国强化对亚太地区的外交攻势，干扰中国同周边国家的睦邻友好关系。奥巴马政府明确宣示美国要"重返亚洲"，将其外交重点向亚太转移，对该地区国家展开了罕见凌厉的外交攻势。与此同时，它坚持宣扬"中国威胁论"，插手中国与邻国的领土争端，甚至赤裸裸地挑拨离间邻国与中国的关系。

（二）中国周边环境趋于严峻和复杂化

中国同邻国关系不顺的一面增多。首先，一些周边大国不能正确、理智地看待中国的发展壮大，增大了对华防范与牵制意识。日本一直把中国作为其在亚洲的主要对手，对中国的快速发展心存妒忌，特别是2010年中国的经济总量超过它之后，其心理更加不平衡，其制衡中国的意图明朗化。它继续散布"中国威胁论"，为加强牵制中国造舆论；公然将日美安保条约的涵盖范围扩大到钓鱼岛，妄图借助美国力量永远霸占中国领土钓鱼岛；调整军事战略部署，将军力布局重点从面向俄罗斯的西北方向，转到面向中国包括钓鱼岛在内的西南方向，实际上把中国作为其重点对付的"假想敌"，等等。日本实际成了美国战略重心东移、强化对华遏制的密切配合者。

印度对中国有浓重的"瑜亮情结"，把中国视为主要竞争对手。它在加强同美国军事合作的同时，增加了针对中国的战略动作：在中印边境增强军力；推行"东进战略"，把海军力量从印度洋向太平洋伸展；不顾中国反对，同越南签订在中越有争议海域合作开采石油协定。这些将在中印关系中留下阴影。

其他有些国家在同美国改善与发展关系的同时，受"中国威胁论"和美国挑拨的影响，增加了对中国的疑虑，滋生了疏离中国的倾向。

（三）中国南海主权遭遇更严峻挑战

南海诸岛礁历来就是中国领土，但其中的大部分却被东南亚一些国家占据了。尽管中国根据"搁置争议，共同开发"的原则和《南海各方行为宣言》，致力于缓解争议，维护南海的和平稳定，并提出通过双边谈判和平解决争端的合理主张，但有关国家还是我行我素，不断强化对有关岛礁的占据，力图使双边问题国际化，希图借助外力使其对中国岛礁的非法占领合法化和永久化。现在，美国强行介入，日本和印度也掺和进来，加大了南海问题公正合理解决的难度。

（四）国际大环境负面因素增多

经济上，世界金融危机的阴影未散，欧美分别陷入深度主权债务危机和困境，经济低迷，世界经济受其拖累，增幅滑落。中国经济严重依赖国外市场，外部经济环境恶化对中国经济特别是外贸出口的增长会产生明显的负面效应。政治上，国际形势紧张，动荡加剧，地区热点升温，核武器扩散，恐怖主义活动，环境与生态等全球性问题加重。西亚北非形势发生剧变，美国和北约插手该地区动乱，造成四个国家政权更迭，其中利比亚改朝换代是它们以对利发动大规模空袭并大力支持利反政府武装方式实现的。现在，它们又加紧干预叙利亚内乱，试图将利模式在叙复制，并对伊朗进行战争威胁。这使得中东地区战云密布，形势更加紧张动荡。这些对中国构建和平稳定的国际环境，尤其是对中国从中东进口石油和扩大与加深同该地区国家的关系有所挂碍。

三、机遇仍然大于挑战

其一,国际形势演变的基本面是积极的,战争、动荡、紧张是局部的和次要的。(一)美欧实力加速衰降,以金砖国家为代表的新兴经济体群体性崛起的势头仍然强劲,各地区联合自强、推进一体化进程的步伐加快。世界战略格局多极化、政治模式多元化、南北力量均衡化的趋势进一步发展。(二)世界各国经济联系和相互依存更加密切和深度化。美欧债务问题缠身、经济萧条,更加依赖于同发展中国家,尤其是同新兴经济体扩大经贸关系以摆脱困境;发展中国家同发达国家及相互之间的经济合作关系更加深化和扩大。各种双边与多边自贸区建设方兴未艾。这些有力地推进了经济全球化和区域经济一体化深入快速发展。(三)大国关系稳定发展。西方大国加强了合作协调,中国同西方大国关系都有明显进展,俄罗斯与西方大国虽有龃龉,但保持了稳定、改善势头,中俄战略协作关系得到新的提升。上述充分说明,和平、稳定、发展、合作仍是这一年国际形势和国际关系的主调。

其二,美国虽加强了对华遏制,但也提升了与华合作,合作的一面仍是主要的。它将其战略重心东移主要是针对中国的,但它这样做主要是一种防范、戒备性质,而不是进攻性,更不是直接挑衅中国。维护亚太地区的和平、稳定、发展,始终是美国重大利益所在,而这离不开同中国的合作。它不愿也不敢冒同中国正面冲突、对抗的风险。所以它在将战略重心移向亚太的同时,又同中国建立了亚太事务磋商机制,加强了同中国的磋商、合作与协调。且其战略重心东移对中国不完全是负面的。其"东移"的主要考量之一是加强与扩大同亚太国家的经贸关系,为其扩大出口战略服务。而这必然离不开加强同亚洲最大经济体中国的合作。

其三,中国与周边国家的睦邻友好关系继续增强,美国围堵中国的图谋不会得逞。周边邻国从自身国家利益出发,都愿意也都需要同中国发展和加强睦邻友好合作关系。它们希望并要求美国留驻亚太,主要出于保持地区力量均势的考虑。它们认为在中美两个大国之间搞平衡是确保地区稳定及其国家安全的可靠保障。它们普遍独立自主意识很强,不会向美国一边倒,更不会充当美国的附庸和美国遏制中国的棋子和工具。同时,中国同所有邻国建立了极其密切的经济关系,是日本、韩国、澳大利亚、印度、东盟等美国盟国及关系密切的国家的第一大贸易伙伴和第一大出口对象国和主要相互投资国,它们在经济上同中国联系的密切度和相互依存度远远超过美国。中国还同东盟建成了自贸区,同日韩建立自贸区的计划也提上了日程。紧密的经济关系和巨大的经济利益是将邻国与中国紧紧联系在一起的牢固纽带和坚实的基础。不断同中国加强睦邻友好合作是中国周边邻国根本利益所在和外交政策优先选择。除少数美国的军事盟国外,它们普遍致力于同中国扩大与深化合作,绝不会追随美国去遏制、围堵中国。

其四,中国实行和平发展战略、独立自主的和平外交政策、不称霸原则和与邻为善以邻为伴及"睦邻,安邻,富邻"的方针,站在了国际道义的制高点,受到国际社会的赞赏和肯定。中国用实际行动向国际社会表明,中国对任何国家都不是威胁,而是互相尊重、平等相待、合作共赢的好伙伴、好朋友。这是中国能与所有国家保持友好合作关系、同所有邻国保持睦邻友好关系的恒定因素和政策保证。

对中国来说，主要机遇在于中国自身，主要挑战也在于中国自身。只要中国坚持办好自己的事情，坚持正确的内外政策，那么，中国外交的机遇始终大于挑战，中国就能在外交上无往而不胜。

（作者为中国国际问题研究基金会研究员）

第二章

西方陷入多重困境　影响复杂深远

西方困境和世界格局的变化

吴正龙

当前,西方经济险象环生,财政和金融不确定性增大,市场信心大幅下降,面临"二次探底"的风险;政府治理能力下降,社会风潮风起云涌,折射出西方政治和经济的深层次结构性矛盾;西方经济困境将拖累世界经济增长,引发世界经济和政治格局的深刻变化,西方在强调对国际事务主导权的同时,更注重"巧实力"的运用。

一、当前西方的困境

自2011年年初以来,西方国家遭受多重危机的轮番沉重打击,一波未平,一波又起,相互叠加,不断升级,复苏步伐显著放慢,经济和社会形势十分严峻。

(一) 经济难以摆脱困境

从金融危机爆发到现在已经过去三年了,西方各国经济不仅委靡不振、复苏乏力,而且深陷困境不能自拔。

首当其冲的是债务危机。债务危机对西方经济的冲击史无前例，造成股市大幅波动，市场剧烈震荡，经济急剧下滑。金融危机后西方国家财政赤字与主权债务攀升至"二战"结束以来最高，债务占国内生产总值的比重飙升了近21个百分点。国际货币基金组织则警告，西方发达经济体到2014年的政府债务平均水平可能达到国内生产总值的118%。

2011年8月美国国债达到14.29万亿美元的上限，国债总额占国内生产总值比重接近100%，财政赤字占国内生产总值比重10%。经过激烈较量，两党虽然达成了提高债务上限和削减赤字的协议，但并没有从根本上扭转美国当前借债度日的困局。据官方预测，今后10年美国将增加9.5万亿美元债务，即便去掉本次计划削减的2.1万亿—2.5万亿美元，仍有逾7万亿美元新增债务。两党协议没有解决根本性问题，只是把球踢到"更远的未来"。

在欧元区，主权债务危机不断恶化。第一，危机从边缘地区到中心地带不断扩散和升级。继希腊、葡萄牙和爱尔兰之后，意大利、西班牙也有可能面临债务违约，法国的债务风险也令人担忧。第二，危机远比人们想象的更为严重，出现越救越糟的现象。首轮援助希腊贷款投入1100亿欧元。按理说，希腊财政状况应当有所好转。但实际情况是，无论是财政赤字还是债务余额，都是不降反升。2010年底希腊债务余额占同年国内生产总值的比重为142.8%，而目前希腊的债务余额已上升到3600亿欧元，占国内生产总值的162%。第三，危机规模空前巨大，现有欧洲金融救助机制杯水车薪，无法应对日益严峻的局面。意大利债务规模约为1.9万亿欧元，西班牙债务规模约为6000亿欧元，仅这两个国家的债务规模就高达2.5万亿欧元。目前欧元金融稳定基金的容量仅为4400亿欧元，扩大后的容量也只不过1.39万亿欧元。欧盟及欧元区成员国领导人就解决债务危机已举行多轮会议，达成多项协议，但是治标不治本，存在许多不确定因素。落实近日通过的有关加强财政纪律、设立欧元区永久性救助机制的一揽子措施尚需时日。解决欧债危机将是一个长期的过程。正如德国总理默克尔所表示的，解决欧债危机无法一蹴而就，欧洲国家需要用十年时间才能走出困境并重振经济。

复苏步伐显著放慢。美欧国家宏观政策对经济的刺激作用减弱，消费和投资需求疲软，大宗商品价格飙升，市场信心大幅下降，经济复苏趋势明显放缓，下行风险显著增大。日本在地震、海啸及核事故的三重打击之下，复苏进程被打断，地震后日本的生产设施遭受严重损坏，电力供给短缺，出口企业纷纷考虑向海外转移生产基地，产业空心化有加速之势。根据国际货币基金预测，2011年西方经济GDP将以缓慢步伐增长，全年增长仅为1.5%，与2010年相比下降了1.1个百分点。

高失业率普遍困扰西方国家。美国2011年增速可能只有1.5%左右，远低于6月预测的2.7%—2.9%。失业率为9%以上，实际失业率高达17%，甚至有人估计高达19%左右，失业人口高达1000多万。欧盟失业率在9.4%左右，其中德国7%，西班牙高达21%，希腊、葡萄牙经济则仍在负增长。经济疲软难以拉动就业和消费，消费低迷反过来又影响经济复苏；为克服债务危机而采取的紧缩减赤措施又加剧了这种恶性循环，这就是当前西方经济面临的难以摆脱的困境。

更严重的是，目前根本找不到解决问题、走出困境的办法和出路。使用宏观政策刺激经济增长的空间大幅度收窄。在美联储明确宣布要把零利率政策维持到2013年的情况下，美国政府决策层在内的相当一部分官员都不得不承认，美联储当下可用的政策工具，与历史上大多数时间相比都要少得多。美国经济要彻底走出危机阴影,很大程度上将只能靠经济规律本身发挥作用。

(二) 政治深陷僵局

西方党派矛盾加剧,政府机器运转不畅,效率低下,政府治理能力下降。

美国民主和共和两党围绕债务上限展开的争斗震动了世界,标准普尔将美国长期主权信用评级由"AAA"降至"AA+",前景展望负面在全球引起轩然大波和金融市场的剧烈震荡。标普下调的不仅仅是美国主权信用的评级,更重要的是美国政治和经济治理能力的评级。美国两党将政党争斗置于世界经济安危和各国利益之上,损害了美国的声誉,也动摇了世界对美国政治制度的信心。美国会两党严重对立。奥巴马促进就业法案在国会流产后,不得不绕开国会推出提振楼市措施。奥巴马此举意在利用公众对国会的不满情绪,寻求一些无须经国会批准就能推行的经济刺激措施,向美国选民表示其应对就业和住房市场低迷的承诺。

欧债危机从经济领域扩散到政治领域,加剧政局动荡。斯洛伐克议会未能通过欧洲金融稳定基金扩容方案,拉迪乔娃总理领导的执政联盟政府被迫下台。希腊取消援助方案公投之后,朝野同意组建联合政府,作为条件之一,帕潘德里欧总理下台。意大利众议院通过预算案后,贝卢斯科尼总理失去众院多数,最终不得不辞职。西班牙反对党人民党在大选中获得压倒性胜利,人民党主席马里亚诺·拉霍伊将接替宣布放弃参选的现总理萨帕特罗组阁。此前,葡萄牙前总理苏格拉底和爱尔兰前总理布赖恩·考恩都因债务危机在换届选举中落败。欧债危机引发政局动荡,政府接连倒台反过来又增添了欧债危机解决的难度，这已成为加剧危机的一个重要因素。

日本政坛持续动荡，五年换了六位首相，政策摇摆不定，或左或右，政局极度不稳，政策的连贯性和一致性受到严重打击，日本政府的执行力和在国内外的公信力大打折扣。

（三）社会动荡不定

经济困境使许多西方国家失业高企、社会福利减少、贫富差距加剧、社会矛盾激化，民众不满情绪上升，并逐渐演化为对西方式民主制度本身的质疑，各种抗议活动在美欧国家频繁发生。

贫富差距成为当前美国社会的突出问题。美国的贫富不均状况在1929年大萧条前达到了顶峰，之后开始出现下滑，20世纪50年代到60年代达到了最低点。从"里根革命"开始，美国的收入和财富迅速向少数人手中集中，贫富差距越来越严重。美国2010年基尼系数已经上升到了0.469高位，超过了1929年0.45的最高点。《华盛顿邮报》刊文认为，收入不平等已成为现代美国经济标志之一，而这在最近几年的经济大动荡中变得更加严重。来势汹汹的"占领华尔街运动"迅速从纽约蔓延到美国各地，并扩散到全球多个城市，其主要诉求就是反对金融企业贪婪和贫富不均。

多年来欧洲福利制度一直面临变革压力，在金融危机冲击下更是难以为继，各国纷纷推出福利削减措施，引发民众不满。西班牙爆发了多起有百万人参加的全国性示威游行，抗议矛头直指现行体制；英国举行全国大罢工，伦敦等多个城市发生严重骚乱，政府出动大批警察和大量装甲车，拘捕一千多人才控制住局面；希腊举行多轮大罢工令城市瘫痪，经济停摆。类似的社会动荡和骚乱在葡萄牙、意大利、法国、德国等也相继发生。

　　移民问题也因金融危机和经济困难而凸显。欧洲社会一直试图实现社会多元化和多元文化融合，以体现欧洲社会模式的优越性和包容性。但是近年来，受失业率攀升和社会福利削减影响，反移民情绪普遍上升。欧洲"光头党"、"自治国家主义者"等极右翼组织频频在街头闹事，制造种种暴力事件。法国禁止在学校佩戴伊斯兰头巾，荷兰禁止外国向该国派遣伊玛目（伊斯兰教神职人员），瑞士禁止修建清真寺尖塔等。法国驱逐境内罗姆人。挪威发生的恶性枪击爆炸案表明，西方国家社会矛盾凸显，激进和排外思想抬头，为极端主义和暴力恐怖活动滋生蔓延提供了土壤和机会。

二、西方困境的深层次结构性原因

　　当前西方经济困境是 2008 年全球金融危机的延续和发展。雷曼兄弟集团破产引发了全球金融海啸。为了救市，美国和西方各国需要钱来实施财政刺激计划，但许多国家债台高筑。在这种情况下，唯一可行的办法就是通过进一步扩大举债规模，借新债还旧债，这无异于饮鸩止渴，使西方国家在债务危机和经济困境的泥淖中越陷越深。

　　不断发展和恶化的西方经济困境和社会风潮，充分暴露了西方政治和经济深层次结构性矛盾。西方正在经历深刻的制度危机。

（一）西方经济治理思想存在缺陷

　　西方各国笃信"市场万能"，崇拜"看不见的手"的功能，反对国家干预，片面夸大市场的自我修复功能，盲目主张私有化、自由化和市场化。在这种经济思想指导下，西方经济曾出现一度繁荣，但也埋下了祸根，如衍生产品泛滥、金融监管松弛、虚拟与实体经济失调，直接引发并加剧了全球金融危机以及当前西方经济困境。

（二）寅吃卯粮政策祸害无穷

以过度消费来刺激市场，寅吃卯粮，造成虚假繁荣是引发当前西方债务危机的根本原因。美国举债成瘾，花明天的钱办今天的事，对外穷兵黩武，干涉别国内政，对弱国小国大打出手；对内不断扩大福利保障和医疗保险。欧洲国家推行高工资、高福利和高税收的"三高"政策，提供"从摇篮到坟墓"的社会保障体系，高福利加之日益突出的人口老龄化问题，造成欧洲国家财政入不敷出，社会公共开支增长超过经济发展的速度。

金融危机的爆发使西方国家的高福利政策难以为继，被迫压缩福利开支，对过惯了高福利生活的普通民众产生严重冲击，引发了社会风潮不断。寅吃卯粮的政策不改，西方国家除靠不断举债"输血"之外，没有别的出路。

当然，欧债危机也有美欧争夺国际金融主导权的一面。美国信用评级机构轮番下调爱尔兰、葡萄牙、西班牙等危机国家的主权债务信用等级，有的甚至被降到垃圾级，将意大利债务的评级展望定为"负面"，警告意大利信用评级面临下调风险，对法国和德国主权债务展望发出警告。美国通过信用评级机构不断下调欧元区国家主权债务等级，达到火上浇油、"唱衰"欧元、维系美元在世界金融体系中霸主地位的目的。

(三）西方民主政治发生异化

西方各政党为了拉拢人心、捞取选票，不断开出各种福利支票以争取选民的支持，相互攀比，价码轮番上升。不论哪个政党，只要提出"紧缩政策"、"过紧日子"，就要面临下台或落选的危险。不少西方国家出现很多离奇的福利待遇。以希腊为例，公务员一年可以领14个月的工资，如会用电脑、会讲外语、准时上班等，每个月还可以获得5欧元至1300欧元的额外奖金。法律保护公务员免于被辞退，并允许他们40岁之后就退休和领取退休金。如果公务员的女儿是未婚或者是离婚，可以在父母死后继续领取父母的退休金等。

另一方面，执政党和反对党之间是零和关系，一方成功就是另一方的失败，反对党常常是为反对而反对，把党派的私利凌驾于一切之上，完全不顾国家和人民利益。党派恶斗、互相掣肘已成为西方国家政治生活的组成部分，以致事关国家发展的重要政策和法案得不到及时有效地贯彻执行。正如奥巴马总统在评论此次美国两党围绕上调债务上限展开的角力时所说，对美国经济真正的危害不是来自外部，而来自于国会中那些把党派利益放到国家利益之上的议员。

（四）"金钱政治"、"富人政府"损害民众的根本利益

自2008年金融危机爆发以来，美国政府通过7000亿美元的救市方案，用纳税人的钱去救济华尔街，为投机商的巨额呆坏账埋单。危机后的美国经济不景气，失业率居高不下，福利保障遭到削减，许多人失去住所，失去工作，失去福利待遇；而华尔街"肥猫"不但没有受到法律制裁，反而高薪照拿，奖金照领。富的越来越富，穷的越来越穷，贫富差距不断扩大。

美国金融以及其他行业巨头通过向两党提供巨额政治献金，实行政金勾结，掌控美国政治。国会很难通过限制金融业投机行为或减少贫富差距的法案。奥巴马在竞选时曾表示要立法加强对金融市场的监管，但一直受到国会阻挠，2010年才在国会勉强通过该案，但其核心内容已被"阉割"，华尔街搞金融衍生品的问题基本没有触动。"金钱政治"、"富人政府"服务于少数富有阶层在金融危机及其后续发展中暴露无遗，"贪婪的1%"统治着"受害的99%"是当前西方社会的真实写照。

三、西方困境的影响

当前西方困境对世界经济和全球格局产生重大的影响。

（一）西方经济复苏乏力，拖累世界经济的增长步伐

国际货币基金组织2011年9月发表《世界经济展望》指出，全球经济增长新一轮压力可能会打击到西方经济体本已异常脆弱的金融市场和金融机构。商品价格和全球贸易及资本流动可能会陡然下降，从而拉低新兴和发展中经济体的增长，全球经济进入一个新的危险阶段。

为减少赤字和平衡财政，当前西方各国纷纷实施财政紧缩政策，这无疑将降低需求、减少订单，引发全球商品和资金流动下滑，对新兴市场和发展中国家经济造成巨大的冲击。而通胀高企导致新兴市场和发展中国家投入成本快速上升，削弱经济增长动力，又进一步放缓经济增速。根据世界银行预测，2011年世界经济增长将为3.3%，低于2011年的3.9%。

(二) 西方国家实行货币量化宽松和贸易保护主义以转嫁危机

2008年以来，美国已实行两轮量化宽松货币政策，向市场注资2.3万亿美元，引发全球大宗商品价格飙升，新兴市场和发展中国家遭遇输入性通胀威胁。美国正酝酿进行第三轮量化宽松政策。美欧大幅增强了对新兴市场国家反倾销、反补贴调查；不断出台绿色壁垒、技术壁垒和知识产权保护等非关税壁垒措施；美国参议院通过针对人民币法案，国会议员热炒汇率问题，扬言不惜发动对华贸易战，贸易保护主义有重新抬头的趋势。

(三) 新兴市场和发展中国家与西方发达国家力量对比正朝着有利于均衡化的方向发展

发展中国家与西方发达国家力量差距悬殊是第二次大战以后世界形势中长期存在的现象。但在经济全球化的影响下，一批新兴市场国家顺应国际产业分工转移的趋势，在发展市场经济中实现经济比较迅速的发展，南北力量对比开始发生变化。2008年以来发生的全球经济危机则进一步催化和加速了这种演变的进程，新兴市场和发展中国家与西方发达国家力量对比正朝着有利于均衡化的方向发展。

进入新世纪以来，新兴市场国家和其他发展中国家占全球国内生产总值的比重从24%上升到33%，对世界经济增长的贡献率达到46%，成为拉动全球经济增长的主要力量。中国GDP已超过日本居世界第二。新兴大国大量持有美欧的外债，在国际经济治理中的话语权增加，尤其是金融体系中的规制权有了较大增加。

（四）以美国为首的西方在强调对国际事务主导权的同时，更注重"巧实力"的运用

尽管相对力量有所下降，但美国和西方国家的综合实力，包括政治、军事、文化、管理和科技等领域都还具有相当的优势，在国际事务中的绝对力量仍处于优势。更何况美国和西方国家具有较强的修复功能和纠错机制，当前困境并不意味着西方的衰败和没落。在相当长时期内，美国和西方国家仍将对国际事务发挥着主导作用，不过在策略的运用上更注重于一个"巧"字。

世界格局从"一超独大，称霸天下"演变为"一超多强，大国共治"。美国能够"不惜一切代价"对外进行干涉的时代已经一去不复返。美国全球战略放弃了"先发制人"、"单边主义"，改采"多边主义"和"巧实力"，美国进入一个战略调整期。美国的根本出发点是以最小的投入取得最大的战略效益，以维护其在世界各地的主导权，主要做法如下：

一是战线收缩，突出重点，兼顾一般。在不放弃其他地区的前提下，美国结束伊拉克和阿富汗战争，把战略重点转向亚太。面对削减国防军费的压力，美军一再表示不但不会削弱在亚太地区的军事力量，还要加强在这个地区的军事存在。如调整战略力量的部署，把60%的核动力攻击潜艇集中在亚太地区；增强对这个地区的战略投放能力；加强与印度、菲律宾、越南等国的防务合作与交流；频繁与东亚、东南亚国家举行联合军事演习；在新加坡建设濒海战斗舰基地；在澳大利亚部署部队等。

二是重点转移，有所为，有所不为。确保战略重点东移，对军事干涉采取有选择的参与、有限度的卷入。以中东动荡为例，美国对不同国家采取区别对待的政策，但有一个共同点，就是避免过多介入，坚持不派地面部队参加作战，但可提供武器弹药、后勤装备等。

三是角色转换，分工负责，各司其职。美国把盟国推到一线打头阵，自己则专司协调指挥，掌握主导权。在对利比亚军事行动中，美国把法英等盟国推到前面"冲锋"，"发挥领导作用"，自己则"退居二线"，担当后援保障。即使在战略重点的亚太地区，美国也是把日本、澳大利亚和韩国等盟国特别是日本推到前面，或插手南海事务，或叫嚣中国威胁论，或离间中国与周边国家关系等，牵制中国，而美国自己则更侧重于当幕后推手，专心于"策划"、"组织"和"指挥"。

四是手法翻新，更注重策略的运用。为了制造矛盾，挑起事端，造成国与国之间互相对立、防范和猜忌，美国在外交中搬弄是非、挑拨离间、煽风点火等所谓的"软"策略的运用更是比比皆是。这样各方都要向美国示好求助，美国便可堂而皇之地发挥"领导作用"，掌握在各地区的主导权。

当然，上述种种手法有多大实效，还有待观察。

（作者为中国太平洋经济合作全国委员会副会长）

美国经济缓慢复苏

周世俭

2008年9月,美国爆发了"百年一遇的金融危机"。这场金融危机重创了美国经济,拖累了全世界经济的发展。

从2008年至2011年年底,美国经济经历了战后最严重的大衰退和缓慢复苏。2008年GDP下降0.3%,2009年出现了战后60多年以来最严重的大衰退,当年GDP下降3.5%;从2009年下半年美国经济开始缓慢复苏。

这次美国经济复苏具有三大特点。

(一) 政府驱动性复苏,经济内生动力不足

2009年2月17日,奥巴马总统公布第一批刺激经济计划7870亿美元(后追加到8410亿美元),3月18日,美联储主席伯南克宣布第一次量化宽松的货币政策,加印3000亿美元的美钞,总共动用了1.75万亿美元以增购国债。

2010年9月6日—8日,奥巴马总统宣布第二批刺激经济计划3500亿美元,11月3日,美联储主席伯南克宣布第二次量化宽松的货币政策,加印6000亿美元的美钞,以增购国债。

2010年12月17日,奥巴马总统批准2011—2012年全民减税8580亿美元(2008年—2010年全民总共减税8520亿美元)。

2011年9月8日，奥巴马总统推出第三批刺激经济计划4470亿美元，命名为"美国就业法案"。9月21日，美联储启动"扭转操作"抛售短期国债以购买长期国债，旨在压低长期利率，从而为委靡不振的美国经济注入新的活力，但效果不佳。由于在国会已占多数的共和党不合作，奥巴马总统的第三批刺激经济计划在国会受阻，三个多月了未得到完全批准。

（二）间歇性复苏，时好时坏不稳定

从2009年下半年至2011年年底美国经济复苏呈现波浪性增长。GDP增长：2009年下半年2.8%，2010年上半年3.8%，下半年2.4%，2011年上半年0.9%，下半年预测为2.5%。

（三）无就业复苏

美国的失业率按年度统计2008年5.8%，2009年9.3%，2010年9.7%，2011年预测为9.0%；从2008年12月到2011年11月失业率超过7个点已达36个月，超过9个点已达28个月。2011年3月4日美国劳工部公布的数据：平均失业高达37个星期，大大高于1981—1983年平均失业27个星期。奥巴马总统上台以来，将领取失业救济金的期限45个星期经过两次延长增加到90个星期。如果国会不能通过奥巴马总统"美国就业法案"，大约将有210万人在2012年2月初失去他们的失业救济金，有610万人将在2012年内失去他们的失业救济金。

实际上美国目前未充分就业数据远大于完全失业率。根据劳工部2011年5月公布的统计表明完全失业1390万人，半失业850万人，隐性失业220万人，合计2460万人，占全国有就业能力人口1.5亿的16.4%，也就是说在每6个美国有就业能

力的人中就有1个人没有充分就业。就业是民生的根本，失业大幅增加，将会继续打击消费，加剧贸易保护主义，使经济复苏缓慢。美国人储蓄率低，工作就是"银行"，失去了工作就失去了生活的动力。失业率居高难下总统自然是千夫所指。2011年6月13日，奥巴马总统说："当前美国经济面临最严峻的挑战就是失业率居高不下，我将尽一切努力增加就业，推动经济增长。"7月6日，"美国之音"说奥巴马的经济政策日益受到"拷问"，因为美国的失业率已经突破9%。被问到在处理衰退问题上有何举措时，奥巴马承认了自己的失误，他说："我认为人们对经济衰退持续时间之长可能没有做好准备，也没想到我们竟要做出那么多非常艰难的决策和选择，我愿为此承担责任。"9月1日，奥巴马总统说："我们经历的是自大萧条以来最严重的金融危机。一般来说，在经历过这样的金融危机之后，病人需要很长时间才能康复。这种情况就是经济患了心脏病，虽然病人活过来了，正在渐渐康复，但是康复的速度非常缓慢。"

由于经济复苏缓慢，导致失业率下降速度缓慢。2011年9月1日，白宫预测：2012年失业率8.3%—9.0%，2013年失业率8.0%；11月3日，美联储预测2012年底失业率8.5%以上。

据《基督教科学箴言报》报道，近三年来美国人生活水平持续下降的时长和幅度为50年来之最。作为生活水平一个关键指标的人均可支配收入从2008年春季到2011年第二季度人均减少1315美元，下降了3.9%。这严重地影响了消费开支。须知2010年国内消费占GDP71%，国内消费上不来经济就很难回到繁荣。

2009年3月23日《新闻周刊》发表长篇报道《美国从享乐时代开始走向节俭时代》，文章报道美国居民储蓄率在

2005—2006年曾降为负数，次贷危机爆发后，72%的美国家庭财富遭受了损失。人们开始转变观念，增加储蓄，由2007年1.7%的储蓄率至2009年上升到3.9%。此后储蓄率继续上升，到2011年6月升至5.4%。2011年7月25日，希拉里国务卿在香港的讲演中说："美国人正在向多储蓄、少花钱、少借贷进行过渡。"这场金融危机严重打击了美国消费者的信心。美国消费者信心指数从2007年9月的99.5迅速下降，到2008年1月降至78.4。从2008年到2011年底四年中消费者信心指数一直在七十几到四十几低位徘徊。须知消费者信心指数回到90以上经济才能恢复到繁荣阶段，看来这将是一段漫长的路。

从中长期来看，困扰美国经济的一大难题是政府财政赤字猛增，债务负担沉重。众所周知有两条国际金融警戒线：一条是当年财政赤字占GDP的比例不要超过3%。另一条是累积的政府债务不要超过当年GDP的60%。2008财年财政赤字为4548亿美元，占当年GDP的3.2%，奥巴马入主白宫后，财政赤字猛增，2009财年财政赤字达1.41万亿美元，占GDP之比达到9.9%，2010财年财政赤字1.29万亿美元，占比为8.9%，2011财年财政赤字1.299万亿美元，占比8.9%。三个财年奥巴马总统造就了3.999万亿美元财政赤字，差10亿美元就达到4万亿美元！美国舆论评论：奥巴马是美国历史上花钱最没有节制的总统。2011年11月15日财政部宣布，美国政府累积债务突破15万亿美元，而2010年美国GDP为14.66万亿美元，也就是说美国政府债务占GDP之比已达到100%，大大超过欧元区债务占GDP85%的比例。据国会预算办公室测算，到2015年美国政府累积债务将高达19.6万亿美元！美国政府顶着"国债偃塞湖"。据有关部门统计目前美国总体国债每分钟增加约300万美元，折合每天43亿美元，每个月折合

1290亿美元，每年约合1.5万亿美元。这可是全世界都承受不起的可怕现实。面对如此沉重的债务负担，美国政府多年以来依靠增印美钞、增发国债、美元贬值和适度的通货膨胀这"三大法宝"来稀释和缓解。这是在严重透支美元信用的做法，这等于是美国人欠债，却让世界替它埋单，这是极不公平的！美元绑架了世界经济。2011年5月17日，世界银行发表名为《2011全球发展地平线——多极化：新的全球经济》的报告，报告指出："目前美元的主导地位将会在2025年之前某个时候终结，取而代之的将是一个围绕美元、欧元和人民币的多币种国际货币体系。"

2011年8月5日，国际评级机构标准普尔下调美国主权信用等级是一件大事，美国从长达94年的三A信用等级的宝座上跌落下来。12月21日，另一家国际评级机构惠誉再次对美国发出警告，如果国会在2012年无法制订减赤方案，可能在2013年下调美国三A信用评级。众所周知，主权信用等级下调标志着美元的金融霸主地位将会逐步丧失。

当前困扰美国经济的一大难点是房地产价格持续下跌。房地产的价格2006年5月由涨转跌。据美银美林数据显示，到2011年第三季度全美房价较2006年一季度峰值时期已下跌33%，回到了2002年中期的水平。这超过了20世纪30年代大萧条时期从1925年到1933年房价下跌30%的幅度。问题是房价还在下跌，2011年第三季度同比下跌3.9%。2011年12月5日，美银美林房地产市场部发布《2012年房市展望报告》，预计2012年至2013年第一季度，全美房价在现在的基础上还将继续下跌7%。12月23日，美国《新闻与世界报道》周刊网站报道，美国房地产价值自2007年以来的缩水总额超过了6.4万亿美元。

由于次贷危机、金融危机和经济大衰退，再加上失业率居高难下，领了次极按揭贷款购房的穷人，连续三个月无力缴纳月供即被银行扫地出门。这种"断供止赎"的现象现在还在蔓延。据美国房地产协会统计，到 2011 年第一季度断供止赎的房屋已有近 1000 万套。被扫地出门的中青年夫妇只好带着孩子投奔父母亲，形成了"三世同堂"的现象，改变了美国人的生活方式。据人口普查局公布的数据，到 2010 年底已有 590 万儿童与祖父母一同生活。2011 年 7 月 20 日摩根斯坦利发布的报告，美国自有住房率已从 2004 年的 69.2% 下降到 2011 年 3 月的 66.4%，报告预测仍有 750 万套住房逾期未偿还贷款待收回。到 2013 年自有住房率将下降到 59.7%。报告说美国正走向"租房社会"。

房地产业是美国经济的支柱产业。无论从历史还是现实来看，房地产市场对美国经济都具有举足轻重的影响。鉴于房地产本身庞大规模和巨大产值，如果房地产市场无法复苏，美国经济恐怕也很难实现真正的复苏。

2012 年是美国大选之年，奥巴马总统为了竞选连任，必定会使出浑身解数来刺激经济增长、扩大出口、增加就业。但是共和党会充分利用沉重的债务负担，逼迫奥巴马削减财政赤字，捆住奥巴马的手脚。

另外，欧债危机也会给美国经济带来负面影响。多年以来，美国最大的贸易伙伴实际上是欧盟。2010 年，美欧贸易额 5594 亿美元，占美国外贸总额 32247 亿美元 17.3%，对欧出口占美国出口总额的 18.6%。2012 年，欧元区可能陷入经济衰退，再加上欧洲普遍紧缩开支和削减群众福利，必然会影响消费和进口。不仅如此，美欧互相持有对方的股票和债券的金融资产，欧债危机的深化必然对美国经济产生不利的影响。全球最大期货交易商美国曼氏金融公司因欧债危机破产登记就是一个例子。

2011年11月28日，总部设在巴黎的经济合作与发展组织（OECD）发布最近经济展望报告预测美国经济增长率：2011年1.7%，2012年2.0%，2013年2.5%。这表明美国经济在2011—2013年这三年中继续缓慢复苏，低速增长；不大可能会出现二次探底或衰退。

综观美国经济，存在着失业率居高难下、债务负担沉重和房地产价格持续下跌的三大难点。然而，美国经济始终拥有三大优势，依然是全世界超级经济大国，最强大的经济体，这是任何别的国家所无法比拟的。

第一大优势：基础好，家底雄厚

从1890年美国经济总量超越德国而居世界首位到现在已持续122年了。这里要特别指出的是人类历史上两次世界大战都发生在欧洲和亚洲的土地上，美国都躲过了历史浩劫，而且销售军火，大发战争财。

根据国际货币基金组织2011年4月公布的世界经济展望数据，2010年美国GDP14.66万亿美元，占世界比重23.3%；排名其后的中国5.88万亿美元，占世界比重9.3%；日本5.46万亿美元，占8.7%；德国3.32万亿美元，占5.3%。中、日、德三国经济总量14.66万亿美元，与美国经济总量相当。

2011年6月美国财富杂志公布的全球企业五百强中，美国133家，占27%；日本68家；中国61家，占12%。

第二大优势：研发投入多，创新能力强，劳动生产率高

以诺贝尔奖金获得者作为一个指标衡量，到2010年美国

诺贝尔奖得主占世界总数的39%，占世界科学、医学和经济学领域的47%，一共有315获奖者，获得317个奖项。

从2000年到2010年11月间，世界各国太空发射的卫星中，美国一家占了40%。

第三大优势：美元作为国际货币有利于美国有效地转嫁经济危机和债务危机

从中长期的观点来看，美元将持续走弱。因为弱势美元符合美国的利益。弱势美元会刺激出口、增加就业、拉动经济复苏。弱势美元有助于稀释和缓解美国面临的外债压力。资料显示，仅过去的5年间，美国利用美元贬值使其对外债务减少了3.58万亿美元。据测算如果美国通胀年率达到6%，4年后，国债余额占GDP的比例就可以下降20%。（2011年10月份美国通胀率已达3.5%）2011年8月，哈佛大学教授原国际货币基金组织首席经济学家肯尼思·罗格夫在《金融时报》发表文章，提出三项措施应对债务危机，即债务减记方案，暂时抬高通胀和结构性调整。其中值得指出的是，罗格夫强调可选择在未来几年内推行适度通胀，比如把通胀率维持在4%—6%的水平，从而实施某种"去杠杆化"（减债）。8月12日《纽约时报》一篇文章应和了罗格夫的观点，称"有时候通货膨胀并不那么邪恶"。

从历史上的金融危机与宏观政策应对来看，发达国家，尤其是主要储备货币发行国美国，以通货膨胀来化解危机不仅有可能有动力，而且也有成功的历史经验。无论是量化宽松、质化宽松还是通货膨胀，都会起到稀释债务的效果。只要通胀可以控制，美国很有可能会在未来几年实施这一政策——适度的通货膨胀。问题是全世界手中持有大量美国国债的国家、企业和个人可就遭了殃。

新的经济增长点在哪里?

20世纪90年代,信息产业拉动了美国经济走向繁荣,带来了克林顿总统八年执政期的繁荣。当前依靠什么行业能把美国从缓慢复苏拉向繁荣?奥巴马总统把发展新能源当做振兴美国制造业,乃至整个美国经济的抓手。奥巴马总统是从战略角度确定这一方针的,他试图通过抓新能源达到一箭三雕的作用。第一是夺取世界科技创新的制高点,巩固美国的科技领导地位,创造新的经济增长极,同时解决就业问题;第二是高举绿色革命和低碳经济的大旗,在应对全球气候变暖问题上打造美国的领袖地位;第三是减少美国对石油进口的依赖,缓解未来石油枯竭和困扰美国国际收支平衡的老大难问题。①

但是2010年7—8月,笔者赴美国考察经济,多数美国经济学家对新能源行业能否发挥这么大的作用表示质疑。他们大都认为新能源行业起步晚、总量低,难以独自成为拉动美国经济走向繁荣的增长点。未来的岁月里很有可能要靠新能源、信息产业、生物技术和新材料四大行业一起给力,才能把美国经济拉向新的繁荣。美国有雄厚的经济实力和世界级科技水平,实现这一重大转折和发展是完全有可能的,问题是需要时间。三五年内恐难奏效。

(作者为中国国际问题研究基金会世界经济研究中心执行主任)

---

① 此段摘自陈宝森先生《当代美国经济》。

美国亚太政策调整对中美关系的影响

陈永龙

2011年，尤其是下半年以来，美国亚太政策调整动作频频，奥巴马亲自挂帅，继续强化自己是美国第一个"太平洋总统"形象，各路人马纷纷闪亮登场，从各个不同角度强调美在亚洲的安全责任和经济利益。其中，克林顿国务卿扮演了名符其实的先锋角色。11月10日，她在夏威夷"东西方中心"的演讲中称："21世纪将是美国的太平洋世纪，成为在这个充满活力、复杂和意义重大的地区前所未有地发展交往和伙伴关系的时期。……今后几年，亚洲的事态将对我国的前景产生巨大影响，我们不能置身事外，听任其他人替我们决定我们自己的前途。"在差不多相同的时间，美国防部长帕内塔称："如果说有什么动作的话，我们是要加强在太平洋地区的驻军。"2012年1月5日，奥巴马和美国高级军事将领发布新军事战略时表示，美国已翻过十年战争的一页，未来将把军事部署重心转向亚太地区，"世界必须知道，美国将维持其军事的超强优势"。美上述动作引起了世界广泛热议，普遍认为，美已在战略定位上把亚太地区视为未来世界力量中心，至少已把跨太平洋关系提升到与跨大西洋体系同等重要的位置，并已在政策宣示的基础上采取了具体行动。正如克林顿国务卿所言，美"正按照六条关键性的行动路线向前推进"：增强双边安全同盟；深化与新兴大国的工作关系；发展与区域性多边机构接触；扩大贸易和投资；打造基础广泛的军事存在；增进民主和人权。事实也早已表明，美明显加大了对亚太地区在政治、安全和经济上的投入，并利用舆论造势，有意制造地区不稳定现象，公然把"南中国海"称为"西菲律宾海"，在东亚国家中挑拨离间，混淆是非，为所谓"重返"亚太制造借口。对美国一系列动作，尽管有许多不同的解读，但西方世界较为普遍的评论是：意在围堵中国。英国《泰晤士报》形容美新军事战略"向不能明言的敌人（中国）发出警告"，美国《外交政策》杂志称："现在到了勇敢面对中国的时刻。"《纽约时报》更直接了当地评论：美国不会在太平洋对中国作丝毫让步。

美究竟意欲何为，试谈谈个人的一些看法：

一、美国国力下降是美国调整亚太战略的内生和主要因素

20世纪末以来，美以反恐为名，行军事上过度扩张之实，先后在伊拉克和阿富汗打了两场战争，代价是近万名美军士兵的生命和近5万亿美元纳税人的钱，留下的是两个国家的不稳定局势和两国所在地区人民一波又一波的反美情绪。美对外霸权和形象双双受损；2008年发生的金融危机至不但严重冲击了美国本身的金融制度和西方金融体系，更孕育了世界金融体系的修正和变革，削弱乃至动摇了美国的金融霸主地位；经济领域的一系列结构性问题使其经济处于长期低迷状态，高债务、高赤字、高通胀、高失业把美国置于20世纪30年代大萧条以来从未有过的艰难处境。美经济在世界经济中的分量已不可与

当年同日而语,更谈不上引领世界经济的增长。所有这些,导致了美国总体实力相对下降,严重削弱了美国的大国地位,挑战了美国的世界霸权地位。在这一形势下,奥巴马政府调整其亚太战略,一方面可视为对布什政府陷美国于战争灾难政策的进一步颠覆,另一方面显示奥巴马政府要重整旗鼓,谋求再复兴的决心,美国要永远保持世界第一,就需要寻找新的支撑点和借力点,而亚洲当属首选。美在被迫实行战略收缩的同时要搭上亚洲发展的快车。

二、中国国力上升是美调整亚太战略最重要的外部因素之一

中国自从改革开放以来,经济持续快速发展,国力稳步上升,虽然中国仍然是一个发展中国家,实现现代化仍有很长的路要走,但在中国成长过程中,对本地区和世界的作用不断显现。面对中国日益扩大的影响,尤其在国力升至世界第二以后,伴随着早先的"中国威胁论",后来的"中国责任论",现在西方世界又冒出了"中国挑战论"。在美国和西方一些政治精英的眼里,中国特色的发展道路挑战了西方的发展模式。中美之间崛起大国与守成大国的矛盾越来越突出,中国成为美国的战略竞争对手。不少智库人士已开始把今后的中美关系比作"二战"前的德英关系,战略对抗似乎不可避免。美国前副国务卿伯恩斯近日撰文认为,两场战争分散了美国对中国的注意力,这十年间,中国在全球的影响力上升,从而构成了对美国的挑战。

与此同时,美国选战一天天升温,面对十分糟糕的经济形势和极化了的政治形势,两党相互攻击的同时,不忘把责任外

移,寻找替罪羊,于是,虽然程度不同,两党都把目标指向了中国,因为他们认为责难中国、敲打中国,代价最小,政治、经济获益很大。至于怎么敲打,直接施压、指责或联手他国施压都是选择。对中国施压也好,指责也好,还是像有些学者所言的"围堵"也好,已经冲击了中美关系,进一步削弱了业已存在的但仍然十分脆弱的中美战略互信。

三、并非新冷战,但影响和重要性要胜于冷战

(一)中美关系中的基本结构性矛盾和中美之间发生的战略碰撞并不表明中美之间发生"新冷战"。2011年春天,胡锦涛主席访美,与奥巴马总统进一步达成了两国相互尊重、互利共赢的合作伙伴关系,为中美关系明确定位并指明了今后的发展方向。中美双方均认为双边关系是最重要的双边关系之一,在双方的全球战略中具有举足轻重的地位。因此,奥巴马政府调整亚太战略不会不顾中美关系而损害其大局利益。然而,美方亚太战略也并非完全是花拳绣腿,仅仅是显示对华强硬,逼中国向美送好处,为其赢得大选造势;同样也反映了美政府对中国发展的焦虑和企图"规范"中国发展的意图。从中美两国各自广袤的地缘优势特点和相互力量趋于均衡的走向看,任何一方都很难接受另一方的主导,再加上政治体制差异的敏感性,两国只能逐步相互适应,而不是相互排斥。冷战式的围堵之路是行不通的。目前看,美国对华"接触加防范"的总体政策思路未变,只是在两个方面都显得更为突出了,美国尤其不想让中国的蓝海力量超越第一岛链,连日来美方在宣示其亚太新战略时,军界人士一再表现强硬和高调,

已足以说明。

（二）中美之间利益共生关系的特点日益明显。今天的中美关系不同于当年的美苏关系。当年美苏各领军一个阵营，政治上和战略上相互对立，互相拆台，经济上几乎没有联系。今天的中美两国战略目标并不冲突，在国际政治中有很多合作空间，经济上相互依存。在对应国际金融危机中两国表示了要"同舟共济，合作应对"的意愿。中美两国贸易日益增大，双边贸易额已从建交初的每年50亿美元增长到今天的4000多亿美元。双方已成为对方主要贸易伙伴之一，相互投资也在不断增长，两国企业界都视对方为良好的投资目的地；两国经济政策和增长形势相互影响程度也日益增大，相互协调已成为两国职能部门对话和磋商的主要内容；两国国力的量和质正处于重要的变化阶段。在这个阶段，碰撞和摩擦是正常的、难免的，有时甚至是很激烈的，但相互依存才是主要的。正如美国前总统国家安全事务助理布热津斯基对笔者所言，中美关系的现状是一种不舒服的相互依存关系。笔者认为，把共同利益的蛋糕做大应是双方明智的选择。

（三）亚洲地区多样性、包容性和开放性的特点决定了地区国家不会轻易接受美对华的"合围"战略。亚洲从地缘上看，有东北亚、东南亚、南亚及一些岛国，地域风情不尽一致；从制度看，有社会主义和资本主义国家，发达和发展中国家，在西方眼里甚至还有民主和非民主国家之分。从经济力量和规模上看，有世界第二和第三大经济体，有当年的"四小龙"和今天的新兴经济体国家。从政治上看，有尚未解决统一问题的国家和几个存有领土、领海争议的国家。亚洲既没有欧洲的条件，也没有北美的优势，来形成北约式的安全机制和一体化式的经济合作机制。然而，正是多样化和包容精神使亚洲延续了几十年丰富多彩的发展。因此，亚洲一些国家虽被认为在安全上需要美国，但难以牺牲对华关系和经济增长为代价来附随美国对中国的"围堵"或"合围"战略。其实，地区不少国家对美亚太政策的调整也不无疑虑，对美图谋都保持不同程度的警惕性。实用主义、两面平衡，以争取各自最大利益当属他们的选择。更重要的是，中国并不排斥美国在亚洲的利益，欢迎美国在亚洲发挥建设性作用，美国也不应为了自身利益而损害中国利益。亚太有足够的空间为中国、美国和其他国家提供共同发展的机会。

（四）世界上的许多挑战，从应对金融危机，到反对贸易保护主义、确保经济平稳增长；从应对地区热点、反对恐怖主义，到保护地区和全球的安全与和平，从应对气候变化，到保护环境，防止生态恶化，以及防止水、粮食危机等，都需要中美的合作和建设性作用。仅以应对气候变化的国际谈判为例，世界两个最大的温室气体排放国相互争吵则使谈判难有进度。然而，从哥本哈根到坎昆到德班会议，两国领导人承诺共同发挥建设性作用，两国谈判队伍在每个阶段都能做到磋商、协调，共同努力使上述会议取得了阶段性成果。

（五）所谓的"新冷战"是个别政治精英唯恐天下不乱而渲染出来的概念。冷战必须是相互的，你搞我不搞，你就搞不成。打冷战绝不是中国的政策选择，中国需要和平发展的环境世人皆知。打冷战也不是美国的主流政策选项，其代价和后果难以设想。中美战略与经济对话机制的建立和成功运用，也从机制上保障中美关系健康发展发挥了很大建设性作用。社会进步的历史责任不允许中美发生任何形式的冷战。

在这多事之秋，亚洲保持了难得的"风景这边独好"的发展环境。中国人、美国人、亚洲人，围绕亚太未来的政治、经济和安全秩序，围绕亚太事务的主导权，围绕中美等地区国家的地位和作用等问题，各方碰撞将十分激烈，而且将呈现一种常态化的趋势。

（作者为中国国际问题研究基金会理事、美国研究中心主任）

"占领华尔街"运动的本质和影响

陈永龙

进入 21 世纪第二个十年,世界呈现出一片五洲激荡、风云四起的乱象,其中发生在资本主义心脏的"占领华尔街"运动尤其耐人寻味。随着"占领"运动的爆发、蔓延和清场,世人众说纷纭、莫衷一是,有人认为这是一场"幼稚的社会运动",有人认为是美国社会极化现象的反映,有人认为深度冲击了资本主义的百分之一的富豪,英国《金融时报》甚至评论称:"美国梦"的未来正处于危急关头。这场运动究竟反映了什么,揭示了什么,对资本主义制度的未来又意味着什么,对美国、对世界将产生何种影响等,值得深思和探讨。

一

"占领华尔街"运动与早先发生的"阿拉伯之春"相对应,从另一个角度反映了资本主义国家民众对腐败和社会不公现象的强烈不满。"占领"运动伊始,以失业工人、大学生和社会青年为主体的上千名示威者在纽约曼哈顿祖科蒂公园安营扎寨,他们宣称代表社会的99%,反对华尔街大公司的贪婪欺诈，抗议贫富鸿沟的扩大，发泄对生活现状的极度不满。"占领"运动即刻引起社会共鸣，并迅速蔓延到全美、加拿大乃至欧洲、亚洲的上千个城市，受到全球广泛而强烈的关注。的确，他们愤怒的呐喊道出了美西方社会的现状。正如诺贝尔经济奖得主斯蒂格里茨所言，美国上层1%的人现在每年拿走了将近1/4的国民收入。以财富而不是收入来看，这塔尖的1%则控制了40%的财富。他们的财运节节走高，25年前，这两个数字分别是12%和33%。这些现象的出现并不令人惊讶，美国的社会财富分配制度和纳税政策是为少数富人量身定做的，钱权勾结，腐朽政治泛滥，权生钱、钱护权，结果是富人越富，穷人越穷。不难看出，一个让人感到没有出路的不公制度先后酿成了中东动荡和"占领"华尔街乱象。

二

清场处理的结果反映了资本主义民主的虚伪，或至少是严重缺陷，暴露了西方政府在处理社会运动问题上的双重标准。在号称高度广泛民主的美国，在离自由女神像咫尺之遥的祖科蒂公园，"占领"运动已事先获得了当局的批准。但运动刚刚发生两个月，纽约等各地方当局就以安全、卫生和社会秩序为由采取了统一清场行动。本来，一个没有组织、没有目标、没有纲领的草根运动，且内部又充满了各种不同的诉求，在没有出现领袖式人物和没有外部力量的支持下，运动本身就难以持久，更不用说形成气候。即使"占领"营地内出现了斗殴、偷窃乃至强奸、枪击等恶性案件，凭美国警方的能量完全可以控制和处理。但是，由于运动势头不断扩大，示威人群开始涌向富家豪门，直接影响了这1%人士的秩序，还开始冲击纽约证券交易所——华尔街的中枢神经，当局怎么能等闲视之。于是，民主和自由的外衣在这个时候可以脱掉了。试想，如果这些运动发生在任何非西方国家，西方政府和舆论又该如何对待呢？他们绝不会失声、掩盖，而是指手画脚和24小时放大性地滚动播放。其实，比较一下美欧对"阿拉伯之春"的态度和所作所为就足以说明问题了。本来，在"占领"运动之初，奥巴马总统本人及政府官员都不同程度地表示了肯定或支持，却又缘何采取突然清场行动呢？我想，本可以为民主党竞选所用的运动恐将走向"反面"是其中一个重要原因吧。奥巴马政府恐无力也不可能满足示威者的主流诉求。难以平息在资本主义世界的99%与1%之间的"阶级斗争"。

三

华尔街金融霸权难撼。可以说，"占领"运动暴露了资本主义在新时期的困境，揭露了金融资本主义的贪婪、欺诈和自私的本质，但却无力改变现状，更不用说撼动金融资本主义体系。首先，金融是现代经济的核心，华尔街是美国金融资本主义的中心，更是美国在全世界金融霸权的支柱和象征。其次，金融机构高管高薪似已成西方现代经济中约定俗成的游戏规则。并不是金融机构大得不能倒，而是精英人士、利益集团都在各金融机构拥有不同程度的股份，华尔街是他们的利益汇合处。盈利与否，高管们的股份红利是不能少的。因此，政府无意、机构无心改变现状。第三，华尔街是美国选举捐款大户，拥有超级政治影响力。据"华尔街观察"报告，1998年至

2008年，华尔街用于获取政治影响的各种捐款超过50亿美元。据说，到2011年年底为止，奥巴马本人获得华尔街捐款已高达1600万美元，多于过去20年其他任何一个政治人物。另据调查，美国会议员中大多属于1%的塔尖人物。在这种情况下，政府和国会谁还能开罪华尔街呢？第四，"有钱能使鬼推磨"，法治美国也难奈何华尔街。2010年发生的政府与高盛公司的冲撞，人们仍记忆犹新。华尔街扬言将请出全美最好的律师与政府打官司。最后，这个纠结也只能不了了之。第五，金融全球化的特性和华尔街投机性、逐利性的本质决定了华尔街在全球范围寻求发展空间的做法还会持续下去。

四

"占领"运动对美国和世界的影响。"占领"运动从表象上看，表达了民众对以华尔街为首的金融机构的贪婪、腐败、贫富差距拉大等各种社会矛盾的不满与愤怒。从实质上看，金融、经济问题已经渗透、延伸到政治、社会和意识形态领域。它反映了在经济社会高度发展的今天，上层建筑领域的严重缺失，领袖缺失、理念缺失、制度缺失，效益和公正严重失衡，经济发展模式和方式缺乏后继动力，这是资本主义发展到金融资本主义阶段后新旧矛盾的一次大爆发。抗议活动惊醒了"美国梦"，占领运动打破了美式"自由天堂"的神话。政治精英和利益集团不会认识不到，没有改革就没有出路。美西方政府将调动一切因素，激发资本主义的自我修复能力，虽然难以进行"破坏性的创造"，但在寻求新的经济增长点、调节税收和适度修正分配制度方面将会做出新的不同程度的努力。与此同时，向外转嫁责任，使祸水外流也是策略之一。其中，向新兴发展中国家转嫁危机的选项始终存在。当年的《广场协议》成功打压了日本经济，日本仍在一个又一个失去的十年中徘徊；今天"世界经济再平衡"的美妙口号正在搅动世界，尤其在侵蚀新兴发展中经济。美国高调"重返"亚洲打乱了地区良好的发展环境。"占领"运动或将加剧美国的保护主义倾向，世界贸易谈判更加举步维艰。

五

对"占领华尔街"运动的几点认识和思考：

（一）"占领"运动虽然被暂时"清场"，但引发"占领"运动的政治、经济和社会矛盾依然存在，而且还在加深。自由资本主义、福利资本主义、第三条道路都难以破解西方国家持续发展的困境。随着动荡形势加剧，各种不确定、不稳定因素还在增长，金融市场的脓疮还在恶变，"占领"或其他形式的抗议活动还可能在某种特定情况下再度爆发。"占领"运动扬言要封锁美国西海岸十几个主要港口就是一例。新媒体的传导效应和影响在很大程度上超越了任何单个国家的管控能力，美国也不例外，"占领"效应随时都有可能再生并放大。

（二）"占领华尔街"运动同前期出现的茶党现象同属草根性质的运动，都反映了民众对社会现实状况和治理效果的强烈不满，所不同的只是对问题的看法和解决方式的区别，如茶党认为外来移民挤占了他们的社会利益，"占领"运动则认为少数塔尖富人剥夺了他们应分享的社会红利。然而，二者均有导致或左或右的民粹主义的危险。

（三）华尔街的贪婪和欺诈是金融资本主义的脓疮，但尚未恶变成癌，远未形成逼迫资本主义制度变迁的程度。"占领"运动也只是弱势群体对社会不公不满而呐喊的平台，他们只是反对政府的一些政策，要求改变就业、收入状况，在体制上进行某些调整，不像"阿拉伯之春"那样，初始和终极目标都是推翻政府本身，进行脱胎换骨的变迁，是政治生态的变化。

（四）美国不是全球化的受害方。我们所处的时代，在很大程度上属于资本主义全球化时代，而且是美国推动并从美国开始的。美国是全球化最大的受益方，只不过全球化的巨大红利落入了少数精英阶层和利益集团的口袋，普通民众，乃至广大的中产阶级不但没有得到公平分享，甚至在这个过程中沦为新的"弱势群体"。但是，这并不足以影响以创新见长的美国采取一些补救措施，缓解或转移矛盾。

（作者为中国国际问题研究基金会理事、美国研究中心主任）

欧洲对外政策

关呈远

2011年，欧盟深陷主权债务危机，一体化建设困难加大，成员国之间关系错综复杂，欧盟不得不将主要精力用于解决内部矛盾和推进机构改革。因此欧盟的对外政策显得有些捉襟见肘、自顾不暇，其进取性有一定程度的收敛，被动应付的情况明显增多。虽然欧盟于一年前设立了由欧委会副主席兼外交政策高级代表领导的对外行动署，其人员配置也逐步到位，但欧盟对外政策的一体化并没有大的起色。但另一方面，欧盟仍力图有所作为，扭转颓势，转移视线，重塑形象，争取在重大国际和地区问题上继续发挥重要作用，保持和扩大自己的发言权和影响力。

一、不断插手西亚北非地区，力争引导局势朝对自己有利的方向发展

北非西亚地区是欧盟近邻，并是欧盟能源进口的重要来源地，因此欧盟对其十分重视，一年来采取了一系列动作巩固自己的地位和影响。

第一，带头对利比亚发难，直至推翻卡扎菲政权。欧盟为了保证自己的能源安全和周边稳定，曾长期与卡扎菲政权保持密切关系，对卡特立独行的政治性格和所谓的独裁腐败现象有所容忍。但在利国内出现动乱、反卡势力渐成气候的情况下，欧盟政策明显调整。以法国为首的欧盟多数国家为保障自身利益，以"保护人权"为借口，以安理会同意设立"禁飞区"为掩护，坚持带头对利比亚军事干预，大力向卡反对派提供政治支持和物资援助，最终推翻了卡扎菲政权。在此之后，欧盟又对叙利亚施加强大压力，要求叙政府向反对派让步，实行所谓"民主改革"。英国等并公开向反对派面授机宜，为其同政府抗争出谋划策。欧盟在也门和苏丹的政局演变中也高调发声，扮演了以压促变的重要角色。

第二，继续谋求在中东和平进程中发挥独特作用。欧盟在同以色列保持密切关系的同时，支持巴勒斯坦申请加入联合国，并不顾美国压力，对巴加入联合国教科文组织开放绿灯。欧盟外交政策高级代表阿什顿多次到以色列和阿拉伯国家穿梭访问，进行斡旋，试图推动中东和平进程有所突破。

第三，对伊朗加大制裁力度，试图迫使伊放弃核武开发计划。欧盟软硬兼施，一方面继续推动伊朗核问题的五方会谈，但另一方面同美国密切配合，大肆渲染伊发展核武带来的潜在威胁，采取一系列对伊朗实施禁运的措施，甚至与美密谋对伊"终极制裁"。

值得注意的是，欧盟在这些地区的政策和举措并不是铁板一块，内部不同的声音始终存在。例如，德国等一些国家就不赞成也不参加对利比亚使用武力；在希腊的坚持下，欧盟对伊朗的经济制裁措施就不包括对伊朗的石油出口实行禁运。这表明，欧盟用一个声音在国际上说话还是一个漫长的过程。

二、欧盟以应对气候变化和金融危机为抓手，试图发挥某种主导作用，但成效不彰

欧盟对气候变化问题十分重视，一方面利用自己的科技领先地位大力发展低炭经济和绿色能源，争取在市场竞争中占据主动有利地位，另一方面大抓节能减排旗帜，保持在国际谈判中的"引领"作用。一年来，欧盟不断要求中国、印度等发展中大国承担更大责任，同时也要求美国转变立场，采取更加积极的态度。在2011年12月的南非德班联合国气候变化会议上，欧盟诱压并用，一面高调宣称，即使有些发达国家不同意，欧盟自己也准备单独作出"京都议定书第二期承诺"，但另一方面，欧盟同所有发达国家联手向发展中国家施压，要其放弃共同但有区别的原则。同时实施分而治之策略，通过联合非洲集团（African Group）、小岛国联盟（AOSIS）的各国来支持所谓2020年后包括所有主要排放国在内的具有法律约束力的新国际协议。经过数十个小时的延迟之后，联合国气候变化大会德班协议获得通过。大会要求从2013年起执行第二承诺期，确定绿色气候基金为《联合国气候变化框架公约》框架下金融机制的操作实体，成立基金董事会，并要求董事会尽快使基金可操作化。大会还确定开始讨论欧盟所提出的2020年之后全球减排路线图。虽然这是与会各方共同努力、互作妥协的结果，与欧盟初衷相去甚远，但欧盟自诩力挽狂澜，沾沾自喜之情溢于言表。

"二十国集团"是世界金融危机之后建立的全球性机构，2011年正值法国轮任主席国，欧盟自然重视有加。一年来法国

和欧盟展开密集外交活动，立志要使在法国嘎纳举行的 G20 首脑会议"旗开得胜"、"富有成果"，要对国际金融秩序进行改革，加强对银行金融交易的监管，从而为避免再次发生世界性金融危机做出贡献。可惜一年来欧债危机不断扩大，不仅"欧猪五国"困难重重，法国等核心国家的银行也形势严峻，如何应对欧债危机成了戛纳会议的议论中心话题。虽然会议在与会国的共同努力下也取得了一定成果，但欧盟窘态毕现，原来对会议寄予的雄心严重受挫。

三、欧美关系较前一年有所缓和，但芥蒂犹存

随着美对外政策的重心加快向亚太转移，欧洲的失落感日益加重。与此同时，美国对欧洲主权债务问题不断指手画脚，甚至落井下石，更引起欧盟的失望和不满。但由于国际金融危机特别是欧债危机持续发酵影响到全球的经济复苏，一些地区热点问题急剧升温也对欧美利益形成共同挑战，欧美双方又急需相互支持，恢复和巩固关系的意愿有所增强。2011 年 5 月，奥巴马总统借出席 8 国集团峰会时，访问了爱尔兰、英国、法国和波兰，并在波兰同中东欧洲 20 国领导人举行会晤。奥巴马在此访中不断强调，"虽然新兴国家在经济和战略方面发挥着越来越大的作用，但美国和欧洲的全球领导力仍不可或缺"，"跨大西洋关系并没有被取代"。他表示，"北非和中东动荡让这种联盟显得更加至关重要"。欧盟国家对此也作出积极回应，表示重视维持和加强同美国的伙伴关系。11 月 28 日，欧美双方在华盛顿举行峰会，探讨世界经济事务、双边关系、推广民主和欧美共同价值观等问题，并就欧债危机交

换了意见。双方在联合声明中表示,"我们必须意识到加强双方合作关系对创造就业及提振经济增长的强大潜能,我们将携手共进一起应对挑战。"美国赞扬欧盟解决主权债务危机的决心,后者也对美国的中期财政整顿计划表示有所期待。双方决定责成有关部门就加强经济关系提出新的建议,在几周内向双方领导人报告。此外,欧美还就地区热点问题协调了立场,特别是呼吁叙利亚立刻停止暴力,并对伊朗核计划深表关切。

尽管如此,欧美关系中的不谐之音仍时隐时现,有时还比较突出,主要表现在:

(一)美国在欧债危机问题上的做法使欧盟国家耿耿于怀。美不仅不愿对欧施以援手,相反,还乘机对欧洲进行打压,严重夸大欧债危机的严重性。一方面把国际经济不景气的责任推给欧洲,另一方面以此转移视线,掩盖本国的严重问题,防止国际资金从美国出逃。美国通过舆论和评级机构唱衰欧元,甚至鼓吹欧盟可能解体。在欧盟最终于年底的特别首脑会议上决定签订新的财政条约之后,奥巴马还教训欧盟应按市场规律办事。美国实际是想以此削弱欧盟的地位和影响,维系自己的一超地位和美元霸权。欧盟对美国火上浇油的险恶用心保持警惕,一方面对美媒体和评级机构进行抨击,同时坚持力推国际货币体系改革,主张加强金融监管,并坚持以自己的思路解决欧债问题。

(二)欧美在安全问题上的分歧仍较尖锐。虽然欧盟同美国在西亚北非的局势演变中有相互配合的一面,但由于双方利益不尽相同,彼此的想法和做法并不一致。在利比亚问题上,法国等欧盟国家走上前台,又力不从心,要求美增派低空轰炸机参与战事,但遭到美的冷遇。在巴勒斯坦建国等问题上，欧盟许多国家公开与美唱反调。美对法向俄出售先进军舰多次表示极为不安和不满，但法执意履行合同。在北约建设及未来的走向问题上，美国指责欧洲国家军费不到位，要求其承担自己的责任，而欧洲国家则要求美更加客观地判断形势。

（三）在气候变化问题上，欧盟为保持引领潮流的主动有利地位，一心要有所作为，力主提高减排承诺、设定统一标准、签署有约束力的法律框架，对美不断规劝和施压，遭到美国的坚决反对。在年底前举行的南非德班联合国大会上，欧盟在拉拢美国共同对付发展中国家的同时，批评美国态度消极，甚至以单独作出"京都议定书第二期承诺"来将美国的军，使美极为恼火。美还就欧盟决定征收航空减排税问题把欧盟告上法庭，闹得不可开交。

总的看来，欧美之间拥有共同的价值观，双方利益深度交融，双方关系中的合作、借重和需要还是主要方面。尤其是在共同防范与牵制新兴国家的崛起方面，欧美还会继续保持和加强协调与配合。但是各自的战略目标和利益侧重点存在差异，特别是欧盟要显示自己的独立特性，谋求发挥更大影响和作用，同美的矛盾仍将不时显现。

四、欧俄关系继续升温，但龃龉不断

2011年，欧俄关系在平稳发展中有所升温。普京总理于2月率政府代表团访问欧盟总部，就双边关系、能源及贸易等议题与欧盟领导人举行工作磋商，双方都表示高度重视欧俄战略伙伴关系，认为进一步深化关系的动力正在增强。由于欧俄在经贸特别是能源问题上互有需要，双方均强调要加强有关合作，将其作为会谈的重点议题。双方表示，考虑到共同的利益，希望尽快签署具体的能源合作协议。但普京抱怨欧盟关于能源供应商与输送管网商必须分离的改革计划损害俄利益，无异于"财产充公"。巴罗佐则强调这一计划已成为欧盟法律，希俄理解。双方表示要进一步加强经贸合作。欧盟重申支持俄罗斯加入世界贸易组织，并乐见俄罗斯在2011年内完成最后谈判。6月10日，欧俄在俄北部城市举行第27次峰会，讨论了政治、经济和签证三大问题。在政治方面，双方分析了俄欧四个统一空间计划实施进程以及制定新的俄欧基础协议的工作，还就西亚北非局势、伊朗核计划等国际问题交换了意见。梅德韦杰夫在记者会上强调说，双方的立场很接近甚至可以说是一致的。关于经济问题，双方表示，俄欧战略伙伴关系特别体现在了经贸关系领域，2010年双方贸易额达到创历史纪录的3000多亿美元，双方对此表示满意。俄罗斯准备取消因欧盟黄瓜污染而采取的限制措施，恢复从欧洲进口蔬菜，同时要求欧盟有关部门提供相应的保证。对俄加入世贸问题被拖延一事，欧方表示，2011年年底之前俄加入世贸组织的可能性很大，允诺在未来几个月内加紧对话。互免签证问题在这一次峰会上仍然没有突破性的进展，但双方表示向前推进了一步。12月14日至15日，欧俄又在布鲁塞尔举行第28次峰会。双方领导人就欧债危机、经贸合作、互免签证、国际热点问题等进行了磋商。本次峰会在欧债危机持续恶化、欧盟一体化面临生死存亡之时举行，为新形势下双边关系发展定下了基调。峰会举行前一天，欧洲议会通过决议，指责俄杜马选举不公，敦促俄重新进行投票。俄方对此进行了严正回击，迫使欧方有所收敛。欧洲理事会主席范龙佩说，俄方要对选举违规问题进行调查，欧盟对此表示欢迎。他还说，俄政府处理示威活动的方式也非常好，欧盟对此感到满意。范龙佩着重强调，欧俄目前都处在十字路口，欧盟要应对债务危机，而俄罗斯要推进现代化建设，双方相互依赖度极高，欧盟决心成为俄现代化道路上的伙伴。梅德韦杰夫表示，欧盟是俄罗斯的最大贸易伙伴，俄罗斯41%的外汇储备是欧元，俄方不愿看到欧元崩溃，一个团结、稳定的欧盟对俄经济发展十分重要。为帮助欧盟渡过难关，俄方表示愿意通过向国际货币基金组织注资的形式向欧盟提供200亿美元的救助。在本次峰会期间，欧俄在诸多贸易问题上达成了妥协，为俄加入世贸组织铺平了道路；双方在本次峰会上还签署了"免签制度过渡条件纲要"，并解决了俄罗斯飞地加里宁格勒居民进入波兰及立陶宛免签证的难题。

2011年，欧盟主要大国与俄的关系有了进一步的改善。6月17日，法国与俄正式签署"西北风"级战舰合同，金额达12亿欧元。这是欧盟成员国首次向俄罗斯出售如此级别的尖端武器。11月18日，法国总理菲永访问莫斯科，与普京总理共同主持俄法政府间委员会会议，当天共签署12项合作文件，包括俄法原子能领域合作宣言，以及医药、通信、水电、司法、文化、教育、经济现代化等各领域合作。双方强调要进一步发展战略伙伴关系。俄法两国经贸联系日益密切，预计全年贸易额将达到300亿美元，同比增长超过30%。

德国与俄罗斯的关系有了新拓展。特别是在7月18日至19日在德国汉诺威举行的第十三届德俄政府间磋商中，双方达成了扩大交通领域合作、互办文化年、建立环保基金、加强司法合作等16项协议。默克尔表示，如此多的协议表示了双方"接触的密度"。2011年德俄双边贸易额有望达到创纪录的700

亿欧元。在互免签证这一俄罗斯的关切方面，默克尔表示，2012年德将出台一具体计划，以方便俄各界人士来德。17日至19日，在汉诺威和沃尔夫斯堡还举行了由双方公民代表参加的德俄第十一届"彼得堡对话"。这是德俄双方近期加强合作的重要举措。

英国与俄罗斯因俄前特工在伦敦被害案而陷入冰冷的关系开始回暖。9月12日，英国首相卡梅伦正式访俄，成为破冰之旅。这是五年来英俄两国领导人首次正式会晤。卡梅伦和俄罗斯总统梅德韦杰夫以及总理普京举行了会谈，双方虽在"利特维年科中毒案"上仍然各执一词、互不相让，但双方都强调要把经贸合作放在重要位置，表达了改善投资环境，提升贸易和相互投资水平的共同愿望。双方还就促进两国学者、学生、教师的自由交流达成了一致。俄英首脑会谈后签署了伙伴关系共同声明，还签署了能源、航空以及服务业方面的商业大单，价值2.5亿英镑。两国的经贸往来取得显著增长，英国对俄出口总额增长了80%。英国已成为对俄第五大投资国。

从2011年的欧俄关系中可以看出以下新的动向：（一）双方关系中经济因素进一步突出。欧盟受主权债务危机困扰，对俄的经济和能源依赖程度上升；俄把实现"全面现代化"列为首要战略目标，离不开欧盟的资金、技术和市场。经济利益正成为欧俄关系发展的主要动力。（二）能源合作取得一定进展，但各自关切犹存。双方利益之争难以平息，控制与反控制的博弈仍将继续发展。（三）意识形态领域的矛盾难以调和。欧盟利用人权、法制、民主、自由等对俄"遏制、融合、改造"的战略并无改变，并对普京可能再任总统后的政策表示担心。双方摩擦将不断出现。（四）地缘安全问题可能突出。欧盟一方面拉俄、诱俄，另一方面对俄防范，配合、支持美国、北约在欧洲部署反导系统，俄不能不作出强烈反应。在西亚北非动荡问题上，虽然双方都赞同加强政治解决进程，但俄方批评西方国家突破联合国安理会决议武力干预利比利的做法，强调要防止叙利亚局势按利比亚的样板发展。欧方则强调卡扎菲失去了统治合法性，对叙利亚也不会实行不同的标准。但总的来看，欧俄相互需求和借重的一面呈上升趋势。未来欧俄仍将在分歧中加强务实合作，双方关系会继续在分歧与矛盾中曲折发展。

五、欧盟同中国关系中的积极因素增多，进入稳步发展的重要阶段

中欧之间的战略互信进一步加深，相互合作的意愿和彼此借重的需要不断增强。一年来，中欧高层交往不断，发挥了战略引领的作用。胡锦涛、温家宝、贾庆林、李长春、习近平、李克强、贺国强等党和国家领导人成功访问德、法、英、奥、意、葡、希等国家，系统全面地总结中欧关系，规划双方合作未来发展，对外发出致力于加强中欧关系的明确政治信号。欧方也予以积极回应。欧盟理事会主席范龙佩5月访华，这是他就任该职后首次访问中国。胡主席、温总理等中国领导人同范就中欧关系和欧洲债务危机以及国际问题广泛深入地交换了意见，增进了相互了解。范明确表示，中国快速发展对欧盟是机遇而不是威胁；欧中应在相互尊重和信任基础上加强合作，这既有利于双方，也有利于世界。原定在年内举行的中欧领导人会晤由于欧方需紧急处理欧债危机而推迟，但双方领导人保持了密切的热线联系。欧盟委员会副主席兼外交政策高级代表阿

什顿年内多次访华。中欧外长级以上互访超过60次。中国同欧盟的战略磋商和诸多领域的对话机制有效运转，信息沟通顺畅。

　　欧盟成员国同中国的联系进一步加强。中德政府间磋商机制首次会议成功举行，默克尔和温总理各率多名部长展开深入对话，就推动两国关系持续健康稳定发展达成许多重要共识。其中包括：在相互尊重基础上加强两国在重大国际地区问题上的沟通协调，促进世界和平与发展；争取2015年双边贸易额达到2800亿美元；建立电动汽车方面的战略伙伴关系，扩大在新能源、节能环保、能效领域合作；中方设立20亿欧元专项资金贷款，支持两国中小企业开展合作；成立标准化合作委员会，共同探讨和制定国际标准，加强认证领域合作；制定中德农业五年合作计划；拓建在生命科学等领域的创新合作平台；建立职业教育合作联盟和高校示范伙伴关系，在医院管理方面开展交流；办好2012年在德国举办的中国文化年，加强青年交流等。双方签署了近20个双边合作文件和重要经济协议，协议总额超过150亿美元。

　　中法关系继续深入发展。法国总统萨科奇年内两度来华，就双边关系及国际货币体系改革等问题与中方磋商，寻求配合和协调行动。法国是本届二十国集团峰会东道国，萨强调一定要使这次会议获得成功，而中国将起到十分重要的作用。双方还深入讨论了欧债问题。中方表示对欧元抱有信心，相信欧盟有智慧、有能力解决好这一问题。萨对中方的支持表示感谢。中法之间在经贸、科技、文化等领域的合作续有成果。

　　中英关系进一步加强。按照两国总理年度会晤机制，5月温家宝总理在伦敦同卡梅伦首相深入会谈。卡积极评价中国发展给英国带来的机遇,赞同中方关于加强中英务实合作的建议,表示英方高度重视对华关系,愿在相互尊重基础上开展各领域对话与磋商;希望双方相互扩大开放市场,做共同促进经济增长的伙伴。双方签署了12项合作文件,协议总额超过40亿美元,还决定建立高级别人文交流机制,加强人文领域交流合作。

中国对深陷债务危机的南欧国家表示同情,并努力同其深化和扩大实质性合作。在希望欧盟加强自身能力建设的同时,也表示如有需要,中国不会在国际救助方面"缺席",中方愿与欧方共迎挑战,共享机遇,共谋发展。

2011年中国同东欧国家关系也有了明显进展,其突出标志是,上半年温家宝总理出访时任欧盟轮值主席国的匈牙利,下半年担任欧盟轮值主席国的波兰总统科莫罗夫斯基访问中国。

温总理6月访匈时同欧尔班总理举行了会谈,会见了施密特总统和国会主席格维尔。双方就全面推进中匈关系深入交换意见并达成重要共识。温总理阐述了双方挖掘合作潜力的良好基础和条件,提出中方愿购买一定数量的匈牙利国债;向两国企业合作项目提供10亿欧元专项贷款资金;支持中国企业参与匈经济发展,鼓励进口匈优势产品,努力实现2015年双边贸易额200亿美元目标;邀请匈青少年访华,推进互设文化中心工作等。温总理表示,中匈两国人民互为好朋友、好伙伴,中方愿与匈方共同努力,使两国关系更加充满活力,结出更为丰硕的成果。匈牙利领导人赞赏中国取得的巨大发展成就,感谢中国的大力支持和帮助,表示愿全面深化两国各领域友好合作,并为推动中东欧国家和欧盟发展对华关系发挥积极作用。双方签署了涵盖投资、基础设施、金融、物流、文化等领域的

12个双边合作文件，协议总额约18亿美元。

波兰总统科莫罗夫斯基12月率多名部长、大学校长和大型企业家代表团访华。这是波兰总统14年来首次来中国访问。胡锦涛主席等同科坦诚、深入交换意见，达成广泛共识。双方积极评价中波传统友谊，一致同意进一步拓展和深化两国合作，决定将双边关系提升为战略伙伴关系。双方确认，将以多种形式保持两国领导人经常性联系，建立副外长级战略对话机制，加强外交部对口司局交流，充实政府、立法机构、政党间的对话与合作以及地方间的交往，深化平等互信的政治关系。双方将努力扩大贸易规模和双向投资。中方表示愿扩大进口波兰产品，鼓励和支持中国企业参与波兰基础设施建设和私有化改造。波方愿为中国企业进入波兰及欧洲市场提供支持和便利。双方同意进一步深化在财政、科技、农业、交通、矿业、旅游和高等教育领域的合作，充分肯定访问期间举行的中波经济论坛、投资论坛和大学校长论坛的积极意义。两国将努力扩大高等教育合作，尽早签署2012—2015年文化合作议定书，继续互办文化节及其他艺术交流活动。双方还鼓励两国青年、学生和民间团体扩大往来，愿在2012年中欧文化对话年框架下密切合作。中方重申支持欧洲一体化进程，欢迎欧盟在国际事务中发挥更大的建设性作用，积极评价波方在担任欧盟轮值主席国期间为促进中欧关系所作的努力。波方表示支持欧盟尽快承认中国完全市场经济地位，并为欧盟在解除对华军售禁令问题上达成共识而努力。双方一致支持推进国际金融体系改革，反对贸易保护主义，愿继续就国际反恐、气候变化、能源安全、环境保护、可持续发展等全球性问题保持磋商与协调。两国签署了关于建立战略伙伴关系的联合声明、高等教育合作协议和互设文化中心的谅解备忘录等一系列文件,有关企业还签订了价值20亿—40亿美元的采购电解铜合同。

与此同时,中欧之间的务实合作达到了一个新的水平。中欧全年贸易可望超过5000亿美元,同比增长达20%以上,欧盟继续保持中国第一大贸易伙伴地位,并成为中国第一大进口来源地。中欧贸易投资朝着双向平衡的方向发展。中国对欧投资规模迅速扩大,对欧非金融类直接投资超过10亿美元。

中欧之间的人文交流开创了新局面。中欧、中英就建立高级别人文交流对话机制达成共识。中欧成功举办青年交流年、第二届政党高层论坛、文化高峰论坛,中法互办语言年、中波互办文化节,各种研讨会等"二轨交流"、公共外交活动空前活跃,所有这些都对不断夯实双方关系的基础发挥了积极的作用。

总的来看,由于双方的共同努力,中欧关系正全面发展,面临难得的机遇。但由于欧盟深陷政治、经济、社会等多重困境,以及国际局势动荡多变等原因,中欧关系也面临新的复杂因素,双方之间仍有一些分歧和摩擦不时出现。比如,欧盟的贸易保护主义抬头,首次对中国产品实施征收反补贴和反倾销税的"双反"措施,在市场准入、投资环境等问题上不断向中国施压,与美呼应炒作人民币汇率,既渴望中国对欧债施以援手,又担心中国"抄底"、"买断",等等。又比如,欧盟特别是欧洲议会仍就所谓西藏僧人自焚和某些司法个案对我指责,干涉我内政。此外,欧盟在解除对华军售禁令和承认市场经济地位两个历史遗留问题上裹足不前。欧盟一些舆论对中国的发展前景妄加评论,"唱衰论"和"威胁论"兼而有之。但中欧关系的主流还是积极的,合作仍是主要方面。在当今形势下,中欧共同或相吻合的利益远大于分歧和矛盾。中欧关系有望继续保持平稳发展的良好势头。

（作者为中国国际问题研究基金会研究员、中国前驻欧盟大使）

欧债危机及欧盟一体化发展前景

蔡方柏

在国际金融危机和经济衰退双重打击下,欧盟一些国家自 2009 年年底以来,先后爆发主权债务危机,严重冲击市场信心,拖累欧洲乃至全球经济复苏。为挽救危局,欧盟、欧元区至今共召开了 16 次峰会,重点讨论主权债务危机问题,并展开一系列救助行动,陆续出台欧盟经济治理法案。同时,欧盟内部在如何应对危机问题上存在严重分歧,争吵不休,一再延误时机。欧债危机愈演愈烈,严重威胁欧元的生存,造成欧盟一体化进程停滞不前。目前,法德等国领导人正力图转危为机,推进一体化进程。

一、欧债危机的爆发和蔓延

2009 年 11 月 5 日,希腊社会党人帕潘德里欧刚出任总理就发现当年国家财政赤字高出原预计的四倍多,占 GDP 的 21.7%,并随即宣布实行紧缩政策。2010 年 4 月初,标普将希腊信用评级降为垃圾级。希腊处于破产状态,无法还债,成为欧洲第一个爆发主权债务危机的国家。希腊政府于 4 月 23 日请求欧盟救助。欧盟内部对是否救助存在分歧。危机造成的市场恐慌向爱尔兰、葡萄牙、西班牙等国蔓延，威胁欧元生存。欧盟、主要是法德领导人被迫于2010年5月2日与国际货币基金组织联合推出为期3年、金额高达1100亿欧元救助计划，危机得以暂时缓解。同时欧盟领导人已看到，欧债危机还在恶化，遂于5月10日与国际货币基金组织共同出台总金额高达7500亿欧元的"欧洲金融稳定基金"（EFSF）一揽子救援方案。欧元区成员国如发生债务危机，可申请获得救援。同日，欧洲央行也采取行动，购买了爱尔兰和葡萄牙的债券，以缓和市场恐慌情绪。欧盟领导人担心债务危机冲击欧元区第三和第四大经济体意大利、西班牙，决定于6月23日出台解决债务危机的经常性机制——欧洲稳定机制（ESM），该机制将于2013年生效，以替代届时到期的"欧洲金融稳定基金"，继续发挥作用。但到9月30日，爱尔兰政府不得不向本国负债累累的银行业注资900亿欧元，致使爱尔兰政府也陷入与希腊同样处境。应爱政府的请求，欧盟和国际货币基金组织向其提供了850亿欧元的贷款。从此，仅局限于南欧的债务危机开始向西蔓延。2011年5月3日葡萄牙爆发债务危机，请求外援。次日欧盟和国际货币基金组织给葡贷款780亿欧元，其中120亿欧元用于向银行注资。接着希腊债务再次告急，民众反对政府紧缩政策的抗议活动日趋激烈。欧债危机引发的多米诺效应越来越大，不仅有把意大利、西班牙卷入危机的风险增大，而且有向欧元区核心国家蔓延的趋势。

二、欧盟主权债务危机的成因

首先，欧盟以高福利为特征的经济社会发展模式与经济全球化不适应，是产生主权债务危机的主要原因。

随着新兴国家群体崛起，欧洲国家的高工资、高福利导致其生产的商品和提供的服务价格昂贵，难以与新兴国家所生产的物美价廉的产品和服务竞争，导致竞争力下降，资本外流，失业率高企，财政收入减少，公共开支增大。加之，各政党为取悦选民，竞相推高福利待遇。如希腊在爆发债务危机前，职工每年领取14个月的工资。政府为支付沉重的社会保障制度、教育制度等公共开支，只好寅吃卯粮，靠大量借债度日，造成欧盟大部分成员国债台高筑，财政赤字居高不下。为应对国际金融危机，欧盟各国共投入3万多亿欧元救市，更加重了债务负担。欧盟统计局数据显示，2010年欧元区主权债务占其GDP的85.1%，公共财政赤字占GDP比重达6.4%，大大超过《稳定与增长公约》规定的60%和3%的上限。

第二，欧元区实行单一货币，而无统一财政联盟和政策的结构性弊端，是欧债危机深化和蔓延的另一原因。

一是缺乏救助机制。欧元区不但缺乏财政担保机制，而且还规定对遭遇主权债务危机的成员国不能进行救助。对达不到《稳定与增长公约》规定目标的国家缺乏惩罚机制，大多数成员国超标。二是成员国享有统一的货币，却失去了利用利率和汇率手段来调节经济和贸易失衡的机制。成员国为应对债务危机，只能实行财政紧缩政策，影响经济增长。三是欧元区内经贸结构失衡。这就导致德国、北欧等国经常性账户顺差，南欧国家逆差，希腊等逆差国本来就很单一的产业受到致命的冲击，造成后者经济低迷、失业增加、债台高筑。

第三，内部利益多元化，议而不决或决而不行，迟误救助时机。

法德轴心虽仍起发动机作用，但两国力量对比发生转换。

过去，法国提倡议，更多是德国埋单，相互妥协，推动了欧盟一体化建设。现在，面对欧盟扩大到 27 国和成员国利益多元化，以及国际金融危机的冲击，德、法立场不协调。德国领导人因受国内因素制约等原因，坚持德国的经济治理理念，不愿轻易让步，既无意也无力为众多成员国更多转移支付。萨科齐总统及一些南欧国家则主张对遭受主权债务危机成员国进行救助，不应让任何一个成员国失败。由于存在上述分歧，又无有效的协调机制，延误了救助时机，增加了救助成本。

第四，欧洲主权债务危机具有国际性，增加了治理债务危机的难度。

发达国家都面临主权债务危机的风险，美、日主权债务分别占其 GDP 的 100%、220%。据估计，美国金融机构在欧洲债权有 1 万亿美元以上。因此，欧美债务危机相互影响，引起国际市场震荡，牵动了全局。特别是美国的次贷危机也给欧洲造成不小损失。债台高筑的美、日等国还担心欧债危机蔓延引起本国爆发危机，并影响其经济复苏。美总统和财长曾多次敦促欧盟尽快采取"强有力措施"，以阻止危机的蔓延。同时，欧元是唯一能挑战美元霸权地位的货币。美国隔岸观火，不仅不愿出钱救助欧元，而且三家国际评级机构频频调低许多欧洲国家和银行的信用评级，造成市场动荡，大有"落井下石"之势。

三、从治标不治本，到开始标本兼治

最初，欧盟领人通过建立欧洲金融稳定基金为希腊、爱尔兰、葡萄牙重债国纾困，但效果不彰，危机不断恶化和蔓延。经过探索，他们改变思路，逐步转向解决欧元区有单一货币而各国财政独立等结构性矛盾，全力推动欧元区财政一体化取得突破性进展。

2011年，希腊经济比预想的要差得多，将负增长6%，其主权债务还在增加，可能达3570亿欧元，占其国内生产总值的160%。在此形势下，希腊违约在所难免。法国和德国担心希腊违约或退出欧元区引发多米诺效应，把意大利、西班牙拖入危机。10月26日召开的欧盟峰会通过一揽子方案：决定对希腊债务进行有序重组，让银行等私人投资者对希腊债务减记50%，金额达1000亿欧元；决定将银行核心资本充足率提高到9%，向银行业注资1060亿欧元，力避流通性不足的风险；扩充欧洲金融稳定基金（EFSF），通过提高杠杆系数，将EFSF金额提高到10000亿欧元，阻止危机蔓延；强化欧元区经济治理，要求将平衡预算入宪。

上述一揽子方案对化解债务危机具有积极意义，但一些重要措施、特别是欧洲金融稳定基金扩容的资金来源有待落实，存在许多不确定因素。在此形势下，国际评级机构频频下调欧洲国家主权信用评级，严重影响了投资者的信心。欧债危机引发的多米诺效应越来越大，有向欧元区核心国家蔓延的趋势。法国现有AAA评级存在下调可能。11月21日法国十年期国债利率一度上涨至3.6%，与德国的息差创下欧元发行以来的最高水平。德国11月23日发行的60亿欧元十年期国债仅有39亿被市场认购。这是欧元问世以来德国最不成功的一次国债发售。此外，11月28日意大利三年期国债利率飙升至7.89%，十年期国债利率上升至7.56%，创历史新高。市场恐慌情绪反映出投资者的对欧元区经济前景的悲观，甚至公开谈论欧元区破产或建立"核心欧元区"的可能性。正如德国总理所说，"欧元垮，欧盟亡"。如果欧元区解体，不仅导致欧盟在国际上的行动能力严重削弱，而且会造成一系列政治、经济、金融、外贸等方面的巨大损失。据瑞士联合银行测算，欧元区解体第一年，重债国人均损失9500欧元至11500欧元，相当于该国一年生产财富的一半，核心国德国人均损失6000欧元至8000欧元，超过2008年国际金融危机所造成的损失。

在此欧元区生死关头，欧盟于12月8日至9日召开第16次紧急峰会，为解决欧债危机谋求对策。与会领导人经过10小时的谈判，终于在9日凌晨达成以下协议：

一是欧元区17国将签署财政公约。该公约向10个非欧元区的成员国开放，英国拒绝参加，其他9国表示愿意签署财政公约。新公约的主要内容是：成员国要实现预算平衡或盈余，每年的结构性赤字不超过GDP的0.5%，这条"黄金规则"必须写入各国宪法；如成员国财政赤字超过欧盟规定占GDP的3%，公共债务超过GDP的60%，可直接对违规成员国采取自动惩罚措施，除非有有效多数成员国提出反对；由欧盟委员会和欧洲法院对成员国进行监督，并于2012年起施行。

二是为应对当前的债务危机，欧元区提前到2012年7月启动"欧洲稳定机制"（ESM），而现行的"欧洲金融稳定基金"（EFSF）一直运营到2013年6月结束。这两个机制的贷款能力共为5000亿欧元，是否增资，待到2012年7月再研究。在ESM的运作中，将采用超级有效多数通过决定，即由85%的有效多数来替代一致通过的原则。从技术层面上来说，欧洲央行将是上述两个机制的管理者和操作者。

此外，欧盟成员国将向国际货币基金组织提供2000亿欧元的双边贷款，用于应对债务危机，其中1500亿欧元来自欧元区国家。

三是完善经济治理。会议责成欧洲理事会尽快制定增长和就业一揽子措施,在危机情况下每月开会一次,在正常情况下每年召开两次会议。

四是继续推动扩大进程。欧盟与克罗地亚领导人签署了克加入欧盟条约。

这次峰会成果表明,欧盟在中长期应对债务危机方面迈出了关键的一步,拉开了机制改革的序幕。默克尔总理说:"这是迈向稳定联盟的突破性进展。"萨科齐总统认为:"这是一次具有划时代意义的峰会。"

四、峰会虽取得了重要成果,但面临许多不确定因素

第一,欧债危机主要是发展模式和结构性弊端造成,而财政公约只是建设真正财政联盟第一步,要落实协议还需数月的时间。但是,目前金融市场在动荡,危机在蔓延,远水解不了近渴。

第二,公约的起草和审批程序存在不确定因素。公约将要求成员国作出财政上的重大主权让渡,这必将遭到一些成员国的强烈抵制。匈牙利、瑞典等国已表示需同议会协商后才能作出决定,丹麦、爱尔兰已表示可能把协议付诸公投。欧洲央行行长德拉吉则呼吁尽快落实峰会决定,以阻止危机蔓延。

第三,这次达成的协议重点在于治本,更多强调加强财政纪律,紧缩财政。但在化解当前希腊、意大利等重债国债务危机方面,缺乏新的、更有力的措施。两个救助机制5000亿欧元的总金额远不能满足需求,对其扩容尚无明确的答案,欧洲央行虽在购买成员国的国债,但仍不能成为重债国"最终贷款人"。据彭博社的统计,2012年欧元区成员国政府需要偿还超

过 1.1 万亿欧元的长期和短期债务,仅上半年意大利、法国和德国的到期债务将达 5190 亿欧元。同时,欧洲银行业也有巨额的债务到期。加之,欧元区各国实行财政紧缩政策,导致经济低迷。据经合组织(OECD)最新预测,欧元区经济 2011 年第四季度将环比下滑 1%,2012 年第一季度环比下滑 0.4%,将出现轻微衰退。这将给正在恶化的欧债危机雪上加霜。

由于存在上述不确定因素,市场对会议成果的反应并不积极。峰会结束后,欧洲股市大幅下跌。在债券市场上,意大利、西班牙国债收益率再度走高,均在不可持续的水平上。看来,欧洲要建立更强的财政秩序还有很长的路要走,欧债危机短期内难以解决,将经历一个较长的过程,预计金融市场还将出现新的动荡和波折。

五、欧盟将以"多速欧洲"缓慢推进一体化进程

此次峰会就财政公约达成协议,是法德两国利用债务危机改革结构性弊端、推进一体化进程、建立真正的财政联盟的良好开端。正如法国《世界报》社论指出,"《马斯特里赫特条约》签署 20 年后,布鲁塞尔'条约'终于弥补了《马约》的主要缺陷,货币联盟因启动经济联盟而找到了它不可缺少的对称物。"

法德轴心的活力得到修复。面对债务危机愈演愈烈的威胁,法德领导人相互妥协的政治意愿上升,法德轴心对推动峰会取得积极成果起了决定性作用。法德领导人会前频繁协调合作,克服分歧和矛盾,为推进财政联盟共同提出倡议,峰会期间共进退,拒绝了英国的要价,为峰会取得积极成果定下了

基调。

随着危机的发展，欧盟内部小三角格局也发生了重大变化。法国政治上的引领作用更加突出，德国经济上的主导地位进一步巩固，而英国反对修改《里约》，拒不参加财政公约的立场受到其国内外非议，内阁中也发生分歧，处境孤立，可能被边缘化。这将对欧盟一体化进程产生深远的影响。但是，英国虽与美国有特殊关系，但离不开欧洲。英国一半以上出口产品输到欧盟，政治上如离开欧盟，将沦为二三流的国家。今后，如欧盟一体化建设取得新进展，英国会同欧盟核心国家改善关系，但在可预见的未来不会参加欧元区，也不会轻易加入财政公约。

总的看来，欧盟和欧元既攸关成员国核心利益，又适应世界多极化发展的趋势，其核心国家将会千方百计克服当前困难，推进欧洲建设，同时欧盟仍有较雄厚的经济、金融和科技实力。因此，欧盟不会解体，还会在国际事务中发挥与其实力相称的重大作用。欧元也不会崩溃，随着财政公约的实施，欧元区的核心地位将会得到进一步加强。今后，欧盟一体化的发展将会是，以德法为主导、以欧元区为核心、以多速度多组合形式，在不断克服包括主权债务危机在内的各种困难中逐步取得进展。但其进程将是缓慢和曲折的。

（作者为中国国际问题研究基金会研究员，中国前驻法国、瑞士大使）

欧洲形势及中欧关系

丁原洪

在全球金融经济危机及其引发的欧洲主权债务危机的双重冲击下，欧盟内部固有的矛盾和缺陷凸显出来，欧洲一体化进程陷于近乎停滞状态，欧盟在国际上的影响力也随之的有所下降。这成为当前欧洲形势的一大特点。

欧洲一体化进程严重受阻，主要表现在以下几个方面：

一、"深化"、"扩大"两个轮子停转

欧洲一体化历来是依靠"深化"和"扩大"两个轮子向前推进。体现"深化"机制的《里斯本条约》，从酝酿签订《欧盟宪法条约》到最终以《里斯本条约》形式问世，几经周折，历时近十年之久。该约签订的本意是随着成员国的增加进一步推进共同的安全与外交政策，然而实效不大。根据条约设立的欧盟理事会常设主席和欧盟外交行动署署长，从人选的挑选和其职能的确定，都注定他们难以起到应有的作用，反而加剧了欧盟各个机构之间权限分配的争吵。由于各成员国不论大小都坚持把外交主权掌握在各自的政府手中，支持任何重大外

交问题的立场必须由27国协商一致,也就是说各国都有"否决权"或"自主决定权",因而无论理事会常设主席还是外交署长只能更多地在内部起协调作用。例如,在参与对利比亚的军事干预问题上,欧盟27个成员国中间只有法、意、英等7个国家介入,其他国家都以各种理由避免介入。在联合国安理会表决有关设立"禁飞区"的决议时,德国与法国、英国采取不同的立场,同中国、印度、巴西、俄罗斯等国一道投了"弃权票"。由此可见"深化"一体化机制的难度。

至于"扩大"新成员这个轮子,同样陷于停转状态。由于各成员国在扩大成员国问题上多从自身利益考虑,意见不一,而在此事上又必须协商一致,亦即实际上谁都拥"否决权",因而要实现进一步扩大困难重重。对于巴尔干地区等候入盟的同家,由于与入盟条件要求差距较大,在吸收罗马尼亚和保加利亚入盟已被认定是"操之过急"的情况下,除批准已完成入盟程序的克罗地亚入盟外,对其他国家都不积极。对于吸收乌克兰、格鲁吉亚等国入盟问题,尽管波兰等中、东欧国家极力推动,可是由于当地形势的变化对及美国和欧盟老成员国顾及俄罗斯的反应,此事短期内也无望解决。欧盟的"扩大"成员国方面最大的难点是土耳其。土耳其申请入盟时间很早,除去土耳其与希腊在塞浦路斯问题上的历史纠葛外,法国、奥地利等国因担心穆斯林影响增大等原因而坚决反对土耳其入盟,使此事拖延至今,成为英、法等国之间长期争执的难题。

在各国都忙于应对金融经济危机和主权债务危机的背景下,进一步推进欧洲一体化基本上处于无人、无暇、无力过问的状态。

二、债务危机使欧元区乃至欧盟陷入窘境

推出统一货币——欧元,建立欧元区,是欧洲一体化进程的最大成果。从1999年元月欧元问世以来,它已逐渐成为仅次于美元的世界第二大国际货币。尽管遇到来自美元方面的不断打压,欧元在世界可调拨官方外汇储备货币中的比重从1999年1月1日的18.1%上升到2011年第一季度末的26.6%(根据国际货币基金组织的统计数字)。欧盟经济总量赶上并超过美国,成为世界上第一大经济体,除去成员国增加外,统一货币的推出也是一大促进因素。欧洲债务危机出现后,国际上有人将其归咎于欧元本身,归咎于欧元区是由财经状况差异巨大的国家组成的,这种看法没有多少说服力,尤其是英国、美国、日本等各大经济体同样面临巨额债务负担问题。无论是欧元区,还是美国、日本都面临债务危机,尽管形成原因有所不同,但其性质都是入不敷出、寅吃卯粮,与货币本身并无多大干系,而是与各国经济、财政政策和发展模式密切相关。

就欧洲债务危机而言,它主要的根源是"二战"以后欧洲各国普遍实行的"高工资、高福利"的政策。这一政策虽然在开始时期有利于欧洲经济复苏和社会的稳定,但是,随着时间的推移,这一政策削弱了欧洲国家在国际上的竞争力,而且加重了各国的财政负担。加之,由于人口老化,一些欧盟国家出现入不敷出的局面,只靠举债度日。全球金融危机一爆发,欧盟各国为了应对危机,推出超过了3万亿欧元的刺激经济和金融救助计划,从而导致财政赤字猛增,债台高筑。欧盟《稳定与增长公约》原来规定各成员国财政赤字不能超过国内生产总

值的3%，公共债务水平不超过国内生产总值的60%，然而2010年欧元区财政赤字已占国内生产总值的7%，公共债务已达国内生产总值的79.3%。欧元区17国中的16国公共债务的比重几乎都超过了规定的上限。由于欧盟是个主权国家联合体，而非单一的主权国家，欧元又是成员国之间的"货币联盟"，财政政策依然掌握在各个主权国家手中，这种特殊机制本身固有的弱点，使得它更难以应对严重的债务危机。

　　欧洲债务负担问题，其实并不比美国更为严重。根据国际货币基金组织预测，2011年美国公共债务占国内生产总值的比重为98.5%，欧元区17国中的16国平均债务水平是85%。除去希腊、爱尔兰、葡萄牙、意大利以外，大部分欧元区成员国的债务水平都比美国的低。可是，一年多来欧洲债务危机在国际上却闹得沸沸扬扬，甚至奥巴马总统近日还毫无道理地公开指责欧债危机久拖不决拖累了美国经济。出现这种局面，既有内因，也有外因。欧盟这一主权国家联合体的特殊性以及其重大决策必须各成员国协商一致的机制，延缓了它作出共同对策的过程，而且将磋商过程中的分歧暴露在外，为国际上的炒家提供了机会。再有，从欧元诞生之日起，美国为了维系美元在世界金融体系中的霸主地位，不断利用汇率等手段打压欧元，欧债危机的出现给美国方面以可乘之机。它借助对冲基金等投行的积极插手、评级机构的火上浇油，以及舆论传媒的造势鼓噪，动摇市场对欧元的信心，唱衰欧元。美国财长盖特纳9月参加欧元区财长会议，指手画脚，向欧盟施加压力。就连力挺欧元的国际货币基金组织前总裁卡恩因"性侵犯"案件倒台，美国都有在背后搞鬼之嫌。从欧债危机一年多的跌宕起伏中，人们可以看见美元与欧元两大货币的激烈较量。

　　尽管欧债危机尚未缓解，但在欧元区乃至欧盟各成员国共同努力下,欧元不会"崩盘",欧元区不会瓦解,欧洲一体化也不会就此逆转。德国总理默克尔说,解决债务危机需要一个过程,关键是提高经济竞争力。要做到这一点,又需要时间,需要有关国家进行痛苦的、艰巨的改革。总的来看,7月21日欧元区领导人经过长时间的谈判,就对希腊的第二轮救助方案达成一致。该方案在继续对希腊输血的同时,也为其恢复"造血"功能提供可能性。这对纾缓欧债危机,为最终找到解决危机的妥善办法争取了时间。对欧元、欧盟保持信心是有根据的。

三、"申根协议"的实施遇到困难

"申根协议"的订立和付诸实施,也是欧洲一体化的一大成果。它有利于成员国之间人员、货物等方面的交流与沟通。从实施一开始,这一协议就遇到外来移民进入的难题。不少欧盟国家由于人口老龄化、劳动力缺乏,需要外部移民充当"廉价劳动力"。但随着时间的推移,外来移民越聚越多,而国内失业人口又不断攀升,移民问题成了欧盟面临的一大社会问题。英国等一些国家至今未加入"申根协议",主要是担心移民问题殃及自身。当波兰等中、东欧国空入盟时,在其邻国德国的坚持下,专门就新入盟国家劳动力进入老成员国就业作出过明确规定,确定为时7年的"暂缓期"。罗马尼亚、保加利亚虽已入盟几年,但2011年加入"申根协议"的申请仍遭到荷兰的"否决"而无法加入,依然是因为移民问题。法国、意大利等地中海沿岸欧盟成员国近些年一直受到来自北非国家移民的压力。从经济利益、道义准则等方面出发,对来自这些国家的移民它们不便拒绝,但又承受不住过多的外来人口进入;

因而，在同突尼斯、利比亚等国的交往中，过去都有要求这些国家对向欧洲移民加以控制的规定。然而，随着这些国家局势动荡加剧，尤其是利比亚内战的爆发，大批难民无序进入欧洲就成了一个十分尖锐的问题。

欧盟成员国面对严峻形势，意见分歧，没有一个国家愿意帮助安置如此众多的难民，听任发生众多难民无助地漂泊海上的人间悲剧。意大利在欧盟各国中首当其冲，试图利用"申根协议"之便，将难民送往法国。法国则悍然强力堵截，封锁法意边境。此事闹到法、意两国领导人当面理论，并提交欧盟理事会裁决。最终欧盟理事会决定有关国家必要时可以暂停履行"申根协议"。这无异于协议执行与否完全由各国自行决定，它不再享有法律约束力。2011年将近结束之时，丹麦正拟重新关闭边界。这是欧洲一体化的一个"退步"。

欧洲一体化进程严重受阻并非偶然。随着成员国的增多，利益多元化愈益明显，欧盟在各个领域采取协调一致行动越来越难。金融经济危机一来，各成员国更是程度不同地把本国利益前置于联盟集体利益，分歧进一步公开化，以致严重影响到欧洲一体化进程。但是，欧盟又是成员国之间的"利益共同体"，一荣俱荣，一损俱损。谁也不愿意，也承受不了欧元区解体，一体化成果毁于一旦。各国吵归吵，但终归能够达成妥协，渡过眼前的难关。

欧盟遭受金融危机打击后，经济增长有所下降，现正缓慢复苏。欧元区因债务危机遇到困难，但实际上欧元在国际货币体系中的地位并未受到太大影响。按照国际清算分行公布的实际有效汇率指数，2011年8月欧元是95.80，比1994年1月的98.50（欧元前身欧洲货币单位）只下跌2.2%，而同期美元则从94.21降至84.22，下跌10.6%。由此可见，虽受金融经济危机和主公债务危机的双重冲击,欧在经济实力并没有多大削弱。对欧盟来说,它经济发展的致命弱点依然是欧洲产品的国际竞争力下降,压力不仅来自美国、日本等其他发达国家,而且越来越多地来自新兴经济体。美欧等西方发达国家的国内生产总值在全球经济总量中的比重,从2000年的76.4%已降到今天的63%;据国际货币基金组织预测,到2015年这一比重还要下降到56.8%。无论是美国的自由市场经济发展模式,还是欧洲的社会市场经济发展模式,连同它们引以为豪的所谓"民主政体",在金融、经济、债务多重危机下,都受到严重的质疑。

过去由西方发达国家主导的国际政治、经济秩序在新形势下越来越难以为继。但是,它们并不甘心在国际竞争中逐渐失去优势,正凭借各种手段试图延续自己的既得利益。阿拉伯世界动荡发生后,法国、英国等欧盟国家以北约的名义带头发动利比亚战争,强化对叙利亚的制裁和干预,配合美国阻挠巴勒斯坦以独立主权国家身份加入联合国等,都是试图挽回"失去的天堂"而做出的努力。这是主权债务危机影响下欧洲当前局势的又一特点。

在这一大背景下中欧关系必然会受到一定的影响。欧盟作为一个经济整体,对中国所持的心态是:既需要中国在经济上的合作、财政上的支援,又不甘心中国的快速复兴和政治、经济影响力的扩大。不同成员国对中欧关系发出不同的信号。这增加了中国同欧盟这一主权国家联合体打交道的难度。但是,形势的变化并没有改变中欧关系发展的基本面。中欧之间没有根本的利害冲突,没有历史遗留的争议问题;中国坚持走和平发展的道路,欧盟国家走的是和平联合,促进发展的道路。这两者间有不同之处;双方对"全球治理"的主张也有契合之处；经济上互有需要，发展互利合作潜力巨大等有利因素依然在起作用。尤其是，中国一向对欧洲采取友好政策，从未将欧洲视为竞争对手，而是作为朋友、伙伴来争取。金融危机爆发后，中国对欧盟遇到困难一直给予力所能及的支持和协助，始终没有丧失对欧元、欧元区、欧洲一体化的信心。这一系列因素导致中欧双方在面临共同危机时刻都有"同舟共济、共渡时艰"的意愿，中欧关系继续保持良好的发展势头。在相互尊重、平等相待、互不干涉内政、互利共赢的基础上，历经风雨的中欧关系经过这次金融经济危机的洗礼，仍将会有良好的前景。

（作者为中国国际问题研究基金会研究员、中国前驻欧共体大使）

第三章

亚洲成为
世界中心的地位基本确立

亚太地区形势

张铁根

2011年，亚太地区局势基本平稳，许多国家政府换届顺利，避免了政局动荡，金正日突然逝世，朝鲜最高领导人交接平稳。地区热点问题错综复杂，但局面基本可控。亚洲经济整体表现良好，对世界经济增长的贡献增大，亚太区域经济一体化不断扩展和深化。

美国战略重点东移提速，引发地区形势发生深刻变化。大国在本地区空前活跃，有些国家也趁机搞大国平衡，争取有利地位。

一、亚洲政治经济基本面良好

（一）亚洲多个国家积极进行政治变革，缓解内部社会矛盾及改善对外处境。日本野田佳彦9月接替菅直人任首相，执政党民主党的派系斗争暂时缓和。缅甸2010年底举行多党制大选，2011年2月新政府成立，实现了由军人政权向民选政府的转型。吴登盛政府放宽了对政治反对派的控制，昂山素季及其政党重返政坛，缅政府同少数民族武装的和谈取得进展，并加快经济对外开放和改善同西方国家关系。新加坡5月大选，执政党人民行动党国会议席减少，政府采取措施顺应民意以便巩固执政地位。越南、老挝完成了新一届党政领导层交替，坚持了社会主义的发展道路。泰国7月大选，为泰党击败阿披实的民主党，前总理他信的妹妹英拉组阁，泰国长达5年的政治动荡进入暂歇期。马来西亚总理纳吉布9月宣布，将废除饱受诟病的"1960年内部安全法"，显示马将营造较宽松的政治环境，缓解社会矛盾。纳吉布总理称，要吸取"阿拉伯之春"的教训，防止出现"长期执政的傲慢"。12月17日，朝鲜最高领导人金正日突然逝世，其子金正恩顺利接任朝最高领导人，实现了领导层的平稳过渡。

（二）亚洲经济表现稳健。据亚洲开发银行9月14日发布的《2011年亚洲发展前景（更新版）》称，亚洲新兴经济体2011年的经济增速预计达7.5%，中国将增长9.3%，印度经济增速可达7.9%。日本经济在缓慢复苏，据日本央行9月7日发表的公告称，"3·11"大地震对企业生产供应层面造成的制约已基本消除，生产和出口已恢复到震前水平，经济有望在2011年秋季回到缓慢复苏的轨道。日本央行10月27日发布的《经济与物价形势展望报告》预计日本2011年度实际经济增长率为0.3%。

由于美国主权信用评级被下调和欧洲发生债务危机，世界经济的不稳定性和不确定性增大，亚洲地区下调了2011年和2012年的经济增长预期，通胀压力也有所上升，估计亚洲新兴经济体2011年通胀率将达5.8%。2012年经济环境将更加严峻。日本发生大地震和福岛核辐射危机，泰国、柬埔寨、越南、菲律宾以及南亚一些国家遭受严重水灾，经济发展受到不同程度的影响。

（三）亚太区域经济合作不断开拓和深入。11月8日至13日，亚太经合组织（APEC）系列会议在美国檀香山举行，中国国家主席胡锦涛出席了第19次领导人非正式会议。会议发表了《檀香山宣言》及四个附件，各方围绕"紧密联系的区域经济"这一主题，深入讨论了亚太地区经济增长、区域经济一体化、绿色增长、规制合作及能源安全等议题。会议对进一步推进亚太地区贸易和投资自由化便利化具有积极意义。

11月17至19日，东亚领导人系列峰会在印尼巴厘岛举行，温家宝总理出席了第14次中国—东盟（10+1）领导人会议、第14次东盟与中日韩（10+3）领导人会议和第六届东亚峰会。

在中国与东盟领导人会议上，温总理回顾了中国与东盟建立对话关系20年来的发展进程，提出了继续深化合作的六项倡议。自2010年中国—东盟自贸区建成以来，中国与东盟的经贸合作发展较快，中国已是东盟第一大贸易伙伴。据中国海关统计，2010年中国与东盟的贸易总额达2927.8亿美元。2011年1月至10月，中国与东盟贸易总额已达2959亿美元，同比增长25.7%，创历史新高。

中国同湄公河流域国家的互联互通有新的发展。10月5日在湄公河水域发生中国船员遇害事件，催生了12月10日中国、老挝、缅甸、泰国湄公河联合巡逻执法的正式启动。第四届"大湄公河次区域经济合作"（GMS）领导人会议12月19日至20日在缅甸内比都举行，中国国务委员戴秉国出席。会议通过了《内比都宣言》，制定了"大湄公河次区域经济合作"新十年战略框架（2012—2022），次区域合作进入新的发展阶段。

中日韩三边经贸合作继续发展。5月在日本东京举行了第四次中日韩领导人会议，11月中日韩领导人又在印尼巴厘岛举行会晤。三方就早日结束官产学联合研究、启动中日韩自贸区谈判达成基本共识。三国合作秘书处9月27日在韩国首尔正式成立。

二、美国加大对亚太地区的投入，大国在本地区空前活跃

（一）美国2010年宣称"重返亚洲"，近年来加快向亚太地区的战略转移和部署，以全面确立美在亚太的主导地位。

外交上，美正式成为东亚峰会成员，奥巴马总统11月首次参加东亚峰会就在会上提出南海问题，企图将峰会变成讨论地区政治安全的场所。美国务卿希拉里在《外交政策》杂志发表题为《美国的太平洋世纪》的文章称，"今后10年美国外交方略最重要的使命之一是大幅增加对亚太地区的外交、经济、战略和其他方面的投入。""利用亚洲的增长和活力是美国的经济和战略利益核心，也是奥巴马总统确定的一项首要任务。"并说随着伊拉克和阿富汗两场战争的逐渐平息，美将加快转折以适应新的全球现实。11月11日，希拉里在夏威夷东西方中心再次强调，21世纪是"美国的太平洋世纪"，"在21世纪，世界的战略和经济重心将会是亚太地区，从印度次大陆到美国西海岸"。美把日本、韩国、澳大利亚、菲律宾和泰国作为"转向亚太战略的支点"。希拉里11月访问菲律宾和泰国，菲美签订了《马尼拉宣言》和《菲美关于增长伙伴原则的联合声明》，并对菲在南海问题上的态度表示赞许。美调整了对缅政策，在继续保持制裁的同时加强了同缅政府的接触。11月30日至12月2日，希拉里访缅，这是美国务卿56年来首次往访，

号称所谓"破冰之旅"。

军事上，美在加强同日、韩军事同盟的同时，与东南亚国家频繁举行军事演习，积极介入南海事务。奥巴马总统访问澳大利亚时宣布扩大美在澳的军事存在，决定自2012年起派遣更多的美军陆战队成员驻扎在澳北部地区，人数将达250人，到2016年增加到2500人，加紧实施所谓"空海一体战"战略。有分析认为，美在澳的新布局表明美在亚太的军力部署从第一岛链向第二岛链转移，更加靠近南海，意图钳制中国。美新任国防部长利昂·帕内塔10月首次访问印尼、日本和韩国，23日在印尼巴厘岛同东盟10国国防部长举行会谈，声称尽管奥巴马政府面临削减开支的压力，但美仍将会保持在太平洋地区的强大军事存在。

经济上，美在11月夏威夷第19届亚太经合组织领导人非正式会议期间，大力推进《跨太平洋战略经济伙伴协定》（TPP）谈判，这个原本由新西兰、新加坡、智利和文莱四小国发起的自由贸易区谈判，美国"借壳上市"，试图把它"做大做强"。日本首相野田佳彦出于维护日美同盟和牵制中国的考虑，力排国内众议，于11月11日宣布加入谈判，TPP成员扩大到10国。加拿大、韩国和中国台湾亦表示有兴趣加入，TPP的发展似乎渐成模样。TPP虽然标榜"开放性"，但其规则和条款对中国有很强的针对性，防范意味甚浓。美力推TPP，目的是想瓦解既有的东盟—中国（10+1）、东盟—中日韩（10+3）等东亚区域经济合作的架构，重塑以美为主导的亚太经济区域一体化，为其亚太总体战略服务。

（二）日本野田佳彦内阁强调日美同盟是其"外交政策的核心"，日美韩三国合作对维护东北亚安全至关重要。声称中国国防实力"缺乏透明"，给日本周边的安全环境增添不确定性，警告日本自卫队"忘战必危"。野田上台以来，积极配合美国，插足南海，拉拢菲律宾、越南和印度，以图形成东海、南海两翼策应，联合对华施压。中日在海上、空中的军事对峙增加。中日之间政治安全互信不足的表现近来较前突出，但日本灾后重建以及东亚区域合作均离不开中国，建立稳定的中日关系对双方有利。野田首相12月25日至26日访华，同温家宝总理举行会谈。中日双方达成重要共识：恪守中日四个政治文件的原则和精神，妥善处理存在的问题和分歧，以2012年中日邦交正常化40周年为契机，深化战略互惠关系，推进各领域的交流与合作。

（三）印度加快推进"东向战略"，积极发展同日本、越南和缅甸的关系，对南海地区的介入增多。10月12日，印度总理辛格在新德里同来访的越南国家主席张晋创签署了石油开发协议。中印边界问题悬而未决，一直是两国难解的心结，印度在中印边境加强了军力。印度某些媒体"杯弓蛇影"，不时渲染"中国威胁"。美国加强对印度的诱导，国务卿希拉里7月访印时称，印度已经到了该"带头的时候"，应在亚洲施展与经济影响力相称的政治影响力。但印度民族自尊心很强，也有其自身利益考虑，不可能完全听命于美国。在"金砖五国"和"基础四国"等机制内，中印利益相同，有着良好的配合。

（四）俄罗斯加强了对远东地区的关注。俄战略轰炸机及海军舰艇9月在远东进行了空前规模的军演。俄同朝鲜半岛的联系更为密切，朝领导人金正日8月访俄，这是自2002年以来金正日首次往访。俄朝双方商定，将制订通过朝鲜向韩国出口天然气的管道铺设方案。9月15日，俄韩双方在莫斯科签订"管道输气项目落实路线图"。如该项目得以实现，将大力加强俄朝韩关系，提升俄在朝鲜半岛的影响。俄在11月正式加入东亚峰会。

三、地区热点问题升温，形势发展错综复杂

（一）朝鲜半岛局势较2010年缓和，美韩军演密度有所减少。朝韩、朝美接触已经进行多次，朝核问题六方会谈正在按照"朝韩对话、朝美对话、六方会谈"的步骤推进。朝鲜最高领导人金正日12月17日逝世后，朝鲜半岛局势进入新的发展阶段。朝鲜最高领导人交接平稳过渡，为朝鲜半岛的稳定奠定了前提。中国发挥了在朝鲜半岛事务的独特影响，美韩日俄也认识到维护朝鲜半岛的和平稳定符合各方利益，因此朝鲜半岛局势短期内不会发生根本变化。

（二）南海问题升温，区域外国家积极介入，国际化趋势增强。

1. 中国同越南在南海问题上的争端从紧张趋向暂时缓解。5月26日，越南勘探船"启明2号"在南海万安滩海域进行勘探作业，它的电缆被中国海监巡逻艇割断，于是爆发了所谓"5·26事件"。5月29日，越南外交部发言人举行紧急记者会，指责中国"加剧区域紧张局势"，扬言越海军将"尽一切办法确保越南的和平、独立和领土主权完整"。从6月初开始，越南"民众"在中国驻越使馆门前连续举行了11起抗议示威。6月9日，越总理阮晋勇亲自对外表态称，越南对西沙群岛和南沙群岛"拥有无可争辩的主权"，越南"全党、全国和全军具有保卫国家海域和岛屿的最强决心"，南海局势一度紧张。10月11日至15日，越南共产党总书记阮富仲访华，两国发表了《中越联合声明》。声明指出：双方将根据两党两国领导人

共识和《关于指导解决中越海上问题基本原则协议》，加大海上问题的谈判力度，寻求双方均能接受的基本和长久的解决办法，并积极探讨不影响各自立场和主张的过渡性、临时性解决办法，包括积极研究和商谈共同开发问题。在海上争议最终解决前，双方共同维护南海和平稳定，保持冷静和克制，不采取使争端复杂化、扩大化的行动。不让任何敌对势力破坏两党两国关系，并本着建设性的态度处理出现的问题，不使其影响两党两国关系和南海的和平稳定。

中越联合声明发表后，中越在南海问题上的紧张气氛逐渐缓和。

2. 菲律宾同我在南海问题上的争端尖锐。5月31日，菲外交部召见我驻菲使馆临时代办，抗议中国海军舰艇在艾米·道格拉斯礁（Amy Douglas Bank，中方称安塘礁）安置浮标和柱子。6月2日，我使馆答复说，这是中国海洋考察船在南海进行正常考察活动。菲外交部反驳称，"中国船只在菲律宾海域的行动，严重侵犯菲律宾主权和海洋管辖权，也违反中国与东盟签订的《南海各方行为宣言》。"6月14日，菲律宾总统办公室宣布将南中国海更名为"西菲律宾海"。15日，菲海军称，他们已经把多根位于"菲南海海域内"的外国标志杆拔走。7月1日，菲外长罗萨里奥宣称，菲"排除与任何声索国联合开采礼乐滩石油资源的可能性"，"礼乐滩不是南沙群岛的一部分"。20日，5名菲国会议员登上中业岛并举行国旗升旗仪式，声称该岛属于菲领土。25日，菲总统阿基诺三世发表国情咨文时声称，菲准备动用军事力量保护它在南海的领土，重申礼乐滩是菲律宾领土。

菲律宾还企图通过打"法律牌"否定中国在南海的合法权益。4月5日，菲向联合国提交照会，对中国依据"九条断续线"对南海提出主权要求表示异议,声称中国此举违反了国际海洋法,侵犯了菲律宾主权。6月,菲常驻联合国代表发表声明称,菲拒绝将其管辖范围内的区域置于领土纠纷范围之内。7月11日,菲外长罗萨里奥在马尼拉的新闻发布会上谈及南海问题时声称,他已向中国提议"依据国际海洋法诉诸国际裁决"。

8月30日至9月3日,菲总统阿基诺三世访华。阿基诺三世同胡锦涛主席会谈时表示,菲致力于维护地区和平稳定,致力于落实《南海各方行为宣言》。南海问题不是菲中关系的全部,不应影响双边关系的发展。菲总统访华后,菲言行有所收敛,但其立场并无多大改变。

3. 东盟频繁就南海问题举行磋商。6月13日至17日,在纽约联合国总部召开了1982年《联合国海洋法公约》的第21次会议,菲、越、印、马、泰、老、新七国达成一致意见,认为应通过和平方式和利用《联合国海洋法公约》解决南海相关海域的领土纠纷问题。7月底,第五届东盟海军司令会议在河内召开。主题是"东盟海军合作促进海上和平与安全"。越南和菲律宾的海军代表都在会上提及南海问题,希望东盟更多地介入。9月22日,所谓"东盟海洋法法律专家会议"在马尼拉召开,菲副总统比奈在会上抛出"划分南海"的主张。比奈认为,"根据国际法将南海有争议和无争议的地区明确划分开来,才能打破各方合作开发的僵局。""无争议地区由独有主权国直接开采,有争议地区则由几个声索国合作开发。"菲律宾的主张并未得到会议认可。中越就南海问题发表联合声明后,菲总统阿基诺三世对此发表评论称,应通过东盟的多边协商来解决南海问题。"多边解决才是最佳方案,不全面解决纠纷就等于没有解决纠纷。"总地看来,东盟10国在南海问题上的利益不一,各有各的盘算,难以抱团对我,菲律宾的表现则比较另类。

4. 相关国家加紧在南海海域开发石油天然气。据《菲律宾星报》6月30日报道，菲律宾能源部门宣布，将为私人企业提供15个能源开采合同，开采地区大部分位于巴拉望岛西部南海海域。菲政府准备拍卖在南海勘探石油的许可证，其范围在菲200海里经济区内，已有多家企业参与竞标，将在2012年宣布中标企业。菲律宾对我提出"搁置争议、共同开发"的倡议不表赞同。阿基诺三世说，共同开发是个好建议，但要等到主权归属问题解决了才能进行，否则矿区使用费谁受益的问题难以解决。菲在南海动手开发油气较晚，现在已经急不可耐。菲外长罗萨里奥11月19日对记者称，菲已经感到不耐烦了，菲需要具备"不受约束的能力"以开发南海的油气资源。

越南不断引入俄罗斯、日本、印度等国资本合作开发南海油气。马来西亚、文莱同多家外国公司合作，在南海区域的油气开采量相当可观。

5. 南海相关国家竞相采购先进战机、舰艇、潜艇以应对南海形势。菲律宾在我费信岛修建的第二座建筑物即将竣工，菲还计划在中业岛翻修机场。

6. 区域外国家纷纷插手南海。6月中旬，美国同菲、印尼、马、泰、文等东盟国家举行联合军演，6月底至7月初又同菲举行联合海上军演。美驻菲使馆发言人声称，如果菲律宾与中国在南沙群岛发生武装冲突，美一定会站在菲一边。菲外长罗萨里奥7月在东盟地区论坛会议上称，中国主张以"九段线"对南海进行划分，是毫无根据的，在国际法庭上一定会被否决。美国务卿希拉里在会上立即予以呼应，要求"各国以符合国际法的形式明确对南海的主权主张"。希拉里宣称，南海争议对区域和平稳定构成威胁，美对此十分关注。奥巴马总统在11月东亚峰会上执意提出南海问题,有些国家也随声附和,温家宝总理针对会议情况,"来而不往非礼也",在会上重申了中国在南海问题上的一贯立场,并驳斥了美国等地区外国家插手南海问题的种种借口。

日本近年来加强了同菲律宾的合作。9月9日,日菲两国举行亚洲地区海洋安全问题首次副司局级磋商。"为应对中国加强对东海和南海海域的主权诉求",日菲将定期举行政府间磋商。9月27日,阿基诺三世总统访日,同野田佳彦首相签署了加强战略伙伴关系的联合声明,声称南海海上通道的稳定对于两国很重要,要通过日本海上自卫队和菲海军的定期磋商来加强海上安保合作。

印度制定了所谓的"两洋战略",加紧涉足南海。印度海军登陆舰7月访问越南,印度承诺帮助越南培训海军。9月中旬,媒体披露了印度同越南几年前签订协议合作开采南沙群岛海域两个区块油气的情况,我外交部发言人对此作出了回应。印方"断然拒绝"中方的指责,声称这两个区块属于越南。9月16日,印外长同越外长在河内会谈,印外长称,印度将继续在南海进行石油和天然气勘探。10月12日,越国家主席张晋创访印,同印度总理辛格签署了石油开发协议,印度石油公司和天然气公司海外投资部与越南石油天然气公司签署了为期三年的石油合作协定。

面对南海的乱局,中国坚持以理性、冷静、克制和务实的态度予以应对,对南海局势的稳定起了关键作用。在7月东盟地区论坛系列外长会期间,中国—东盟外长会通过了落实《南海各方行为宣言》后续行动指针。温家宝总理11月在中国—东盟领导人会议上就南海问题提出了包括设立30亿元人民币中国东盟海上合作基金等建设性意见。

（三）南亚局势复杂混乱。阿富汗安全状况恶化，阿政府多名高官被塔利班"定点清除"。9月20日阿富汗前总统、阿富汗和谈委员会主席拉巴尼遇刺，阿政府与塔利班的和谈进程遭受沉重打击。以美国为首的北约联军发动对阿富汗塔利班政权的军事打击已满十年，奥巴马总统6月22日宣布了从阿撤军的时间表，计划在2014年结束阿富汗战争，估计美国届时很难达到预定目标。美国一直怀疑巴基斯坦的反恐诚意，并漠视巴领土主权，屡次发动跨境军事打击，造成巴方重大人员伤亡和财产损失。5月2日，美"海豹"突击队偷袭伊斯兰堡附近的一所建筑，将"基地"组织头子拉登击毙，事前未向巴方通报；11月26日，北约直升机空袭了巴两个军事检查站，造成24名巴士兵死亡、13名受伤。巴举国群情汹涌，也令支持美反恐的巴政府十分尴尬，扎尔达里总统处境困难。巴高层立即决定封锁北约部队的后勤补给线，要求美国限期撤离舍姆西空军基地，并拒绝出席阿富汗问题国际会议。巴美关系遭重挫，阿巴关系也变得更加微妙。然而，巴美互有需要，两国不至于彻底闹翻，经过一定时间的修补后，两国关系将趋于正常。

印度和巴基斯坦关系变暖。2月10日，印外交秘书和巴外交国务秘书在不丹首都廷布宣布，两国重启自2008年中断的和平对话进程。巴外长希娜7月访印，同印外长克里希纳会晤。希娜说两国合作迎来了新时代，克里希纳表示印巴关系已开始进入正确轨道。11月2日，巴基斯坦官员宣布给予印度最惠国待遇。

中国坚持独立自主的和平外交政策，积极同美、俄、日、印度和其他周边国家保持高层接触及发展友好关系，妥善处理敏感问题，在亚太地区树立了负责任大国的形象，对亚太地区的稳定繁荣做出了重要贡献。

四、评估与展望

（一）美从未离开过亚太地区，所谓"重返亚太"，可作如下解读：1. 以前美国把主要精力投放到伊拉克、阿富汗战场，随着战争结束，美的关注点向亚太地区回归。2. 中国综合国力增强，在亚太地区的影响力越来越大，不符合美称霸全球的整体战略，需要对中国的发展势头予以遏制。3. 美经济困难，举目四顾，唯有亚洲是美实现"出口翻番"、重振经济的希望所在。4. 美"重返亚洲"来势汹汹，实际上困难很多，效果有限。比如，美加强在澳大利亚的军事部署，已经引起印尼的不安；美企图主导亚太经济区域合作，把东盟的作用边缘化，也会引起新的矛盾。所谓"21世纪是美国的太平洋世纪"云云，只是美国的一相情愿。

（二）中美之间有重大分歧，也有共同利益和合作需求。对美国的某些举措，我不宜过分解读，凡事对号入座，动辄"中美对抗"。双方应尊重彼此的核心利益和重大关切，共同塑造中美互利共赢的局面。

（三）一些周边国家对我心存疑虑，有时甚至发生矛盾和摩擦，但和平、合作与发展始终是我与周边国家关系的主流，中国周围不存在什么C形包围圈、O形包围圈。基于这样的战略判断，我应继续贯彻"周边是首要"的外交方针，全面深化同周边国家的关系，把家门口的事情做好。

（四）南海问题是历史遗留问题也是现实紧迫问题。目前南海局势可控，维护南海地区的和平稳定有利于我发展大局。

涉及领土主权争议的问题不宜采取"快刀斩乱麻"、"毕其功于一役"的方式解决，对南海问题的解决仍应坚持通过和平谈判。我宜做好顶层设计，全盘规划，各方协调，并制定应急措施，及时化解危机，将南海建成和平之海、友谊之海、合作之海。

（作者为中国国际问题研究基金会研究员）

中国海洋战略态势

张 纬 温金荣

2011年,全球金融危机持续发展,国际体系进一步发生着深刻变化。美国高调"重返亚太",加大战略投入。我国周边海洋战略形势复杂多变,总体稳定,但内存隐忧。

一、美国高调"重返亚太",不断加强对我海上战略围堵

2011年,美国加快了战略重心东移的步伐,其军政高层多次高调宣示"重返亚太"战略。对于中国的崛起,美国两手并用,一方面通过加强与我合作以期尽快闯过经济难关,一方面又将我国作为战略对手乃至作战对象加以遏制。一是依托"两条岛链"强化海上军事围堵。美以冲绳和关岛为中心沿"两条岛链"加强部署,进驻了"华盛顿"号核动力航母、"俄亥俄"级巡航导弹核潜艇、"洛杉矶"级攻击核潜艇、F-22隐形战斗机、B-2战略轰炸机、"捕食者"和"全球鹰"无人机等陆海空最先进的武器装备。美军还在国防部成立"空海一体战"办公室,将主要针对我的这一理论推向实施阶段;二是继续整合"亚洲版北约"。2011年6月美日外长和防长举行"2+2"

会议，称将共同抑制中国军力扩张。11月奥巴马访问澳大利亚，表示将在澳永久性部署2500名海军陆战队员，把达尔文港建成一个大规模的军事指挥中心和力量投送中心，成为航母、轰炸机、无人机等多种战略装备的母港。美还试图将美日、美韩、美澳等双边同盟扩大为多边同盟。三是扩大与亚太非盟国的伙伴关系。2011年美国与新加坡关于在樟宜基地部署濒海战斗舰问题的谈判进展顺利，与泰国、马来西亚关于建立新军事基地及军事准入的谈判已取得成果，美越签署了促进两国国防合作的谅解备忘录，美政府高官在缅甸寻求突破的努力更是引人注目。四是高调介入南海、钓鱼岛问题，挑拨、唆使菲、越等周边国家与我交恶。美国防部长盖茨在亚洲安全大会上公开举起捍卫南海自由航行权的旗子，国务卿希拉里访问菲律宾，美借与菲律宾举行年度联合军演、与越南举行海上联合训练为两国撑腰打气，做出联合对我的姿态。五是继续扩大对台军售。美国利用台湾作为遏制中国桥头堡战略依旧，年初，美国防部长盖茨表示美无法承诺不再对台军售，因为《与台湾关系法》不是政策，而是法律。美国国务院与国防部也同时强调，向台湾提供防御性武器的政策并未改变。9月，奥巴马政府最终提出包括改进型F-16A/B在内、数额高达58.52亿美元的对台军售计划，发出了"共同防卫台湾"的强烈信号。

从发展看，美国遏制中国崛起是既定方针，为此而在亚太地区进行的战略布局和军事部署正日臻完善。但另一方面，美国经济危机复苏缓慢，与中国合作的一面也在发展。未来一段时期，双方既借重又竞争、在博弈中实现双方关系相对平衡仍将是主流。

二、台湾两党选战的结果有利台海局势的稳定，但从长远看，也不能排除出现变数的可能

2011年海峡两岸经济合作与教育文化交流继续保持向上发展的势头。尤其是 ECFA 的实施，给两岸和平发展带来了极为正面的效应。但另一方面，台湾当局"以武拒统"的战略企图并没有改变。马英九政府虽然承认"九二共识"，但与我和平统一目标仍有很大差距，"不统不独"是其在两岸关系上的基本理念。7月19日，台湾公布了《2011年国防报告书》，声称要建构"小而精、小而强、小而巧"的国防力量，发挥以小搏大的效果，使大陆不敢轻启战端。除了向美国继续谋求军购外，多种台湾自制武器也将陆续服役。如"雄风"ⅡE巡航导弹及"雄风"雄Ⅲ超音速反舰导弹将从2011年起陆续服役，"雷霆"2000多管火箭、无人飞行载具和云豹装甲车等台湾自制武器系统，也都将投入批量生产。从2010年12月开始，台湾还举行了一系列大型军演，如"长胜13号"演习、"汉光27号"演习、"长青12号"演习等，旨在检验台军在台海战争爆发时的战区管理能力、跨区增援能力、联合截击及联合防卫作战能力。

2012年台湾"总统"大选结束，国民党胜选，民进党败选。马英九连任后能否启动两岸政治对话、签订和平协议的进程尚在未定之天；特别是民进党在败选后并无放弃台独党纲的迹象，这些都是在台湾问题上存在的变数。总之，台湾问题一天不解决，台海发生危机和战争的可能性就不能排除。

三、朝鲜局势再成焦点，黄海方向中韩渔业争端频发

2011年，朝鲜半岛六方会谈一筹莫展。年初，朝方曾数次释放恢复会谈善意，但韩、美开出朝方就"天安"舰和延坪岛事件道歉并以实际行动显示弃核诚意的价码，双方试探性接触无果而终。7月，美韩态度有所转变，在东盟与中、日、韩外长会议上朝韩双方举行了无核化会谈，随后金桂冠访美与博斯沃思举行会谈；10月，金桂冠与博斯沃思在日内瓦就核问题再次进行了短暂会谈，朝核问题出现些许转机。目前，各方表态大多是姿态性的，朝方主动出击，意在提高战略主动性，美、韩不愿彻底失去六方会谈这一影响朝鲜核进程的重要平台。虽然三方都有恢复会谈的动议，但立场相距甚远，重启会谈和取得实质性进展很难。与此同时，朝韩双方都在整军备战。朝鲜在位于距白翎岛50多公里的黄海道古岩浦建设海军基地，韩军正式成立西北岛屿防卫司令部，加强对西海五岛的建设。朝韩双方仍然处于高度紧张的军事对峙状态之中，双方擦枪走火的危险高度存在。2011年年末，朝鲜领导人金正日突然逝世，半岛局势再成焦点。与韩美两国媒体"把握历史机遇"的冲动预期不同，美国政府表现了克制，希拉里甚至送来了"希望政权平稳过渡"的祝福，韩国也在极力避免刺激朝鲜。此期间，朝韩都实行了紧急状态，表现了对政权更替中可能的突变保持高度警惕。

2011年以来，黄海方向海洋权益之争纠葛不断。据韩国海警公布的数字，截至2011年10月末已抓获中国渔船294艘，涉及中国渔民2905人。12月13日，又发生中国渔船船长刺死

韩国海警的恶性事件，韩国国内反应强烈。频繁的渔业纠纷已经成为黄海海区影响国家关系和安全局势的重要因素。

从未来发展看，朝鲜进入金正恩时代后，半岛、东北亚战略形势及各国关系都必将进入一段调整磨合期，中国在其中仍将发挥重要作用。与此同时，黄海权益之争也不会停滞。但究竟向什么方向走，还须静观。

四、中日海上摩擦时现，东海方向战略态势稳中藏忧

相对于2010年中日钓鱼岛撞船事件后的紧张局势，2011年东海方向战略态势较为平稳。3月，日本发生里氏9.0级特大地震，引发大海啸，特别是福岛第一核电站爆炸造成重大核泄露事故，给日本造成极大的损失和困难，中国向日本伸出援助之手，两国关系得以修补。7月，中日举行第九次防务安全磋商，双方表示继续推动建立海上联络机制，共同维护东海海上安全。12月，日本海上自卫队"雾雨"号护卫舰抵达青岛访问。但另一方面，日本追随美国在海上对我实施围堵，加快从专守防卫向攻势性战略转变一刻没有放松。一是重点加强西南诸岛的防御态势。2011年8月日本政府批准了新的《防卫白皮书》，批评"中国在东海、南海等领域活动范围不断扩大"，"影响地区和国际社会的安全和稳定"，重申加强"机动防卫力量"，不断对我海军进出第一岛链正常训练的舰机实施跟踪监视，还将与那国岛驻军问题提上日程；二是加快新型海上力量的发展。目前，日本海上自卫队2万吨的直升机母舰、1.5万吨的两栖攻击舰、9000吨的"宙斯盾"驱逐舰以及新型潜艇、固定翼反潜巡逻机等先进武器装备均已服役；三是坚持钓鱼岛

为日本领土。7月,中国渔政船在钓鱼岛执行公务,受到日本海保厅的警告,称不要进入"日本领海"。与此同时,有10艘日本渔船前往钓鱼岛海域滋事。日本国会众议院议员达成了登陆我钓鱼岛视察的决定;四是介入南海事务。2011年,日本在新的《防卫白皮书》中呼吁周边国家"联合起来"牵制中国。日与南海有关国家密切接触,首相野田佳彦与菲律宾总统阿基诺发表了包括加强南海安全合作等内容的联合声明,表示将援助菲律宾发展海岸警卫队。与菲律宾举行海洋安全问题首次副司局级磋商,将中国东海和南海主权问题对应起来。日本和越南军方还在河内就促进两国空中防卫合作达成协议。

从发展看,中日海上摩擦的根源始终存在,美日联手从海上遏制中国的企图不会改变,日本将防卫重心向西南方向的东海乃至南海延伸的趋势也不会改变。但对于中国这一近邻和新兴经济大国,日本在处理中日关系中也必须有所顾忌,向好的一面也会发展。

五、南海维权形势极其复杂,地缘政治斗争加剧

2011年,南海问题持续升温,战略态势错综复杂。一是有关国家坚持南海既得利益态度强硬。3月,菲律宾测量船在礼乐滩海域进行非法测绘,与中方渔政巡逻船发生海上对峙,菲军机在对峙海域上空盘旋。之后,菲海军强硬宣称将向南海派更多军舰,加强对其油气开发船的保护。菲律宾总统阿基诺办公室称菲方计划将南海更名为"西菲律宾海",菲律宾议员也登上南沙群岛中业岛安插菲国旗。5月,越南勘探船"平明二号"闯入中国西沙海域非法作业,与我前往阻止的海监船发生

摩擦。其后,越南在南海海域举行海上实弹演习,并颁布最新的征兵条例,越南总理公开要我"归还西沙"。二是东盟国家利用多边场合联手对我趋势发展。5月第五届东盟防长会议,有关国家决定深化防务合作,在南海问题上采取一致行动。6月初第十届亚洲安全大会,菲、越等有关国家趁机表达南海问题立场,矛头直指中国。7月底第五届东盟海军司令会议,越南海军司令阮文献称南海有发生军事冲突可能,呼吁东盟各国海军加强协作,将南海争端炒成焦点。特别是越南等国家利用法理、外交等软手段蛊惑国际社会"争理"的做法值得重视。三是越、菲、马、印尼等有关国家大力发展以中型水面舰艇和潜艇为重点的海上力量,防卫区域不断扩大,作战能力不断提高。越南海军从俄罗斯引进的第2艘"猎豹"级护卫舰已交付使用,6艘基洛级潜艇引进工作进展顺利,计划于2012年交付使用。菲律宾正式接受美国海岸警卫队退役的"汉弥尔顿"巡逻舰,并公布了购买潜艇的计划。印尼与韩国签订了购买3艘张保皋级柴油潜艇合同,并计划向俄罗斯购买2艘基洛级潜艇。越南还计划在南海南部设立"潜艇伏击区",未来可以封锁我国南下进入马六甲海峡的航线。四是域外国家介入南海问题的程度不断加深。除美国、日本以外,印度也把介入南海问题作为其"东向"战略的重要组成部分。2011年越南海军司令阮文献访印,邀请印度在越南芽庄港永久驻留,双方达成数项军事合作意向。10月,印总理辛格与到访的越国家主席张晋创会谈,双方同意启动安全对话以扩展两国战略伙伴关系,并就继续加强海洋运输通道的安全达成一致。在11月东亚峰会上,美国总统奥巴马再次现身,表达了通过多边方式解决南海问题的意见。

从发展看,南海地缘政治斗争加剧,国际化趋势明显,我维权形势更加复杂。究其原因,既是权益声索国受到维护和拓展既得利益紧迫感的驱使,也是美国调整亚太战略的直接后果。而就总体而言,美国介入南海主要是以对我遏制为目的搅局,不会与我正面对抗;有关国家在中美之间寻找平衡,既与我争权、又不想彻底翻脸,既倚美借力、也防美深入干预。2011年中越领导人实现互访、中国与东盟签署"落实《南海各方行为宣言》指针"都是例证。因此,我仍有驾驭局势、纵横捭阖的回旋空间,挑战和机遇并存。

六、海上战略通道风险犹存,印度洋方向并不平静

2011年以来,我国重要的海上战略通道总体上保持畅通,我出入印度洋执行亚丁湾、索马里海域护航任务也进行得比较顺利。但从总体和长远看,与我国海上贸易、海上能源运输等国民经济有重要影响的出海通道存在安全风险,一旦发生海上危机,必将会对我国经济安全造成重大破坏。比如,对我具有重大意义的马六甲海峡,美国不断强化对其的控制,日本也借维护航道安全的名义介入海峡管控,印度则将马六甲海峡作为必须控制的五大海峡之首,地缘政治因素对海上通道安全产生长期影响。此外,海盗等非传统安全威胁对我海上战略通道带来安全威胁也不容忽视:南海和马六甲海峡也是海盗活动的多发区,索马里海盗短期内难以根除,其活动范围已扩展到距海岸1000海里以上的海域,我维护海上战略通道安全的任务很重。

就印度洋方向海洋战略形势而言,2011年也有值得关注的问题。一是美印借反恐合作深化伙伴关系。本·拉登被击毙后,美国与巴基斯坦在反恐合作中频出龃龉,客观上对美印拉近关系创造了条件。7月,印度金融中心孟买接连发生3起连

环恐怖袭击事件，酿成 100 余人死伤的惨剧。事发后第一时间，美国总统奥巴马即强硬发声，称美会全力支持印度。美国国务卿希拉里也坚定地如期访印，显示出交好的姿态。二是印度对我戒心日重加强军备建设。2011 年，印高官和媒体接连评说中国军力，把中国在自己境内正常的军事部署和演习训练说成针对印度。印总理辛格说："中国远远走在我们的前面，他们正在建设蓝水海军，也即将拥有航母。""印度正在考虑实现武装力量现代化，包括海军和空军"，他还强调印度准备将军费保持在占 GDP 的 3% 左右。在印度海军公布的庞大扩军计划中，航母与核潜艇备受重视，被称为掌控印度洋的"两架战略马车"，围绕这两大核心展开海军现代化建设。三是印度洋地区的美俄战略争夺也值得继续关注。对美国来说，尤其是从反恐的需要出发，控制印度洋对美国的全球战略至关重要，同时可以制衡俄罗斯和中国。对俄罗斯而言，控制印度洋同样有反制美国的作用，因而俄罗斯与印度的军事合作，尤其是大宗军售，既是俄罗斯在印度洋显示存在的手段，也是印度平衡大国关系的手段。

可以肯定的是，印度想独享印度洋几乎是不可能的，美、俄、日等国都意欲在印度洋分一杯羹。印度洋对于我国海上通道安全的意义也极为重要，是我国家利益拓展的主要方向。因此印度洋未来的大国关系和大国动向都将是我战略预判的主要内容。

（作者分别为海军军事学术研究所研究员和中国国际问题研究基金会海洋研究中心执行主任）

核危机与朝鲜半岛局势

张庭延

进入2011年10月,朝鲜半岛问题又热络起来。朝美代表在日内瓦举行会谈,据朝方代表、外务省第一副相金桂冠称,"会谈取得了积极成果"。与此同时,中国国务院副总理李克强先后访问朝鲜和韩国,与两国领导人举行了会谈。朝鲜最高领导人金正日表示,希望无条件恢复六方会谈;韩国总统也表示,希望六方会谈早日恢复以实现朝鲜半岛无核化。

六方会谈几次出现突破迹象,但随后又沉寂下来,而且朝美之间、朝韩之间还不时发生严重分歧,甚至矛盾一度激化,个中原因十分复杂,现对此做以下几点分析。

难得的一张核牌

朝鲜历来认为,朝鲜问题的产生,缘于美国对朝鲜的干涉,因此多年来一直主张与美国对话解决这一问题。自20世纪70年代起,朝鲜不止一次公开呼吁与美国举行会谈,还通过中方转达口信,力图促成此事。但美国一直以种种借口不予置理。20世纪中期,曾出现过一次朝美会谈的机会,那就是美国总统卡特访问韩国，提出美国、韩国、朝鲜三方举行会谈的建议，但朝鲜碍于当时对韩国的立场予以拒绝。事后朝鲜后悔，又重提此事，但美国已改变初衷。朝美会谈问题一直拖延下来。

进入20世纪90年代，美国立场有所松动，朝美之间有所接触，但还没有举行正式会谈。正这时，朝鲜与国际原子能机构在核查问题上发生分歧，遂于1993年初宣布退出《核不扩散条约》，致使朝鲜半岛局势顿生紧张。美国迫于局势，呼吁与朝鲜举行谈判，几个月后朝美会谈在日内瓦正式开始。1994年10月，朝美会谈经过曲折达成协议：朝鲜同意停止重水反应堆建设，美国等国帮助朝鲜建立轻水反应堆，同时美国向朝鲜提供重油。双方还商定，讨论互设代表处问题。从此开始，朝鲜获得一张与美国打交道的核牌。

半岛第二次核危机

朝美之间的第一个协议，达成很不容易，执行起来就更困难。由于相互缺乏起码的信任，双方实际上都留了一手。朝鲜并没有停止核开发，美国也没有如约提供援助，到2000年初协议实际上已经破裂。2003年，朝鲜突然宣布，它已经掌握核威慑力并将继续增强，朝鲜半岛局势又骤然紧张起来。这就是所谓的朝鲜半岛第二次核危机。

中国对朝鲜半岛问题的政策也出现了一个转变。20世纪六七十年代，中国奉行不干预、不参与的政策，强调朝鲜问题应由朝鲜半岛南北双方自主和平解决，也是为了避免与美国同时参与，形成大国保障，反而不利于问题的解决。朝鲜曾向中方提出过中、朝、美、韩四方会谈方案，中方出于上述考虑，予以婉拒。但到了20世纪90年代后期，国际形势发生变化，中国亦与韩国建立外交关系，为在朝鲜半岛扩大影响，中方立场有所调整，参加了在日内瓦举行的关于朝鲜问题的四方会谈。至2003年朝鲜半岛核危机出现之时，为稳定这一地区局势，避免出现事端，进一步采取主动措施，牵头在北京主持六方会谈，讨论朝鲜半岛实现无核化问题。

六方会谈艰难曲折

六方会谈已进入第九个年头，时间不能说不长，当然也不能说没有任何进展。六方代表坐到一起，讨论朝鲜半岛无核化问题本身，就是一个成果。六方经过讨论一致认为，通过对话和协商实现朝鲜半岛无核化，是保证这一地区局势和平与稳定的唯一途径。2005年9月19日，六方还达成协议，朝鲜允诺放弃核开发，其他各方允诺向朝鲜提供经济、能源等方面的援助，这应该说是会谈取得的一个重要成果。

但是就整体而言，会谈复杂曲折，进展迟缓，时停时续，特别是涉及落实"9·19"协议的具体问题，立场相互对立，迄今未有实质性突破。究其原因，虽有半岛问题错综复杂、各方利益交织的因素，但主要还是美、韩、朝参加会谈是出于完全不同的目的。

美国参加会谈，主要是出于安全上的担忧，压朝鲜最终放弃核武器开发，实现朝鲜半岛无核化，以利于其在东北亚和亚太地区的利益。美国对朝鲜缺乏信任，特别是有第一次核危机的教训，连起码的信任也已丧失。美国曾一度计划对朝鲜核设施使用武力。

韩国参加会谈，力图主导朝鲜半岛事务，借助美国压朝鲜弃核，消除安保上的最大威胁，最终实现以韩国为主的半岛统一。在六方会谈受阻之时，韩国曾提出以济州岛会谈取代，目的十分明显。李明博上台后，韩国在六方会谈问题上更加靠近美国。

朝鲜参加会谈，主要是利用核牌调动各方，使朝鲜问题在国际视野中不致消失，并通过与美国、韩国的周旋，谋取最大实际利益。边缘化是它常用的手法，使局势骤然激化以吸引各方目光。对六方会谈本身，朝鲜若即若离，朝在纽约和日内瓦都通过另一渠道与美国会谈，还不止一次公开扬言退出六方会谈。

关系紧绷的一年

2010年是朝核问题六方会谈开始以来朝鲜半岛局势最为紧张的一年。朝韩、朝美关系完全中断，立场严重对立，局势颇有一触即发之势。

2010年3月26日，在朝韩尚未划定界线的朝鲜西海海域，韩国"天安号"警戒船发生爆炸沉没，船上104名官兵仅有58人生还。事件发生之后，韩国政府宣称，将客观、科学、彻底查明事件真相，追究相关责任。5月20日，韩国政府公布调查结果称，"天安号"是因为遭到朝鲜小型潜艇发射的鱼雷攻击而沉没的。朝鲜很快回应，称韩国公布的结果是"严重挑衅"，朝鲜与"天安号"事件无关。韩国要求朝鲜赔礼道歉，朝鲜坚决顶回，双方立场尖锐对立，加之美国也指责朝鲜，一时间朝鲜半岛局势高度紧张。

"天安号"事件尚未平息，同年11月23日又发生了延坪岛炮击事件。当日韩国在争议海域进行预定的炮击演习，朝鲜呼吁韩国停止，但韩国未予置理。于是朝鲜军队当日下午开始向延坪岛射击实弹，致使岛上韩国军事设施和平民、房屋处于火海之中，韩国军队开始还击。这一事件使本来就紧绷的朝鲜半岛局势雪上加霜。

2010年一年，朝韩关系、朝美关系在高度紧张之中度过。

朝鲜不会放弃核牌

2011年以来，朝韩关系、朝美关系虽有所缓和，相互有一些接触，但还没有走出困境。美韩仍几次重申要朝鲜就2010年发生的事件赔礼道歉，朝鲜予以驳回。后来，韩美主要要求朝鲜承诺弃核和放弃提炼浓缩铀，并以此为恢复六方会谈的先决条件。朝方则多次强调无条件恢复六方会谈，既是为了显示其对会谈的诚意，也是对美国和韩国有条件恢复六方会谈的回拒。

2011年12月17日，金正日突然逝世，朝鲜半岛局势又出现变数。但朝鲜半岛无核化目标，是金日成的"遗训"，金正日在世时一直坚持，金正恩接班后仍然会打着这面旗帜，不会放弃无核化目标。但实际弃核又另当别论，它与朝鲜体制存亡攸关，特别当前金正恩刚刚接班，立足未稳，在可以预见的未来，绝不会轻易放弃手中的核牌。不久前朝鲜还说，为了"和平利用原子能",它将"尽快提炼浓缩铀",使沉寂一段时间的朝鲜核问题又凸显出来。实际上,朝鲜在六方会谈和朝美双边会谈中,通过与对手的周旋,只不过是为了拖延时日,争取时间,研发核武器一刻也没有停止过。而且朝鲜的胃口很大,要求补偿条件甚高,美国和韩国疑虑重重,不可能满足它的要求。从国际视角观察,利比亚事件的发生,很可能促使朝鲜领导人从卡扎菲的境遇中吸取教训,更坚定其不能弃核的决心。

六方会谈难有成果

临近2011年岁末,六方会谈仍未出现恢复迹象。韩国虽表示愿向朝鲜提供人道主义援助,但韩美联合军事演习不断,最近在延坪岛事件一周年之际,韩国还通过军事演习向朝鲜炫耀武力。美国与朝鲜进行了几次接触,但没有打破僵局。

在此情况下,六方会谈复会仍有困难,即使复会要取得实质成果也非易事。尽管如此,中国仍应坚持劝和促谈方针,六方会谈的旗帜不能丢。至少经过工作,可维持朝鲜半岛局势相对稳定,避免在此地区发生事端。2010年朝鲜半岛局势高度紧张,经过我的不懈努力和工作,终避免了事态的恶化,就是很好的例证。各方对六方会谈虽各有打算,但对中方推进六方会谈复会的努力仍予以正面评价,中方仍有开展工作的空间。

朝鲜半岛问题十分微妙,半岛局势仍不安宁,这里各方利益交错,极为复杂敏感,中国应始终保持清醒的头脑,措施有度，防止偏颇。只要中国面对各种情况，处置得当，就有助于东北亚局势保持相对稳定，以利中国各项事业顺利进展。

（作者为中国国际问题研究基金会研究员、中国前驻韩国大使）

变争议之海为和平、友好、合作之海

凌德权

展开中国地图，神州大地以东和以南有三个与周边邻国相连的海域——黄海（Yellow Sea）、东海（国际上称 East China Sea 东中国海）和南海（国际上称 South China Sea 南中国海）。

海洋是包括中华民族在内的人类生存的基本空间，也是国际政治博弈的重要舞台。改革开放以来，随着国力增强和与外部世界联系日益密切，中国人对海洋与中华民族命运、前途的认知开始提升。中国是一个海陆复合型国家。海洋承载着中国"崛起"的诸多重大安全利益和发展利益。

一、关于"南海问题"与"国际化"

根据国际水文局的定义，南海为东北—西南走向，其南部边界在南纬3度，位于南苏门答腊和加里曼丹之间，北边及东北至广东、广西、福建和台湾及台湾海峡，东边至菲律宾群岛，西南至越南与马来半岛，通过巴士海峡、苏禄海和马六甲海峡连接太平洋和印度洋。整个南海几乎被大陆、半岛和岛屿所包围。南海为世界第三大陆缘海，仅次于珊瑚海和阿拉伯海，面积约为渤海、黄海和东海总面积的 3 倍。

近几年来，"南海问题"成为一个国际性热词，不仅频现在我国和世界各国媒体上，而且频现在地区和世界的多边外交舞台上。

究竟什么是"南海问题"呢？似乎它成了我国与越南、菲律宾、马来西亚等国之间的岛礁主权和海洋权益争议的代名词。实际上，这么一个面积达 350 多万平方公里的辽阔海域，涉及沿海这么多国家，其地理位置处于国际航运重要通道，且牵涉世界各大国的重大战略和经济利益，南海地区面临的问题是多种多样多方面的。仅就岛礁主权和海洋权益争议而言，不仅仅存在于我国与相关国家之间，而且存在于南海沿岸除我国之外的其他相关国家之间。准确地说，南海问题包括传统安全和非传统安全两大领域的问题。

在传统安全领域，第二次世界大战、几十年来爆发的包括越南战争在内的历次局部战争，都与南海有直接或间接的重大关系，都与大国当前和未来的军事、经济战略布局有重要关系。笔者认为，目前在南海地区，不存在对我国的传统安全领域的直接或现实威胁，最多只能说是可能的潜在威胁。进入 21 世纪第二个十年，我国仍然处于发展的战略机遇期。

在非传统安全领域，南海及周边地区既存在各国的共同利益，也面临各国的共同挑战。这里所说的"各国"，不仅包括沿海各国，而且包括地区之外的世界各国。可以说，凡是世界上存在的非传统安全领域的几乎所有问题，在南海地区都不同程度地存在。

岛礁主权和海洋权益争议在当今世界上广泛存在，据统计共有数百起。这类争议如处理不当，矛盾激化导致武力冲突或战争，则可能转化为传统安全领域问题。

南海非传统安全领域的问题确实是个国际性的大问题。这样复杂的问题，自然需要地区各国和世界上所有利益相关国根据具体问题和具体情况，共同协商应对，逐步妥善解决。南海地区国家和国际社会关切的共同利益，需要该地区国家和国际社会携手合作共同维护。

中越两国政府2011年10月签署的关于指导解决海上问题基本原则协议第五条规定："本着循序渐进、先易后难的精神解决海上问题。稳步推进北部湾湾口外海域划界谈判，同时积极商谈该海域的共同开发问题。积极推进海上低敏感领域合作，包括海洋环保、海洋科研、海上搜救、减灾防灾领域的合作。努力增进互信，为解决更困难的问题创造条件。"

我们要反对的是把南海岛礁主权和海洋权益争端国际化，因为国际化不仅无助于问题的解决，而且会越吵越凶，导致外部势力介入，使争议扩大化和复杂化，损害、危害相关国家的各自重大利益和地区的共同利益。

南海岛礁主权和海洋权益争议由来已久，情况复杂。彻底解决这个争议问题，条件未具备，时机未成熟。后辈人要按照邓小平"经过多年考虑"于80年代提出的创造性方针，靠几代人的智慧和努力，谋求避免冲突对抗、互利合作共赢的解决办法。

劝和促谈、双边问题双边解决、多边问题多边解决，历来是我国处理应对各种国际问题的重要原则。在广义的南海问题上，我们不必畏惧、回避任何问题，包括航行自由和航道安全。关键在于：1.增加自信，充分发挥软实力，在双边多边外交舞台上主动设置议题，尽力扩大话语权，积极争取主导权。2.分清伙伴、朋友和敌人、① 对手，抓住一切机遇，积极主动应对。

---

① 敌人不是指某一国家而是指某些敌对势力。

二、关于南海争议由来及国际战略背景

南海岛屿主权争议最早可以追溯到晚清和民国年间。期间,当时的中国政府与法国殖民当局开始就南海一些岛屿管辖权发生外交纠葛。"二战"结束前,美、英、中三国发表《开罗宣言》和《波茨坦公告》等国际法理性文件,宣告剥夺日本军国主义侵占的领土。在"二战"结束、抗日战争胜利的形势下,中国的国际地位空前提高。当时的国民党政府不仅派卢汉将军率军入越,接受北纬 16 度线以北日军投降,而且在 1946 年派军舰巡视南海诸岛,并接管了南沙群岛最大岛屿太平岛。1947 年,国民党政府内政部方域司在"南海诸岛地图"上画出了一条 U 型"断续线",并公开发行了这幅地图。

南海岛礁主权争议首次出现在 1951 年 51 个国家参加的旧金山对日和会上。这是南海岛屿争端"国际化"的开端。制造南海争端的真正祸根是美、英、法等西方大国。

在旧金山对日和会上,美、英排斥新中国政府出席旧金山会议,背着苏联和中国起草对日和约草案。当时,出席和会的苏联代表团团长葛罗米柯发言指出:西沙群岛和南沙群岛等岛屿是中国"不可分割的领土"。法国扶植的"越南国"政府"总理兼外长"陈文友则在和会上提出了对南沙和西沙群岛主权的要求。

苏联的立场在旧金山和会上"孤掌难鸣"(只有苏联、乌克兰和白俄罗斯 3 票)。和会投票通过的《旧金山和约》篡改 1943 年 11 月的《开罗宣言》和 1945 年 7 月的《波茨坦公告》等国际法文件的精神,提出"日本放弃对台湾、澎湖列岛、南

沙及西沙群岛的一切权利和要求",但只字不提这些领土的归属问题。这为后来的"两个中国"和南海争端埋下了祸根。

周恩来外长 1951 年 8 月 15 日代表中国政府发表的《关于美英对日和约草案及旧金山会议声明》中庄严指出,西沙群岛、南沙群岛、中沙群岛和东沙群岛"向为中国领土,在日本帝国主义发动侵略战争时虽曾一度沦陷,但日本投降后已为当时中国政府全部接收"。中华人民共和国对南沙群岛和西沙群岛的主权,"不论美英对日和约草案有无规定及如何规定,均不受任何影响"。

与我国有关的南海争端主要有两个方面:一是岛礁领土主权之争,二是专属经济区划分。在东南亚国家之间,也存在一些类似的争议,其中有的已经了结,有的尚悬而未决。如北部湾划界问题,涉及中越两家,已经得到解决;泰国湾划界问题涉及马来西亚、泰国、柬埔寨和越南四国,已经基本但未完全解决。在南海南部乃至马六甲海峡,有关国家之间均存在多项争议而尚未获得圆满解决,有时还升温导致某种程度的紧张。

必须指出,我国政府主张和维护的权益是"断续线"以内的权益。所谓"南海是中国内海"、"南海属于中国"之类说法,实属无知之极的大谬之言,极有害而无一利。陷入这一误区,将导致一系列问题的误判,引起持续不断的麻烦,造成不可估量的损失。

三、关于南海油气资源与"第二个波斯湾"之说

南海油气资源是引起南海争端加剧的一个关键因素。如果说中东地区半个多世纪来战乱不休是"为石油而战",那么 30

多年来南海沿岸国争吵不休是"为石油而争"。南海沿岸国从1970年代开始争抢南沙岛礁，起因就是南海有大量油气蕴藏之说。

南海海域、南沙海域的油气资源储量到底有多少？这是一个至关重要的问题，是制定政策和采取行动的依据。迄今为止，见到的估计数字源自中国和美国，但估计数字相差极大。

中国一些政府部门官员和专家认为，整个南海石油地质储量大致在230亿至300亿吨，堪比"第二个波斯湾"。国内很多研究机构和媒体把这个说法作为研究或宣传的基本依据。还有不少单位在这个说法的基础上层层加码到350亿吨甚至500亿吨。2011年4月19日《环球时报》把这个数字炒到极致："估计该地区储有500多亿吨原油和超过20万亿立方米的天然气。"

"第二个波斯湾"说的源头来自一位"权威人士"——国土资源部油气资源战略研究中心副主任张大伟。他在2005年4月向媒体宣布：南海有含油气构造200多个，油气田180个。经初步估计，整个南海的石油地质储量大致在230亿至300亿吨，约占我国总资源量的1/3，有"第二个波斯湾"之称。

美国能源信息署（EIA）是有关全球能源信息的总汇。该官方机构公布的截至2003年初的南海地区探明石油储量约70亿桶（以每吨原油约7.33桶计算，70亿桶不到10亿吨），探明天然气储量约150.3万亿立方英尺（约合35.35亿吨油当量）。美国能源信息署注明上述估计数字不包括南沙群岛。所公布的数字显系南海周边各国在南海海域已探明储量之和。

美国能源信息署网站几年来关于南中国海的介绍说："碳氢化合物特别是石油一直是有关南中国海资源最引人关注的焦点。整个南中国海石油储量的估计各种各样。中国人关于潜在资源的估计高达 2130 亿桶（合 290 多亿吨）。美国地质调查局 1993/1994 年的一份估计南中国海各个海底盆地所有已发现和未发现的资源为 280 亿桶（合 38 亿多吨）。周围地区油藏丰富的事实导致这样的猜测：斯普拉特利（即南沙）群岛可能是一个未开发的储油区。除中国人的说法之外，几无证据支持该地区储有大量石油资源的观点。中国人一个较为温和的估计是斯普拉特利和帕拉塞尔（即南沙和西沙）群岛的潜在石油资源（非探明储量）可能高达 1050 亿桶。由于缺少钻探，现无斯普拉特利和帕拉塞尔探明石油储量的估计。"

"天然气可能是南中国海最丰富的碳氢化合物资源。文莱、印尼、马来西亚、泰国、越南和菲律宾在南中国海地区的大多数碳氢化合物田储有天然气而不是石油。美国地质调查局和其他机构的估计显示，该地区约 60%—70% 碳氢化合物资源是天然气。"

"与石油一样，南中国海天然气资源的估计也有很大不同。中国人的一种估计是，整个南中国海天然气储量为 2000 万亿立方英尺。中国的另一项报告估计仅斯普拉特利（南沙）群岛的储量达 2250 亿桶油当量。假使如一些研究所说这些碳氢化合物的 70% 是天然气，那么全部天然气资源（非探明储量）几乎将达 900 万亿立方英尺（约合 21169 亿吨油当量）。"

美国中央情报局网站关于南沙群岛的最新介绍说："经济活动限于商业性捕鱼。附近出产石油和天然气的沉积盆地表明储藏石油和天然气的潜景，但该地区大部分未经勘探。尚无潜在储量的可靠估计。商业性开发尚未进行。"

南海海域有油气资源是毋庸置疑的。现在需要重新严肃探讨、科学论证的一大问题是：南海油气资源究竟"丰富"到什么程度。真的多得可喻为"第二个波斯湾"吗？

如果参照美国能源信息署的估计数字，不把南沙海域潜在油气储量计算在内，南海海域现已探明的油气储量为：原油9.55亿吨和天然气35.36亿吨油当量，总计44.9亿吨油当量，远远低于波斯湾、里海和北海地区。波斯湾油气储量为：原油919.5亿吨和天然气452.32亿吨油当量，总计1371亿吨油当量。南海已探明油气储量仅为波斯湾的2.56%。

简单的常识告诉人们："地质储量"与"探明储量"是两个截然不同的概念，"探明储量"与"可采储量"也是截然不同的概念，"可采储量"与"商业开采价值储量"又是截然不同的概念。如果仅以所谓"地质储量"估算作为依据，"十个大庆"的"洋跃进"不是早在30年前就该实现了！

据越南美国商会的一项报告，越南探明油气储量在东盟十国中位居第四，为大约30亿桶（合4.1亿吨）油当量；产量居第三，高于文莱。东盟国家中探明油气储量最多的为印尼，约190亿桶（合25.9亿吨）油当量。马来西亚位居第二，探明油气储量约160亿桶（合21.8亿吨）油当量。越南能源的实际情况是，原油产量逐年下降，估计到2015年将成为油气净进口国。越南能源短缺的情况已严重制约经济发展，影响人民生活。

越南对其附近海域油气资源前景的研究结果并不令人兴奋。地处地震带的菲律宾是东南亚油气资源最贫乏的国家。油气资源富集区主要在南海西南部的印尼纳土纳群岛海域和马来西亚沿海一带。"第二个波斯湾"的说法纯属炒作，没有科学根据。

南沙群岛大部分海域未经勘探钻探，究竟有多少油气资源难有结论。即使南沙海域发现油气资源储藏，但距我岸线遥远，无论从技术还是成本，无论从后勤支援还是安全保障，在相当长时间内开采价值和可行性都很低。南海油气资源主要分布在南海边缘浅海区域。已经发现、探明的油气资源大多不属于争议范围。因此，不宜无根据地夸大、渲染南海油气资源储量，激发沿岸国争抢稀缺资源的冲动，以致激化南海争端。

笔者认为，不能把解决能源短缺的希望寄托在所谓"第二个波斯湾"，依据"海市蜃楼"式的幻想和炒作来制定"国家战略"。

四、关于南海航道与其战略地位

南海国际航道在地缘上具有重要战略地位。美国的全球战略要控制全球16个海上咽喉。影响和控制这些海上运输航道，确保美在国际竞争和潜在国际冲突中的优势地位，是美国的战略目标和重大利益。马六甲海峡作为连接太平洋和印度洋两个重要战略地区的中心环节，被美国锁定为16个海上咽喉之一。马六甲海峡和南海国际航道连为一体，可以比喻为"咽喉+食道"。

在中国等东亚国家经济大发展和经济全球化的时代背景下，马六甲海峡和南海国际航道在全球航运中的地位更加突出。无论是中国、日本、韩国，还是东盟各国，还是澳大利亚、印度、中东、非洲乃至欧洲、美国，这条国际航运通道堪称"命脉"、"生命线"。从现实情况看，马六甲海峡的重要性已超过苏伊士运河，南海通道的重要性已超过波斯湾。

总而言之，南海—马六甲通道对我国、地区各国和世界大国都具有重大的经济和军事战略价值。随着中国和亚洲经济在全球经济中的地位继续上升，西太平洋—南海—马六甲海峡—印度洋和南太平洋的关联度越来越高。在北极航道开通之前，南海—马六甲海峡通道未来的经济和军事战略地位只会上升不会下降。

正因为如此，南海和平稳定、国际航行自由和航道安全引起地区各国和世界大国的高度关切。域外大国的南海政策和行动自然也引起我国的高度关切。对于南海问题中的大国因素，我们必须客观、冷静、理性地加以分析，既要保持必要的警惕，又要避免战略误判，既要主动应对挑战，又要积极抓住机遇。

南海航行自由本来就是我国政府宣布已久的南海政策之一。中国政府根据国际法一贯致力于保障南海航行自由和航道安全。有些人在国际论坛上大肆渲染炒作南海"航行自由"、"航道安全"题材，显然是别有用心。理由很简单，正如温家宝总理在东亚峰会上发言时指出："东亚和东南亚经济的发展，从一个侧面印证了南海的航行自由和安全没有因为南海争议受到任何影响。各国根据国际法在南海享有的航行自由得到了充分保障。南海是中国、本地区其他国家及世界各国的重要运输通道。中国政府为维护南海航行安全做出了积极贡献。"

保障航道安全畅通既是我国的重大战略利益甚至可以说是"核心利益"，也是地区各国、世界大国和国际社会的重大利益。认清这一点，不仅可以纠正有关国家的战略误判、消除国际社会的共同忧虑，而且可以成为我与国际社会携手合作维护共同利益的重要平台，由此可以剥夺某些域外国家与我争夺影响力的借口，破解某些政治势力以此挑拨离间我与东盟邻国关系的图谋。

五、关于南海问题与我"核心利益"

2010年东盟地区论坛举行前,美国通过媒体声称中国官员当年3月向美国国务院高官所谈"南海是中国核心利益"的说法,引起国外国内媒体的各种解读和热议,也引起外国政府和战略研究机构的高度关注。

根据笔者掌握的资料,中国政府从来没有宣布过南海属于中国"核心利益",但也一直没有予以正式澄清,以至于"南海核心利益说"迄今仍在国际政治舞台上发酵。

"国家核心利益"就是关系到国家前途和命运,涉及国家战略全局、发展方向的重大利益。中国政府9月6日发表的《中国的和平发展》白皮书明确界定中国"核心利益"的范围:"国家主权,国家安全,领土完整,国家统一,中国宪法确立的国家政治制度和社会大局稳定,经济社会可持续发展的基本保障。"

在笔者看来,准确说法应该是"南海有中国核心利益",而不是"南海是中国核心利益"。这两个提法一字之差,实质意义在于"有"与"是"之别。

南海面积350多万平方公里。南海最大岛屿是我国海南岛,面积达3万多平方公里;第二大岛屿是印尼管辖的纳土纳群岛,面积达2000多平方公里;西沙群岛面积约10平方公里;南沙群岛面积不到3平方公里。

作为我国的一个行政省,海南岛无论从哪一方面当然都属于我国核心利益范围。世界上没有一个国家对此提出异议。西沙群岛是我国法律确定的领土。1996年5月15日《中华人民共和国领海基线的声明》规定了西沙群岛的领海基线。除越南外，世界各国对西沙群岛主权均无争议。至于南沙群岛，我国的法律和政府声明均宣布其属于我国领土范围，但迄今未宣布其领海基线，而且承认南沙群岛主权存在争议，并宣布了"搁置争议、共同开发"的政策主张。

从《中国的和平发展》白皮书界定的核心利益六个方面考量，我们完全可以而且应该理直气壮地宣布："南海有中国核心利益。"

六、结　语

当前国际形势出现深刻复杂变化。我国综合实力增强、国际地位提高。我应冷静清醒地分析国际形势和周边形势对我的利与弊、机遇与挑战。南海和东南亚地区集中了地区和世界主要国家的利益关切。我宜准确分析判断，廓清盲区误区，以东盟系列峰会和东亚峰会为平台和契机，积极主动开展工作，充分发挥我国软实力的影响力，增信释疑，扩大合作，互利共赢。

邓小平说："'一个国家，两种制度'和共同开发解决争端的办法，都是为了和平而不用战争方式，都叫和平共处。""现在世界上很多地图都可证明南沙群岛属于中国。我们倾向这个问题先搁置一下，不急于解决。这样做是为了不使这个问题妨碍我国同有关国家友好关系的发展。几年后，我们坐下来，平心静气地商讨一个可为各方所接受的方式。可否考虑对有关争端采用共同开发的办法？我们的目标是共同发展，我们有充分的条件成为很好的朋友。""在南沙群岛问题上，并不是找不到一个切实可行的解决办法,但这个问题毕竟是个麻烦的问题,应通过协商找到对和平有利、对友好合作有利的办法。"

国际航行安全等问题是国际社会的共同关切和共同利益。我国宣布的"新安全观"和《中国的和平发展道路》白皮书阐明了我国政府对维护国际航行安全的主张。我海军舰只巡航亚丁湾为维护我国重大利益和国际社会共同利益做出了重要贡献。在南海国际航道安全问题上,我与国际社会并无重大分歧和利益冲突。

中国在南海问题上的基本立场和主张是明确的、一贯的。2002年,中国与东盟国家签署了《南海各方行为宣言》,确定推动务实合作,并为最终达成"南海行为准则"而努力。这是东盟国家与中国的共同意愿。南海争议应由直接有关的主权国家通过友好协商和谈判、以和平方式解决,这是《南海各方行为宣言》的共识。人们希望各方都能从维护地区和平稳定的大局出发,多做增进互信、促进合作的事情。要从实际出发,探索新思路新举措,在"共同开发"、"共同发展"上多下功夫,为实现"变争议之海为和平、友好、合作之海"的目标迈出新步子。

(作者为中国国际问题研究基金会研究员、新华社世界问题研究中心研究员)

中国—东盟自由贸易区发展状况

许宁宁

2010年1月1日,中国—东盟自由贸易区正式建成。中国与东盟开始进入货物贸易的"零关税"时代。2011年中国—东盟自由贸易区建成第二年是"中国—东盟友好交流年",双方经济合作进一步发展,为夯实双方战略伙伴关系发挥了重要的积极作用。中国与东盟的经贸关系历史上从来没有像今天这么密切、这么活跃。而这一关系的发展已经证明并将进一步证明:它是双方共同需要的体现,它惠及东亚经济乃至世界经济的增长。

一、中国—东盟自贸区发展令世人瞩目

中国—东盟自由贸易区建设是中国与东盟实施的重大开放和合作举措。在中国与东盟及其成员国的共同推动下,中国—东盟自由贸易区已走过了10年历程。目前中国对外贸易的平均关税为9.8%,而对东盟平均关税则降至0.1%;东盟6个老成员国(新加坡、马来西亚、泰国、印度尼西亚、菲律宾和文莱)对中国的平均关税降至0.6%,东盟四个新成员国(越

南、老挝、柬埔寨、缅甸)对中国的平均关税降至 5.6%。中国与东盟 90% 以上的产品、近 7000 种货物实现了零关税。除了货物贸易之外，双方服务贸易市场、投资市场也相继开放。

2011 年双方经贸发展形势良好，贸易额大幅增长，双向投资迅速增加，中国在东盟国家的工程承包越来越多。当前欧美经济不景气，而中国与东盟经贸合作则快速发展，中国—东盟自贸区令世人瞩目。

(一)中国与东盟贸易创历史新高

目前，中国是东盟第一大贸易伙伴，东盟是中国第三大贸易伙伴。2011 年 1—10 月，中国与东盟贸易额达 2959 亿美元，较上年同期增长 25.7%，其中，中国从东盟进口增长了 27.5%，中国向东盟出口增长了 23.7%。在中国与东盟贸易中位居前三位的东盟国家是马来西亚、泰国、新加坡。在双方贸易产品结构中，机电产品占 50%，其中电子产品是双方第一大类贸易产品。

(二)东盟成为中国企业在国外投资的第一大市场

截至 2011 年 8 月底，双向累计投资额近 900 亿美元。中国企业对东盟的投资呈加快的速度，目前的投资领域从建筑行业和承包工程等一些传统领域，开始向能源、制造业和商业服务领域转移。目前，中国在东盟建起了五个境外经贸合作区，即：柬埔寨西哈努克港经济特区、泰中罗勇工业园、越南龙江工业园、越南中国（海防—深圳）经贸合作区、中国·印尼经贸合作区。

2011 年 1—10 月，中国对东盟国家非金融类直接投资 23.36 亿美元，投资居前三位的国家是：新加坡（9.55 亿美元)、缅甸（4.29亿美元）、柬埔寨（2.67亿美元）。截至2011年10月底，中国对东盟国家非金融类直接投资138.12亿美元，其中，2008年投资24.85亿美元，2009年投资26.98亿美元，2010年投资44.07亿美元，2011年1—10月投资23.36亿美元。近三年多，中国企业投资东盟国家124.26亿美元，占中国在东盟历年累计总投资的90%。

中国企业投资东盟增多主要因为：一是中国—东盟自贸区建设，相互开放了市场；二是在欧美经济增长乏力情况下，看好东盟新兴市场；三是东盟与中国经贸互补性强；四是交通便利，易于往来；五是东盟国家华人多，文化相近；六是东盟自贸区已经建成，投资东盟十国中的一国，其生产的产品可"零关税"销往其他九国，还可利用东盟与日本、韩国、印度等国签署的自由贸易协议，将产品销往更广阔的国际市场。

（三）中国在东盟国家承包工程和劳务合作不断发展

东盟国家为我国海外重要的承包工程市场和劳务市场。承包工程涉及电站、桥梁、公路、机场、码头、工厂、办公楼、住宅楼等，中国在东盟国家承包工程技术含量不断提高，工程质量和效益普遍受到当地好评。近年来，中国与东盟各国在承包工程领域的合作快速发展，业务规模逐年扩大。

2011年1—10月，中国对外工程承包合同额较上年同期增长8.8%，而对东盟国家工程承包合同额达181.28亿美元，较上年同期增长39.7%；中国对东盟国家工程承包营业额111.43亿美元，较上年同期增长15.4%。截至2011年10月，累计中国对东盟国家工程承包营业额达723.39亿美元，占中国对外工程承包营业额的7%。

2011年1—10月，中国对东盟国家工程承包营业额增速居前三位的国家是：马来西亚，较上年同期增长69%；文莱，较上年同期增长59%；柬埔寨，较上年同期增长55%。中国对东盟国家工程承包合同额增速居前三位的国家是：马来西亚，较上年同期增长428%；老挝，较上年同期增长313.5%；泰国，较上年同期增长181.5%。

2011年1—10月，在中国向东盟国家外派劳务从事承包工程方面，派出人数较上年同期增长17.4%；主要在印度尼西亚、越南、缅甸等国。

（四）高层推动，中国与东盟经贸合作不断深化

2011年4月，温家宝总理应邀访问了马来西亚和印尼，进一步巩固和发展了中国与东盟的战略伙伴关系，成效显著。5月，缅甸联邦共和国总统吴登盛应邀访华，把两国关系提升为全面战略合作伙伴关系。7月，中国—新加坡第八次双边合作联委会期间，中新政府在新加坡签署了《关于修改〈中华人民共和国政府和新加坡共和国政府自由贸易协定〉的议定书》，进一步提高了中新自贸区的自由化水平。8月，菲律宾总统贝尼尼奥·阿基诺应邀访华，中菲发表了《联合声明》，签署了《中菲经贸合作五年发展规划》。10月，第八届中国—东盟博览会和中国—东盟商务与投资峰会在南宁举行，温家宝总理在峰会上发表了重要讲话；10月，越南共产党中央总书记阮富仲应邀访华，中越发表了《联合声明》，签署了《中越经贸合作五年发展规划》。11月，第14次中国—东盟领导人会议暨中国—东盟建立对话关系20周年纪念峰会在印度尼西亚巴厘岛举行，会议就纪念对话关系20周年发表联合声明，进一步推进了面向和平与繁荣的战略伙伴关系，温家宝总理在峰会上发表了重要讲话。巴厘岛峰会期间，中国政府签署了《关于实施

中国—东盟自贸区〈服务贸易协议〉第二批具体承诺的议定书》。12月,第四次大湄公河次区域领导人会议在缅甸首都内比都举行,推动大湄公河次区域经济合作进入了一个新阶段。

二、着力做实中国—东盟自贸区

进一步加强中国—东盟经济合作,着力做实自贸区,是我发展与东盟关系的首选之策。

(一) 经济合作易推动,能够带来双方更多的共同经济利益

一是为应对世界经济低迷、美欧经济不景气,东盟需要发展与中国经济合作。二是中国—东盟自贸区已经建成,这是发展双方经济合作的难得的良好条件。三是在与个别东盟国家缺乏政治互信的情况下,中国与其就政治合作而谈政治合作难度大。

(二) 中国—东盟自贸区亟待完善

中国—东盟自贸区的建成,将中国—东盟经贸合作带入一个突破性发展的新阶段。然而,我们应清醒地看到:

就自贸区内部而言,一是,双方在相互开放市场中的合作仍存在一定的粗放性,有些合作缺乏务实性。二是,东盟有些国家仍然担心中国产品冲击其产业。三是,自贸区优惠政策企业利用率不高(低于30%)。

就自贸区外部而言,一是,日本、韩国等国在与东盟建自贸区方面加大对我竞争,如日本通产省专门成立了自贸区主管部门,有40多人(而我商务部仅10多人从事自贸区的大量工

作），韩国专门设立了50万美元/年的韩国—东盟自贸区专项合作基金，推动自贸区宣传和能力建设。二是，美国以推动《跨太平洋战略经济伙伴协定》（TPP）来干扰中国—东盟自贸区发展。

就此，如果我在中国—东盟自贸区发展方面缺乏系统的筹划、有效的组织、得力的举措、积极的行动，那么自贸区发展的质量、成效就会越来越受影响，乃至有可能停滞不前。

（三）推进中国—东盟自贸区需处理好八个方面关系

一是处理好长远利益与中短期利益的关系。中国坚定执行"以邻为伴、与邻为善"的外交方针。发展长期稳定、睦邻友好、共建繁荣的战略伙伴关系，既符合中国也符合东盟的长期利益，中短期利益应服从于长期利益，并为实现长期利益服务。

二是处理好多边合作与双边合作的关系。中国分别与东盟十国的双边合作是中国与东盟多边合作的重要基础，积极、深入地发展双边合作是巩固和发展多边合作的必然选择。

三是处理好政经合作关系。中国与东盟之间的政治关系和经济关系的不断加强，是双方关系发展的两个重要车轮，唯有良性互动，方能相得益彰。

四是处理好开放市场与产业结构调整的关系。应将两者有机结合，积极实施行业对接，打造新的产业链，在中国—东盟自由贸易区建设深入发展中提升自贸区的生产力，扩大共赢。

五是处理好创新与务实的关系。创新是双方合作的生命力和活力所在；务实则体现在双方扎扎实实地推进合作，以实现创新成果，夯实合作关系。两者不可偏颇。

六是处理好区域内合作与开展对区域外国家合作的关系。

区域内合作的全面和深入，有利于区域内各国关系稳定、和谐、繁荣发展；在对区域外发展合作中，区域内各国积极沟通和协调行动，有利于本区域获得最大的收益。

七是处理好政府推动与非政府组织推动的关系。这两者在促进对东盟友好合作的目的上是一致的，将两者不同组织性质特点的运作有效结合起来，方能使促进合作的工作达到事半功倍的成效。

八是处理好制度建设与社会人文交流的关系。前者包括中国与东盟为增进合作所签订的合作文件、所建立的机制性合作组织，并实施、运作。后者包括双方在增进民众共识、增进区域合作发展认同等方面开展的积极行动，以形成中国与东盟合作的良好社会氛围，不断巩固合作的社会基础。这两者密不可分。

三、高度重视，积极行动，建好中国—东盟自由贸易区

全面、深入地开展经贸合作是双方战略伙伴关系的重要组成部分，甚至具有发动机的作用。中国—东盟自贸区建设，对于落实我周边外交和外经贸的方针政策，对于中国与东盟关系的发展，对于东亚经济一体化，均具有十分重大的现实意义和战略意义。为此，我们应高度重视并采取积极行动建设这一自贸区。

（一）继续坚定合作信心，巩固和发展合作成果

中国—东盟自贸区的建成实施，给双方带来的是更多机遇，是更大的市场和更优化的资源配置条件，是互利共赢、共

同发展。当然，在自贸区的建设过程中，需要各方做出相应的调整，这种调整本质上有利于提升我们各国的竞争水平、有利于我们获得更大更好的发展。对于合作中出现的一些新情况、新问题，要积极共同采取措施应对，以使双方经贸关系不断得到巩固和发展。

（二）采取有效措施，推进双方经贸合作的新发展

1. 把互联互通等基础设施建设放在突出位置

双方在基础设施硬件建设、在规制安排和人员交往等软件建设方面，都有巨大的合作空间。2011年4月，温家宝总理在会见东盟秘书长素林时表示："中国愿同东盟共同努力，以推进互联互通建设为重点，全面推进双方各领域合作。"

2. 大力推动中国—东盟行业合作

双方应明确互补互利是实现共赢的必由之路，深化产业内合作，扩大产业间合作。政府行业主管部门应将行业合作列为中国与东盟及其成员国经贸合作的当务之急，予以重视，积极探讨双方行业如何优势互补、如何通过合作来提高区域生产力和国际竞争力，推动行业合作，并支持行业商会在合作中发挥积极作用。

3. 加大自贸区的宣传和培训工作

政府有关部门、媒体、商会应进一步加大中国—东盟自贸区宣传和培训，通过各种有效形式介绍自贸区，让各有关方了解中国—东盟相互开放市场的时间表、商机和挑战，了解双方达成的经贸合作发展规划，了解区域内各国政治、经济、社会、文化，以及有关经济政策、产业导向、投资环境、市场特点等基本情况，了解东盟共同体建设、东盟与日韩等国建自贸区等情况。通过广泛的宣传，让人们了解中国与东盟国家友好关系的发展,从而夯实双方经贸合作的社会基础,形成良好的社会氛围。

4. 重视和支持中小企业互利合作

中国—东盟自贸区建设的一项重要任务,就是要让区域内的广大中小企业分享到双方开放市场带来的好处,同时,这也可避免一些中小企业对开放市场的顾虑。政府有关部门应重视和支持中小企业在区域经济中的合作与发展,提出加强中国与东盟中小企业合作指导意见,协助双方中小企业互利合作。

5. 全面发展贸易合作

不断扩大贸易规模,通过贸易发展吸引各种生产要素在区域内加速流动,带动产业在区域内合理布局,优化区域供应链、价值链系统,推动区域产业结构升级。进一步对东盟开放市场。进一步完善有利于贸易便利化的政策措施,加强公路、铁路、水运、通信等基础设施互联互通。

6. 支持和促进双向投资

7. 充分发挥双方合作机制作用

(三)商会应进一步发挥促进合作的桥梁作用

调动非政府组织参与自贸区建设的积极性和创造性,有利于自贸区建设形成更稳固的经济社会基础。双方商会应加强经济、贸易、金融、投资、技术、市场等信息方面的交流,实现信息互通,为企业合作服务。双方商会应积极组织工商代表团、项目考察团、培训团、经贸界人士进行互访,为举办投资推介会和招商活动相互提供服务。在组织和主办展览会、高层论坛、专业展览会、研讨会以及对口洽谈会等方面积极合作。商会应为双方企业合作积极牵线搭桥,提供商务咨询,推荐合作项目和合作伙伴,为企业培训开发自贸区大市场的经营人才，尤其应重视推动双方中小企业合作。

在行业合作中，双方行业商会应发挥重要的积极作用，通过行业商会合作，指导和协助企业走进对方市场，辅助政府间合作并落实政府间有关自贸区协议的执行。

（四）企业应充分利用自贸区优惠条件，积极开展贸易和投资合作

双方企业应抓住自贸区建成的机遇，充分利用自贸区优惠条件，出口产品时填写自贸区优惠原产地证书，积极开发减免关税的这一大市场，同时也应做好应对对方国家的产品无关税进入本国市场的准备。还有三年的时间即到2015年1月1日，中国与东盟四个新的成员国（越、老、柬、缅）绝大多数产品的贸易将按协议取消关税，双方企业从现在起十分有必要着手做好相互市场大开放的准备。

企业应及时根据市场规模的变化，制定新的市场开发战略和策略，以抓住中国—东盟自由贸易区带来的新商机。

中国企业在走进东盟时，应做好调研，选准合作伙伴，入乡随俗，处理好与当地政府、民众、雇员、媒体等方面的关系；应在提高经济效益的同时，注重社会效益。

在区域内各国市场相互开放中，需要企业家在经营思想、组织模式、生产技术等一系列方面开拓创新，在创新中加快合作步伐。

四、结　语

中国与东盟国家有着历史悠久的传统友谊，有着这二十年来以合作获发展的成功经验，有着双方以合作渡时艰（1997年东亚金融危机、2008年国际金融危机）的同舟共济，有着共同收获合作成果的喜悦。中国与东盟建立对话关系这二十年的经历为今后双方合作奠定了很好的基础。在此基础上，今后双方合作将进一步呈现全面合作、创新合作、务实合作、互利合作的特点。全面合作将体现在双方政治、经济、社会等领域的合作良性互动；创新合作将使双方的合作永葆活力、不断发展；务实合作将使我们双方已达成的共识得到落实，夯实我们的合作基础，实现创新合作，并不断达成新的共识；互利合作是我们合作的出发点和落脚点。

尽管双方面临的国际形势不确定、不稳定因素仍然很多，尽管在双方目前的经贸合作中尚有许多问题需要解决，尽管在今后的合作中还会出现许多新的变化需要我们应对，但我们坚信，中国与东盟经贸合作的发展已势不可挡；我们坚信，中国与东盟经贸合作的发展必将带来双赢的局面。

加强中国—东盟经贸合作符合我们的共同利益，也是我们的共同责任。充满生机和活力的中国—东盟睦邻友好合作，为我们各自国家发展提供了广阔空间和众多商机，也为亚洲率先实现经济发展和保持总体稳定做出了重要贡献。今天，中国和东盟关系已经站在新的历史起点上，我们要抓住机遇，乘势而上，推动双方合作实现新的跨越。

（作者为中国国际问题研究基金会亚太中心执行主任、中国—东盟商务理事会中方常务副秘书长）

中日关系现状

王泰平

一

2011年是中日关系恢复并有所发展的一年。2010年9月发生钓鱼岛风波,使正在构建中的中日战略互惠关系受到重挫,两国政治关系迅速降温。钓鱼岛风波后,虽然日本在对华政策上出现了一系列令人匪夷所思的现象,但中日关系基本格局没有变。这是因为中国对日政策没有变化,日本重视对华关系的基本政策也没有变化,双方都希望尽快修复因钓鱼岛风波而严重受创的关系,并继续推进战略互惠关系的进程。

日本在情绪化的反应过后,随着时间的推移,逐渐回归理性思维,认识到与中国关系的重要性,特别是日本经济界看好中国。2010年中日贸易总额达到3019亿美元,中国是它的第一大贸易伙伴、第一大出口市场;截止到2007年年底,日本对华直接投资累计项目数为39688个,实际到位资金617.2亿美元,中国是它的主要资本输出市场;2010年人员来往上,中日间达到约539万人次,中国越来越成为它的旅游大客源。

日本对华政策调整的幅度其实很小。日本社会确实有一定的所谓"嫌中"情绪，2010年以来（因撞船事件）这种情绪还有所升温，但大部分人能分清"情绪"和"理智"间的区别。在理智上，大家都知道中国很重要，认为中国是日本最重要的双边关系之一，而且早已超出双边关系的范围，是亚太乃至世界中的日中关系，绝大部分日本人都认为应该与中国保持良好的关系。事实上，自2010年9月中日钓鱼岛风波发生以来，日方一直在积极寻求通过两国高层接触来修复中日关系。

2011年以来，由于中日间良性互动，关系不断回暖。日本遭受历史上空前的地震、海啸和核泄漏复合灾害后，中国政府和人民感同身受，立即行动起来，提供救援。震灾后，中国迅速派遣国际救援队赶往受灾严重的岩手县大船渡市，在降雪、严寒的环境下，连日竭尽全力开展搜救活动。胡锦涛主席到日本驻华使馆吊唁、慰问，这不但在中日关系史上属首次，在中国外交史上也不多见。温家宝总理致电慰问，还利用去东京出席第四次中日韩领导人会议的机会，赴宫城县灾区慰问日本民众，表达中国政府和人民对日本人民的深切同情和对日本灾后重建的支持。日方也积极开展震灾外交，谋求恢复对华关系。菅直人首相给胡锦涛主席发送亲笔信，就中国为日本大地震提供的援助深表感谢。他在信中表示日本今后也将把中国视为"最重要的国家"。菅直人首相还在《人民日报》上刊登了感谢援助的广告"情谊纽带"。中日两国领导人的"救灾外交"又重新开启高层沟通的大门。两国相向而行，使关系有所升温，国民感情有所改善。

在这种背景下，中日双方都格外珍视5月21日、22日在东京召开的中日韩第四次领导人会议的机会。通过这次会议，彼此关系的气氛明显改善，并使三方合作框架内的合作取得实质性进展。入秋以后，中日两国高层频繁交往。胡锦涛主席在夏威夷APEC会议期间会见了野田佳彦首相，温家宝总理在东亚领导人系列会议期间与野田首相进行了会谈。11月，日本外相玄叶光一郎访华，温家宝总理、戴秉国国务委员分别会见，杨洁篪外长与其举行会谈。2011年2月和12月举行两次中日战略对话。12月，日本海上自卫队护卫舰"雾雨"号应邀访问青岛。这是海上自卫队舰艇时隔三年半第二次访华。

二

日本"3·11"大地震给东亚格局带来一个关键拐点，成为进一步密切中日经贸关系的新契机。美国《福布斯》网站的文章认为，大地震震动了日本的国运，中日韩第四次峰会后人们会发现，"依靠中国"将不仅是日本企业，而是日本整个国家的不二选择。文章作者哈内尔说，在"后3·11世界"，不仅日本企业别无选择，必须依靠中国，日本整个国家都将如此。虽然日美同盟仍是亚太地区稳定的基石，但与此同时，与中国建立稳定的、相互信任的关系对于日本灾后重建来说将是至关重要的，这将决定日本是否能保住全球大国的身份。震后，日本被推上较弱的战略地位，不管是现在还是将来，它对中国的需要都将比中国对它的需要更强烈。

在大地震、大海啸及核电事故之后，日本国内投资环境恶化，加之日元汇率居高不下，日本企业在国内发展的余地进一步缩小，不得不把目光转向国外。中国的GDP规模升至全球第二，日本企业对其作为消费市场的期望值越来越高，许多企业都把未来市场的重点投向中国，对华直接投资明显增多，出现了日本企业加速向中国转移大潮。如松下电器公司决定在中国新设立一家手机和笔记本电脑专用的锂离子电池生产基地；本田汽车公司计划在中国生产混合动力型汽车的发动机、燃料电池等主要零部件；汽车零部件生产公司东普雷计划在湖北省设立制造汽车冲压部件的分公司；10月在大连召开的企业贸易投资洽谈会上，包含大地震受灾的福岛县、宫城县、岩手县在内，共计有24家企业参展。这些企业为应对工厂厂房倒塌等问题，向中国市场进军，以谋求活路；日本精工于10月在合肥市启动建设制造汽车轴承和产业机械轴承的新工厂。此次新设立的是日本精工在中国的第12个工厂，是日本精工在海外设立的设备最精良、规模最大的生产据点；生产产业用机器人的安川电机公司于10月决定在上海设立定制机器人的新工厂并在中国扩大其定制机器人的市场；日本最大的日化产品制造公司"花王集团"为获得中国市场更大的份额，加大在中国市场的投入；日本最大的玻璃生产厂家之一的板硝子公司将在江苏省生产面向太阳能电池基板使用的高性能玻璃；先锋电器从2011年10月开始，在中国市场开始销售便携型数码相机，目标是三年后在中国家电器械市场的销售额达到400亿日元，先锋专卖店增至1000家店铺以上；一度撤出中国市场的日立公司难舍中国市场魅力，宣布再度挑战中国的薄型电视机市场；日本最大的钢铁企业之一的JFE钢铁集团在广州建设最大的汽车钢板海外生产基地；日本第二大制纸公司"北越纪州制纸"计划在广东省建设第二大制纸工厂；在中国已拥有598家店铺的日本最大的24小时便利店之一的"全家"计划到2020年在中国开设8000家店铺；日本吉野家控股公司计划到2016年2月在中国的店铺由300店增至1000店左右，将目前中国地区的营业额从占世界的5%提高到25%，如此等等。日本制造业、服务业、金融业、房地产业、流通业和餐饮业等行业竞相进军中国市场的势头强劲。据日本贸易振兴机构分析，2011年日本对华投资呈四大特征：制造业上马大规模投资项目；运输机械零部件厂商进军中国；大型企业成立中国业务运营总部；企业将基地扩大至上海市和江苏省等中国东部地区。

2009年日本对华直接投资增幅为12%，2010年为3%，2011年前10个月就跃至65.5%。2011年日本对华直接投资有望超过新加坡，在国别排名中列第一。而与以往不同，一直被日本视为"高度机密"并"密闭"起来的核心技术，部分随之转移到中国。

三

2011年日本政局稳中有变。民主党继续执政，但首相易主，野田佳彦取代菅直人上台执政。野田是民主党政权2009年诞生后的第三任首相。民主党执掌政权后，其对外政策随着首相的更迭不断演变。鸠山由纪夫被认为是"亲华疏美"的首相，要拉开同美国的距离，与美平起平坐，同时加强同中国的关系，意欲建立日美中等边三角形的关系，反映了日本民族争取独立的愿望，但具有理想主义色彩；菅直人首相修正了鸠山前首相推进的"对等日美同盟"政策，明确地转向了"日美同盟最优先"的政策。

基于此，2010年，日本外交安全战略进行重大调整，主要表现为对美外交倾斜、日美同盟的修复与强化，对华外交强硬及加强安全防范。新首相野田佳彦上台主政，日本也将继续奉行以保持和加强日美同盟关系为优先目标的对外政策，在可预见的将来，日本的外交和安全政策难有根本性的调整和方向性转变。

野田是"日本政治家的摇篮"松下政经塾出身的第一位首相,松下政经塾出身的政治家中偏右者不少。他生于1957年,属战后派政治家,在民主党内代表了一部分少壮派力量,是近年来最年轻的日本领导人之一。他问鼎首相宝座,标志着日本政坛迎来一场世代交替,战后派进入权力核心。野田主张修改和平宪法;声称"所谓的甲级战犯均不是战争罪犯";在钓鱼岛等问题上持强硬态度;要求我在军事上增加透明度。此人自称"泥鳅",善于水面下操作。他注重党内外的协调,作风务实,是个现实主义者、利益优先的实用主义者。

野田曾几度访华。上台后表示重视对华关系,称中国的发展是日本的机遇,发展对华关系是野田内阁的基本方针,宣布任内不参拜靖国神社,以避免在中国占据道义制高点的历史问题上与中国发生冲突。他上台伊始,主动与温家宝总理通电话,并达成继续推动战略互惠关系发展的共识。

2011年12月25日、26日野田首相正式访华,这是他出任首相后首次出访,意在显示对日中关系的高度重视,说明日本虽然在外交和军事上紧跟美国,对我国防范和牵制的一面明显,但又很重视对华沟通、协调和合作。期间,胡锦涛主席、吴邦国委员长会见,温家宝总理与之会谈,就深化中日战略互惠关系达成共识,表示将以2012年邦交正常化40周年为契机,努力增进政治互信,深化经贸合作,增进国民友好感情,加强在地区和国际事务的协调与合作,推动两国关系迈上新台阶。中日双方通过一系列的会见与会谈,就落实让东海成为"和平、合作与友好之海"的协议达成一致,同意将为管理海上危机而建立中日副外长级的磋商机制,并就日本购买中国国债及推动两国间贸易以日元和人民币结算问题达成一致,就尽早启动中日韩自由贸易协定谈判、扩大青少年交流、在节能环保领域开展合作和签署海上搜救协定达成原则共识，表明野田首相此访是一次富有成果的访问。

野田首相的访华标志中日关系已走出2010年钓鱼岛风波的阴影，重新步入正常发展的轨道，但增进政治互信仍是两国面临的课题。日本自从明治维新以来一直是东亚甚至是亚洲的领头雁，在政治、经济和军事等各个方面都保持着明显的优势。中国经济发展以及国际地位和影响增强，中日力量对比发生历史性逆转，对战后取得奇迹般发展的日本人的心理产生深刻影响，他们心情颇为复杂。变得对自身未来不自信，认为自己的战略空间受到挤压，从而感到担忧和焦虑，产生了危机感。作为反射，不时做出民族主义的情绪化的反应，有些人要对中国说"不"。20世纪初小泉首相置中国人民的感情于不顾，一再参拜靖国神社和2010年9月日本政府在钓鱼岛问题上莽撞行事，非法抓扣我渔船和渔民，都是在这种大背景下发生的典型的情绪化反应。

这种现象缘于中国在日本的外交定位问题上尚未解决。也就是说，对于日本来说，中国究竟应是战略合作伙伴，还是战略防备对手的问题，尚待解决，表明在如何对待今天的中国方面，日本正在经历漫长而艰难的外交定位和民族心理调适过程，也表明中日关系正处在转型的过渡期中，需要一个磨合的时间。

四

今后一个时期，日本对华关系的发展趋势是，经济上倚重中国，安全上对中国戒备加深，拉紧与美国的同盟关系。将附和美国对中国采取的"围交政策"（congagement），既围堵又交往。此两者策略看似矛盾，但却是在面对一个大国崛起的情况下，它们要采取的方针。

中国的崛起和美国战略重心东移是日本调整对华政策的背景。中国的GDP超过日本，虽然说在技术等领域与日本还存在不少差距，但经济总量超过日本，综合国力超过日本，对日本造成巨大的冲击。2010年钓鱼岛事件的处理，实际上是综合国力的较量。我们动真格了，强压它放船放人，日本有严重的屈辱感和挫折感，它感到威胁，需要在政治和安全领域借重美国，平衡和钳制中国，而高调返回亚洲的美国则利用这次机会加强了它在该地区外交和安全上的地位，获得了继续控制日本、还得让日本感谢它的绝好理由。挑动中日之争，符合美国在亚洲的战略利益。国际力量格局发生深刻变化，美国一极独霸力不从心，为加强对我防范，美日相互借重的需要上升，美国在加紧拉拢日本，而日本则要"傍美防华"，二者一拍即合。

从地缘政治的角度讲，日本之所以强化与美国的战略军事同盟，是想借助于美国强大的军事力量，堵吓它意念中的敌手，使所谓"想对日本发动进攻的敌对国"考虑其后果，使其要冒更大的风险和代价而不敢轻易动手，实际上是企图借美国的实力来对假想的地缘对手进行一种地缘遏制。

菅直人内阁的智囊、日本防卫大学校长五百旗头真2010年在日本的《每日新闻》发表文章说：要让在经济力量和军事力量即将超过日本的国家不能动手的方法，是采用两种对策相结合：一种是自助努力，通过提高自身防卫能力和运用政治、外交手段将"问题国家"引入和平、合作的国际框架；二是让日美同盟发挥作用，"以日美为中心的国际关系保持良好，任何国家都不能轻易动手"。还说：对于日本的安全，"最重要的是不把中国当做敌人，在互利基础上维持一定的合作关系。从中国的角度看，虽然讨厌却又不能动手，日本能够成为这样一种存在就很伟大了"。上述这段话正是对日本的对华政策最好的诠释。

近年来，日本在同中国大力发展经贸关系的同时，明显地加强了对中国的防范和钳制。日本政府2010年12月公布的2011—2015年新防卫计划大纲，提出"动态防卫力量"的新概念。迄今为止，日本的防卫概念是以冷战时期的苏联为主敌，在全国各地部署兵力，防卫固定据点的"基础性防卫力量"。"动态防卫力量"新概念即在必要时能够迅速调动其他地区的部队，提高自卫队的机动性，增强战斗力。据此，日本自卫队将把驻守北海道的兵力调至九州，实施针对中国的军演。过去这部分兵力用于防御苏联的威胁。

2011年6月21日，美日两国外交部长和国防部长在华盛顿举行了新一轮安全保障协商委员会会议（简称"2＋2"会议）。会后发表的题为"走向更加深入和广泛的美日联盟"的《联合声明》宣称："美国政府重申将运用全部军事能力（包括核武器和常规武器）保卫日本和维护地区的和平与稳定。日本政府重申向美军提供可以稳定使用日本设施和领土以及支持美军作战行动的承诺。"这次会议对自民党执政时期于2005年和2007年召开的两次"2＋2"会议制定的共同战略目标进行修改和更新，制定了新的美日共同战略目标，突出共同应对所谓"中国威胁"。会议不仅继续把台海问题列为美日同盟的共同战略目标之一，还把南海问题列为主要议题之一。日美两国的媒体都报道说，《联合声明》提及的所谓"保卫航行自由"就是针对南海问题提出的。实际上，美日的意图不仅仅限于所谓"南海问题",日本《东京新闻》6月23日的社论称,这次会议发表的是一个"牵制中国海军进出海洋的联合声明"。美日两国的媒体都明确指出,《联合声明》中所提出的"深化美日太空对话和建立关于网络安全的双边战略政策对话机制,也都是针对中国的"。关于《联合声明》中所列的共同战略目标之一——"敦促某些国家不要在军事上追求和获得可能引起地区安全环境动荡的能力",美日媒体指出这是针对中国的军事现代化而言的。日本《读卖新闻》6月22日的报道称,"这番话是对中国提升军备行为的牵制"。《联合声明》宣布的共同战略目标中还敦促中国"遵守行为规则","要求中国在军事现代化和活动中增加公开性和透明度",表明民主党政权下的日美军事同盟比自民党执政时期走得更远,针对中国的指向更加明显。

野田政权在未获党内外共识的情况下,匆忙决定加入美国旨在加强其在亚洲的经济地位而倡导的《跨太平洋战略经济伙伴协定》(TPP)谈判。日本的加入意味着对美国主导亚太经济一体化的支持,与其说是出于日本经济利益的考虑,不如说是基于地缘政治和安保战略。此举也被认为可能弱化中日韩三边FTA谈判在区域经济合作中的作用。日本《每日新闻》认为,"TPP的目的之一是通过在日美主导下制定亚太地区的自由贸易框架,牵制中国并逼其就范。"该报透露了日本开始加入该协定谈判的深层考虑,称"日本政府人士的说法一致:尽管不便公开说出来,TPP确实是对华战略的一个环节"。野田首相的一位顾问对日本的意图说得更加明白,他说,日本加入TPP会谈将有助于"巩固日本的战略环境,让中国觉得日本是一个强大的国家,不会被吓倒"。野田首相的助理曾宣称,日本有必要从抗衡中国这一外交战略角度考虑加入TPP谈判。他说，日本"要营造出在中国看来'日本不可轻视'的战略环境"。他同时强调"我们要有'亚太地区秩序由日美来构筑'的积极观点"。

另一个显著动向是，野田内阁在倚重美国的基础上，在中国与东南亚国家存在领海岛屿纠纷的背景下，频频与东南亚国家牵手，高调介入南海问题。试图拉拢在南海问题上与中国存在争议的菲律宾和越南，并联手澳大利亚、韩国、印度和东盟各国牵制中国。

由于两国间存在着历史、领土、海洋划界等一些难以解决的结构性的矛盾和现实利益的冲突；由于日美不对等的同盟关系造成美国因素对日本的影响格外直接和严重；由于日本国内政治时不时会出现麻烦，政局多变，民主党内部意见纷纭，执政前景不明朗；由于中日两国在两千年的历史上，力量对比一直处于不平衡状态，而今天的力量对比正在经历一个半世纪以来未曾有过的变化，亚洲呈现两强并立的局面，日本政界和社会上对中国迅速发展的抵触心理，会对日本政府的对华政策产生影响。上述诸因素决定中日关系存在着不确定性，有时会有摩擦甚至曲折。同时，由于中国将坚持奉行"和平共处、世代友好、互利合作、共同发展"的方针，日本也重视中国，希望与中国保持积极的关系，中日关系的大局有望保持基本稳定。

（作者为中国国际问题研究基金会研究员、中国前驻大阪大使衔总领事）

美国从阿富汗撤军对地区形势的影响

郑瑞祥

2011年6月22日，美国总统奥巴马发表电视讲话，宣布美国即将从阿富汗撤军。按计划分三步走：2011年撤走1万人，2012年撤走2.3万人，到2014年底完成撤军任务。在撤军过程中，把安全防务的责任逐步移交给阿富汗政府。12月5日，在波恩召开的阿富汗问题国际会议，实际上是为美国和北约撤军后阿富汗的和平进程和重建工作做安排。会议通过的决议说，2014年底阿富汗结束过渡期之后将进入10年转型期。国际社会同阿富汗政府将共同致力于阿富汗的政府治理、安全和平进程、经济和社会发展以及地区合作。

奥巴马上台后，决定把反恐战争的重点从伊拉克转到阿富汗，大举增兵阿富汗，同时却酝酿从阿富汗"退出战略"。美国打这场阿富汗战争的目标尚未达到，"使命"远未完成，为何决定撤军？美国对撤军后有什么长远打算？撤军对阿富汗和本地区的形势有何影响？这些都是值得关注的问题。

一、对美国从阿富汗撤军的几点评估

(一) 美国决定从阿富汗撤军是"痛苦的选择"

美国发动的阿富汗战争从小布什打到奥巴马,打了十年有余,成为美国历史上最长的战争。阿战的目标已经缩水,仍然难以达到。美国没有想到,只用一个多月就推翻了阿富汗塔利班政权,打了十年之后却无胜利可言。据美报估计,阿战每年花费至少1130美元。美国和北约军队的伤亡人数不断上升,战争开始头一年仅死亡12人,全部是美军。2010年有711名联军丧生,其中499名为美军。截至2011年10月7日阿富汗战争十周年时,联军死亡人数达2753人,其中美军1801人。

美国国内反战的呼声日益高涨。在奥巴马关于从阿撤军讲话前一天公布的皮尤中心民调结果显示,56%的美国人认为美军应撤回国,而且越快越好。39%的美国人认为应当在阿保留美军,直至阿局势稳定。在奥巴马的民主党内部竟有62%的人认为美国打阿富汗战争是"不正确"的。此前,合众国际社发表的一份民调显示,有64%的美国人认为阿战不值得打。参加阿战的美国的盟国内部反战情绪也在上升。77%的英国人主张英军应撤出阿富汗。荷兰、加拿大、德国、波兰等国政府都面临国内民众反战的压力。

归纳起来,国内政治的需要是迫使奥巴马做出撤军决定的重要原因。2012年美国总统选举,奥巴马想连选连任,必须及时把关注的重点集中到解决国内经济问题上。奥巴马关于从阿撤军的讲话就强调了这一点。

从国际大背景看,美从阿撤军与美国高调"重返亚洲"有关。进入新世纪以来,亚太地区是最具经济发展活力的地区,特别是新兴经济体的迅速崛起令人瞩目,而美国却深陷阿富汗和伊拉克两场战争的泥潭,加上金融危机的冲击,美国遭遇了"最糟糕的十年"。在这一背景下,美国做出重大战略调整,加大在亚太地区的战略投入,重塑美国在亚太的"领导地位"。尽快从阿富汗脱身,也是实现美国战略调整的需要。

(二) 美国从阿富汗撤军后不会放弃这一战略上重要的地区

阿富汗地战略地位十分重要,历史上多次成为大国争夺的战场。美国宣布撤军之前,早已做好了长远打算,在军事、政治、经济等各方面都将在阿富汗长期存在。

在军事上,美国虽然将在2014年底前按计划逐步撤走其战斗部队,但还会以帮助训练阿富汗国民军和警察部队为由继续保留一部分军队。美国新国防部长帕内塔不久前说,现在说美军何时可能撤出在阿富汗的作战行动还为时尚早。美国及其盟友正在努力将作战责任最终移交给阿富汗军队,但移交并没有最后期限。另外,美国军方早就希望在阿富汗建立永久性军事基地,甚至在中亚国家也建立美军基地。阿富汗政府正在和美、英、法等国商讨签订战略伙伴协议事宜,可能会涉及美国在阿富汗长期驻军和军事基地的问题。11月16日卡尔扎伊总统在部族长老大会上讲话时表示有条件地同意美在阿富汗长期驻军,条件是阿富汗拥有国家主权,阿富汗与美国是两个独立国家之间的关系。

在政治上,美国在阿战之初设想的目标是改造阿富汗,移植西方民主体制。看来近期无法实现。美国的现实目标是防止塔利班重新掌权,建立一个亲美,而且是美国能够控制的政府。当然，美国在名义上肯定会承认阿富汗的独立和主权。

在经济上，美国除了承诺在撤军后继续向阿提供援助外，还大力推动所谓"新丝绸之路"计划，即借帮助阿富汗复兴之名，把阿富汗打造成连接南亚与中亚的交通与贸易枢纽，推动阿周边国家分担阿重建的责任。10月下旬美国务卿希拉里访问阿富汗、巴基斯坦、塔吉克斯坦和乌兹别克斯坦四国，主要议程之一就是推动此项计划。明眼人不难看出此计划背后隐藏着美国在这一地区的战略意图，即在撤军后还要谋求在南亚、中亚的长期存在，加强自己在这一地区的主导权。俄罗斯学者格罗津一针见血地指出，美国说是让阿富汗和中、南亚经济一体化，其实只是美国和北约完成自己的战略任务的挡箭牌。

（三）美国从阿富汗撤军和防务安全责任移交不会一帆风顺

6月23日在奥巴马宣布从阿富汗撤军的第二天，阿富汗国防部发言人就表示，阿国民军有能力填补外国军队撤离后的空白。从表面情况看，撤军和防务安全责任移交的进程正在按步就班地进行。7月15日第一批美军开始撤离阿富汗。3月，阿富汗总统卡尔扎伊公布了阿政府军接管防务安全责任第一阶段计划，首先接管局势相对稳定的7个地区，包括首都喀布尔大部分地区。正式移交也是从7月开始。12月1日开始进行第二阶段移交，共18个地区。两次相加，阿政府军接管的地区的面积仅仅是34个省中的8个，但人口密集，已占全国人口的一半。驻阿美军最高司令艾伦说，移交并不意味着联军会离开，而是他们的作用转为以训练阿军队、在他们需要时提供支援为主。撤军和移交能否顺利完成，还存在不少困难和不确定因素。

阿富汗军队和警察的建设，从数量上说取得了不小的进展。但从人员素质、装备水平以及士气等方面来衡量，还与预期目标相距甚远。

阿安全形势，美国官方估计也不甚乐观。说是遏制住了叛乱分子的势头，但形势还有"逆转的可能"。媒体和学术界的估计则悲观得多。塔利班及其他武装组织的力量仍然不可低估，他们开展游击战和袭击活动几乎遍及阿全国各地。2011年来，美国和北约军队伤亡有增无减。阿许多重要政治人物遇袭身亡，包括卡尔扎伊总统的弟弟，他的顾问，负责与武装组织和谈的阿富汗高级和平委员会主席、前总统拉巴尼等。

阿全国和解进程进展甚微。阿政府与塔利班进行了初步接触，美国也从原来不同意与塔利班谈判转为同意谈。但和谈双方都坚持原来条件，阿政府要求塔利班先放下武器，停止武装斗争。塔利班坚持外国军队必须先全部撤走再谈。

阿政府治理能力饱受质疑。美国、西方对卡尔扎伊并不满意，但苦于无人可以取代。卡尔扎伊从塔利班倒台后执政至今已有十来年，按阿新宪法，2014年后不能再连选连任。阿政府效率低下，贪污腐败盛行，毒品泛滥成灾，国民经济严重依赖外援，如此等等，2014年以后阿富汗会怎么样？很难说。

最后，美国2012年大选，鉴于共和、民主两党在对阿富汗、伊拉克两场战争素有分歧，如果奥巴马落选，新的美国总统对阿富汗的政策是否会有变动，也有待观察。总之，撤军和移交进程不会一帆风顺。

二、对地区形势的影响

如果美国和北约能够真正顺利完成从阿富汗撤军，如果通过国际社会和阿富汗的共同努力，能够真正实现阿富汗的和平、稳定、独立和发展的目标，这将为阿富汗的周边地区带来和平、稳定和发展的新气象，也为阿富汗与邻国之间，这一地区国家之间的经济合作带来新的机遇。例如，南亚区域合作联盟、上海合作组织等地区合作组织，可以把帮助阿富汗战后重建和打击毒品走私和其他跨国犯罪活动等作为经济和安全合作的重要内容；在阿富汗和平稳定的条件下，连接阿富汗和周边邻国的道路和油气管道建设，即"互联互通"建设就有新的希望。

但是，阿富汗的和平、稳定、独立、发展的目标的实现是一个长期而又艰难的过程。由于历次阿富汗问题国际会议所达成的共识，以及国际社会特别是西方国家所作的承诺能否真正兑现尚有许多问题；由于美国对阿富汗及其周边地区的政策缺乏稳定性和平衡性；还有，美国撤军后的战略意图缺乏透明度，它往往说的是一套，做的是另一套。因此，阿富汗及其周边地区形势的发展有很多不稳定和不确定因素。我们宁可把挑战和困难估计得充分一些。

（一）阿富汗国内安全形势的好坏直接影响周边地区的安全形势

虽然本·拉登在2011年5月1日被美军击毙，但"基地"组织并没有被消灭，反而在南亚、中亚和西亚等地区继续扩散。塔利班势力依然很大，经常发动恐怖袭击。

阿富汗安全形势恶化对地区安全造成严重影响，巴基斯坦首当其冲，是最大的受害者。十年来，为了支持和配合美国在阿富汗的"反恐战争"，巴基斯坦军队牺牲了3000多名官兵，超过了美国和北约在阿富汗战争中丧生的官兵总数。全国经济损失达 600 多亿美元。巴基斯坦本来是一个相对稳定和安全的国家，如今全国各地经常发生恐怖袭击事件，安全形势每况愈下。如果北约撤军后阿富汗政府没有足够能力接管防务安全责任，其国内安全问题势将对巴基斯坦及其他邻国包括我国西南边陲造成严重影响。

（二）印度和巴基斯坦围绕阿富汗问题的角力将继续，而且有可能加剧

印巴两国在阿富汗的影响力呈现此消彼长的零和状态。20世纪70年代末苏联入侵阿富汗，印度支持前苏联，而巴基斯坦支持阿富汗国内抗苏游击队。90年代中期以后，阿富汗塔利班掌权，阿巴关系密切，而印度则失去立足之地。2001年美国借"9·11"事件在阿富汗发动"反恐战争"，印度赢得了重返阿富汗的战略机遇。巴基斯坦虽然也被迫支持美国反恐，但因塔利班的倒台，巴基斯坦在阿富汗的影响力丧失殆尽。阿富汗新政权与巴基斯坦关系一直不顺。印度利用其与美国的良好关系，在阿加大投入，通过政治、经济、安全等方面的渗透，扩大其影响力。特别是，2011年10月阿富汗总统卡尔扎伊访印，与印度总理辛格签署了印阿"战略伙伴协议"，内容包括印度帮助训练阿富汗军队和警察，加强两国经济合作和文化交流。这是阿富汗与外国签订的第一个这样的协议。据报道，十年来，印度对阿富汗援助达13亿美元。印度在阿富汗的战略目标有三：巩固和加强与阿富汗政府的战略关系，使阿富汗成为制约巴基斯坦的重要盟友；防止在阿富汗出现塔利班主导的或者其他任何形式的亲巴政府；通过阿富汗打开通向中亚的门户，获取印度所需要的油气、矿产等战略资源。同印度在阿富汗的战略目标相对应，巴基斯坦在阿富汗的战略目标是"防范印度"、"制约印度"。巴基斯坦一向对印度在阿富汗的存在和活动保持高度警惕。巴在阿的理想目标是建立抗印"战略纵深",但在目前形势下这一目标不大可能实现。巴基斯坦的最低目标是,防止阿富汗出现一个亲印反巴的政府,使巴处于腹背受敌的境地。由于美国重印轻巴,巴在与印角力中处于劣势。但是,美国在阿富汗的战争离不了巴基斯坦的支持和配合,巴再次成为"前线国家"。现在,要实现阿的全国和解进程,也离不了巴的帮助与协调。因此,巴基斯坦的战略地位和作用是不可取代的。巴基斯坦一方面因势利导,逐步改善与阿现政府的关系,另一方面努力在解决阿富汗问题过程中发挥自己的作用。在阿富汗问题的地区合作方面,巴强调阿的"直接邻国"(与阿有共同边界)的作用。以防范"间接邻国"印度的插手。随着美国领导的北约从阿富汗撤军,印巴两国围绕阿富汗的未来格局将继续进行更加激烈的争夺。

美国的阿富汗新战略三要素之一是"与巴基斯坦建立有效的伙伴关系",这是美国和北约在阿富汗的使命能否完成的关键。但是美国对巴的具体政策却与其新战略南辕北辙。美巴关系一波三折,最近出现了重大裂痕。11月26日,巴基斯坦的两个边防检查站遭到北约的空袭,24名巴官兵丧生。巴方立即作出强烈反应,封锁了巴境内的北约运输线;要求美国在15天内撤离位于巴俾路支省的舍姆西空军基地。巴方还抵制了12月初在波恩召开的阿富汗问题国际会议。这一严重事件虽不大可能导致巴美关系彻底决裂,但对今后的两国关系,以及对南亚地区的形势将带来深远影响。美国不断加强对巴基斯坦施压,导致巴国内反美和反政府情绪高涨,巴国内不稳定因素增加,恐怖势力趁虚而入,形成恶性循环。阿富汗和巴基斯坦周边的整个南亚地区都会不稳,可能发生更大的"政治地震"。

（三）美国对阿富汗及整个中、南亚地区的战略意图受到质疑和反对，围绕地缘政治和地缘经济的大国博弈将在新的历史条件下展开

阿富汗问题涉及俄罗斯的重大利益，也是俄美关系以及俄与北约复杂关系中的一个不可忽视的因素。俄美在阿富汗问题上既有合作，也有重大分歧。美国宣布从阿撤军后，俄对其长远的战略意图存有疑虑。俄担心美在阿富汗和中亚地区的军事基地和驻军将影响俄利益。由于担心美在阿建立亲美政权，俄外长拉夫罗夫12月5日在波恩会议上要求在外国军队撤离后确立阿富汗的中立地位。俄驻北约代表罗戈津10月7日明确指出，美国继续维持其在阿富汗的军事存在；既不用在阿富汗维持庞大军队，又可以保留军事基地。这种做法与俄在阿富汗问题上的立场相违背。

应该说俄美在阿富汗问题上既有合作也有较量的局面还会继续下去。美国可能会指望俄罗斯和中亚国家为美提供更方便、规模更大的过境运输线。俄美在阿富汗问题上的合作程度取决于俄美关系的总体状况，而较量则将长期存在。

（作者为中国国际问题研究基金会研究员）

第四章

俄罗斯复兴势头仍强

俄罗斯的经济、社会与民生

徐向梅

苏联解体20年，俄罗斯这个在苏联的废墟上站立起来的国家，也是昔日帝国最大的继承者，历经20年的转型，从动荡、衰退和低迷中走了出来，有了今天的增长和稳定。20年间俄罗斯的发展有一个界限清晰的分水岭，那就是世纪之交的领导人更替，俄罗斯从20世纪最后十年的叶利钦时代走向了21世纪新十年的普京时代。不能否认的是梅德韦杰夫任总统的时期仍然属于普京时代。

20世纪的十年

我们不妨回顾一下前面十年的一些标志性场景：1991年苏联解体的那个秋天，商店货架上空空如也，老百姓为日常生活必需的面包、肉、盐、糖和火柴排起长队。1992年，在"休克疗法"放开价格之下，全年消费价格上涨25.1倍，国内生产总值同比下降14.5%，被誉为"改革的象征和发动机"的盖达尔总理下台。1992—1994年大规模私有化缔造了私有者阶层，却使大量国有资产流失，铸造了成百上千的亿万富豪，形成社会严重的两极分化。1998年，是俄更换总理最频繁的一年，在亚洲金融危机的冲击下俄罗斯爆发了全面的金融和经济危机。1990—1998年9年间国内生产总值下降了55.8%，工业、农业出现全面衰退，贫困、犯罪、失业、拖欠工资、外债，国内出现各种经济、社会危机境况，俄罗斯在国际上的地位也从苏联时期的超级大国沦落为西方强国的小兄弟。正像普京在《千年之交的俄罗斯》一文中所说，俄罗斯在"近200—300年来首次真正面临沦为世界二流甚至三流国家的危险"。

但是混乱的20世纪90年代却并不是没有意义的，它在新俄罗斯国家发展历史上占据重要的位置。因为正是这十年，打破了前面七十年苏联的计划经济体制，使得价格自由形成机制、所有制多元、外贸和金融体制自由化，所有这些都在法律层面得以确立并付诸实施。正是这十年，俄罗斯拥有了在新宪法原则下立法、司法和行政三权分立的政治制度，有了言论自由、多党制和自由选举。十年间俄罗斯各种政治力量风雨沉浮，但所有的竞争都能保持在宪法规定的框架内，叶利钦总统尽管在其任期中饱受诟病，但世纪末他以自己的主动辞职为新生的俄罗斯开创了一个新的政权交接机制。尽管所有这些并不完善，在那个衰退和危机频仍的年代也并没有使老百姓体会到切实的好处，但是一个市场经济和宪政体制国家的确立在长远上的意义不能漠视。

新千年的十年

人人都说普京是个福星。叶利钦年代经历了转轨以来最艰难的衰退和调整，到20世纪末经济已经走出谷底，呈现微弱的复苏。叶利钦年代俄罗斯经济赖以支撑的世界石油市场始终低迷，在十几美元一桶的价位徘徊，从普京执政，国际石油价格一路高涨，至2007年达到147美元的高位。1998年大危机导致卢布深度贬值，这给俄罗斯发展本国工业创造了进口替代的大好时机。这些的确是2000年代俄罗斯经济复苏和增长的基础和机会。

普京曾经强调要让这个曾经在20世纪90年代的剧变中失控并导致1998年危机的国家恢复秩序，他在上任后执行的稳定政局、惩治寡头、打击恐怖主义、加强中央集权、整合政党力量的一系列举措中，表现出非凡的意志和铁腕。普京总统执政八年，尽管"独裁"、"专制"的批评不断，但是俄罗斯成了一个更加稳定和可控的国家，而这也为经济的恢复和发展打造了适宜的地基。2008年梅德韦杰夫继任总统职位，尽管年轻的总统自由主义和民主倾向更浓厚一些，但无论是政治还是经济总体上是继承了普京政策。

"只有将市场经济和民主制的普遍原则与俄罗斯的现实有机地结合起来，我们才会有一个光明的未来"，普京的市场经济理念是"市场经济+国家调控"，或者还要加上"速度"，沦为二流或三流国家的危险使发展经济的任务异常紧迫，他指出，"达到应有的速度，不仅仅是经济问题，这也是一个政治问题"。为此，普京任内进行了大刀阔斧的经济改革，包括以大幅度减少税种、降低企业和居民所得税率为特点的税制改革，以允许土地流转为核心的《新土地法典》和《农用土地流通法》出台为标志的农业改革，以制定和完善信贷组织破产、重组和自然人存款保险法、扩大银行系统对外开放度为重心的金融制度改革。尽管普京对一些重要的有战略意义的部门实行了重新国有化，但是俄罗斯的私有化进程依然在推进中。俄罗斯经济从1999年开始恢复增长，历经十年，保持了GDP年平均增长速度在7%左右，俄罗斯成为世界上增长最快的国家之一。十年的高增长，使俄罗斯经济恢复，重新进入世界十大经济体之列，国际地位得到显著提升。2008年席卷全球的金融危机对俄罗斯造成重创，经济下滑居金砖国家之首，但是前面十年的增长已使俄罗斯的国力与1998年大危机时不可同日而语，GDP在2009年下降7.8%的情况下，在2010年实现了4%的增长。

在2006年4月世界银行公布的俄罗斯经济报告中有一句话："非常有可能，2005年的经济增长依然会符合穷人的利益"，报告并没有就此做过多的解读，但是这个观点至今还在中国的网络上被热炒。说俄罗斯的增长是符合穷人利益的增长，到底是怎么回事呢？

20世纪90年代俄经济滑落谷底，1999年经济刚开始复苏时人均GDP只有1210美元，2005年达到5232美元，恢复到苏联末期的水平。尽管经历了全球金融危机的冲击，俄经济在2008年下半年到2009年发生了显著下滑，但在2010年人均GDP超过了1万美元。居民实际可支配货币收入大幅度提高，从1999年的月均1658卢布提高到2005年的8111卢布，到2010年约18500卢布（如果计算名义月工资则更高一些，到2011年8月超过23000卢布），12年间提高了10倍多。无论是恢复阶段还是增长阶段居民收入的增速都超过GDP的增速。

改革也造成了俄罗斯社会的两极分化，按照俄国家统计局2009年的数据，最富的20%人口收入是最穷的20%人口收入的16.7倍，基尼系数0.422。在2011年福布斯全球富豪榜前100名中有15名俄罗斯人。不过俄罗斯政府也关注着穷人的生活，每个季度都要依据经济增长调整国家最低生活保障标准，从2000年的月均1210卢布提高到2010年的5688卢布，相当于 186.7 美元，日均 6.22 美元。收入低于最低生活保障标准的人被视为贫困人口，这一数字从 2000 年的 4230 万人减少到 2010 年的 1810 万人，占居民总数的 13.4%。值得注意的是，俄罗斯的贫困标准是日均 6.22 美元，远远高于联合国规定的贫困线 1.25 美元。可见，俄罗斯的穷人并不是真正意义上的穷人。

俄罗斯普通民众在苏联解体以后经历了商品匮乏、经济衰退、工资拖欠、社会动荡、政局不稳，但是苏联时期存在的社会保障很多都延续下来了。住房方面，俄罗斯转型以后也经历了几个阶段的住房改革，到目前为止绝大部分住房私有化了，不过俄罗斯旧有住房私有化是在人均 18 平方米以内免费获得的基础上进行的，私有化以后住房的公共服务费也基本上是象征意义的。购买新建住房享受补贴和税收优惠政策。苏联时期盖的房子都比较小，尽管这些年新建了不少，有所改善，但总的来说俄罗斯人的住房并不宽绰，至 2009 年底人均住房面积 22.4 平方米。医疗方面，俄罗斯大体上继承了苏联的免费医疗制度，叫救护车、住院、手术、治疗都是免费的，只是药物需要患者承担，免费医疗覆盖全体人民。作为补充，近些年医疗保险也逐步发展起来。教育方面，20 世纪 90 年代初，由于转型中的困境，宪法规定将原苏联的 11 年义务教育改为 9 年，普京执政时期将义务教育延长到高中阶段，总计最高 12 年。公立幼儿园也基本是福利性质。这些制度和措施包含转型以来改革的成果，更主要的则是对苏联时期福利制度的延续，这些高保障的福利制度给转型以后的国家财政带来沉重的负担，2004 年政府进行了一定程度上的福利货币化改革，对享受福利的公民以现金补贴的方式替代原来的多项优惠政策。改革议案公布以后遭遇到俄社会大规模的抗议。考虑到民众的承受度，福利制度改革的推进非常缓慢、慎重。应该说，正是由于这些最关乎人民生活的基本问题得到了保障，尽管在经济最艰难的那些年并非所有的保障都能落实到位，历经如此大规模的转轨和频繁的动荡与危机，老百姓和社会才能够支撑下来，度过了艰难迎来曙光。如今每年俄罗斯财政收入用于教育、医疗和其他公共服务和社会救助领域的资金比例依然非常可观，根据俄国家统计局的资料，2009 年用于社会支付的支出占 GDP 的 10.9%。

俄罗斯的转型并没有结束，经济的持续增长存在许多制约因素，还摆脱不了能源依赖模式，对国际市场动荡的承受能力依然脆弱，面临结构调整和现代化问题。人口尽管在俄政府的各项鼓励政策后最近两年止住了自 1996 年以来的持续下降趋势，并有所增加，但总的来说形势依然严峻，不只是劳动力后续供应不足，甚至危及民族存亡。腐败越来越严重，透明国际历年来按照清廉指数的国家排名，俄罗斯的排名每况愈下，2010 年在 178 个国家和地区中，俄罗斯排在并列第 154 位，与柬埔寨、肯尼亚和老挝并列。这是自清廉指数 1995 年创办以来俄罗斯的最低排名。尽管梅德韦杰夫总统任内以反腐败为己任，成立联邦反腐败委员会，实行财产申报制度，勒令政府高官和议员公布收入和财产，但是腐败已经越来越成为俄罗斯投资和经营环境改善的最严重障碍之一。腐败可以说已经侵入到社会生活的方方面面，俄罗斯杂志上刊载文章列举了普通生意人约见总统以下官员所需支付的价钱，老百姓尽管享受免费医疗，但是从叫救护车开始就要掏好处费。随着向市场经济转型，也是国家为解决教育资源不足问题，俄罗斯逐步在义务教育基础上引入有偿服务补充机制，因此尽管享受免学费以及书本、午餐费，但学生不得不为学校维修、购买仪器、接受基本学科的补充教育、甚至为自身安全、为集体给老师购买礼物出资。俄罗斯人也还有其他许许多多的抱怨，如对效率问题，对高物价和高房价问题。

2008年，普京为了不违背宪法原则将总统职位让给了梅德韦杰夫，转而担任政府总理，并在梅总统的主持下将总统任期从下一任开始由4年延长为6年。2011年9月，普京明确宣布将参加2012年的总统大选，并提名梅德韦杰夫担任总理。普京当选不会有意外，接下来的两个总统任期将持续12年。俄罗斯的政权交接在号称民主制的国家显得不那么民主，选举不免流于形式。不过，如果这样的结果获得多数俄罗斯民众的认同，它也就有理由存在。普京曾经以彼得大帝的雄心作为自己的誓言："给我二十年，还你一个奇迹般的俄罗斯！"普京在2011年9月24日统一俄罗斯党代表大会上发表讲话说，"让每个家庭感觉到自己的生活发生了积极的变化，这就是我们所有工作的意义和目标所在。"他给自己定的目标是使经济增速重新回到几年前，达到6%—7%，未来5年要使俄罗斯跻身世界经济前5强。普京承诺：继续实行养老金指数化，在危机期间提高养老金45%的基础上，2011年再提高19%；到2014年底，平均工资将增加50%，达到3万—3.2万卢布。前8年，后12年，再加上任总理的4年，已经不只是20年，最终普京会带给世界一个什么样的俄罗斯，值得期待。

2011年是苏联解体20年，有关苏联解体原因及其后果的话题在世界范围都受到热议。从一个大国的肢解的角度，几乎没有人不为之惋惜。不过俄罗斯人已经能够平静地看待这件事，对于他们来说这已经成为历史，生活在继续。

（作者为中央编辑局俄罗斯研究中心执行主任、研究员）

俄罗斯与西方关系在困难中运行

万成才

俄罗斯和西方尽管双方都有抱怨，不满意之处甚多，但自奥巴马2009年1月执政以来和2010年2月俄罗斯新外交政策构想颁布以来，俄罗斯同西方紧张了几年的关系得以"重启"。但是被西方视为"鹰派"的普京将重任总统6年甚至12年，俄与西方关系可能进入新的困难期，尤其在围绕欧洲反导系统、在后苏联空间的博弈和西方坚持插手俄内部事务的斗争将更加激烈。

俄罗斯同西方的关系主要包括俄同美国和欧洲国家的双边关系，同美国主导的北约的关系，同德法主导的欧盟的关系三个层次。在过去一年多，这三个方面都取得了不同程度的进展：

2010年4月8日由俄美元首签署的《关于削减和限制进攻性战略武器的新条约》于2011年2月生效。使俄美以核恐怖为基础的战略均衡得以延续；俄美重新启动了曾一度被冻结的核合作等经济和科技合作项目，俄斥资50亿美元购美波音客机，俄美签署了共同开发北极石油的战略合作协议；进行反恐联合军演，俄美国防部长从2011年起将定期会晤；美国在后苏联空间同俄博弈的激烈程度有所减弱；美国虽未放弃北约再东扩的方针,但暂时搁置了格鲁吉亚和乌克兰的入约事宜。

梅德韦杰夫2010年11月20日出席了北约—俄罗斯理事会里斯本峰会。这是2008年后俄首次出席这样的峰会,表明俄罗斯与北约的关系已基本上走出了俄格战争造成的阴影。2011年6月6日至10日,俄与北约战斗机首次联合举行了代号为"警惕天空—2011"的反恐军演。尤其是,俄获准未来5年内将从以色列和北约国家、法国、意大利采购总价120亿美元的武器装备。

俄与欧盟的关系也有改善。2008年8月,法国总统萨科齐代表欧盟充当俄罗斯和格鲁吉亚之间的调解人,达成六点协议,其中包括俄格军队撤回战争爆发前的阵地,但俄并未遵守,反而承认南奥塞梯和阿布哈兹独立,欧盟虽至今也持异议,但无可奈何,不了了之。2010年6月1日,俄欧启动了俄提出的"现代化伙伴关系倡议"。俄欧新的基础协议谈判因俄格战争而中断,但已恢复谈判。俄罗斯同欧盟新成员国波兰和拉脱维亚等国家的关系也有改善。这是过去多年没有的现象。

俄更积极配合美国和北约在阿富汗问题上的行动。2011年11月美国飞机炸死20多名巴基斯坦军人后,巴方关闭了美在巴境使用的空军基地,俄方同意经俄境为北约和美国运输更多物资,此前已扩大对其地面和空中的运输走廊,而且为其提供武器,为阿富汗培训警察来取代北约部队。

俄罗斯虽然反对北约空袭利比亚,但不反对推翻卡扎菲政权。拉夫罗夫外长2011年7月12日说得很明白,"俄罗斯不是反对北约在利比亚的目标,而是反对北约为实现目标而采取的手段"。

俄罗斯与西方关系虽有改善,但也不必高估它的意义,因为目前双边关系的改善主要是气氛改善,改善的实际内容少,未能使双边关系具有战略性目标和战略前景,根本矛盾只是转入"阴燃"状态,双方都没有放弃自己的地缘政治利益。因此,俄罗斯与美西方关系继续具有不稳定性。尤其在安全领域,西方仍沿袭冷战期间的"恐怖平衡"。"冷战"期间遗留下来的两大旧的安全障碍依存,冷战结束后又产生了新的安全障碍。被西方视为"鹰派"的普京被视为最大障碍。从目前看,俄罗斯与西方关系中至少有六大安全障碍。

第一大安全障碍是欧洲核武器问题上的隐患未除

核武器问题又分为进攻性战略核武器和战术性核武器。尽管俄美2010年4月8日已签署了新的削减进攻性战略武器条约,并已于2011年2月生效,但这一条约的生命力是脆弱的,因为该条约的序言中规定,该条约与反导系统挂钩,俄罗斯已声称,如果不能按俄坚持的"同等安全"和"安全不可分割"原则共建互不威胁的欧洲统一反导系统,而仍把反导系统剑指俄的话,俄可能退出该条约。在这个问题上,双方立场尖锐对立:美国坚持在欧洲部署反导系统,称北约以外国家无权否决。俄则宣布,如美部署,俄就在与北约接壤的加里宁格勒州部署拦截导弹系统,并已启动那里的预警雷达。如果在欧洲反导系统问题上达不成妥协,削减进攻性战略武器条约的命运就很难说,这会造成俄美关系的重大倒退。

至于战术核武器问题,苏联解体后,部署在苏联一些加盟共和国的战术核武器在1996年前就转移到俄罗斯境内,而北约原保存在德国、荷兰等5个国家的战术核武器不仅没有转移到美国,而且还对其进行改进,按北约和美国的计划,至少还要在欧洲保持10年,并且按照美国2010年4月生效的美国新的核学说,美国想在欧洲部署战术核武器多长时间就部署多长时间。俄罗斯认为，这违背核不扩散条约。而北约则要求俄罗斯单方面将其战术核武器从北约与和欧盟国家接壤的俄罗斯地区撤出。另外，美、英、法三个核大国却仍坚持不放弃使用核武器进行首次打击的战略。

第二大安全障碍是欧洲常规武装力量失衡：原北约与华约两大军事集团的大致平衡已转变为北约对俄罗斯具有明显优势

尽管俄罗斯早就批准了欧洲常规武装力量条约，但美国及其北约老成员国至今没有批准欧洲常规武装力量条约。该条约对主战坦克、装甲车、大口径火炮、战机、作战直升机等五种兵器设置了总数限额和侧翼限额，但据俄方透露的材料，北约超出限额的幅度平均达24%。并且还未把未签署该条约的拉脱维亚、立陶宛、爱沙尼亚等北约新成员国的武器装备计算在内。北约领导人在谈到就限制欧洲常规力量达成协议的问题时，只讲可预测性和透明度，从不谈所有国家平等和同等安全原则。于是，俄于2007年暂停履行欧洲常规武装力量条约规定的义务。2011年11月22日，美国等北约国家在维也纳宣布，暂停履行欧洲常规武装力量条约中规定的对俄的义务。

第三大安全障碍是北约坚持继续东扩方针

以苏联为首的华约已于1990年4月解散，而美国为首的北约在苏联解体后不但违背承诺不解散，反而通过三次东扩，把北约推至俄罗斯西部边境，并且把前苏联的三个波罗的海国家纳入其中。而今，北约的F-16战机等已部署那里。北约不顾俄罗斯坚持的不能东扩至独联体国家的红线，仍坚持吸收乌克兰、格鲁吉亚等独联体国家加入。2010年11月20日北约里斯本峰会重申北约再东扩的既定方针，点名格鲁吉亚、乌克兰等国为北约的潜在候选国，声称北约的大门对它们仍是敞开的。2011年12月8日举行的北约外长会议也讨论了格鲁吉亚加入北约问题。俄外长拉夫罗夫当天发表讲话，强调"格鲁吉亚加入北约将导致2008年8月事件重演"；"这个地区不仅对南高加索，而且对俄罗斯联邦都具有战略意义。我们最亲密的盟友及邻居生活在那里。希望大家能听到我所说的。"此外，北约还欲吸收"二战"后一直奉行中立政策的俄罗斯西北邻国芬兰加入其中，如有朝一日芬兰加入北约，那么，北约的军事设施和部队就直面俄罗斯人的北方首都圣彼得堡。因此，如果北约采取行动再吸收原苏联加盟共和国，俄罗斯必将采取激烈对抗措施。从目前情况看，再东扩的难度大，但北约毕竟未放弃东扩方针，俄不得不防。

第四大安全障碍是美国和北约坚持在欧洲部署威胁俄安全的反导系统

小布什总统期间，以保护北美和欧洲免遭伊朗的导弹进攻为借口，决定在捷克和波兰部署反导系统，这实际是20世纪80年代里根针对苏联的"星球大战"计划的翻版。北约2007年4月召开的峰会决定将北约的反导系统和美国在东欧的反导系统挂钩，并共建欧洲反导系统。这遭俄罗斯强烈反对，声言要在靠近北约国家的俄罗斯最西部领土加里宁格勒洲部署令北约恐惧的"伊斯坎德尔"新型战术导弹，使俄与美国和北约的关系紧张。奥巴马2009年上台后调整了在东欧的反导系统计划。为此，俄取消了在加州部署"伊斯坎德尔"导弹的计划。但2010年11月20日北约里斯本峰会通过的文件仍明确规定，要把进攻性战略武器、常规武器、反导系统三者有机地联系起来，继续发展反导系统。北约峰会后立即举行的北约－俄罗斯理事会峰会，北约邀请俄参与共建欧洲反导系统，但在如何共建的问题上双方立场相距甚远，双方至今未能就三个问题达成一致立场。一是威胁来自何处。美国和北约认为威胁来自伊朗，俄认为伊朗现在和今后相当长时间都不可能拥有对欧洲和大西洋彼岸构成威胁的导弹，强调在欧洲部署反导系统威胁俄的安全；二是无法制定应对威胁的"共同战略"。由于对共同威胁来自何处没有共识，就没有办法制定应对威胁的共同战略。俄声称，如果北约单方面在欧洲建立反导系统，俄仍可能在加里宁格勒州部署"伊斯坎德尔"导弹，并扬言退出已生效的削减进攻性战略武器条约；三是不能就部署反导系统的技术和装备达成"共同努力"，美国和北约主张建立两个独立的反导系统，即俄罗斯一套，北约一套，建一个联合中心来进行信息交流，但俄坚持以完全平等的身份参与，建立一个共同的互不威胁的反导系统，并以条约的法律形式保证不威胁俄，但美国和北约至今未同意。

拉夫罗夫外长2011年6月30日在俄联邦委员会议上作报告时特别强调，反导问题是俄罗斯与西方关系是否巩固的测试剂，因为俄要求从法律上确认俄与西方国家不再是敌人。俄方之所以需要西方国家不威胁俄的政治宣言提供法律保障，是因为在苏联解体前后北约和欧安组织曾多次作过这种政治宣言，但从未信守口头承诺。而反导系统正好是要对西方国家是否守信的一种测试。拉夫罗夫强调，欧洲反导系统不是独立的系统，而是美国全球反导系统的组成部分，这将影响全球战略稳定。现在的全球战略稳定是因为俄美战略核力量的均势才得以确保，如果反导系统破坏了这一均势，那么，全球战略稳定就摇摇欲坠。2010年11月在里斯本举行的俄罗斯—北约峰会上达成在安全不可分割原则基础上建立战略伙伴关系，但目前还只是口头上的，需要用行动来落实，就是俄要以平等的身份参与，而不是作配角。因此，如果不能按"同等安全"和"安全不可分割"的原则实现共建欧洲统一的反导系统，俄与西方关系不会从根本上改善。11月23日，梅德韦杰夫发表电视讲话，重申了俄在欧洲反导系统问题上的上述立场，但美国和北约坚持既定方针，预计2012年可能就此问题进行的磋商也难达成满意的结果。

第五大安全障碍是美国和北约不断向俄罗斯的传统势力地区，被俄称为"特权利益区"的前苏联地区进行对俄不利的渗透

尽管一年多来，美欧放缓了对独联体地区的扩展，但只是不得已的战术调整，基本战略未变，根本矛盾依旧，一有时机还可能激化。

2008年俄格战争后，携带"战斧"巡航导弹的美国驱逐舰多次造访了格鲁吉亚、罗马尼亚、保加利亚港口。美加大了对格军事装备供应和军事培训力度，格军力已恢复到战前水平。2009年9月美国拨款10亿美元给格军援。美国将扩大在黑海的军事存在，到2012年后，美国在欧洲的快速反应部队的2/3将集中在欧洲的防御前沿，正从德国东部边境移至中东欧，高加索和与俄相邻的里海。美国可能在黑海部署反导系统。

2010年在阿斯塔纳举行的欧安组织峰会竟然就南奥塞梯和阿布哈兹问题谴责俄，梅德韦杰夫总统表示不满而提前离会。2011年7月29日，美国参议院通过决议，谴责俄占领南奥塞梯和阿布哈兹，支持格"领土完整和独立"。梅德韦杰夫总统8月4日对此回应说，"那是外国议会，它和俄罗斯没有什么关系，其言辞对俄罗斯来说无所谓"。

俄罗斯将在南奥塞梯和阿布哈兹驻军 49 年，显示了俄绝不放弃在南高加索地区保持军事存在的决心。值得关注的是，美国虽然在口头上和纸面上还支持格鲁吉亚的领土完整，但实际上对南、阿政策已发生了微妙变化。美国总统安全事务特别助理麦克福尔 2010 年 5 月 28 日在访俄后举行的记者招待会上坦率地承认："直截了当地说，我无法想象，我们会有让它们（南奥塞梯和阿布哈兹）重新回归格鲁吉亚这样的战略"。（俄《报纸报》网站 2010 年 5 月 28 日）。美国这样做的目的是争取它们有朝一日疏远俄而向美国靠近，从而扩大其在黑海地区的影响。美国政策的这一调整其实也是在现实基础上针对俄罗斯的。

第六大安全障碍是普京再次出任总统，这被西方认为是俄与西方关系中的最大障碍

普京前两任总统后期，俄与西方关系跌入"冷战"结束后最低谷，梅德韦杰夫和奥巴马执政后于 2010 年正式"重启"两国关系。西方担心普京再任总统后使"重启"后已获改善的双边关系倒退，尤其是普京这个难以对付的对手可能再任总统 12 年，所以，西方对梅普"王车易位"反应冷淡。在 12 月 4 日举行的俄罗斯国家杜马选举后，西方对此选举结果还是不高兴。美国国务卿希拉里·克林顿甚至发表谈话，说俄选举"既不自由，也不公平"，美国还决定加大对俄罗斯非政府组织的资金支持力度，公然要继续干涉俄内政。可是，普京不但对西方有理论上的认识，而且已有长达 12 年的打交道体验，对西方的揭露往往入木三分，例如指责美国"滥用武力"，美国是世界经济的"寄生虫"，北约轰炸利比亚是"十字军东征"，等等。

目前，俄罗斯同西方关系正走向十字路口，前景如何，未来一年至两年是关键。2011年是苏联解体20年，也是新俄罗斯外交20年。20年来的事实表明，俄罗斯外交的走势基本上是取决于俄国内的政坛力量的变化和俄美关系走势的变化。同样，未来俄外交的走势，特别是俄与西方关系的走势也是这样。从目前看，未来一两年内俄美关系将处于停滞期，至少不会有什么大的发展。但双方也不希望大后退。因为2011年12月4日的俄议会选举中，普京一手打造的统俄党仍是议会第一大党，虽然丧失了2/3的宪法多数，但保留1/2以上的绝对多数，在重大问题上能获其他政党的合作，尤其公正俄罗斯党和自民党的合作，在大多数问题上俄共也是合作的。而在对外政策上，各党派基本一致，没有重大分歧。俄美都进入了下届总统竞选期，双方的主要注意力都集中在国内社会和经济问题和如何赢得大选上，也无法在某些领域取得突破。所以，预计俄2012年3月和美国2013年11月新总统就任前，如无意外事件发生，俄美关系、俄西方关系将处于停滞期或平淡期，双方政策的进一步调整有待俄美两国总统选举后视当时的世界局势和双边关系而定。美国已有普京重返克里姆林宫的思想准备。本来，奥巴马和副总统拜登都曾公开表示希望普京不再竞选总统，支持梅德韦杰夫。但拜登2011年3月在莫斯科公开表示希望普京不再竞选而引起普京不悦后，拜登又于4月设法挽回局面，主动打电话给普京，以他个人和总统的名义邀请普京访问美国。普京领导的统俄党在12月4日议会选举中失分后，美方看到普京威信下降，公开挑动体制外反对派给普京添乱，为普京2012年3月竞选总统制造麻烦。但普京再任总统已成定局，美国无疑将同他打交道。其实普京并不反美，更不反欧盟，只是争取美国把俄当做平等伙伴而已，但美称霸全球的战略使它难以把俄当做平等伙伴，而普京10月17日坦率地申明，谁要是对俄不屑一顾是大错特错，俄要捍卫其民族利益到底，要跻身世界领袖行列。俄美双方的总战略和实力的消长决定了俄与美国和西方的关系在可预见的未来仍是竞争为主、合作为辅，而又避免正面冲突。

普京10月17日重申不容西方对俄罗斯"不屑一顾"而损害俄利益的同时强调，他再次出任总统后不会对梅德韦杰夫总统期间的内外政策作"革命性改变"，"强调俄罗斯外交旨在为国内发展创造良好的环境。这意味着我们希望同所有伙伴建立睦邻友好关系"，在出现尖锐问题时，我们将寻求我们的伙伴和俄都能接受的妥协办法。俄将继续奉行"深思熟虑的审慎政策"。

今后俄罗斯同西方关系的前景主要取决于以下三点：俄与北约将于2012年5月中旬在芝加哥举行的北约——俄罗斯理事会峰会能否就欧洲反导系统达成双方都能接受的协议；双方在后苏联空间和靠近俄南部的中东地区的较量能否在可控范围内；西方对普京领导的俄罗斯内政的干涉在多大程度上能被普京容忍。看来，普京重任总统后，美俄关系中称霸与反霸、遏制与反遏制、干涉与反干涉的较量是常态。寻求合作时各有选择：利益吻合之处合作（如反恐、缉毒、防止大规模杀伤性武器扩散等），利益相左时博弈。这样的局面对我外交大环境有利。

（作者为新华社世界问题研究中心研究员）

独联体国家经济形势

刘华芹

2011年独联体地区总体政治形势保持了稳定态势。尽管出现了吉尔吉斯斯坦政局变更等不安定因素，但这对该区域的整体局势并未造成明显影响，各国政局稳定为该区域经济发展创造了重要前提。与此同时，2011年国际市场大宗商品价格持续上涨，使依赖资源出口的大多数独联体国家获益匪浅，为其经济发展提供了重要外部支撑。

一、2011年独联体国家经济发展特点

（一）经济缓慢恢复性增长

2011年独联体各国经济延续了金融危机后的缓慢增长态势。据欧亚开发银行预测，2011年独联体国家国内生产总值平均增长率将达到4.5%，与2010年基本持平。各成员国之间因经济结构和发展基础不同，经济增速差异较大。受国际市场大宗商品价格大幅度攀升的影响，中亚国家经济普遍实现了快速增长。预计全年土库曼斯坦经济增长率将达到10%、乌兹别克

斯坦为8.5%，哈萨克斯坦和吉尔吉斯斯坦为7%左右，塔吉克斯坦经济增速将接近6%。

相对于中亚国家而言，俄罗斯和乌克兰经济增长比较平稳，预计2011年俄罗斯的经济增长率将达到4.1%，乌克兰为5%，白俄罗斯因国内经济动荡，经济增速明显下滑，预计全年增长率仅为1.5%。

摩尔多瓦、阿塞拜疆和亚美尼亚的情况各有特点。根据国际货币基金组织的预测，2011年摩尔多瓦经济发展在三国中最为突出，预计经济增幅将达到7.5%。亚美尼亚经济增长率相对低一些，约为4%。阿塞拜疆至今未走出金融危机的阴影，内需不足以及自然灾害等因素使其成为独联体国家中经济增幅最低的国家，预计全年经济增长率仅为0.2%。

（二）出口依然是经济增长的主要动力

独联体大多数成员国属于出口导向型经济，出口一直是经济发展的主要动力，资源性商品出口是独联体国家外贸的主要特征，这一势头延续到了2011年。2011年国际市场大宗商品价格大幅度上涨，其中乌拉尔原油价格同比上涨了44.3%。有色金属中铝的价格上涨19.7%、铜价上升32.2%、镍和钢材价格分别上涨了18.5%和21.3%，为以资源商品出口为主的独联体国家经济创造了良好的外部发展条件。

得益于国际市场油价的快速上升，预计俄罗斯全年出口额达到5275亿美元，同比增长31.7%，大大高于国内消费5.3%和固定资产投资6.0%的增幅。2011年上半年，哈萨克斯坦的外贸进出口总额同比增长44.7%，明显高于同期固定资产投资0.1%和消费12%的增幅。2011年前三季度，乌克兰的外贸进出口总额同比增长40.4%，相比之下，固定资产投资和消费分别增长15.6%和15.2%。同期乌兹别克斯坦的外贸进出口总额同比增长21.6%，而固定资产投资和消费分别增长4.4%和和16.2%。即使像吉尔吉斯斯坦这样的非能源出口国，2011年上半年对外贸易进出口总额同比增长22.4%，而固定资产投资却同比下降3.7%，对外贸易带动经济发展仍是独联体国家的共同特点。

（三）大部分国家通货膨胀率持续走高

国际市场大宗商品价格的上涨是一把双刃剑，一方面有利于独联体各国扩大出口，增加出口创收，从而为扩大国内投资和消费提供重要物质保障，另一方面各国进口商品也因大宗商品价格上升而不断涨价，引发了输入性通货膨胀。2011年前三季度，独联体国家的平均通货膨胀率高达7.5%，其中通胀率在4%—5%的有俄罗斯、乌克兰和吉尔吉斯斯坦，通胀率在5%—9%的有哈萨克斯坦、塔吉克斯坦、摩尔多瓦。通货膨胀率最高的是白俄罗斯，为74.5%。由于国际市场大宗商品价格上涨具有一定的滞后效应，因此通货膨胀率还有进一步上升的趋势。预计乌兹别克斯坦和哈萨克斯坦的全年通货膨胀率可分别达到7%—9%和10%，白俄罗斯的通货膨胀率将达到100%。有效地控制通货膨胀已成为各国政府的重要任务之一。

（四）独联体国家经济一体化进程取得重大进展

2011年独联体各国经济一体化取得重大进展。2010年俄、白、哈三国关税同盟正式启动，2011年7月三国关税同盟统一关税，标志着关税同盟开始实质性运营。经过近一年的试运行，关税同盟显示出其贸易转移效应，成员国之间贸易额显著增加。2011年1月—8月份关税同盟成员国间的贸易额达到

392亿美元，同比增长43%。贸易主要集中在俄罗斯与白俄罗斯和哈萨克斯坦之间，而白俄罗斯与哈萨克斯坦之间的贸易相对较少。目前与关税同盟成员国的贸易额占了白俄罗斯对外贸易总额的45.3%，占哈萨克斯坦对外贸易总额的20.1%，占俄罗斯对外贸易总额的7.3%。关税同盟成立之后，哈萨克斯坦与关税同盟成员国贸易额增幅明显。2011年前三季度，哈萨克斯坦对关税同盟成员国的出口额同比增长34%，俄罗斯相应的贸易额提高了7.3%，而白俄罗斯的贸易额增长39.5%。吉尔吉斯斯坦已向关税同盟正式提出了入盟申请，预计在未来一年吉尔吉斯斯坦有望成为关税同盟的新成员国。

2011年10月，独联体八国在俄罗斯圣彼得堡签署自由贸易区协定，标志着独联体国家一体化进程取得初步成效。俄罗斯总理普京表示："签订自由贸易区协定将消除成员国之间的贸易壁垒，为推动独联体国家经贸合作的进一步发展注入新的活力。"独联体自由贸易区的建立，有助于该地区商品和服务自由流通；可以帮助各国摆脱全球金融危机的消极影响；通过加强相互合作，培育新的增长点，促进各国经济发展。

自独立以来，一些独联体成员国一直致力于加强与西方国家的经贸合作，力求吸引西方的资金和技术发展本国经济。在国际金融危机的冲击下，欧盟的主权债务危机日益加重，美国经济短期内难有明显好转，来自西方国家的资金支持明显下降，各国被迫寻求新的资金来源和新的经济增长点，通过恢复该地区各国之间传统经济联系来促进自身经济发展便成为一个新的选择，因此各国在经历了多年徘徊后，终于在经济一体化上达成了新的共识。

二、独联体国家经济发展所面临的问题

尽管 2011 年独联体国家相对于世界其他区域而言实现了经济稳步增长,成为世界经济发展中的一个亮点,但是 2012 年各国经济发展仍将面临复杂的形势,主要体现在:

(一) 转变经济增长方式任重道远

目前,独联体各国均面临经济结构转型的艰巨任务。俄罗斯和哈萨克斯坦等能源出口国在金融危机期间遭受了严重冲击,为此两国一直致力于调整经济结构,试图改善本国经济发展过于依赖油气资源出口状况。俄罗斯提出将增强本国产品竞争力和对外发展出口型经济作为未来经济增长的新模式,大力推动本国创新经济的发展,建立创新型国家。哈萨克斯坦政府也表示未来将加速发展加工工业、制造业,以及中转运输、交通基础设施等非资源产业,增强哈萨克斯坦经济的抗风险能力。但对这些国家而言,经济转型是一项长期而艰巨的任务,短期内还难以取得实质性进展。

部分独联体成员国,如乌克兰、白俄罗斯、亚美尼亚等自身资源尤其能源严重短缺,对俄罗斯能源一直存在较强的刚性需求,经济发展又严重依赖外部资金和市场,这些国家为保障本国经济安全一直力争实现能源进口多元化,大力吸引外资,但近期仍难以取得明显成效。

此外,俄罗斯、乌克兰和白俄罗斯正在进一步深化本国经济体制改革。乌克兰颁布了 2014 年前私有化计划;白俄罗斯政府批准了 2011—2013 年拟对 244 家企业进行私有化改造和对

135家企业进行股份制改造的计划；俄罗斯拟对28家具有战略意义的公司进行私有化，将出售449家股份制企业及包括俄罗斯国家保险公司在内的5家大型企业的股份。三国将加速推进私有化进程，希望吸纳外部资金，增强经济活力，促进经济现代化，但这些国家，尤其乌克兰和白俄罗斯本国资金匮乏，加之全球金融危机导致外部资金供应下降，其私有化进程被迫放缓。因投资不足，2010年俄罗斯政府仅完成了私有化计划的10%。俄政府决定，储蓄银行私有化计划将推迟到2013年实施，同时将根据市场行情的变化调整其私有化进程。

（二）投资不足制约各国经济发展

苏联解体20年来，独联体国家经历了近10年经济衰退，逐渐进入恢复增长阶段，各国面临加强基础设施改造、调整产业结构的任务，为此需要大量投资。受全球金融危机的影响，2011年独联体主要成员国固定资产投资增速明显低于其经济发展速度。同年1月至9月，哈萨克斯坦固定资产投资同比仅增长1.5%，俄罗斯的投资增长为4.8%，乌兹别克斯坦的投资同比增长4.4%，吉尔吉斯斯坦的投资增长5%，亚美尼亚的固定资产投资甚至比2010年同期下降了20%。相比之下，独联体各国进出口贸易额同比增长38.25%，消费增长7.6%，在出口、消费和投资拉动经济增长的三驾马车中，投资对经济增长贡献率最低。

未来大多数独联体成员国均面临实现经济现代化的任务，在自身资金不足的情况下需要大量引进外部资金，为此各国均制订了庞大的吸引外资计划，但是国际金融危机的延续使这些国家难以获得更多的外部资金来源，投资不足将严重制约各国经济的恢复，实现经济快速增长的计划亦将被迫延迟。

(三) 独联体国家一体化进程面临挑战

1. 关税同盟面临的挑战

关税同盟虽然已经正式启动，但是其内部运行机制仍然存在诸多有待调整和完善之处。关税收入分配机制是关税同盟有效运行所必不可少的条件之一，也是三国合作的难点之一。目前三方在关税收入分配的份额和依据问题上还存在争议。此外，俄罗斯、白俄罗斯和哈萨克斯坦三国经济发展水平存在一定差异，且各国国内区域发展不平衡现象也比较明显。国际实证经验表明，关税同盟建立以后，因资本逐步向投资环境比较好的地区流动，所以可能拉大成员国不同地区之间经济发展水平的差距。如果没有促进地区平衡发展的政策，成员国地区之间的经济差异将逐步拉大，这有悖于各国自身的经济政策。与此同时，高关税壁垒还可能延缓成员国技术进步的进程，不利于国家整体经济发展。2010年俄罗斯总理普京曾强调，关税同盟未来运行中还存在许多复杂和悬而未决的问题，仍需认真研究。此外，俄罗斯将于2012年中期加入世界贸易组织，而哈萨克斯坦和白俄罗斯还处在入世进程之中，如何协调关税同盟与世界贸易组织成员国双重身份，仍存在许多难点。

尽管关税同盟运行一年来，俄、白、哈三国之间的贸易规模明显扩大，但这很大程度上得益于各国政府反危机措施的后续效应，在关税同盟未来的发展中能否继续保持这一增长态势，仍有待于观察。

2. 独联体自由贸易区面临的挑战

尽管独联体八个成员国已经签署了独联体自由贸易协议，但各国国情和经济发展水平差异较大，经济利益千差万别，因此独联体一体化进程仍面临不少困难。目前，阿塞拜疆、乌兹别克斯坦、土库曼斯坦三国议会仍未批准自由贸易区协定，而已批准协定的国家也可能存在一些变故。此外，自由贸易区成员国中乌克兰、摩尔多瓦、亚美尼亚、吉尔吉斯斯坦均为世贸组织成员，其他国家尚未加入世贸组织，在这种情况下未来在制定统一税则和统一经济政策时成员国之间协调难度会增大。

尽管独联体自由贸易协定商定成员国完全消除相互间进口关税，但俄入世后，俄罗斯与乌克兰的贸易关系将可能按世贸组织规则调节，同时将对其他关税同盟成员国与准参与国执行WTO进口关税水平。俄方指出，在对工业和农业产品采取贸易救济措施时自由贸易区成员将遵循WTO规定。为实现独联体自贸区的贸易保护功能，独联体新自由贸易协定规定了诸多例外，许多商品在成员国间贸易将继续征收出口关税，其中俄罗斯约100种商品、乌克兰约30种商品、塔吉克斯坦16种商品、白俄罗斯8种商品，而摩尔多瓦和亚美尼亚将完全取消出口关税，由此将造成成员国之间不平等的贸易关系，易引发贸易摩擦与纠纷。

3. 各个次区域经济组织面临协调难题

2011年11月25日，俄批准加入欧亚经济委员会协议。自2012年起欧亚经济委员会将作为新的机构领导俄、白、哈三国经济一体化进程。欧亚同盟是继关税同盟更进一步的一体化形式，统一银行系统、税收立法、统一货币。欧亚同盟建立在国家经济领域的合作之上，将对所有独联体国家开放。

目前在独联体范围内存在多个次区域经济合作组织，既有关税同盟，又有自由贸易区，此外还建立了欧亚经济委员会，形成了紧密型、半紧密型和松散型三个经济合作圈，其中最紧密圈有三个国家，半紧密型有八个国家，松散型共十一个国家，各个次区域经济合作组织因其合作模式不同，所遵循的规则也存在较大差异,同一国家参与多个次区域经济合作组织,又要遵守不同的规则,无疑,将加大管理与协调的难度。未来如何协调这些组织之间的关系,是各国面临的一个迫切问题。协调不妥,将相互掣肘,不仅难以达到预期效果,还可能产生新的矛盾、降低区域经济合作的成效。

三、2012年独联体国家经济发展走势

2012年独联体国家经济发展将面临不确定的内外部环境,这将对各国经济增速产生不同程度的影响。

(一)独联体经济发展面临复杂的外部环境

预计2012年独联体各国经济发展面临的外部环境将有所恶化。

1. 世界经济增速将放缓

根据各方综合分析,预计2012年美国经济复苏仍将保持缓慢态势,欧洲主权债务危机进一步扩散的风险不断上升,欧元区经济下行风险加大,受全球经济增速趋缓、南欧诸国财政状况持续恶化,欧元区经济增速较2011年将明显回落,甚至可能出现负增长。很多国际金融机构,包括IMF(国际货币基金组织)、世界银行等都对2012年的世界经济做了预测,预计全球经济增长仍处在低迷状态,为此国际货币基金组织将2012年全球经济增速由此前的4.5%下调至4.0%。经合组织将2012年世界经济增长预期由4.6%下调至3.4%。发达国家经济形势恶化以及国际资本市场大幅震荡将给新兴经济体经济增长带来下行压力,新兴经济体经济增速也将放缓。

2. 国际市场大宗商品价格波动将进一步加大

全球经济增速放缓和需求减弱将抑制大宗商品价格的进一步上涨，市场对未来大宗商品供求关系预期有所缓和，全球大宗商品价格进入高位小幅震荡状态。这虽然有利于缓解新兴经济体的输入性通胀压力和经济过热，但是也将抑制资源出口国的经济发展。预计2012年全球大宗商品价格整体仍将处于高位，受金融市场短期波动的影响，大宗商品价格的震荡幅度可能会进一步上升，波动较2011年将更为剧烈。若美国和欧元区银行体系的资产负债表再次恶化，导致全球经济增速大幅度下滑，大宗商品价格可能会重现2008年金融危机后的高速回落状态。

依赖能源出口的国家，如俄罗斯、哈萨克斯坦、土库曼斯坦等国将面临较大挑战。以俄罗斯为例，根据俄经济发展贸易部的预测，如果国际油价每桶在105—109美元，俄经济增长率为3.9%—4.6%；而如果油价降到80美元一桶，俄经济增长率将下滑到1.5%—2.5%，当油价低于每桶60美元时，俄罗斯经济将转入衰退。哈萨克斯坦预测，在世界原油价格稳定在年平均每桶为65美元的条件下，哈GDP年均增幅可达到4.14%，当原油价格每桶低于40美元时，哈经济将陷入衰退。其他独联体国家，因其与俄罗斯及欧盟成员国存在密切的经济依赖关系，受这些国家经济不景气因素的拖累，经济增速将明显回落。世界经济增长放缓和外部市场不确定性是未来独联体国家经济发展所面临的最大风险。

（二）区域内稳定的形势为经济发展提供重要支撑

1. 区域内政治局势将继续保持基本稳定

从独联体内部环境看，2012年各国政治局势将基本保持稳定。虽然区域内将面临俄罗斯总统大选和哈萨克斯坦新的议会选举这些重大事件，但是从目前形势分析，大选结果已成定局，不会出现意外事件。西方某些国家试图资助俄罗斯反对派来干预俄总统大选，已经遭到了普京的斥责，恐难得逞。乌克兰经历了颜色革命和2010年的总统大选后人心思定，乌克兰总统亚努科维奇正在逐渐改善乌克兰与俄罗斯的双边关系，试图为本国经济改革创造良好的外部条件。白俄罗斯虽然因经济危机可能出现某些社会波动，但总体上不会对地区局势造成明显影响。美国深陷经济衰退以及欧洲主权债务危机加重使西方国家难以在外高加索、中亚及乌克兰发动新一轮的颜色革命，其对独联体地区政治的关注程度有所下降，独联体各国政府也逐渐关注彼此间的合作与发展。政局的稳定将为该区域各国经济恢复发展提供重要保障。

2. 经济增长趋缓

俄罗斯已成为世界贸易组织成员，这不仅为俄罗斯经济发展提供了新机遇，也为独联体成员国树立了典范。目前哈萨克斯坦和白俄罗斯正在加紧入世谈判，预计在俄罗斯入世之后的一段时间内，两国也将很快成为世界贸易组织成员，这将有利于带动区域内贸易和投资自由化进程，为区域经济发展提供更好的制度性保障。

2012年在美国经济增长趋缓且欧盟成员国经济陷入衰退的形势下，预计国际市场对大宗商品的需求也将随之下滑，依赖资源商品出口的独联体各国经济亦将受到不同程度的影响。出口收入的减少将直接影响本国居民收入的增加和投资规模的扩大，扩大内需将成为各国政府面临的迫切任务。在外需不足的情况下，预计各国政府将可能扩大财政开支，刺激经济增长，因此基本建设投资会有所增加，但因此也将加大财政压力，各国政府债务规模将随之扩大，通货膨胀仍有进一步上升的趋势。有效地抑制通货膨胀将是各国政府面临的一个迫切问题。

结　语

综上所述，若2012年国际市场油价和大宗商品价格不出现大幅度波动，独联体各国经济整体将保持缓慢增长，预计全年经济增速可达到4.1%左右。由于各国所面临的内外部经济环境有所不同，因此经济发展速度也存在一定差异。俄联邦政府预测，2012年若国际市场原油价格保持在每桶100美元的前提下，俄罗斯的GDP增幅将比2011年有所下降，约达到3.7%。哈萨克斯坦预测，在国际市场原油价格每桶为65美元的前提下，哈GDP增长将为6.9%。国际货币基金组织预测，2012年乌克兰GDP的增长率将维持在3.5%—4%的水平上。受财政危机和金融危机的影响，预计2012年白俄罗斯经济将出现下滑势，GDP降幅将达到1%—4%。

2011年11月，俄罗斯、白俄罗斯和哈萨克斯坦三国总统签署了有关一体化新阶段的系列文件，其中指出，2012年三国将在世贸组织的原则和标准基础上开始一体化新阶段，即创建"统一经济空间"。该"空间"将对其他国家开放，其最终目标是建立统一的政治、经济、军事、海关和人文空间的"欧亚经济联盟"。三国将设立"欧亚经济委员会"这一超国家常设机构，其将于2012年1月1日起正式建立并运行，负责关税同盟以及统一经济空间框架内的一体化进程。委员会内设两个级别的机构，分别是"委员会理事会"和"委员会全体会议"。委员会理事会由成员国副总理级别官员组成，负责总体协调关税同盟和统一经济空间内的一体化进程；委员会全体会议为执行机构，负责具体研究一体化的相关问题。统一经济空间的最高机构为"最高欧亚经济委员会"，由各成员国国家元首和政府首脑组成。欧亚经济委员会将执行最高委员会的决定，并可依据最高委员会的授权签署国际条约或向第三国和国际组织派驻代表。就此，2012年俄罗斯、白俄罗斯和哈萨克斯坦将加速三国经济一体化进程。

（作者为商务部国际贸易经济合作研究院研究员）

二十年后再看苏联演变

俞 邃

2011年12月是苏联演变（含苏共消亡、苏联解体两层意思）20周年。20年来，有关这方面的论述是很多的，围绕苏联演变原因的探讨尤其热烈。本文就戈尔巴乔夫时期以失败告终的改革的背景、历程、教训、原因、影响以及相关思考，在回顾基础上作一综述。

一、苏联沦入不改革难以为继的困境

苏联是世界上第一个社会主义国家，苏联的经济政治管理模式是在没有先例的特殊条件下，于20世纪30年代逐步形成。这种高度集权的管理体制，在战争年代和战后恢复时期显示过动员性强和困难承受能力强的优点，并在社会福利保障方面有过积极的建树。战后经济增速很快，1951年苏联的工业产量比1929年增加了12.7倍，而美国只增加2倍，英国增加1.6倍，法国增加1.04倍。苏联的科学技术也有过迅速发展，1954年建成了世界上第一座原子能发电站，1957年先于美国成功地发射了第一颗人造地球卫星，1961年苏联的世界第一个宇航员上天。这些成就在相当长时期内掩盖了苏联管理模式的缺陷。进入以和平与发展为主要命题的时代,苏联模式的弊端越来越凸显,表现为思想理论僵化、经济管理凝固化和政治非民主化。赫鲁晓夫时期于20世纪50年代中期、勃列日涅夫时期(实际上是柯西金倡导)于60年代中期和70年代末期,搞过两次三段改革,但都不成功。安德罗波夫就任最高领导人之后,闪烁过改革希望之光,他却匆匆告别了人世。

从1982年11月到1985年3月,两年多时间内苏联三位最高领导人勃列日涅夫、契尔年科和安德罗波夫相继逝世。苏联广大党员和人民群众对频繁更迭的老人当政感到厌倦,对国家经济政治生活处于停滞状况深为不满,希望有一位年富力强的领导人带领国家前进。时年54岁、在党内的接班人地位基本确立的戈尔巴乔夫,得到葛罗米柯等实力人物的鼎力支持,战胜了政治局委员格里申、罗曼诺夫等人的挑战,在1985年3月顺利地当上了苏共中央总书记。

但是,应该说,留给戈尔巴乔夫的遗产是非常沉重的。

其一,苏联经济处于"危机前状态"。这集中表现在两方面。一是经济没有从粗放的发展轨道转向集约化发展轨道,效率低下,经济失去活力。进入20世纪70—80年代之后,主要靠增加人力、设备、财力的粗放型发展越来越困难,粗放化发展的潜力趋于枯竭。二是经济结构长期保持畸形状态。尤其是勃列日涅夫时期,加紧扩军备战,争夺世界霸权,使国民经济结构带有越来越明显的军事特征。农、轻、重之间,积累与消费之间,比例关系严重失调,导致苏联经济发展速度下降。

其二,苏共本身日趋蜕化。这表现在多方面。一是对社会主义属性及其与资本主义相互关系的认识极为片面,不是借鉴而是拒绝甚至敌视人类文明在资本主义发展阶段的成果。二是扭曲社会主义的目标和观念，不是审时度势、与时俱进，而是高估社会主义发展阶段的成熟性，唯意志论，急于求成。天长日久人民群众产生被欺骗的感觉，对苏共失去信任。三是标榜空头政治，在民主与专政两方面突出专政，甚至践踏民主。忽视经济的基础意义，囿于产品经济观，实行经济生活国家化、经济管理集中化和指令化。排斥商品货币关系，奉行粗放型经济战略。优先发展重工业特别是军事工业，导致经济结构畸形。两个平行市场的理论造成闭关自守。四是教条主义、形式主义严重，惯于做"假大空"文章。党的思想建设薄弱，组织建设无力，官僚主义弥漫于党的各级机构。五是混淆两类性质矛盾，无端将思想分歧上升到政治斗争，严酷管制，无情镇压。民主与法制备受摧残，克格勃肆虐造成人人自危。六是民主集中制原则被严重扭曲，从少数人直到个人独断专行。禁锢思想，封闭言路。七是在发展动力问题上，片面强调精神因素的作用；而在物质生活中，又常常无视群众对于民主的精神需求。八是由任命制产生的干部高踞于群众之上，变成从群众中来到官僚特权阶层中去。九是过于突出俄罗斯民族的优越地位，民族平等的理论与实践往往脱节。十是国际战略与对外政策中充斥大国沙文主义，口头上宣扬无产阶级国际主义，实际上一切以对苏联和苏联政策的态度划线，干涉和控制别国、别党的内政。

其三，苏联面临外部的严峻挑战。一是西方主要发达资本主义国家的经济实力、特别是科技迅猛发展的挑战。从20世纪60年代起，苏联国民收入的增长率呈递减之势，1966—1970年"八五计划"年均增7.1%，"九五"计划降为5.1%，"十五"计划再降为3.9%，至勃列日涅夫逝世的1982年下降到2.6%。苏联作为世界第二经济大国的地位受到日本的严重挑战。苏联的科技水平落后于西方约15年。二是中国改革取得巨大成就的挑战。中国改革的初步成效，在苏联产生巨大影响和吸引力。三是匈牙利、南斯拉夫等东欧一些社会主义国家改革势头的挑战。东欧多数国家在改革中注意加强宏观调控与扩大企业自主权，把改革经济体制与促进科技进步和发展生产结合起来，将经济体制改革与政治体制改革结合进行，引起普遍重视。

上述挑战迫使苏联新领导考虑自己该怎么办。

二、戈尔巴乔夫改革曾展示良好开篇

戈尔巴乔夫上台之后，多次表示了改革的决心。据他的夫人赖莎·戈尔巴乔娃回忆，她的丈夫担任苏共中央总书记前夕，同她在庭院散步时对她说过：看来不改革是不行的。

戈尔巴乔夫发起改革的动因是明确的，他雄心勃勃地要应对多方面的挑战，想把苏联搞成一个理想化的世界强国。他起初遵循比较正当的改革途径，有两大标志，一是1986年彰显改革决心的苏共二十七大，另一个是1987年以改革经济管理为中心内容的苏共中央六月全会。

1986年2月25日—3月6日举行的苏共二十七大，中心议题是经济建设和改革。大会确定了加速发展经济的战略，提出了改革经济管理的设想和一些措施。大会提出到20世纪末15年内苏联国民收入和工业总产值翻一番的规划。届时国民收入差不多增加一倍，工业总产值增长不少于一倍，劳动生产率将增加1.3—1.5倍，人均实际收入增加60%—80%，每个家庭有独套住宅或独户房屋。据计算，要达到上述国民收入和工业总产值增长速度，每年要递增4.7%。这些指标的提出，当时曾引起普遍重视。

二十七大还要求在思想上实行变革，提出了一系列重要理论观点。一是重新认识苏联社会所处的历史阶段，提法是"有计划地和全面地完善社会主义"，否定了赫鲁晓夫的20年内基本上建成共产主义的冒进口号和勃列日涅夫的建成了发达社会主义的错误论断。二是批评生产关系自动适应生产力的看法，首次公开承认苏联现行管理体制基本上是在粗放发展条件下形成的，现已"过时"和开始丧失刺激作用，强调对经济管理必须进行"根本改革"。三是提出对社会主义所有制关系也应不断调整，强调要大力扶持和发展合作社所有制。四是提出要重视利用社会主义基础上正常的商品货币关系的积极作用，克服对它的作用估计不足和存有偏见。

大会初步提出了一些改革措施，强调要用经济定额来代替某些指令性指标，进一步扩大企业自主权，使其转向完全的经济核算、自筹资金、自负盈亏、自行处理超额产品；合理发展大、中、小企业，尤其是注意中、小企业的作用；改革价格体系，使之具有更大灵活性。在农业方面，要实行五年一固定的产品收购计划，使农业企业自行处置全部超计划产品及部分计划内产品；广泛实行作业队、作业组承包制和家庭承包制；等等。二十七大基本指导思想仍偏重于集中的计划经济，没有涉及市场机制问题，也未超出两种所有制。

1987年6月25日—26日召开苏共中央全会，中心议题是解决改革经济管理问题。会议通过了《关于根本改革经济管理的任务的决定》和《根本改革经济管理基本原则》；修改了《国营企业（联合公司）法》草案并提交随后召开的最高苏维埃会议批准。当时苏联领导人称，这是一次"把改革思想引向实际行动"的会议。

全会文件提出,"国家经济管理根本改革的实质是,各级都要由以行政领导方法为主转向经济领导方法,转向利用利益管理利益,转向管理广泛民主化和调动人的因素"。其特点是从改革企业管理着手,搞配套全面改革。全会在经济改革方面的一些新内容和新构想,曾经令人颇感兴趣。一是实际上取消了指令性指标,代之以长期经济定额。二是对市场的看法有新意,称"商品货币关系是有机地列入社会主义经济系统的。三是提出"根本改革价格机制",在"企业法"定本中指出"合同价格和自定价格可以不断扩大"。四是对集中领导的方法要"根本改革",这比二十七大提出的要提高集中领导的效率,又前进一步。五是规定对长期亏损而无偿还能力、产品无销路以及整顿仍不能提高效益的企业,可以关闭。这实际上是允许破产。还规定要根据部门、跨部门或地区部门原则将企业组织合并,使之联合起来,这实际上包含着不同部门企业"横向联合"的意思。此外,全会还提到要从抓人民的基本需要着手,使群众尽快得到改革的实惠。

苏共中央六月全会通过的文件和提出的构思,由于执行遇到困难而扭转改革方向,终于使这次全会产生的成果付诸东流。

三、戈尔巴乔夫改革经历了逐渐蜕变的过程

戈尔巴乔夫推行改革六年又九个半月,大致经历了五个发展阶段,从第三个阶段开始,改革越来越脱离社会主义自我完善的轨道。

从1985年4月苏共中央全会至1987年6月苏共中央全会，其中1986年2月召开了苏共二十七大，属于第一阶段。这一年多时间是戈尔巴乔夫及其支持者初步形成改革构想的阶段。这个阶段虽然出现政策失误，但是主导思想大体上还是积极的。从1987年6月苏共中央全会至1988年6、7月间苏共第十九次代表会议之前，属于第二阶段。如前所述，这期间形成了经济改革的总体方案和一系列配套措施，有一定的突破性。然而，搞了仅仅半年，就推行不下去了。用苏联领导人的话说，叫做"打空转"。究其原因，他们却认为关键在于政治体制改革没有超前，而政治改革的核心应该是党本身的改革。于是念头一转，把经济改革实际上搁置下来，集中力量去搞政治改革，去折腾党。

第三阶段，从1988年年中的苏共第十九次代表会议至1990年苏共二十八大，集中搞政治改革，其实成为夺权政治斗争。在党政分开、"一切权力归苏维埃"的口号下，改变和取消党的领导作用，实行议会民主、政治多元化和多党制；在形势失控的情况下，又搞起总统制和总统直接领导、主持下的内阁制。从理论上宣扬要学习社会民主党的经验，行动上则积极效法。这样的政治改革整整用了两年时间，一步步地走向斜路，经济政治形势也就越来越恶化。

第四个阶段，从苏共二十八大至1991年12月苏联解体之前，提出了苏联向何处去的问题。这是苏共以代表大会形式确定了党的领导地位变化之后，国内各种政治力量激烈较量十分尖锐的时期。民主派势力先后夺取了包括俄罗斯联邦在内的七个加盟共和国的领导权，夺取了莫斯科、列宁格勒等几十个重要城市的领导权。苏联领导人公开宣称苏联处在"十字路口"，苏联社会主义在危急中。苏维埃社会主义共和国联盟面临改名和分裂的现实危险。苏联共产党处境极其困难，面临组织分裂的严重威胁。经济状况几乎达到崩溃的边缘。在这种背景下，发生了"8·19事件"，从而加速了苏联解体的进程。

第五阶段，1991年12月25日苏联总统宣布辞职，苏联国旗从克里姆林宫降下，12月26日苏联最高苏维埃共和国院同意解散苏联。从此，"苏联作为国际法的主体和地缘政治的现实"不复存在。戈尔巴乔夫的"改革"以苏共垮台、苏联解体而告终。

戈尔巴乔夫自己说过："第十九次党代表会议是苏联改革中的划时代事件，将改革历史分为两个阶段：第十九次党代表会议以前阶段和以后阶段。"这次会议之后的政治改革如脱缰之马，一发不可收拾。具体说来，主要表现为：

其一，党内有派，党外有党。党内有派大致分为三类：通常所说的主流派即苏共行动纲领派（以戈尔巴乔夫为代表）、民主纲领派即所谓激进派（以叶利钦为代表）和马克思主义纲领派即所谓传统派（以利加乔夫等人为代表）。党外有党的趋势迅速发展，可分类为：一是新建立的党，二是分裂而成的党，三是由政治性组织转化而成的党，四是旧党复辟。

其二，党员纷纷退党。据苏联官方公布的统计数字，1988年退党为1.8万，1989年为14万。1990年头6个月，退出苏共的有37万人，被开除出党的有25万人，还有自行脱党的，几个数字加在一起共计77万人离开了党的队伍，而同时期入党的只有12.5万人。1990年1月苏共党员数为1922.28万人，至6月底即二十八大召开前夕党员数约为1800多万人。莫斯科市委第一书记答记者问时称，目前苏联社会上流行一个说法：60年代如果想升官就应该入党，90年代想升官必须退党。

其三，名目繁多的非正式社会团体大量涌现。1989年初有

6万多个，1990年有9万个。人数不详，形式各异，涉及社会生活各个领域。其中一些人是想为改革献计献策；还有一些人，特别是青年人，兴趣广泛，但虚无主义情绪严重，思想混乱。也有少数人打着支持和拥护改革的旗号，成立某种组织，从事反社会主义的活动。

其四，苏共遭受致命打击。1991年"8·19事件"发生之后，叶利钦签署一系列命令，宣布封闭苏共中央总部，禁止在俄罗斯境内的苏军党组织活动，中止俄共活动，禁止苏联国家安全委员会和内务部党组织的活动。8月24日，戈尔巴乔夫发表声明辞去苏共中央总书记职务。他还签署法令禁止苏共在武装部队、克格勃、保安警察和国家机关的活动。11月6日，叶利钦下令禁止苏共在俄罗斯的活动，其财产收归国有。苏共垮台随之而来的是苏联国家解体。苏联从1922年12月30日成立，到1991年12月26日结束，历时69年。

四、苏联演变留下深刻的沉痛教训

苏联在"二战"后发起的第三次改革，不是一般意义上的失败，而是万劫不复的结局。二十年过去了，回过头来可以看得更清楚：戈尔巴乔夫时期如果从1987年开始的经济改革认真地坚持下去而不是半途搁浅，孤立地去搞那种破坏性的政治改革；如果当即奋力进行产业结构调整，把食品消费品生产放在重要位置，而不是在原先非常畸形结构基础上推行仍以重工业优先的加速战略；如果听取许多人的建议早抓农业改革，并且在国际石油价格下跌的情况下不惜付出一定代价大量进口食品以丰富市场，在给人民群众带来经济实惠的同时逐步放开价格；如果在保持生产稳定增长的前提下，有步骤地实行渐进的、适当的所有制变革，而不是要么迟迟不触动所有制问题，要么在缺乏思想准备和未经试点的情况下企图用几百天时间完成私有化和非国有化；如果不是盲目地频繁更换干部，造成党内离心离德倾向滋长和党的队伍涣散，一批打着支持改革旗号、别有用心的人乘机钻进党的各级领导班子，因而加重了党的危机；如果正确地总结历史教训，认真改善和加强党的领导，并切实纠正种种错误，而不是诋毁社会主义历史、丑化共产党并取消党的领导核心作用和执政地位——如果这一切本可避免的重大错误（不是指一般错误）得以避免或者及时纠正（包括重大错误），那么，后来促使事态恶性发展的"8·19"事件也就不会发生，苏联的形势和结局很可能完全是另一个样子。

从宏观上展开来讲，我们可以从苏联改革失败中得出几点基本教训。

其一，改革必先认真抓好经济。苏联的改革一直是在不断破坏生产力和削弱综合国力的情况下进行的。在尚未形成新机制的条件下，加速战略仍然是建立在优先发展重工业、甲乙两大部类生产比例失调和积累过高的不合理的结构基础上，其目标依然主要是增强同美国竞争的地位，因而从一开始便忽视了如何解决所面临的最迫切的食品和消费品短缺问题，如何尽量给人民带来经济改革的实惠的问题。尽管加速战略被迫中断实施，但是急于求成的思想又在其他方面表现出来。当经济改革遇到困难时，不是从经济方面寻找原因并及时加以调整补救，相反却将其搁置一旁。结果表明，从发起改革时苏联人民的生活已经达到小康水平，变成国家解体时苏联人绝大多数人相对贫困化，相当一部分人绝对贫困化。

其二，政改经改关系务须摆正。苏联主要领导人不是在经济改革取得明显成效的同时，逐步推进政治改革；不是将政治改革同经济改革有机地结合，而是以政治改革冲击和破坏经济改革；在政治改革中不是设法改善共产党的领导作用，而是降低、取消共产党的领导作用，结果摧毁了改革的核心和中坚力量，导致社会崩溃。如果说赫鲁晓夫时期的教训之一是失之于在搞经济改革的同时没有进行政治改革，那么这次的状况恰好相反。两次改革从不同角度表明：经济改革与政治改革处置恰当，可以相互促进，反之，则会起干扰破坏乃至摧毁作用。

其三，必须抵制西方式民主化。戈尔巴乔夫曾作为主导思想提出，要"在民主化进程的范围内，去克服那些在社会革新过程中遇到的和将会遇到的错误立场乃至直接的对抗"，认为公开性是对毫无例外的一切管理机关纠正缺点的强有力杠杆。实践的结果，在舆论工具摆脱了党的政治领导和政策约束的情况下，形形色色的政治反对派利用民主化和公开性大造反共反社会主义舆论，歪曲、丑化和诋毁苏共的历史，美化资本主义制度和资产阶级价值观念。所谓"民主化"和"公开性"成为反对派利用来把自己队伍搅乱直至将自己打倒的武器。

其四，对待历史应持科学态度。戈尔巴乔夫时期由于评估历史遗产的原则、方法和结论陷入历史虚无主义，因此在舆论失控的情况下，终于造成对近70年社会主义理论和实践的几乎全盘否定，从而给各种反社会主义势力的进攻提供了可乘之机。社会主义的整个理想和信念，苏联全部现存的社会关系和制度，几乎无例外地成了否定和批判的对象。在改革一再失误的情况下，苏共内部和苏联人民对社会主义的信念大大减弱。事物发展的进程越来越远离改革发起者预想的轨道，而落到十分悲惨的境地。

其五，对国际环境要认识清醒。改革需要有良好的国际环境，外交政策应为国内改革服务。苏联领导人肯定不同社会制度国家的和平共处而否认两种社会制度的根本对立，笼统宣扬战争不再是政治的继续而无视局部战争和地区冲突的严酷现实，还将国家间关系超越意识形态分歧混同于国际关系非意识形态化。当时这些做法不仅在苏联自己国内，而且在东欧社会主义国家和国际共运中造成了极大的思想混乱。

苏共消亡、苏联解体二十年来，我国学界本着汲取教训的原则，就其原因不断地、认真地进行分析和讨论。鉴于选择的角度和侧重点有所不同，看法多种多样。如今影响较大的代表性看法有两种，一种认为根本原因在于苏联模式，另一种认为根本原因是戈尔巴乔夫与赫鲁晓夫一脉相承的修正主义路线。

笔者历来认为，导致苏联演变有内因，也有外因，内因是主要的；有现实原因，也有历史原因，现实原因是主要的；有领导人的错误，也有改革本身的难度，领导人的错误是主要的。强调说内因是主要的，并非外因不重要，而是避免将外部"和平演变"万能化；强调说现实原因是主要的，并非低估苏联模式弊端的严重性，而是警惕陷入改革必败的"宿命论"；强调说领导人的错误是主要的，并非否认苏联改革的艰巨性，而是防止无谓地为领导者的罪责开脱。我们不应忽视其中任何一种原因，但又不能孤立地只用某一种原因来对苏联剧变作总体上的解释。如果更概括地表述，那么可以说，导致剧变的各种原因在深层次盘根错节，执政党及其领导者的路线错误与僵化的管理模式弊端相交织所体现的现实内因，则是问题之根本。

苏共及其领导人的路线错误与苏联模式弊端同属于内因，两者有一个摆法问题。既不能抛开现领导人的路线错误孤立地仅从模式本身去寻找改革失败的原因，也不能忽视长期积累的模式弊端给现领导人改革带来的困境。苏共垮台、苏联解体毕竟是在戈尔巴乔夫执政时期出现的，因此不能不首先从戈氏的改革历程中审视和探究其失败的直接原因。

应该强调指出，就苏联国家解体而论，叶利钦也负有重大责任，他伙同乌克兰的克拉夫丘克、白俄罗斯的舒什凯维奇，暗中策划，直接制造了苏联瓦解的悲剧。

五、苏联解体对世界的影响深远

俄罗斯领导人普京说过，苏联解体是20世纪最大的地缘政治灾难。所谓"最大"，说明它产生的影响之大。

其一，改变世界格局。一是世界多极化趋势发展。苏联作为"国际政治主体和地缘政治的现实"停止存在，两极格局终结。俄罗斯虽继承了苏联的核武库和联合国安理会常任理事国地位，但只能算是"一超多强"中的一"强"。当今唯一超级大国美国，在经受"9·11"事件、伊拉克战争和金融危机巨大冲击之后，日渐走下坡路，其"领导地位"遇到前所未有的挑战。二是"东西"力量失衡。苏联解体之后，力量对比为"西"强"东"弱。北约东扩不仅将中东欧原社会主义国家卷入其中，还试图将触角延伸到原苏联的范围。"欧洲一体化"的范围已从仅指西欧而发展到全欧洲。三是"南北"矛盾加深。昔日苏联自称是第三世界国家的"天然盟友"，苏联解体之后其原先苦心经营的"半壁江山"客观上被推向西方列强的掌握之中。四是地区热点转移。在当年苏联的作用或参与下，苏联从阿富汗撤军，印支问题解决，中东出现了和平进程。苏联解体之后，原先两极体制掩盖下的民族、领土、宗教、资源等争端激化。如果苏联还在，科索沃战争、南斯拉夫崩溃、俄罗斯与格鲁吉亚兵戎相见乃至"9·11"事件以及随之而来的伊拉克战争、阿富汗战争以及当前西亚北非形势动荡，也许就不至于发生，"朝核问题"和"伊朗核问题"也可能完全是另一种局面。2011年适逢"9·11"事件十周年，美国有的报刊称"9·11"事件是"历史的分水岭"。但对于全球来说，真正"历史的分水岭"应该说是苏联解体。

其二，给后苏联空间留下不确定因素。独联体"既不是国家也不是超国家实体"，20年来蹒跚而行。独联体在磨合过程中出现双边或多边联合体，反映了客观现实的需要和多样性。独联体的生存和发展都与俄罗斯的政策和作用息息相关。哈萨克斯坦领导人纳扎尔巴耶夫早在1994年便提出建立近似欧洲联盟的"欧亚国家联盟"设想。2011年10月4日，被统一俄罗斯党提名决定参加下一年总统竞选的普京又提出了构建"欧亚联盟"的主张。他说，将于2012年启动的俄罗斯、白俄罗斯、哈萨克斯坦统一经济空间，不仅对这三国，而且对原苏联地区所有国家来说都是具有历史意义的里程碑。他还提出，必须通过吸纳吉尔吉斯斯坦和塔吉克斯坦来扩大成员范围，并在未来迈向新的合作水平——成立欧亚联盟，说新联盟将建立在完全不同的价值观和政治经济原则之上，"这不是要以某种形式重建苏联"。高瞻远瞩的普京善于体察原苏联人民的心态和把握时代的发展潮流，不过，他的这个雄心壮志能否兑现，存在不少未知数，决非轻而易举，将有一个十分艰巨、复杂和曲折的过程。

其三，世界社会主义经受冲击。首当其冲的当然是原东欧社会主义国家。苏联演变之后，这些国家经历了政治经济管理模式乃至社会制度发生根本性变化的过渡期，充满矛盾，发展不平衡。它们在转型过程中，围绕一些重大的政治、经济和外交问题，存在着共识与非共识、共性与非共性的不同程度的差别。这包括：扬弃苏联模式社会主义既是共识也是共性；效法新自由主义的《华盛顿共识》是暂时共识但不等于共性；与之相关，推行休克疗法既不是共识也不是共性；选择民主社会主义是共性但并不一定是共识；加入欧盟既是共性也多半是共识；依仗北约、远离甚至对立俄罗斯，是共识但并非共性。

其四，对中国产生多方面的影响。一是敲起警钟。苏联演变促使中国增强忧患意识，务必增强党的自身建设与执政能力的意识，增强防范和应对外部敌对势力和平演变的意识，增强加快改革开放步伐的意识。二是改善了环境。苏联解体之后，俄罗斯经受美国等西方国家的多重压力，采取弱化其综合国力、挤压其战略空间的战略，迫使俄罗斯增强了与中国合作的愿望。中俄关系战略协作伙伴关系的意义深远。三是提供了机遇。两极格局终结，中国在多极化世界格局中的地位明显上升，中国的世界影响主要表现在对世界格局、国际秩序和社会发展模式三大方面。四是招来了压力。社会主义中国的地位被突出起来，正所谓"木秀于林，风必摧之"。"中国威胁论"由此而生。

最后，值得一提的是，俄罗斯在普京道路引导下，认真汲取苏联时期的教训，逐渐走向国家振兴。普京说过这样一句名言："谁不为苏联解体而惋惜，谁就没有良心；谁想恢复过去的苏联，谁就没有头脑。"他用行动表明，在革新和振兴国家过程中，注意保留苏联时期的有益遗产，竭力维护俄罗斯的国情、利益和尊严，整治亲西方的寡头干政，义正辞严地回敬来自西方的攻击，所以西方国家不喜欢他这个"硬汉"，指责他是要回到苏联,乃至对他将参选 2012 年总统大加非议和抨击。从普京接班,到"梅普组合",再到可能出现的"普梅组合",这种体制好与不好,要由俄罗斯国情和俄罗斯人民说了算,不能搬用西方的民主概念来硬套。2011 年 11 月 11 日普京在莫斯科郊外会见瓦尔代国际俱乐部成员时,针对"梅普易位"执政方式的质疑,说他知道这种模式存在缺陷,"但不知道哪种方式完美"。他表示在选举中将为民众提供评判过去和展望未来的机会。

(作者为当代世界研究中心教授、国际自然和社会科学院院士)

第五章

西亚北非持续动荡孕育重大变革

阿拉伯国家社会和政治动荡

安惠侯

2010年底开始于突尼斯的政治和社会动荡一度几乎席卷整个阿拉伯世界。动荡迫使突尼斯总统出逃国外，埃及总统宣布辞职；在西方列强的军事干预下，卡扎菲政府被推翻；巴林群众抗议活动在沙特和阿联酋出兵镇压后，暂时平静下来；也门总统"让权"换取"豁免"，但也门局势仍然复杂莫测；美国等西方列强力挺叙利亚反对派，不断加大对叙制裁，要求巴沙尔总统下台，巴沙尔处境十分困难。

一、动荡原因十分复杂，各国情况不尽相同

阿拉伯国家发生的动荡原因十分复杂。首先是国内矛盾大激化。（一）物价上涨，就业困难，民生艰难是引发社会动荡的根本原因。突尼斯15—29岁的人群失业率高达52%，埃及近一半人口生活在贫困线以下，也门被列为最不发达国家。（二）领导人长期执政，高度集权，贪污腐败，不思改革，缺乏民主，激起民众强烈不满。本-阿里、穆巴拉克、萨利赫和卡扎菲分别执政23年、30年、33年和42年。（三）美国的中

东政策损害了阿拉伯民族利益,而有些阿拉伯当权者反而对美国的中东政策予以配合,使得阿拉伯民众有着强烈的失落感和屈辱感。最先出事的恰恰是与西方关系良好的突尼斯和埃及,令人深思。(四)一些国家内部固有的部落、教派、民族矛盾激化。(五)伊斯兰激进思潮和西方国家极力推行的"民主"、"自由"思潮从相反两个方面对阿拉伯世界形成冲击。多种因素造成了阿拉伯世界的激烈动荡。发生动荡的阿拉伯国家有着许多共同的原因,但情况也不尽相同。

上述种种因素长期存在,此时集中爆发,国际因素起了推动作用。一是全球经济和金融危机的冲击,加剧了阿拉伯国家的经济困难,导致物价上涨,失业率居高不下,致使民生问题点燃长年积累的民众愤懑的干柴,形成燎原之火。二是美国因伊拉克战争和阿富汗战争以及经济危机等因素,开始从其霸权的顶峰坠落,对国际事务主导能力减弱。奥巴马总统调整政策,将美全球战略重点向亚太地区转移,在中东地区实行战略收缩,投入减少,主导能力也相应减弱。三是新兴经济体国家群体性崛起,对阿拉伯国家产生强大的示范和激励效应。四是互联网络的普及,给抗议民众的串联提供了便利,也为一些别有用心的集团发布不实消息,甚至制造谎言,挑动民众,火上浇油成为可能。

此外,西方大国的插手介入加剧和扩大了中东乱局。阿拉伯世界动荡发生后,美国首先是要防止动荡危及美国在中东的主导地位和战略利益,同时,从推行"民主"、"自由"西方核心价值观出发,也出于要防止出现反美和反以色列倾向,极力将动荡引向"反独裁"的"民主运动",并趁机推翻对其不驯服政府。美国开始力保埃及总统穆巴拉克,但随着埃及民众抗议活动越演越烈,美国担心局势失控,转而压穆巴拉克辞职,将权力交给美国信赖的埃及军方,以确保美对埃及的控制。在巴林掌权的逊尼派穆斯林只占人口的30%,70%的无权的民众为什叶派穆斯林并与伊朗和黎巴嫩真主党有着密切联系。巴林什叶派民众的抗议活动引起沙特等海湾阿拉伯国家的担心,也令美国不安,于是美国默许沙特、阿联酋联手出兵,对巴林抗议民众实行军事镇压。在利比亚主要是长期积累的部落矛盾激化形成动乱。美、欧夸大卡扎菲对反对派的镇压,予以制裁,随后又利用联合国安理会1973号决议,对利比亚发动空袭战,支持利比亚反政府武装扩大内战,最后北约国家提供武器并派出地面部队,直接指挥反政府武装力量推翻了卡扎菲政权。美国要求也门总统下台,但担心也门演变成各派势力割据、四分五裂、群龙无首的又一个索马里;更担心基地组织趁乱发展,难以收拾,因此对萨利赫总统留有余地,但仍迫其接受海合会调解协议,交权下台。美国煽动叙利亚反对派扩大事态,继而宣布叙利亚总统丧失了执政的合法性,并不断加强对叙利亚的制裁措施,公开要求巴沙尔总统下台。美国打压叙利亚有着明显的制衡伊朗的意图。

二、阿拉伯国家的变局宜定性为社会和政治动荡

阿拉伯世界的动荡引起各方关注。美国抢先通过它控制的舆论工具,广为炒作"阿拉伯之春"、"阿拉伯革命",目的是将动荡引向"反独裁、争民主",希望亲西方的民主自由派在动荡中发展壮大,进而建立新的亲西方的政府,并趁机推翻它早就不满意的一些政权。伊朗对这场动荡兴高采烈,认为是伊朗式伊斯兰革命的再现。基地组织也欢呼这场动荡,呼吁伊斯

兰极端势力推翻世俗政体，建立伊斯兰政权。参与抗议的民众也自认为是在进行革命，如埃及民众打出"大饼革命"的口号，旨在突出他们行动的合法性和正义性。不同的国家和势力根据各自的立场、利益和政策取向对这场动荡进行解读和定性。我国媒体经过短暂的混乱后，趋同于将其定位于政治和社会动荡，但也有一些人接受"阿拉伯之春"和"阿拉伯革命"的概念。笔者认为，（一）这场动荡充分暴露了阿拉伯国家面临的众多矛盾，显示了阿拉伯民众求新、求变，寻求合适的发展道路的强烈愿望，有可能开创阿拉伯民众寻求经济快速发展、社会公正民主、外交独立自主的新的发展道路的历史时期。这将是一个充满矛盾和斗争、必然要经历多次曲折和反复的漫长的历史过程。在未来相当长的时期里，大动荡与大变革有可能成为阿拉伯世界的主旋律。这次动荡主要冲击了一些共和制国家，下一轮动荡也可能会冲击君主制国家。在这历史过程中有可能在一些国家发生真正意义上的革命。人们期待在经历大动荡和大变革之后，一个繁荣、强大、文明、进步、独立自主、充满活力的新阿拉伯世界挺立于世界民族之林。这个目标不可能短期实现。现在就认为出现了"阿拉伯之春"、"阿拉伯革命"似为时过早。政治和社会动荡是一个中性的开放性的概念，事态可能向革命的方向发展，也会演变成动乱或引发外国的军事干涉和入侵。（二）当前事态原因复杂，目标多元，发展方向尚不确定，其爆发具有明显的"突发性"和"草根性"，没有统一而明确的纲领，也不是由某个政党或团体发起，只是在动荡爆发成势之后，伊斯兰势力、民主派势力、精英阶层以及西方大国，尤其是美国才先后积极介入，施加影响，力图推动动荡向各自需要的方向发展。（三）在突尼斯和埃及，民众因不满举行抗议，最终导致最高领导人下台，政权更迭，确有一些"革命"的特点。然而,在巴林主要是教派矛盾;在利比亚主要是部落冲突;在也门既有部落矛盾,又有南部分裂势力与中央政府的博弈,还有基地组织的介入;叙利亚除了社会和政治矛盾外,还存在着教派矛盾和民族矛盾。各国情况很不一样。(四)阿拉伯世界共有22个国家,两国未发生动荡,多数国家发生动荡后较快平息,有5个国家遭到动荡的严重冲击,占阿拉伯国家总数不到四分之一。在发生严重动荡的国家中,都有大国先后插手,甚至操纵。它们的插手和操纵改变了事态的性质,如利比亚。将动荡冠之为"革命"最符合西方国家的利益,至少在客观上配合了西方别有用心的舆论导向和实际运作。

三、叙利亚危机前景充满变数

在受冲击最严重的5个国家中,叙利亚危机最引人注目。2011年3月叙利亚民众开始举行反政府的抗议游行,参与的人数越来越多,声势越来越大,波及的地域越来越广泛。政府一方面宣布了一系列改革措施,极力平息民怨;一方面对挑起暴乱的势力进行镇压,导致数千人伤亡,但均未能平息动乱,抗议活动越演越烈。

叙反政府组织有:"地方协调委员会",由年轻抗议者组成,成员人数虽然不多,但是组织抗议活动的主要力量;"叙利亚全国民主变革力量民族协调机构",由国内15个政党组成,主张通过和平的方式进行民主变革,反对外国势力干涉;"叙利亚全国委员会",由侨居境外的叙利亚反对派人士在土耳其宣布成立,目标是推翻叙利亚现政权,并呼吁国际社会介入。该组织得到美国等西方国家的支持。此外,还有一支主要由哗变的逊尼派军官和士兵组成的反政府武装力量"自由叙利亚军",以土耳其、约旦邻国为基地,号称有1.5万多人,一般估计约上千人或数千人,目标是推翻现政权。这股力量得到外国的支持和援助,受到土耳其、美国、法国等国教官训练。

叙利亚抗议活动愈演愈烈在很大程度上是因为美国等西方国家对叙利亚反对派的支持和挑动。美国要利用阿拉伯世界政治和社会动荡之机推翻巴沙尔政权,这已是它的既定决策。长期以来,美国视伊朗为最大威胁,而叙利亚与伊朗关系密切,是伊朗、伊拉克、叙利亚和黎巴嫩真主党组成的伊斯兰什叶派新月阵线的重要成员。推翻巴沙尔政权就等于砍掉伊朗一只胳膊。美国一直把叙利亚列入支持恐怖主义组织的国家,是巴勒斯坦哈马斯的主要支持国。美、欧等西方国家已对叙实施严厉的制裁,并公开要求巴沙尔下台。

海湾阿拉伯国家对伊朗发展核计划心怀疑惧,也不满巴沙尔政府与伊朗结盟,与美国等西方国家在这点上利益交叉。它们策动阿盟对叙利亚施压,提出要向叙派出观察员,随后又对叙实施制裁。鉴于阿盟要求西方国家武力干预利比亚内部矛盾,推翻卡扎菲政权的做法并不得人心,阿盟迄今仍主张在阿盟内部解决叙利亚危机。阿盟成员国意见也不一致,伊拉克、黎巴嫩拒不参加对叙制裁,阿尔及利亚也不主张对叙过度施压,埃及强调要政治解决叙利亚问题,反对使用武力。

俄罗斯在叙有着重大利益,明确反对制裁叙利亚,反对对叙动武。土耳其则对叙态度十分强硬。

西方国家是否会对叙利亚发动军事打击?这种可能性不能排除。但动武的前提条件是:(一)叙主要反对派一致主张推翻现政权并要求外国军事干预,反对派拥有一支有能力发动内战的武装力量。(二)阿盟正式要求西方大国出兵干预。(三)联合国通过一项可被西方列强视作授权动武的决议。这三项条件目前均不存在,但事态还在发展,前景充满变数。此外,西方要对叙动武,还必须考虑如下因素:(一)伊朗、真主党、哈马斯会作何种反应?如果它们军事支援叙利亚,西方国家势将面临一场新的中东战争,以色列恐怕难免卷入其中。西方列强是否做好打这样规模的战争?(二)卡扎菲垮台后,西方媒体讥笑西方取得了"悲惨的胜利",在美、欧经济不景气,欧洲债务危机严重,2012年美国、法国大选年之际,美、欧是否有发动一场这等规模的战争的能力和决心?(三)俄罗斯、中国都反对对叙动武,干涉叙内政,主张通过对话的方式,和平解决危机,不会同意联合国安理会通过一项类似针对利比亚的1973号决议那样可能被西方利用的决议。

  西方即使一时难以下决心对叙动武,也不会善罢甘休,还会不断加大制裁措施,大力扶植反对派,并挑动阿盟和土耳其等对叙施压,以压促变。尽管巴沙尔政权的两大支柱,军队和阿拉伯社会复兴党目前尚未出现明显分裂和瓦解的迹象,但西方和阿盟的制裁和其他分化瓦解措施会给叙利亚造成巨大的困难,假以时日,局势难免生变。看来,巴沙尔政权只有极力争取尽可能多的阿拉伯国家的同情,坚持在阿盟范围内,通过对话和妥协,部分让权,同意与反对派组成联合政府,获得国内主要反对派的谅解,或许有可能逐步缓解危机,避免战乱。俄罗斯主张在叙推行"也门模式"。伊朗已派人赴沙特磋商。事态如何发展有待观察。

四、动荡已经并将继续产生不可忽视的影响

（一）伊斯兰势力崛起。在突尼斯、埃及等已改变政权的国家，已经出现的第一波变化，一是政治多元化。为数众多的政党通过选举争夺执政权。二是阿拉伯民族情绪高涨。民众鲜明地要求独立自主，反对外国干涉；反对以色列占领阿拉伯领土，支持巴勒斯坦人民的斗争。三是伊斯兰势力崛起。突尼斯伊斯兰复兴党已成为突第一大党，并出面组阁。埃及穆斯林兄弟会属下的自由和正义党在第一轮议会选举中获胜。摩洛哥议会提前选举，伊斯兰政党——正义与发展党成为第一大党，授权组阁。这些伊斯兰政党目前都是以温和派的面目出现。利比亚将在数月后举行大选。过度委员会主席表示，伊斯兰教法将是今后制定法律的基础。在推翻卡扎菲的战争中，伊斯兰武装力量发挥了主要作用，在今后的政治舞台上，也将具有举足轻重的影响。伊斯兰势力在一些阿拉伯国家动荡中崛起已是不争的事实。但也应该看到，伊斯兰组织在突尼斯和埃及都没有拥有超过半数的选票，阿拉伯国家内世俗政党还有相当的影响，多数民众也不接受极端思潮。伊斯兰势力要想发展，必须采取温和路线并与世俗政党联合执政。因此，即使伊斯兰势力控制了议会，甚至主导组阁，也不会出现伊朗式的政教合一的体制。同时，世俗民主派势力也在发展。这股势力又分民族主义派和极端亲西方派。阿拉伯民众具有强烈的反美情绪，极端亲西方派不可能博得广大民众支持。世俗势力与伊斯兰势力在选择何种发展道路、制定何种政策、谁发挥主导作用等方面争斗将会全面展开。至于基地组织等极端势力，得不到广大民众的

支持，也不为西方大国容忍，不可能成为一支重要的参政力量，但其破坏能量不容忽视。

（二）恢复稳定，重建经济困难重重。经济和社会重建需要和平、稳定的社会环境和执政的权威。而派系林立争斗，教派、部落矛盾难解，民众无政府主义倾向严重，以及西方大国的插手干预，使得局势难以稳定，政府权威难以建立，经济重建也就步履维艰。突尼斯现有合法政党114个；利比亚过渡委员会内部派系多多，而部落矛盾因内战而加剧；埃及除了派系斗争外，信仰基督教的科普特人与穆斯林间的矛盾也在激化。而民众举行游行示威抗议已习以为常。强人统治被推翻，而重建所需要的稳定和权威短期内难以实现。在埃已爆发新一轮抗议活动；在利比亚，爆发新的武装冲突的可能性不能排除，也门局势并不因为萨利赫总统"交权"而稳定，叙利亚政府更是内外交困，陷入危机。可以预计已经和即将成立的新政府，由于党派斗争和"民意"的牵制，很可能都是弱势政府。

（三）地区格局发生变化。埃及仍处在动荡之中，已无法发挥阿拉伯世界的领袖作用，以沙特为首的海湾阿拉伯国家在阿拉伯世界的影响力在提升。阿盟决定对叙利亚实行制裁，就是海湾阿拉伯国家在发挥主导作用。但一旦缓过气来，埃及仍将是阿拉伯世界最重要的大国。阿拉伯世界经过这场动荡，元气大伤，内聚力和在中东地区以及在世界上的影响力减弱。地区非阿拉伯国家，土耳其、伊朗在地区的影响力则相应增强。土耳其与以色列关系恶化，极力介入阿拉伯国家事务，以扩大在中东地区的影响。土极力向阿拉伯国家推行它的发展模式。土对叙利亚态度强硬，在土叙边境举行军事演习。但是，土的雄心如过度膨胀，会引起阿拉伯国家的反感。伊朗则致力于建立伊拉克、伊朗、叙利亚和黎巴嫩真主党什叶派联盟。这不仅遭到美国的遏制，也不会为阿拉伯国家接受。阿拉伯世界尽管内部矛盾、分歧很多，难以真正团结一致，但毕竟是22个国家联合体，不会听凭土耳其和伊朗在中东发挥大的作用。

（四）美国的主导作用继续削弱。自冷战结束以来，美国长期在中东发挥着主导作用。在这场动荡中，美国压穆巴拉克交权，使得其他国家的当权者寒心；美国主导对利比亚发动空袭战，公然干涉叙利亚和也门内政，只会激发多数阿拉伯民众的反感。阿拉伯民众长久以来蓄积的反美情绪，没有因这场动荡而减弱，而是在加强。通过这场动荡，在不少国家，伊斯兰势力崛起。即使是伊斯兰温和派，它们的意识形态和执政理念与美国的中东政策格格不入。伊斯兰势力崛起和民众的民族主义情绪高涨对政府决策的影响力将加强。可以预计，动荡后的阿拉伯国家不可能像以往那样配合美国的中东政策。埃及过渡政府的外交政策调整就是一例。美国在中东的主导能力会继续减弱，但美国仍然是唯一的超级大国，其在中东的主导地位并未动摇。

基于同样原因，以色列的处境更加困难。

（五）阿拉伯国家向东看的倾向将继续发展。近几年来，在美国的霸权主义对中东造成巨大破坏，美国主导国际事务能力下降，发展中国家整体崛起，中国国力和国际地位明显上升，中东国家正在寻求适合自身国情发展道路的大背景下，阿拉伯国家向东看倾向加强。经过动荡后，阿拉伯国家仍将重视对美关系，它们在政治、军事和安全等许多方面还会有求于美，但寻求适合自身情况发展道路和借鉴新兴经济体国家发展经验的愿望只会更加迫切，阿拉伯国家向东看的倾向将会继续发展。

（作者为中国国际问题研究基金会理事、战略研究中心主任）

美国的中东战略及政策调整

刘宝莱

2011年伊始,阿拉伯政治风暴席卷中东大地,局势骤然动荡,美国深感震惊,处境被动、尴尬,五味杂陈,"表现得软弱无力,不知所措",似难再现昔日之霸气。这充分说明美国掌控地区事务的能力下降。究其因,美国中东战略出了大问题。对此,美等西方国家朝野和媒体均在反思。

美国中东战略失误

美国在中东战略中的最大失误是对阿拉伯国家和以色利奉行双重标准,既违反了联合国宪章的基本原则,也有违国际社会普遍公认的起码的公平、公正和道义。鉴此,美国人给自己带来了不愿看到的严重后果。

(一)美国的举动成为引发该地区动荡的一个重要诱因

多年来,美国在中东地区为所欲为,颐指气使,扶植亲美政权,使之社会基本矛盾日益激化,已引起广大民众的强烈不满。他们认为,政府总看着别人的眼色行事,使自己失去国际尊严，抬不起头来。因此，他们反美、仇美情绪日增。2011年2月13日，美国《华盛顿邮报》网站发表文章称："当美国和欧洲人认为阿拉伯国家表现出克制和合作时，阿拉伯人却觉得丧失了尊严和自主决策的能力"。1月下旬，埃及开罗街头的抗议者曾高呼反对美、以的口号。"对美国来说，民众起义暴露出对西方国家亦步亦趋、充当西方应声虫的阿拉伯领导人这一策略是错误的。这种策略只会令这些政府丧失名誉，对华盛顿则毫无裨益。美国给穆巴拉克政府的支持越多，损失的埃及民心就越大。阿拉伯国家的领导人已经领会到：在危机时刻，与美国的良好关系以及与以色列的和平协议通通挽救不了自己"。美国家研究所研究员恩格尔哈特认为，美国单边主义打开了中东动荡之门。目前，凡同美国关系密切的阿拉伯共和制国家，其政局大都较为动荡。正如美国国务卿希拉里·克林顿3月12日在一次会议上含蓄承认的那样："今天我们在中东地区权力平衡的急剧变化，使有利于美国和我们的地区伙伴的相对权力平衡倒向了有利于伊朗及其盟友的一边。""我们的可靠盟友越来越少。"在西方媒体文章认为，"美国不得人心的部分原因在于它支持以色列和不断羞辱巴勒斯坦人，部分原因在于它动辄使用武力为所欲为，还有部分原因在于它支持对其有用的阿拉伯独裁者。"

（二）反恐扩大化，越反越恐

美国对以色列镇压巴勒斯坦示威民众和武装力量熟视无睹，听之任之，而视诸如巴勒斯坦哈马斯、黎巴嫩的真主党等伊斯兰势力为恐怖组织，急欲除之而后快；美借反恐，分别打了阿富汗和伊拉克，至今仍深陷其中而不能自拔。小布什政府曾一度将反恐同伊斯兰教挂钩，激起了伊斯兰世界公愤。奥巴马执政后，虽一再表示美国不会同伊斯兰开战，但当前美的反恐战争毕竟仍在伊斯兰土地上进行，天天都有穆斯林丧生，令人发指。甚至阿富汗总统卡尔扎伊向美国和北约发出了要其撤军的强烈要求。3月12日，他在阿富汗东部的库纳尔省慰问死难儿童家属时说："我满怀敬意和谦逊地——而不是傲慢地——要求北约和美国结束在我们国土上的军事行动……我们是一个非常宽容的民族，但如今，我们的宽容已经到了极限。"3月19日，美国牧师特里·琼斯焚烧《古兰经》，点燃了阿富汗人的怒火。从4月1日起，连续数日，阿富汗的一些城市爆发游行，示威者呼喊反美口号、焚烧轮胎和路边车辆，以示抗议，并引发大规模冲突，造成数百人伤亡。"9·11"后七年来，美国进行反恐，耗资近3万亿美元，伤亡数万人，使其国内未再发生像"9·11"那样的恶性恐怖事件。然而，类似事件则在世界多处发生。本·拉登和"网络本·拉登"奥拉基先后被美国兵及其无人机击毙，使美国人为之一振，并出了一口"恶气"，或许为奥巴马总统2012年竞选连任起到一定的作用，但反恐局势依然严峻，"恐怖主义幽灵仍在全球徘徊"。巴基斯坦和阿富汗的塔利班组织制造了多起恶性恐怖事件。目前，大批"基地"组织成员正向也门、索马里集中，扬言将制造更大的国际恐怖事件，矛头主要指向美等西方国家。另外，7月22日，挪威奥斯陆市发生的挪威版的"9·11"，既打破了北欧和平神话，也震惊了全球。挪威天堂小岛、于特岛顿成人间地狱。由此"凸显欧美右翼威胁"。鉴此，美国"反恐"压力增大，今后仍为其国家安全战略之一，即使从伊拉克、阿富汗撤军。

(三)巴以争端依旧,令阿拉伯人心碎

巴勒斯坦问题乃中东问题之核心,已成为拖延时间最长、涉及面最广、情况最为复杂的老大难问题。巴以和谈,几经周折,反反复复,毫无实质性进展。迄今,双方和谈已经搁浅。以色列当局仍持强硬立场,拒不执行领土换和平的协议。这主要有美国撑腰。美国人一味偏袒以色列的立场助长了以的嚣张气焰。美视以为天然盟友,予以全力支持。在联合国,凡涉及以利益的多项反以议案中,美国基本上都投反对票,甚至在安理会使用否决权;在巴以问题上,美尚未向以充分施压。4月,法塔赫同哈马斯实现了和解。以色列总理内塔尼亚胡竟警告法塔赫勿接近哈马斯。他说:"巴勒斯坦当局正考虑实现和平,不是与以色列,而是与哈马斯。那么我要告诉他们非常简单的一点:你们不可能与以色列和哈马斯同时和平相处。只能二中择一,不能两者兼得。"美国噤若寒蝉,未吭一声。9月,阿巴斯以巴勒斯坦总统、巴民族权力机构主席的身份,正式向联合国秘书长潘基文递交了入联申请,遭到了美国的反对。美国明确表示,如安理会进行表决,美将使用否决权。另外,美反对联合国教科文组织批准巴成为正式成员的申请,并扬言将停止对该组织的资助。对此,阿拉伯人怎能不恨美国人呢?!

(四)催生了伊朗的"崛起"

美国打掉了伊朗的两个宿敌,伊拉克的萨达姆、阿富汗的塔利班,使伊朗赢得了较长时间的和平、稳定和发展。美从伊拉克撤军可能为伊朗"进一步干涉伊拉克内政打开绿灯"。美国驻军伊拉克早期广为流传一个笑话:"美国耗费数以亿计的美元入侵伊拉克,只是为了最终将它交给伊朗人"。现伊朗综

合国力大增,势力坐大,敢于对美说不,并同叙利亚、哈马斯和真主党等结成反美统一阵线。在中东地区,作为地区大国的伊朗,正发挥着日益重要的作用。该地区动荡恼了美以,乐了伊朗,大大减轻了伊朗来自美以的压力,并有助于伊改善同地区国家的关系。以色列欲对伊实施军事打击的图谋将化为泡影。伊朗最高领袖哈梅内伊认为,埃及、突尼斯和其他国家的"人民运动是伊斯兰运动,必须得到巩固"。他敦促伊斯兰世界捍卫"埃及的人民运动"难怪伊朗人对穆巴拉克下台如此兴高采烈。伊朗或许是这场动荡中的最大赢家。

(五)从此次动荡中,阿拉伯各国政府吸取了教训

阿拉伯各国政府正积极致力于政治、经济改革,发展民族经济,改善民生,扩大民主,惩治腐败,并适当同美拉开距离,以保持相对独立的形象,进而缓解来自广大民众的反美压力。值得一提的是,在穆巴拉克下台后,埃及同伊朗改善了关系,并同意伊军舰驶过苏伊士运河。针对美参议院对埃援助提出附加条件问题,9月29日,埃及国际合作部长纳贾公开表示:"在革命后,埃及和埃及人民绝不会接受任何有条件的外国援助。"因为埃及和埃及人民"是有主权和尊严的,主权和尊严高于一切"。据报道,"在突尼斯、埃及、黎巴嫩、巴林和也门对美国的不满是显而易见的,而且这种不满还渗透到了想要维持现有权力机构的临时政府的内部。这些国家新上台的政府可能对美国的计划不会再有那么高的热情,比如,对伊朗的计划。而且,它们可能还会被迫采取一种更为独立的外交政策。"

随着事态深化,将越来越证实美国中东战略的失利,或许美国将成为这场动荡中的最大输家。

奥巴马的中东"新思维"新意不多

面对当前中东的动荡局势,美国忐忑不安,深感忧虑,共和党和媒体一再发难,猛烈抨击奥巴马总统的中东政策。在此背景下,2011年5月19日,奥巴马总统在美国务院发表中东演讲,提出了中东"新思维",意在通过转而高调支持地区变革,化被动为主动,变消极为积极,继续稳执地区牛耳。

奥巴马的中东"新思维",基本上是老调重弹,其主要有如下特点:

(一)主导中东地区事务的决心未变。美战略东移,但绝不放弃中东。奥巴马的演讲,再次证明此论断。他讲了两点,一是,"美国中东政策必须改变";二是,"美国的命运注定与中东连在一起"。这意味着,美将通过调整中东政策,继续掌控中东。

(二)明确支持目前发生的中东大变革。奥巴马称:"过去6个月席卷阿拉伯世界的起义表明,靠压迫统治是行不通的。权力不应掌握在极少数人手中,中东和北非人民正在掌握自己命运。""美国的首要任务是推动这个地区的民主改革,支持言论自由、宗教自由;反对使用武力,支持向民主过渡。"5月19日,美国《华盛顿邮报》网站撰文认为,该讲话"加大对美国在该地区盟友的压力,要求这些国家推行持久的政治改革并与夙敌争取和平。"正如西方媒体讲得那样,美国见风使舵,属于典型的"实用主义至上"。

(三)仍以"老大"自居,粗暴干涉别国内政。奥巴马多次申明,美国"不当世界警察"。但这次,他老毛病又犯了,对别人指手画脚,说三道四。他要叙利亚总统巴沙尔作出要么领导民主转变,要么走人的选择;卡扎菲最终必须离开;也门总统萨利赫必须彻底贯彻他移交权力的承诺;劝说巴林当局和反对派开展对话。

(四)首次提出巴、以的永久性边界应建立在1967年边界线的基础上。对此,以色列总理内塔尼雅胡表示反对。包括巴勒斯坦在内的阿拉伯国家表示了谨慎的欢迎。5月20日,以色列《耶路撒冷邮报》网站撰文称,奥巴马总统阐述的和平进程原则大大偏离了美国长期以来的政策。他是第一位提出最后边界应以1967年的边界线为基础并加以双方同意的土地交换的在任美国总统。最令人吃惊的是,在巴民族权力机构决定与哈马斯寻求和解之后数天,奥巴马关于和平进程的阐述就出现了向巴勒斯坦立场靠拢的重大转变。但8月2日,《德国之声电台》网站报道,以色列政府愿就1967年边界与巴谈判。

美国开始调整中东政策

随着奥巴马中东"新思维"的出台,美国政府对中东政策的调整日渐清晰,并取得了一定的效果。目前看来,主要有以下几点:

第一,由力保亲美政权,转为支持地区变革,但不同国家,区别对待。对共和制国家采取一换(即换马,如迫埃及、也门总统下台),二稳(纳入美路线图,实现平稳过渡,建立美式民主);对君主制国家,则一改(即推动其适度改革),二保(力保其政权)。

第二,打造埃及"民主过渡"样板,以促其他国家仿效。

埃及巨变之初，美国颇感突然。但美很快将埃及政局的发展纳入其设计的路线图之中，其中包括埃军事集团接管政权、穆巴拉克下台、政府改组、修宪、全民公决乃至议会、总统选举……3月15日，作为首次出访"新埃及"的美国国务卿希拉里呼吁埃及人完成他们"未竟而又脆弱的民主过渡"，使之"成为阿拉伯全面民主的典范"，"确保其和平革命取得成功"。她说，该国通往选举和更大范围自由的道路将是艰巨的，但是，美国会提供帮助。美联社认为，美国把埃及视为整个中东地区改革的先头部队，急于阻止利比亚、巴林、也门或其他国家的事态打断埃及的改革。3月19日，埃及就修宪进行全民公投。据20日公布的最终结果显示，77.2%的选民支持修宪，这"为议会和总统选举在数月内举行铺平了道路"。

然而，埃及国内政局不稳，群众游行不断，宗教械斗四起，盗贼横行，犯人越狱，经济下滑，市场萧条，民怨上升。埃财政部长称，自埃政局动荡以来，经济损失已高达35亿美元，其中旅游损失20亿美元。在此情况下，通过经援，美欲稳住埃及，使之沿其轨道走下去。埃及"模式"的成功，将对阿拉伯世界起到一定的示范效应。在5月下旬的八国峰会期间，美促成了峰会宣布对中东地区国家提供经援，"多国银行承诺提供200亿美元援助，其中欧洲投资银行将于2011年—2013年向埃及和突尼斯提供35亿美元，以支持其社会和经济改革进程"。又有报道，法国总统萨科齐提议将援助金额提高到400亿美元。然而，埃及形势有些不妙。10月9日晚，埃及街头又爆发大规模骚乱，"在这起自2月总统穆巴拉克被赶下台以来最严重的教派暴乱中，至少有24人丧生，200多人受伤"，其"目标直指目前统治埃及的军事委员会。"当地媒体"已开始争论军方是否会信守推动民主进程的承诺"。11月下旬，埃及数万民众走上街头，要求军方立即交权，并与警察发生冲突，造成千余人伤亡，埃内阁集体辞职。美表面上反对流血，实际上，支持埃军方稳定政局。11月28日，在一片混乱中，埃及议会第一阶段选举拉开了序幕。12月2日报道，穆兄会的自由与正义党获胜。随后，美积极做穆兄会的工作，争取将其拉入美轨道。

据分析人士认为，美国仍在阿尔及利亚、苏丹等国积极策划动军方接管政权，按埃及模式，迫其总统下台，进而实现"民主过渡"。美国务卿希拉里对美《时代》周刊记者宣称："我们一直在设法影响其（即阿拉伯国家）方向……我们想按照我们的价值观和我们的利益来发挥领导作用。"

第三，打压利、叙、也。"顺我者昌，逆我者亡"，这是美国人的既定方针。对中东诸国，美亦如此。美一手策划捣卡行动，先是推动阿盟、法英发难，促成联合国安理会通过1973号决议，后又幕后指挥，让法国打头阵，实施对利空中军事打击，3月31日将在利设禁飞区的指挥权交由北约执行，以此达到既将北约推向前台、避免自身陷入利泥潭，又搞垮卡的一石三鸟的目的。在此情况下，"奥巴马主义"应运而生，"它具备三个方面的内容：首先，人道主义的出发点保证了美国军事行动的合法性；其次，这种军事行动，应该受到严格限制，尤其不应该涉及地面部队；第三，军事行动必须是多边的，其他国家应该在可能的时候，分担责任，并占据主导地位。"但"奥巴马主义"在利实验田里开始水土不服，消化不良，甚至肠梗阻。但最后还是助利比亚反对派推翻了卡扎菲政权。美媒体又吹嘘这是"二战"后最成功的一次，特别是零伤亡、耗资少（约10亿美元）。

美对叙利亚和也门，以压为主，敲山震虎，尤其是对叙总统巴沙尔等政要,实施不同程度的制裁,逼其就范。希拉里国务卿公然干涉叙内政,说什么巴沙尔总统"已经丧失合法性"。11月2日,美国白宫发言人杰伊·卡尼在例行发布会上强调:"我们的立场没有改变,阿萨德总统已丧失执政合法性,应当下台。"美除加大对叙多方制裁外,目前又推动阿盟全面制裁叙,借以压垮巴沙尔政权。对于也门,萨利赫总统已按美意图交权。

第四,默认巴林"维稳"模式。自2月14日,巴林局势动荡后,美国国防部长盖茨仍予往访,以示支持。与此同时,美对海湾合作委员会的半岛之盾部队开进巴林,并同巴军警驱散示威者的举动,置若罔闻。一位美国官员说:"从巴林开始,奥巴马政府朝着稳定重于多数决定原则的方向调整了几个档次。大家都意识到,巴林太重要,所以绝不能垮。"英国广播公司网站载文指出,美中东政策将"私利"摆在首位,因为"巴林……是美国的盟国"。

第五,为沙特等君主制国家"支招",推动其进行政治改革,以缓解来自地区动荡的冲击波。3月5日,美国《华尔街日报》报道,"奥巴马政府正逐渐确定一项中东战略:帮助愿意改革的长期盟友保住政权,即使这意味着刚刚受到鼓舞的中东民众对于全面民主的要求可能不得不继续等待。""美国不会马上推动政权更迭——就像它在埃及和利比亚不同程度所做的那样——而是会呼吁从巴林到摩洛哥的示威者与现任统治者合作,实现某些官员和外交官所说的'政权改变'。"新确定的方针将有助于放慢起义的步伐,避免更多暴力事件(这也是美国政府的当务之急),而且也有助于维持重要的战略联盟。"在此情况下,各国大都采取措施,进行改革,尤其是改善民生。比如,2月23日,沙特国王阿卜杜拉由美国回国的当日,即宣布向沙《发展基金》注资400亿里亚尔（约合107亿美元），用于帮助公民买房、成家和创业，并为政府职工增加15%的生活补贴和向青年提供一年的失业救助。3月18日，路透社利雅得报道，阿卜杜拉国王宣布，再向他的国民发放几十亿美元的福利并增加安全保障……法令包括增加福利、提高包括军队在内的公务人员的奖金及大规模兴建住宅。此外，科威特予以每户1000第纳尔（约合3500美元）的补贴；巴林向每户发1000第纳尔（约合3000美元）的红包。约旦政府宣布拨专款2.83亿美元，用于提高职工和退休人员的工资和退休金。阿拉伯君主制政权现相对稳定。另外，美正"想方设法在海湾构建新的"安全架构，打造"较强大的多边安全联盟"，在从伊拉克撤军后，应对不测。

第六，重点敲打伊朗。伊朗是中东地区唯一挑战美霸权的地区大国，故美对伊有四忧，一忧，伊拥核，掌握研制核武技术；二忧，伊势力坐大，同叙、黎、哈马斯、伊拉克什叶派和阿拉伯其他国家的什叶派激进势力，结成更广泛的反美统一战线；三忧，伊继续力挺叙现政权；四忧，美从伊拉克撤军后，伊填补地区实力真空。鉴此，美借"暗杀门"和国际原子能机构对伊朗核问题的报告，大肆渲染，大做文章，高调反伊。伊朗学生冲击英国驻伊使馆事件，加速了西方制裁伊的步伐。美更是火上浇油，唯恐天下不乱，一定要严厉制裁伊。与此同时，美煽动伊国内闹事。希拉里国务卿曾"热情赞扬"伊朗反政府抗议活动的"勇气"和"抱负"，并敦促德黑兰"学习埃及榜样"，开放"其政治体制"。叙利亚南部城市德拉市发生动乱后，美国国防部长盖茨借此煽风点火。他说，叙利亚人民应仿效埃及的榜样。叙军队应"授予革命的权力"。其实，美国在引火烧身，并尝到了"占领华尔街"抗议活动的苦头"。当下，美国社会进入一个"多事之秋"的时期。

第七，在巴、以永久性边界划分上，尽管奥巴马后来表态有所倒退，但他还是首次提出了有别于其历届总统的主张。这既符合美支持的联合国安理会242号决议，也有利于赢得阿拉伯世界的好感，进而缓解美、阿矛盾。当然，要真正落实，绝非易事。此外，美改变了反恐方式，由过去的大张旗鼓、全面开花，转为悄悄进行、重点突出，并缩小了打击面。

（作者为中国国际问题研究基金会理事、中东研究中心主任、中国人民外交学会前副会长、前驻中东大使）

巴勒斯坦问题的现状和前景

李国富

阿拉伯世界大动荡给中东地缘政治格局、地区国家政局带来了巨变，也对巴勒斯坦问题，以及巴以关系产生了重大影响。9月巴在联大申请成为联合国正式成员国（"入联"），试图另辟捷径，摆脱原先解决巴问题的框架。巴此举遭到美、以坚决反对，美甚至威胁要动用否决权阻止巴"入联"。中东地区出现的新局面和巴"入联"的努力能否推动巴问题的解决，引人关注。

一

自巴勒斯坦问题产生至今已60多年了。在这漫长的岁月里，巴问题大体上分两个大阶段：巴以武装冲突、互不承认的前期40多年和近20年双方试图通过和谈解决巴问题。在经历了长期刀光剑影、相互厮杀后，巴以终于在1993年签署了奥斯陆协议。双方承诺，将在联合国相关决议的基础上，以"土地换和平"的原则，通过和谈的方式，分3个阶段，用7年时间实现两个民族和平共处。奥斯陆协议的签订意味着巴不仅接受了安理会分治决议,更重要的是,巴承认了以超出分治协议对巴约50%领土占领的现实,巴通过和谈努力的是争取在另一半领土上建立自己的国家。通过近7年奥斯陆和平进程,巴权力机构在西岸60%多的区域和加沙大部分地区实现了民事管辖权。但巴以在最终地位谈判中,未能就两国边界、耶城地位、巴难民、以定居点等关键问题达成协议。2000年9月,以强硬派领袖沙龙执意参观圣殿山后,巴发动了第二次"武装起义",奥斯陆和平进程难以继续。

奥斯陆进程失败后,以的"单边行动"和巴内部政局的变化加大了巴问题解决的复杂性和难度。以"单边行动"有二:第一,在西岸修建安全墙。2002年6月,以为防止巴激进分子潜入境内破坏,沿1967年"绿线"在西岸修建了600多公里长的"安全隔离墙",将一些大型犹太定居点划入以一侧。据以人权组织提供的数字显示,隔离墙使以又侵占了16%的巴在西岸的领土。第二,"丢加沙、保西岸"。2005年9月以单方面撤出加沙。加沙地区面积仅365平方公里,巴人口密集,约120万,是一个无论有无和平协议以都要放弃的地区。以主动撤出加沙,甩掉一个沉重包袱,有利于巩固在西岸地位。西岸陆地面积5659平方公里,巴人口只有200多万。

巴内部也有两大事件对巴和巴以关系产生了重大影响。第一,2004年底,阿拉法特去世后,其副手阿巴斯接任。美、以之前视阿巴斯为巴温和派领袖,理想的和谈对手,但很快发现阿巴斯无力接受被阿拉法特拒绝的协议,巴以在最终地位问题和谈仍难有突破,和谈再次陷入僵持。第二,巴分裂为二。2006年,哈马斯在巴首次大选中战胜长期执政的法塔赫,一跃成为巴议会最大的执政党,但因其拒绝承认以色列和拒绝放弃武装斗争而被美、以和西方视为"恐怖组织"遭到抵制。

2007年，哈马斯在武装冲突中将法塔赫逐出加沙地区，形成哈马斯控制加沙，法塔赫控制西岸的分裂局面。2008年底，以发动"铸铅行动"想摧毁哈马斯，但未果。之后，以对加沙实施全面封锁至今。

二

奥巴马与美历届总统不同，他入主白宫后就异常重视推动巴以和平和改善与阿拉伯国家的关系。在就职第二天，奥巴马就分别与巴、以、埃及和约旦等中东国家领导人通电话；次日，任命前参议员米切尔为中东问题特使。此后，美副总统拜登、国务卿希拉里、国家安全助理琼斯等高官接踵访问巴以，米切尔更是频繁穿梭巴以间，劝和促谈。奥巴马上台后在巴以和谈问题上投入了大量的精力和政治资本的重要原因不仅出于"变革"的竞选口号，力图塑造有别于小布什政府的中东政策，更重要的是其对巴以问题的认识与之前美历届政府的看法有了重大变化。奥巴马认为，巴以长期冲突和美在巴以问题上一味偏袒以的政策不仅是地区滋生反美极端分子的沃土，损害美声誉，还进一步危及到美官兵和国民在伊拉克和阿富汗的生命安危，对美有切身的利害。因此，奥巴马将推动巴以和平看成是美改善与伊斯兰国家紧张关系，重组地区盟国阵营，遏制地区反美势力，重塑美在中东地区声誉、领导地位，维护美在地区战略利益的重要举措。

就在奥巴马想在巴以问题上有所作为时，以鹰派人物内塔尼亚胡2009年3月出任以总理，并组成了以历史上最"右"的政府。内塔尼亚胡只是勉强接受"两国方案"，更多的是强调以"安全换和平"代替"土地换和平"的原则,并认为以面临最大的威胁是伊朗核问题。可以说内塔尼亚胡在巴问题上的立场与奥巴马是南辕北辙。在5月当选后首次访问美时,内塔尼亚胡就与奥巴马在巴问题上闹得不欢而散,两人关系就此结下了疙瘩。以拒绝接受巴要求以暂停定居点扩建为恢复双方直接谈判先决条件。内塔尼亚胡感到无比愤怒的是奥巴马竟公开支持巴的先决条件向以施压,在其二次访美时竟遭白宫冷落,奥巴马与内塔尼亚胡的矛盾公开化。

在美和国际社会的巨大压力下,内塔尼亚胡于11月被迫宣布部分冻结定居点扩建十个月。这样在美极力撮合下,阿巴斯和内塔尼亚胡于2010年9月2日恢复了正式会谈,并达成三点共识:1. 今后双方两周会谈一次;2. 双方同意为最终缔结和平达成框架协议;3. 双方力争一年内完成最终地位谈判。尽管巴以和谈开端不错,但因以拒绝在9月26日后延长冻结扩建定居点的期限,而巴坚持只有在以冻结扩建定居点的前提下才继续和谈,就这样刚刚开始的巴以和谈再次陷入僵局。

奥巴马试图在巴以间一碗水端平,因此,在犹太人定居点问题上坚持向以施压,导致与内塔尼亚胡关系紧张。奥巴马的做法触动了美国内政治的神经中枢,遭到美犹太院外集团和保守势力的强烈反对。在中期选举失利后,民主党逐渐对奥巴马的政策提出质疑。此时,奥巴马已将如何能在2012年大选中蝉联置于优先考虑的事宜。为争取犹太援外集团的支持,平息党内的不满,削弱共和党的反对,奥巴马开始调整在巴以问题持"公正"的立场,公开放弃之前对以施压政策,回到了美历届政府传统的政策,转而向巴施压,要求巴接受无条件恢复与以直接谈判。

三

多年与以和谈毫无成果使阿巴斯备受压力，不仅遭到哈马斯的指责，还引起了巴民众不满。面对奥巴马的退让和内塔尼亚胡的强硬立场，无奈的阿巴斯只能寻找新的途径来争取国际社会更多的支持。2010年10月，他向阿拉伯国家领导人提出，如和谈失败，阿拉伯国家应敦促美接受巴在西岸、加沙和东耶路撒冷领土上建国；如美不接受，阿拉伯国家就应要求安理会接纳巴为联合国正式成员国。为此，巴派出多个代表团走访世界各国，争取对巴建国的支持。

阿拉伯世界的动荡也波及到巴政局。巴民众除了要求巴权力机构廉洁外，更多地是呼吁法塔赫和哈马斯的团结。美在2011年2月否决了安理会谴责以扩建定居点决议后，阿巴斯认为奥巴马为争取蝉联，在2012年美大选前已不再会"关注"巴问题了。在恢复和谈无望的情况下，阿巴斯一面回应巴民众的呼吁，在埃及军政府的促和下，与哈马斯就巴内部团结达成了协议。一面于6月高调宣布将于9月联大期间"申请入联"。阿巴斯申请入联也是要推动奥巴马压以在定居点问题作出让步，以便巴以能恢复和谈。

美以坚决反对巴"申请入联"的"单边行动"。以发誓将对巴的"单边行动"采取严厉的报复措施。美多名议员扬言，如巴坚持入联，美将终止每年向巴提供5亿美元的援助；奥巴马更直接地表示，美将动用否决权阻止巴成为联合国成员国。巴"入联"虽本身并不能改变以对巴领土军事占领的现实，但其结果对以来说将是可怕的"噩梦"。1. 联合国将会承认1967

年"绿线"为巴边境，包括约旦河西岸、加沙地区和东耶路撒冷为巴领土，将会使以历届政府支持犹太人在西岸扩建定居点变为"非法"占领巴领土。2. 巴作为联合国成员国，是一个对其领土、领海和领空享有充分主权的国家。3. 如以拒不从巴领土撤出，巴便有"资格"到国际法庭状告以对另一个联合国成员国的军事占领，使以今后将长期面临着巨大的政治、外交和道义上的压力。奥巴马清楚如在安理会否决巴"入联"，美将为此付出巨大的政治、外交和道义代价，有损美在中东的战略利益。为避免陷入如此困境，美一面动用其资源拉拢一些安理会成员，使巴"入联"提案得不到多数成员国的支持；另一面推动"国际四方"提出解决巴问题的"应急"方案。

2011年9月23日，阿巴斯不顾美以反对在第66届联大正式递交了希望成为第194个联合国正式成员国的申请。巴在申请书中表示，巴民众在经历了几十年的流离失所和外国军事占领后，根据联合国和安理会诸多的相关决议，联合国有责任接纳巴在1967年边界内，建立以东耶路撒冷为首都的巴勒斯坦国。巴的申请由于美的坚持至今仍处在"审议"中。11月初，联合国科教文组织大会通过正式接纳巴为成员国，使巴在"申请入联"的道路上取得了阶段性成果。

四

奥斯陆和平进程失败后，巴以之后曾多次举行谈判，均未有实质性突破，其中原因错综复杂，但最主要的是以拒不执行安理会第242号决议，拒不接受1967年战争之前的"绿线"作为巴以两国边境线。不仅如此，以历届政府还不停地在西岸被占领土继续扩建犹太人定居点，制造新的障碍，使巴问题越加难以解决。展望巴问题解决的前景，在短期内还看不到曙光，其前景相当悲观，主要原因是自奥斯陆协议失败后，以社会包括民众和政党整体上"向右倾斜"，解决巴问题的态度日趋强硬。

1. 以认为，奥斯陆协议和主动从加沙撤出不仅没有给以带来安全环境，还增加了安全"隐患"，对巴尤其是对哈马斯等巴极端力量要"解放整个巴勒斯坦"的目的心有余悸。而2006年修建的"安全墙"使以民众感到有了相对的"安全"保证。因此，在没有绝对安全保障的前提下，以对解决巴问题没有紧迫感。

2. 以历届政府鼓励在西岸修建定居点。以大批新移民到以后，最理想的安家之处是西岸定居点，价廉优惠，结果造成犹太人在西岸的定居点越来越多，规模也越来越大。目前以在西岸定居点有160多个，人口达50万，以现任外长利伯曼就是来自西岸定居点，他坚决反对在扩建定居点问题上向巴让步。扩建定居点问题现已成为巴以启动和谈的重大障碍。

3. 以政治过去还有左右之分，工党代表左翼，利库德代表右翼。而近些年来，随着以社会的"向右倾斜"，以左翼力量急剧萎缩，被边缘化了。2005年，以"老右派"，利库德党魁沙龙组建了一个包括部分利库德和工党成员的"前进党"被视为是以政坛中间偏右政党。前进党在2009年初的选举中虽以第一大党胜出，但以右翼政党集团则赢得了议会多数，结果前进党不得不让位于右翼政党代表利库德组阁新政府。据以民意调查，如以现在举行大选，右翼政党集团将稳操胜券，这种趋势在近期难以逆转。

4. 虽以大部分民众认为，通过"两国方案"来解决巴问题是保持以色列犹太人民族特性唯一的选择，有的人甚至认为对以生存最大的威胁不是来自伊朗核问题，而是来自得不到解决的巴问题。但现实是，为最终解决巴问题以准备作出的牺牲与巴民众的要求存在着巨大的差异。"巴要求以归还的，以不会给；以愿意给巴的，巴又不会接受"。

5. 以总理内塔尼亚胡不会成为缔结巴以和平的"勇敢者"。内是以政坛著名的硬派人物，反对巴建国。由于国际社会的压力，内在2009年3月主政后立场虽有所改变，但坚持巴必须承认以国家地位，放弃建立武装部队，放弃对领空的控制，只保留可有效维持治安的安全部队。以只有在得到巴非军事化的"国际保证"和有效控制巴西岸边境后，才能承认巴建国。内塔尼亚胡对巴建国的立场实际上是将巴视为一个"政治实体，而非享有主权的国家。即便是这样，内还是认为，阿拉伯国家的动荡恶化了以安全环境，再加上来自伊朗核威胁和地区极端势力的威胁，以当务之急是安全而不是与巴的和平。

6. 在巴以对峙中，以强巴弱。不仅如此，以还得到了美长期一贯的、无条件的偏袒。当前美共和民主两党领袖为了能赢得2012年大选，极力争取美国犹太集团的支持。在这样的政治氛围下，作为巴以和谈的主导方，奥巴马总统是不会为了推动巴问题的解决而去得罪以色列的。

但与此同时，在展望巴问题前景时还应看到2011年以来阿拉伯国家动荡对巴问题和巴以关系的影响。如之前在美无条件支持和阿拉伯强人政权的默认下，以还能在一个相对安全和宽松的环境下维持对巴占领，那么一些阿拉伯国家的政权更迭已改变了以与周边阿拉伯国家的关系。阿拉伯民族主义的提升，民众参政意识的增强，民意将会在阿拉伯各国未来政治中发挥重要的作用，这会迫使阿拉伯国家无论谁上台执政都无法轻视民意，无视以对巴继续强行军事占领这一民族之痛。土耳其与以关系的恶化，埃及民众冲击以驻开罗大使馆等都与巴问题有密切的关系。

此外，内塔尼亚胡领导下的以色列与欧盟国家的关系也日趋紧张。欧盟多次发表声明指责以在西岸的定居点扩建政策，连以在欧盟中最铁的盟友德国总理默克尔也"怀疑内塔尼亚胡对和平的诚意"。在巴"申请入联"问题上，以在国际社会陷入空前孤立，以至于以主流媒体认为，以外交正经历着一场可怕的"政治海啸"，以左翼媒体直接将这一切归咎于内塔尼亚胡的右翼政府。

最重要的是美以关系也在发生微妙的变化。华盛顿著名智库——战略与国际问题研究中心（CSIS）前不久发表的美以关系研究报告指出，奥巴马总统与内塔尼亚胡总理在巴以问题上的争吵除了两人性格差异和价值观取向不同外，还有着更深层次的原因，反映出两国国内政治发展的变化，以往两国共享的价值观和共同利益正在渐行渐远。尽管美以关系目前仍非常密切，但在中东地区发生深刻变革后，美今后要想继续维护中东地区的战略利益，就必须推动巴问题早日得到解决。

面对世界的变化，中东地区的变化和巴以关系的变化，以一些仁人志士已深刻地感到，只要巴问题不解决，以就不会有和平，因此是到了以改变对外政策、特别对巴政策的时候了。以必须拿出诚意争取早日与巴达成和平协议。但遗憾的是目前还看不到以政治家中有这个政治意愿和敢冒风险的"勇敢者"。

（作者为中国国际问题研究所研究员）

阿拉伯四国政局走向

顾正龙

2011年世界发生最大变化的地区，当属中东的阿拉伯世界。肇始于突尼斯的社会动乱，在阿拉伯世界引发了史无前例的大规模反政府示威游行和抗议活动，并产生了奇异的"蝴蝶效应"，从细波微澜演化成巨浪滔天，似海啸般突如其来。

动荡的发生似乎并无预兆。2010年12月17日，突尼斯一个26岁青年因抗议"粗暴执法"举火自焚，竟然揭开了中东地区剧烈动荡的序幕。统治突尼斯23年的本·阿里总统在大规模市民示威活动和暴动的打击下逃出突尼斯，去沙特阿拉伯寻求避难；受突尼斯"茉莉花革命"的影响，埃及民众于2011年2月11日推翻了统治近30年的穆巴拉克政权，在骚乱爆发18天后穆巴拉克被投进监狱并接受审判；接着，法、英、美等西方国家以"保护利比亚人民"名义，对利比亚发动了半年的空袭，10月20日，卡扎菲终于在被俘后死于非命。利比亚成为继突尼斯、埃及之后第三个陷入"政治地震"的阿拉伯国家。动荡究竟会蔓延多少国家，独裁体制崩溃的多米诺骨牌将持续多久，仍在执政的其他阿拉伯领导人也许正在思考这三位阿拉伯独裁者留下的教训。

一、埃及局势持续动荡，各派势力较量加剧

2011年2月，埃及总统穆巴拉克被迫下台，武装部队最高委员会接管国家权力。但军方执政10个月以来，情况未见好转，抗议示威此起彼伏，经济民生几陷瘫痪，临时政府不断更迭，安全局势不容乐观。新的执政当局并没有给埃及带来自由民主、稳定繁荣。一些失去耐心的愤怒示威者吃惊地发现，年初那场所谓的"阿拉伯之春"的"革命"将"前领导人"送进了囚笼，却迎来了新的动乱，只不过掌权人变成军方领袖。一名示威者称："军方窃取了我们的革命，我们1月开始革命时拥有希望，现在却没有安全、没有钱、没有工作。我们要开始一场新的革命。"后穆巴拉克时代的埃及，国家政治、社会和经济等方面仍然处于不稳定甚至混乱状态。

备受瞩目的埃及人民议会选举11月28日正式拉开帷幕，这是自穆巴拉克下台后首次举行的议会选举。此前，埃及经历了10个月的权力真空期，很多人希望这次选举能开启埃及民主新进程。据统计，约50多个政党的候选人参加人民议会选举，而独立候选人数量远远超过政党提名的候选人，多达6500余名。此次人民议会选举共分成三次投票，2012年1月中旬才能出炉最终结果。人民议会选举之后，还有协商会议（上院）选举、制宪会议完成立法程序、总统选举并产生行政机构等步骤。换言之，从人民议会选举开始，到最终实现军方交权，这一过程持续至少半年到一年以上。由于参与政治的力量越来越多元化，政治共识越难以凝聚。一党独大的旧政权被推翻后，各种政治力量群起逐鹿，试图引导局势朝有利于己方的方向发

展,埃及民众与掌控政治权力过渡的军方对立情绪在不断加深,解放广场上的抗议者与军警冲突不断,甚至多有死伤。政治重建仅走完程序就耗时如此之长,动荡的风险恐怕不会因选举开始而减小,埃及人民现在还要面对的是来自军方和其他政治势力之间的较量,社会随时可能酝酿新的不安与躁动。

埃及议会的第一轮选举结果,使得西方世界、尤其是美国不知所措。在开罗地区举行的选举中,初步结果显示:穆斯林兄弟会获得大约40%的票数,赢得多数。原来估计,努尔党只得15%左右的票。而最新的估计,努尔党可能得到30%的票数。自由派政党组织的得票率预计为第三位。各方很早就普遍认为组织完备的穆斯林兄弟会会成为这次选举的最大赢家。西方和以色列媒体对穆兄会预期成为"后穆巴拉克时代"主导埃及的政治力量忧心忡忡。以色列《耶路撒冷邮报》甚至评论称,穆兄会在埃及政坛崛起后,今后以色列和哈马斯的任何冲突将演变为地区战争。与此同时,在另一个北非国家摩洛哥,伊斯兰政党公正与发展党也赢得了议会选举。一些观察家认为,一旦穆兄会在埃及议会选举中胜出,北非政局将向"伊斯兰化"迈出最重要的一步,这同美国等西方大国的初衷背道而驰。

分析人士认为,主宰埃及政治进程的历来是军事力量,军人是积极参与国家现代化、吸引创新技术和推动国家不断发展的主要力量,因此他们不会离开政治舞台。反对派未必有推翻军政权的实力,军政府可以削弱"穆斯林兄弟会"的势力,该组织在选举前后一直在搅局,如果继续积极煽动暴力冲突,不排除军方执政当局取消选举结果或再次取缔该团体的可能性。

军队不再掌管国家是完全可能的,但成为总统的很可能是军方安插的人。埃及军方不会轻易将政权交给民选政府,尤其是存在穆兄会当权的隐患下，一方面军方必须考虑既得利益的因此丧失；另一方面又必须考虑未来民选政府的反攻倒算。军方很可能退居幕后，将政权交给一个能在其控制范围内的民主政府，用直接或间接方式继续掌权。可以预料，各党派和军方的角逐和斗争在今后一段时间将可能更趋激化。目前斗争的焦点不仅是选举本身，而且是埃及民选议会和政府成立后，军方在未来政治中的作用和取向，这不仅将决定埃及未来的政治面貌，其影响也将辐射整个中东地区。

二、利比亚重建进程任重道远

卡扎菲政权垮台后，利比亚各派长期被压抑的政治欲望得以释放，从而不可避免地引起了一场权力争夺战。受制于各政治派别内部分歧和地方利益纷争，利比亚过渡政府的组建一波三折。11月24日，利比亚过渡政府终于在首都的黎波里宣告成立。包括过渡政府总理阿卜杜勒·凯卜在内的过渡政府19名成员出席了就职宣誓仪式，但有1名副总理和7名部长缺席。新总理凯卜强调：过渡政府的首要任务是重塑社会稳定，协助"全国过渡委员会"实现全国和解，善待死伤者及其家属，重建司法体系，整合全国军队以及在互相尊重和维护共同利益的基础上与其他国家建立合作关系。

利比亚过渡政府虽然成立，但卡扎菲长达42年的独裁统治给利社会造成了严重伤害。围绕政治、经济等利益的争斗并未结束，加之仍不稳定的安全局势，利仍面临诸多未知挑战。近日，利新政府成立后，连续爆发多处不同派系武装之间以及与过渡政府之间的武装冲突。利新当局束手无策，很难协调好各派武装之间的关系。利比亚班加西数百名群众 12 月 12 日举行集会游行，指责新政府缺乏透明度以及赦免卡扎菲时期士兵的计划，示威者强调，"全国过渡委员会"主席贾利勒必须下台，否则人民将发起第二次革命。这是利过渡政府成立后首次遭遇民众的抗议。

利过渡委员会的反卡扎菲武装原本以推翻卡扎菲政权为共同目标。一旦这一目标实现，由民族主义者、伊斯兰教徒、自由主义者、世俗派、职业政客、部族领袖、军队指挥官和结束流亡的精英人士组成的这支力量的内部就会产生分歧。在权力分配斗争中，各部落、地区和民族力量之间会爆发冲突。利比亚有至少 150 个部落，这些力量在未来国家重建过程中将提出各自的政治诉求。同时，如何妥善安置前朝官员，也是新政府必须审慎处理的问题。如果一味排挤他们，这些人可能除了斗争别无选择。新政府一旦未能控制局面，爆发新内战，会给"基地"等恐怖组织提供庇护所，沦为也门及索马里的翻版。

内战释放了利比亚多年来积累的部分仇恨，但余波继续存在。据初步统计，在卡扎菲执政期间，利比亚大约有 4000 人到 5000 人失踪。在 2011 年 2 月到 10 月的内战中，大概有 2.5 万人失踪。利执政当局武装事实上"以牙还牙"，对卡扎菲抓捕后即刻击毙，卡扎菲的女保镖等大批支持者被枪杀。但问题是利比亚的未来是否会陷入报复的恶性循环，而无法建立民主、文明的新制度。联合国安理会已注意到利比亚"全国过渡委员会"发出的"解放宣言"，期待出现一个"包容、有代表性"的过渡政府，并强烈敦促当局采取一切必要步骤，防止冤冤相报的血腥复仇、任意拘留和未经司法程序的处决，有责任保护其民众，包括外国国民和非洲移民。

卡扎菲政权垮台，对其他阿拉伯政权产生了较深影响。西方媒体目前正热衷于炒作所谓的"利比亚模式",并把目光聚焦于叙利亚。而在示威浪潮此起彼伏的叙利亚,众矢之的的领导人也许希望利比亚"越乱越好",这样便有理由坚持拒不下台。

利比亚局势进入了一个新的发展阶段,它也标志着西亚北非地区局势动荡一年来,面临一个新节点。利比亚局势未来如何发展,地区局势向何处去,将直接影响中东的未来。利比亚局势再次证明,地区国家自身存在的一些政治、经济以及社会问题是造成政局动荡的重要诱因,以西方国家为主要影响力量的外部因素也起着重大甚至是决定性影响。利比亚之后西方在中东地区的下一个目标定位值得高度关注。

三、阿盟缘何制裁叙利亚

阿拉伯国家联盟外长特别会议11月16日正式确认中止叙利亚的阿盟成员国资格,从而使叙利亚成为2011年以来继利比亚之后第二个、阿盟历史上第三个被中止成员国资格的国家。

阿盟外长是根据此前在开罗召开的紧急外长会议上通过的一项决议作此宣布的。这项决议内容还包括:对叙利亚实施经济与政治制裁;若叙利亚不能执行阿盟提出的和解协议,阿盟将开启与叙利亚反对派的对话;呼吁阿盟成员国根据主权决定是否召回驻叙大使。

这项决议是其1945年成立以来所发表的干预成员国事务最强硬的一份声明,俨然是最后通牒。此举表明,阿拉伯世界作为一个整体对叙利亚施加压力,起了西方国家无法取代的作用。阿盟从"调停者"到"施压者"的角色变化,引发叙利亚政府强烈不满。叙利亚驻阿盟代表指出,"阿盟是按美国人的命令行事。"美国《华盛顿邮报》则赞赏道,这是一个重要的历史时刻,游戏规则正在发生改变。此项举措表明,阿盟从统治者和铁腕人物安睡的温床,转变成了更具活力的地区联盟。

分析人士指出,阿盟中止叙利亚成员国资格的重要性在于,阿拉伯国家对巴沙尔政权逐渐形成了一致反对立场的同盟,终于消除了阿拉伯世界对这个政权的庇护,不仅谋求施压并要孤立该政权,而且将越来越多地着眼于后巴沙尔时代的叙利亚。阿盟公开与叙利亚对立,将为联合国安理会对巴沙尔政权实施制裁扫清道路,为国际社会向叙利亚政权施压创造条件。阿盟的决定还可能有助于团结叙利亚反对派,并产生"激励和融合"作用,叙利亚越来越接近暴力推翻政权的时刻。

阿盟所以在叙利亚问题上"变脸",一是对叙未能履行旨在结束对抗议活动长达8个月血腥镇压的阿盟和平计划感到失望。阿盟方面称,4个月来,阿盟一直就停止暴力流血事件问题与叙政府保持接触和磋商,但这些努力都没有取得成效,叙利亚政府未能兑现承诺,因此只能被迫作出这一决定。

二是阿盟孤立叙利亚的决定旨在拉近与阿拉伯民众的距离。阿盟成员国担心公众指责他们在制止屠杀方面毫无作为,也担心自己会被指责为叙利亚的同谋,还担心自己的国家也会出现一些声援叙利亚人的游行示威。他们既担心自己的国家会受到动荡的冲击,同时又担心在这场谴责叙利亚的行动中,土耳其会成为唯一的获益方——土耳其早在几个月前就与叙利亚断交了。阿盟的这一决定可以使阿拉伯国家政府能对未来的威胁有所预防。

三是在伊朗核问题再次成为焦点话题时，叙利亚局势走向至关重要。长期以来，叙利亚一直是伊朗的坚定盟友，美国对付伊朗政权并非易事，从扫清其周边盟友入手不失为一种选择。阿盟在这个时候，突然对叙利亚展现强硬一面，打击与伊朗保持同盟关系的叙利亚，等于抑制伊朗在本地区的影响力。如果叙利亚总统巴沙尔挺过这场危机，他与伊朗齐心协力的意愿将有增无减，特别是美军于2011年底要撤出伊拉克，将导致伊朗在伊拉克的影响力大增，那将形成一道连贯的伊朗影响力弧线，沿沙特阿拉伯北部边界和土耳其南部边界从波斯湾延伸到地中海。这是大部分阿拉伯国家所不愿意看到的结果。巴沙尔政权如若倒台，将给伊朗的影响力弧线制造一道隔离带，而这与欧盟以及美国的战略利益不谋而合。

联合国大会下属的人权委员会11月22日通过一项决议，强烈谴责叙利亚当局持续不断、严重而有计划地侵犯人权行为，包括肆意杀戮、滥用武力以及对抗议者和人权维护者的迫害。叙利亚则称，联合国人权委员会的决议等于是向大马士革"宣战"。叙利亚的强硬态度，置阿盟于两难境地。阿盟一位官员表示，阿盟将继续就叙局势召开紧急会议，很有可能通过制裁叙利亚的决定，并强调如暴力活动在决定生效后仍不能停止，阿盟将转向联合国寻求帮助，而这将意味着叙利亚问题国际化，甚至导致军事干涉。

尽管如此，不论是叙利亚还是阿盟，双方迄今表态多少都还留有余地，并没有把话完全说绝。阿盟决议并未提及在叙利亚设立"禁飞区"，仍希望叙利亚问题能在阿盟范围内得到解决，希望叙利亚政府改变立场，与阿盟合作解决目前危机。阿盟秘书长阿拉比11月13日也曾表示，"承认叙利亚反对派时机尚不成熟。"这说明阿盟没有把门关死。

分析人士注意到，阿盟秘书长阿拉比 11 月 24 日收到叙利亚外长穆阿利姆的信函，称叙利亚同意阿盟向其派遣观察团的协议草案。但又有消息说，叙利亚 24 日送交阿盟部长级委员会的一封急件中说，叙利亚将暂缓派出赴开罗签署该协议的代表，直到阿盟部长级会议结果公布后。此前，叙利亚曾对阿盟观察团计划提出 18 条修正意见，遭阿盟驳回。近来叙利亚政府不断受到来自西方的巨大压力，同时国内反政府势力活动日益频繁，经济形势急剧恶化。因此，面对阿盟派遣观察团的要求，叙当局恐怕除表示接受外并无太多选择。

有分析家认为，叙利亚有可能陷入内战深渊，巴沙尔下台是迟早的事。虽然巴沙尔政权不会自愿引退，而且没人认为单靠制裁就能将其推翻，他的下台可以有很多方式，但都不会那么简单和有序。尽管西方希望大马士革发生政权更迭，但对叙进行军事干预还面临不少困难。

长期以来，阿拉伯国家很少能在重大问题上达成一致，这次在叙利亚问题上内部也有分歧，由于有利比亚的前车之鉴，阿盟很难同意外国对叙利亚进行军事干预，但自身又缺少解决成员国危机的手段和权威。如何解决目前的危机，是对叙利亚，也是对阿盟和国际社会的严峻考验。

四、也门局势仍有变数

历经数月的流血、阴谋和复仇，也门局势有点像阿拉伯版的莎士比亚的"哈姆雷特"剧。曾三次拒绝签署交权协议的也门总统萨利赫，在强大的国际国内压力下，终于在 2011 年 11 月 23 日根据海湾倡议签署了协议。萨利赫成为第四位下台的阿拉伯国家领导人。

依照"海合会"提出的旨在化解也门危机的调解协议规定，萨利赫把总统职权移交给副总统哈迪，后者与反对派组建联合政府。反对派推举候选人领导政府，联合政府有两年过渡期，三个月内举行总统选举。萨利赫和他的亲属享有司法豁免权，在新总统就任前继续保留总统头衔。

相比叙利亚，也门局势既复杂也简单。也门政局半年来持续动荡，尤其是 6 月萨利赫总统遭反对派炮击受伤、赴沙特疗伤回国以后，也门国内当权派与反对派两大阵营的政治与军事博弈及对峙没有减缓迹象。大规模示威游行连续不断，萨利赫当局不断与反对派进行政治谈判，一度有萨利赫寻求体面交权和下台的报道和传闻，显示面对国内外时局和阿拉伯国家社会思潮，面对已经发生剧变的先前几个国家，萨利赫阵营也在权衡利弊，在求得人身和家庭安全保障的前提下，有推动权力平稳交接和过渡的考虑。10 月 21 日，安理会一致通过 2014 号决议，要求也门各方立即放弃使用暴力。萨利赫随后对联合国决议做出回应，10 月 25 日，也门政府与反对派达成在首都萨那的停火协议。

然而，许多人对也门的前景仍不抱乐观态度。萨利赫总统的"全身而退"，并没有使国内的政治危机因而化解，这个战略位置极其重要的国家，既有逊尼派、什叶派两大宗教之间的冲突，又有部族之间的你争我斗，暴力和政治不确定性反而在加剧。

也门局势之所以充满不确定性，一是萨利赫签署交权协议后，他的国内影响力不会就此消失；他的儿子艾哈迈德掌控也门政府精锐部队共和国革命卫队，侄子叶海亚和塔里克分别主管中央安全部队和总统警卫队。萨利赫在签署交权协议后又发布所谓的大赦令,激起了反对派活动人士怒火,认为萨利赫违反了海湾倡议,根据该倡议总统已将权力交给了副总统,他不再拥有作出这种决定的权力、特权或者能力了,因而质疑他是否真正打算放弃权力。

二是也门反对党联盟各派之间的政治诉求并不统一,真正的权力仍然来自军队和部落。部分抗议者对协议似乎并不买账而拒绝承认协议内容。也门青年抗议者组织委员会称,调解协议没有关注抗议者的利益,他们呼吁举行新的抗议,甚至坚持要审判萨利赫。

三是即将到来的总统选举必将引发各派激烈博弈,南部有分裂分子,北部有什叶派反对武装、严密的伊斯兰主义组织以及处于萌芽中的"基地"组织"特区"。除首都萨那,其他大部分地区基本上不在中央政府控制之下。在即将成立的也门军事委员会中并不包括拥有很大实力、2011年3月从政府军倒戈投入反萨利赫阵营的军队领导人阿·穆赫辛·艾哈迈尔和反对党部落领导人萨迪克·艾哈迈尔,这会对协议的落实带来巨大的阻碍。

四是无论最终的权力机构如何,也门未来领导人面对的将是一系列令人生畏的前景。因为他们所继承的是一个石油收入已经衰退、经济破败、贫困成为普遍问题、增长迅速的年轻一代人口面临长期缺水问题,更不用说政治危机持续近一年后,原本就状况堪忧的也门经济在混乱中不进反退,加之南部地区与"基地"组织相关联的伊斯兰极端武装分子又在不断趁火打劫。无论谁在2012年1月的也门总统大选中获胜,都不太可能在"后萨利赫时代"带领也门很快地回归正轨。因此,在短期内,也门局势仍难令人乐观。萨利赫下台留下的政治真空、经济困局以及日益激化的社会矛盾,依旧处处"火种",局势仍凶险。

此前，萨利赫之所以不愿意痛痛快快地签署交权协议，最重要的原因在于也门独特的反恐角色和重要的地理位置。也门是世界上最贫穷的国家之一，但是它的地理位置却十分重要。也门扼守的曼德海峡及其周围水域因海盗出没而闻名。它是连接亚洲、非洲和欧洲的世界级航道，要通过亚丁湾进入红海，就必须经过曼德海峡，是世界上最繁忙的海上运输通道之一，又与世界最大的石油输出国接壤。每天经过该海峡的石油运输高达300万桶，每年约有2.2万艘船只经过海峡。为此，曼德海峡有"世界战略心脏"之称，历来是兵家必争之地。

国际社会极为担心的是，如果也门局势在后萨利赫时代继续动荡，将为极端势力和恐怖分子扩充地盘提供活动空间。目前，"基地"武装计划从两面夹击，即从索马里和也门扩大自己的势力，逐渐接近曼德海峡，以控制国际海运通道。自2010年以来，也门安全形势不断恶化。也门境内复杂地形和强大的部族势力存在，以及管理松懈的漫长边境是"基地"组织转移至也门的重要原因。2010年1月，沙特与也门"基地"组织分支宣布合并成立"阿拉伯半岛基地组织"以来，也门各地恶性恐怖爆炸事件频发；针对政府要员、外国机构和人员、安全部队、情报机构以及输油管道的武装袭击，和地区的安全危机与也门正在经历的政治、经济、社会等多种危机相互交织、叠加影响，将也门推向"崩溃边缘"。如果也门的恐怖势力与索马里海盗相勾结，将增大对亚丁湾和红海航道安全威胁，有可能使这一条重要的国际运输通道"城门失守"，势必殃及石油大国沙特阿拉伯。如沙特出现混乱，必然影响西方乃至全球经济。

无论也门政局如何发展，也门南部的恐怖主义势力都将对国际反恐产生深远影响，也门国内的政治分歧和权力分配并未因萨利赫的"全身而退"而得到根本解决，随时都有重新爆发大规模冲突的可能。

五、结 语

透过阿拉伯国家政治和社会动荡的这场巨变，可以清楚地看到，近年来中东地区地缘格局发生了重大变化：独裁体制的相继瓦解与美国影响力的下降相重合，一些国家发生内战或分裂或政权更替，阿拉伯统治体制受到明显影响，当权者行动空间被大大压缩，极端意识形态被削弱，民族自我意识增强，政治制度呈多样化，政治版图持续被改写并趋向多元化。尽管仍在持续的这场变革的最终意义、影响范围，甚至是相关的时间表目前都还无法最终确定，重要的是其影响范围还在扩大，没有一个国家能置身事外。阿拉伯世界迈入变革与动荡的新周期，政治、社会、经济长期震荡成为重要特征。

（作者为中国国际问题研究基金会中东研究中心研究员、新华社世界问题研究中心研究员）

土耳其在中东地区的作用和影响

姚匡乙

2010年年底以来,西亚北非地区形势急剧动荡,一场大规模群众性的政治风暴几乎席卷整个阿拉伯世界。从突尼斯总统被迫仓皇出走,到埃及总统黯然下台;从西方国家以"人道主义干涉"为借口,对利比利狂轰乱炸,致使利比亚内战不已,卡扎菲政权轰然倒台,到也门反对派持续发动争斗,萨利赫交权风雨飘摇;从巴林发生流血冲突,到叙利亚暴力对抗急剧扩大,阿萨德政权处境艰难。西亚北非地区的执政者无不感到统治的危机性、变革的紧迫性和稳定的重要性。然而,在这场动乱中,作为本地区的重要大国土耳其,不仅未被波及,相反,动作频频,外交十分活跃,高调宣称支持中东国家民众的民主诉求。埃尔多安总理表示,土耳其将在全球事务中扮演更加积极、更加有效的角色,为本地区的权利、公正、法治、自由和民主而努力。达武特奥卢外长也宣称,如果全世界着火了,土耳其就是消防员,土将承担稳定中东的领导责任。土舆论宣扬要向阿拉伯世界输出"土耳其模式",称土的现实证明在一个穆斯林占大多数的国家内,同样可以实现民主化和自由化,这也是土迅速崛起的重要原因,土将填补埃及转型后出现的地缘政治真空,充当地区的领导者。随着西亚北非地区局势的演变,土耳其外交政策的调整特别是土在本地区的作用和影响以及"土耳其模式"的示范效应成了国际社会关注的焦点。

一

土外交政策的调整并非始于此次西亚北非地区形势动荡,而发端于21世纪初正义发展党上台。土外交政策调整有深刻的内外原因。

国土面积只有3%在欧洲的土耳其历来自认是欧洲国家。长期以来,土奉行亲西方的对外政策,视土美关系为外交政策基石,将加入欧盟作为外交的首要目标。"脱亚入欧"可以概括土外交政策的基本取向。2002年正义发展党赢得大选单独上台执政后,土外交政策发生了令人瞩目的变化,从"重欧轻亚"逐步转变到"欧亚并重"较为平衡的外交政策,利用其连结欧亚大陆的特殊战略地位,在欧亚两端发挥作用,使土成为联结欧亚的桥梁和纽带,扩大土在全球事务的影响力。这一外交思想的倡导者是现任外长达武特奥卢。2001年达在安卡拉皮尔肯特大学国际关系学院院长任上出版了《战略纵深》一书,提出土应当利用其地理位置,寻求战略纵深,在欧洲之外,更加积极地参与中东、亚洲、巴尔干和外高加索地区的政治体系,成为西方和伊斯兰世界之间的桥梁。2009年,达出任外长后,上述构想即成为土外交政策基本思路。因此,土外交新政也被称为"达武特奥卢外交"或者"新奥斯曼外交"。它的提出有其内在的地缘政治、经济、文化甚至宗教的背景。

首先,土占据独特的地缘优势,在国际政治格局中扮演不可或缺的角色。冷战期间,土作为北约的重要成员,成为西方遏制苏联的前沿阵地。冷战的结束并未改变土在国际关系中的重要地位。1997年布热津斯基在其著作《大棋局》指出，美作为唯一超级大国，为巩固自己的领导权，首先要控制欧亚大陆，土耳其等国正属于这一棋局中地缘政治支轴国家。从现实情况看，美一直视土为实现其在中东战略的重要盟友。独特的地缘优势对土具有双重效应，既使土成为大国竞相争夺的对象，带来不少压力和难题，也使土可以充分利用大国矛盾，扩展其外交空间。达武特奥卢正是看到这一点，提出了"战略纵深"，使土在更加广阔的地域内发挥作用，提升其全球影响力。

其次，欧盟延缓土入盟进程，迫使土对入盟策略做作调整。土耳其的入盟之路经历于近半个世纪的坎坷历程。1959土与欧盟的前身欧共体建立正式关系，1963欧共体原则同意土加入，2005年10月，双方开始正式谈判。土做了种种努力，为使土符合标准，对涉及政治、经济、司法等一系列重大法律进行了修改，并推动库尔德新政，试图解决困扰土多年的民族问题。但土入盟谈判进程总体缓慢，在入盟所需35项谈判中，至今仅启动13项，完成1项。从现实情况看，欧盟吸纳土确实存在不少困难和障碍。土经济仍相对落后，入盟后势必给欧盟本已十分困难的财政雪上加霜。而作为拥有7000万人口的大国，土入盟后将对欧盟的"德法轴心"构成挑战。更重要的是，欧盟对土身份认同问题并未解决，让一个伊斯兰国家加入一个由基督教国家组成的联合体，欧洲民众包括一些政治精英在心理和感情上都尚无准备。前欧洲制宪会议主席、法国前总统德斯坦的话很有代表性，他认为古希腊文明、古罗马文明、文艺复兴、启蒙运动和宗教是构成欧洲国家的几大要素，土不拥有其中任何一项。土是一个有自己宗教和文化的国家。土若入盟，将破坏欧洲精神。但土也看到，在战略上欧盟需要土耳其。土入盟符合欧盟的长远利益，依恃自身经济和军事实力使其成为世界格局中的重要一极，是欧盟追求的目标。位于欧亚结合部的中东，以其独特的地缘优势、丰富的油气资源和广阔的市场，历来是大国的角力场。欧盟接纳土为成员国，将使其边界直接与中东相连，可以大大扩展其地缘战略空间，获得更多的经济和资源利益。同时，土军力位居北约第二，吸纳土有利于欧盟增加军力，加速其防务一体化建设。因此，在目前土暂无可能加入欧盟的情况下，加大对中东的投入，密切与中东各国的联系，无疑也增大了与欧盟谈判的筹码。土总统居尔多次表示土加入欧盟决心未变，将坚持推动入盟进程。

再次，土政局保持相对稳定，经济迅速发展，综合国力的提高，为土外交政策的调整提供了坚实的基础。2003年正义发展党单独上台执政后，结束了土持续多年的多党联合政府、内阁频繁更替的局面，使其有可能采取稳定的经济改革政策。土政府对经济进行了一系列重大改革，大力发展私营经济，开放资本市场，吸引外资，增强市场透明度和经济竞争力，摆脱通膨长期居高不下、经济发展持续低迷的局面。土采取有力措施，迅速克服2009年世界金融危机带来的不利影响，2010年国内生产总值（GDP）达7358亿美元，人均国内生产总值8590美元，年经济增长率为8.1%，发展速度在20国集团仅次于中国和印度，名列第三，超过所有欧洲国家。目前土经济总量在全球排名第十七。土计划到2023年，即共和国成立100周年时，经济总量进入世界前十名。经济快速发展促成了土耳其的崛起，大大地增强其在地区乃至在全球事务上的地位和发言权。

最后，土耳其外交政策的调整与执政党的宗教背景不无关系。正义发展党的前身是伊斯兰宗教色彩浓厚的救国党,该党虽几经易名,都遭到军方以违反世俗主义原则而被取缔。2002年,正义发展党上台后也多次遭到军方和共和人民党等的反对,双方围绕世俗原则、凯末尔主义等问题经过多次较量,最终正义发展党不得不竭力淡化党的宗教色彩,强调坚持世俗主义,并依靠民众的支持站稳了脚跟,但它并不回避自己的伊斯兰政党属性。执政党明显的宗教背景,不能不说把加强与伊斯兰国家的联系作为土外交政策调整的方向,是其中的一个重要原因。

二

西亚北非地区形势剧变为土耳其强势崛起提供了难得机遇,"零问题"外交、积极介入地区热点问题和推行"土耳其模式"是土推行中东外交新政的三大支柱。

长期以来,土与周边多数邻国关系不好。开展"零问题"睦邻外交,着力改善同周边国家关系,从而拓展其在本地区的影响力,成为土外交新政的首要任务。土撇开分歧,主动与希腊等邻国修好,谋求更大的商业和外交利益。2009年,土耳其牵头,与伊拉克、约旦、黎巴嫩和叙利亚召开"高层战略合作委员会"会议,同意建立类似自由贸易区的合作机制。与伊拉克竭力弥合因土频繁越境打击库尔德工人党而引发的龃龉,双方达成了建立战略合作关系的协议。土还同意向伊增加幼发拉底河河水的排放量。土与亚美尼亚因历史上亚美尼亚遭屠杀案存在宿怨。土创造性地开展"足球外交",谋求实现与亚关系正常化。2008年9月,居尔总统前往亚美尼亚首都埃里温观看两国足球队南非世界杯预选赛比赛,成为首位访亚的土国家元首,双方还发表联合声明,在改善两国关系上迈出历史性的一步。此后双方又签署了结束长期敌对状况并实现双边关系正常化的协定。土亚关系正常化是土推行"零问题"睦邻外交的典型事例,赢得地区各国的普遍赞誉。

积极介入地区热点,是土外交新政的核心内容。中东地区矛盾和冲突频发,土难以置身其外。土虽不是巴以冲突、伊拉克问题和伊核问题的当事方,但积极介入热点问题不仅可以防范这些热点的溢出效应对土安全与稳定的冲击,而且可以扩大自己在本地区的影响。土一改过去在中东问题上消极观望的态度,主动参与到中东和平进程。埃尔多安总理多次尖锐批评以色列为"国家恐怖主义",为声援巴勒斯坦,土不顾以反对,主动派人道主义救援船驶往加沙。土还邀请巴勒斯坦民族权力机构主席阿巴斯和哈马斯领导人迈沙阿勒来访土,努力推动巴内部两派和解以及中断近一年的以巴直接谈判。土密切关注伊拉克的稳定,强调必须保持伊的独立、主权、统一和领土完整,积极与伊各派接触,协助消除各派在组阁问题上的分歧,打破了伊组阁僵局。在伊朗核问题上,土不顾美和西方反对,与巴西总统一起在德黑兰签署交换伊朗浓缩油协议,以图为通过外交谈判解决伊核问题另辟蹊径。西亚北非地区动荡伊始,土即高调介入,发挥自身独特作用。埃及民众起事次日,美国奥巴马总统即与埃尔多安总理通话,要求土提供全面合作,协助尽快稳定局势。土正义发展党利用其与穆斯林兄弟会的特殊关系,曾警告埃及穆兄会不要向军事和国家机构挑衅,不要诉诸武力。正义发展党以中东各国穆兄会"监护者"自居,在一定程度上影响着埃及、突尼斯、叙利亚等国形势的发展。随着西亚北非地区形势的发展,土不仅参与了北约对利比亚的军事行动，率先承认班加西"过渡委员会"的合法性，埃尔多安总理还专程访问班加西，表示对反卡扎菲力量的支持。叙利亚动乱加剧后，土紧随美和西方国家宣布巴沙尔政权为非法，竭力对叙现政权施压。土在中东乱局中俨然扮演了一个十分重要的角色。

输出"土耳其模式"，扩充土的软实力，提升土在本地区的形象，是土推行外交新政的主要手段。所谓"土耳其模式"，主要是指在充分尊重伊斯兰宗教自由的前提下，奉行国家政权的世俗化、政治形态的民主化和社会生活的现代化。如同所有的伊斯兰国家一样，传统的伊斯兰宗教渗透到土耳其社会生活的方方面面，这就决定其现代化进程不可能走西方的道路，现代化的一个主要任务是处理好宗教与世俗的关系。早在1923年土耳其共和国建立之初，以凯末尔为首的领导层即确定国家政治体制世俗化的原则，自上而下颁布了一系列强制性的法令，如废除哈里法制度、撤销教法部和教法法庭以及提高妇女社会地位、改革文字和服饰等法规，基本上实现宗教与政治相分离、宗教与司法相分离、宗教与教育相分离。应该看到，土在长达近一个世纪的世俗化道路上，宗教和世俗两股势力始终处于相互争斗、相互碰撞、又相互妥协之中。宗教和世俗力量的相互碰撞和彼此妥协是土耳其世俗化道路的基本特征。如同前述，2002年正义发展党上台后，在坚持伊斯兰价值观的同时，尽量淡化宗教色彩，强调党的全民性、民主性和世俗化，坚持政教分离。这种状况说明，共和国90多年的历史已给土社会的世俗化打下深深烙印，达到不可逆转的程度；与此同时，随着土国内形势的演变，土政权在不根本动摇世俗制度根基的前提下，对宗教势力的界定朝着宽松的方向发展。可以说，土在寻求世俗与宗教平衡、维护伊斯兰文化传统和实现社会生活现代化的平衡方面,在中东国家中走出了一条较为成功的道路。联合国的人权与发展报告称,几乎所有阿拉伯国家都在经历合法性治理的危机,而在这其中,土耳其无疑给予它们以榜样的作用。

三

土耳其在中东的崛起,并大力介入中东事务,将对地区形势的演变产生重大影响。首先,将推动本地区格局的重组,西亚北非地区的动荡将长期存在。埃及、突尼斯、叙利亚和也门等国将经历一个漫长的动荡和重建的过程,沙特、科威特、卡塔尔等海湾君主制国家凭借其强大财力和海湾合作委员会相对完善的安全保障体系,暂时度过此次危机,但必将面临来自内外的要求实行政治、社会、经济改革的强大压力,阿拉伯国家间的分歧和矛盾加深,阿拉伯世界再次被分化和削弱,阿拉伯世界的重心正进一步东移至以沙特为首的海湾合作委员会,而伊朗特别是土耳其则在动荡中乘机坐大,这种态势将加速地区权势的转移和新政治格局的形成。土耳其在形成之中的地区政治格局中将扮演不可或缺的重要作用,在一定程度上影响地区形势的演变。

其次,"土耳其模式"对一些阿拉伯国家有一定的借鉴意义。随着阿拉伯世界的此次动荡,预示着阿拉伯—伊斯兰世界进入一个新的更为深刻的转型期。从历史发展角度看,伊斯兰教及其文明有着悠久深厚的底蕴和强大的生命力。阿拉伯—伊斯兰世界的转型,基本是建立在伊斯兰文明基础上的自我完善和革新。由于各国国情各异,所处社会发展阶段不同,因而改革的模式也将是多种多样的。但总的看来，建立具有伊斯兰特色的民主政治和与之相适应的自由市场经济，以及逐步实行社会生活世俗化应该是这些国家改革政策的主要取向。"土耳其模式"中关于宗教与世俗的关系的处理，可能为这些国家提供可资借鉴的经验。埃及、突尼斯等国一些舆论，就称土耳其是"伊斯兰政党民主主义的范例"，"伊斯兰教和经济繁荣关系的典范"。约旦、摩洛哥等国都出现了正义党组织，准备学习土正发党治国理政经验。2011年10月，突尼斯举行了动乱后首次全国大选，结果属于温和势力的伊斯兰复兴运动异军突起，在全部217个制宪议会议席中独揽了90席，这也可以说在一定程度受到"土耳其模式"的影响。但应该看到，土耳其在中东的影响和作用仍有一定局限。这是因为，第一，历史上不少阿拉伯国家曾遭受到奥斯曼帝国占领和欺凌，有过一定屈辱感；当代土耳其又长期奉行亲美和西方的外交政策，除贸易商业联系外，土耳其与阿拉伯国家在政治和人文领域内的交往并不密切；土耳其与阿拉伯国家虽同属伊斯兰世界，但它们的历史背景、文化传统和发展阶段并不相同，阿拉伯国家之间虽存在歧见和不和，但都强调自己的阿拉伯属性，如同它们对以色列和伊朗怀有很大的戒心一样，对土耳其在本地区的崛起也深怀疑惧。阿拉伯世界经过此次动荡内聚力和影响力均有所减弱，但毕竟是22个国家的联合体，经过认真反思和总结，团结的呼声和努力必将增强，其影响和作用仍不可小视，在以阿拉伯国家为主体的中东地区，非阿拉伯的土耳其难以发挥主导作用。埃及虽历尽动乱，元气大伤，但假以时日，凭借其地缘战略地位、人口资源、政治军事和经济实力，依然是阿拉伯世界的重要大国，这一地位难以为土耳其取代。其次，应看到土耳其中东政策中的"零问题外交"和"土耳其模式"都存在易变性和不确定性，也难以为广大阿拉伯国家所信服和接受。土耳其一方面竭力鼓吹"零问题外交"，另一方面又公然要求推翻巴沙尔政权，干涉叙利亚内政，同时不顾伊拉克的主权，再度出兵越境进入伊拉克领土，打击库尔德工人党武装，这种相互矛盾的做法，不能不引起人们对其"零问题外交"的怀疑。"土耳其模式"虽可为一些阿拉伯国家借鉴，但由于它的独特性和不确定性决定了其在广大阿拉伯国家不具备推广的意义。所谓独特性，是指它是在有着近一个世纪世俗化的国度内出现的，世俗化已深入人心，任何一个政党无力也无可能加以改变，目前无一阿拉伯国家具有这种条件。从另一层面说，所谓"土耳其模式"是随着正义发展党的发展、巩固、壮大而形成的。正发党能否在议会长期保持一党独大，土各大政党彼此角逐、相互影响，从而在议会中形成新的政治版图，都将影响"土耳其模式"的内涵或延续。还应该看到，极端宗教势力在一些阿拉伯国家内仍具有较大发展空间，"土耳其模式"中世俗化的原则必将招致这股势力的不满和反对，从而影响一些国家当权者对土耳其的态度。第三，土外交政策的调整，并不意味土脱离西方阵营，土外交的主轴仍是与美和西方国家的关系。美和西方对土外交政策调整十分关切，一方面鼓励土在中东推行民主价值观，另一方面也担心土与西方渐行渐远行，脱离美和西方的轨道。为此，土耳其总统居尔不得不多次重申土外交政策没有变化，土加入欧盟的目标不会改变。上述情况都将对土耳其在本地区发挥作用构成牵制。

（作者为中国国际问题研究基金会战略研究中心执行主任、中国前驻土耳其大使）

伊朗核问题及伊朗在中东地区的地位和作用

刘振堂

一、伊核问题背景

伊朗核问题由来已久，早在20世纪50年代，伊朗前政权巴列维王朝，利用同西方国家的密切关系，先后从美国、西德等引进核反应堆，同时也加入国际原子能机构（IAEA）和《不扩散核武器条约》（NPT）。伊斯兰政权建立和两伊战争的爆发，使伊核计划被搁置起来。

伊斯兰政权建立伊始，就受美国为首的西方国家制裁和打压。伊朗政府逐步意识到，核力量不仅是应对西方的杀手锏，也是提升民族凝聚力、转移民众视线、重温大国旧梦的重要支点。20世纪80年代末开始重视核技术，先是同中国合作建核电站，因故未成；1995年，伊又与俄罗斯合作，续建布什尔核电站，并于2011年8月并网发电。

2002年12月，美国公布了其卫星拍摄到的伊朗境内伊斯法罕和纳坦兹两处核设施的照片，声称伊朗正在秘密研发核武器。2003年2月，伊朗总统哈塔米宣布，伊朗已成功开采出铀矿，并已开始发展核燃料的循环技术，但保证伊朗发展核能只是用于和平目的。当年9月，IAEA理事会通过决议，要求伊朗尽快签署《保障监督附加议定书》，加强与IAEA合作，中止与浓缩铀相关的一切活动。伊朗对此予以拒绝。10月，英、法、德三国（欧三）外长访伊，与伊方达成协议：伊朗签署《保障监督附加议定书》，中止浓缩铀活动；欧三则认可伊朗和平利用核能权利，允助伊朗在IAEA内尽快解决核问题。伊朗遂向IAEA提交了其核活动的全部文件，并于12月签署《保障监督附加议定书》，但欧三在2004年两次IAEA会议上并未宣布伊核问题结案，伊朗随即又恢复气体离心机组装。虽然伊朗与欧三于11月达成《巴黎协议》，以尽快促成双方均能接受的长期安排，但是2005年伊朗强硬派在总统大选中获胜，与欧三谈判破裂，遂于当年8月重启铀转换设施。伊朗利用美国深陷伊拉克战争，"反恐"受挫，加快核研步伐，将提炼铀的分离器从2005年的160台扩大到了2009年的5000台。联合国安理会五常加德国尽管多次与伊朗磋商、谈判，均无果而终。2006年3月，伊核问题被提交安理会。2006年4—5月，伊朗宣布提炼出丰度为3.5%至4.8%的浓缩铀。

此后，在美国和欧三坚持下，自2006年12月23日至2010年6月9日，安理会先后通过了1737、1803、1835、1929号四个制裁伊朗的决议，伊拒不妥协，鉴于此，伊核问题陷入了僵局。

二、伊核问题的最新发展

2011年9月3日，伊朗布什尔核电站并网发电，这座装机容量1000兆瓦的核电站创造了三个第一：一是世界上建设周期最长（前后拖延37年之久。1974年由德国西门子公司承建，因故而中止；1995年与俄签建站合同，原定1999年7月竣工投产，一再延后），二是伊朗境内首座核电站，三是中东地区首座正式运转的核电站。

在此前此后，伊朗多位核科学家遇刺或遭美国绑架；布什尔核电站的电脑系统因遭黑客"震网"病毒攻击而一度陷于瘫痪；2011年11月，伊朗革命卫队掌管的一处导弹设施发生爆炸，造成17人死亡，包括负责导弹研发项目的哈桑·姆加达姆将军；12月初，伊斯法罕一家铀转换工厂发生爆炸。伊指控英、以、美情报机构是该事件的幕后黑手。英国《卫报》网站称，数月来，越来越多的证据表明，在英、法支持下，美、以已悄然展开对伊战争，对反对派组织秘密支持，并已发展成为一场暗杀伊科学家、进行网络战、袭击军事和导弹设施以及杀害伊将军的运动。

关于伊朗是否从事与核武器相关的活动，在小布什总统当政后期，即2007年12月初，美国情报部门公布的《国家情报评估报告》确认伊朗自2003年就中止了以核武器为目标的核活动；美国国家情报总监詹姆斯·克拉珀也肯定"到现在都没有再恢复"。然而，接替巴拉迪出任国际原子能机构总干事的日本人天野之弥却多次报告称，"伊朗过去或现在秘密研发用于导弹的核爆炸装置，质谱测定结果表明，他们已经获得纯度19.8%的浓缩铀。"由天野主导的国际原子能机构不久前报告称，伊朗在2003年底之前曾"有组织、系统地"从事"与核爆炸装置相关"的活动，但并未就伊朗目前是否试图制造核武器给出明确结论。以色列总统佩雷斯宣称，要对伊朗采取先发制人打击，因为"伊朗是最大的威胁"。接着，英、美、法、加拿大协调,针对伊朗央行和石油行业采取制裁措施。英国宣布自 2011 年 11 月 21 日下午 15 时起,停止同伊朗银行的业务;美国则针对伊朗的石化产业,宣布对于凡是帮助伊朗开发石油能源的人进行制裁,额度是单次交易市值百万美元或一年内一系列交易总额达 500 万美元。

伊朗议会 11 月 28 日举行例会,87% 的议员投票,要求驱逐英国驻伊朗大使并降低与英国的外交级别。翌日,伊朗数千名大学生到英国大使馆示威并冲进使馆,英国随即宣布关闭英驻伊朗使馆并驱逐伊朗驻英国使馆所有外交人员(20 名)。接着德、法、荷兰和挪威等国也宣布召回驻德黑兰大使。伊朗议长拉里贾尼辩解说,学生的行动反映伊朗人民对英国立场的愤怒,安理会谴责学生行动是草率之举,旨在掩盖英、美过去所犯下的罪行。

与此同时,伊朗宣称要搞"封锁霍尔木兹海峡"的军事演习,向国际社会,特别是向西方和海湾国家释放预警信号。

三、伊朗的地位主要"被"美国大幅提升

"9·11"后,美国挟全球的同情心,在中东地区倒行逆施,将恐怖主义与伊斯兰教挂钩,侵占阿富汗和伊拉克,从东西两侧围困伊朗。然而事与愿违。

(一)美国出兵推翻阿富汗、伊拉克政权并深陷泥潭,令伊朗成为最大受益者

阿富汗的塔利班政权和伊拉克萨达姆政权,均为伊朗的宿敌。尤其萨达姆,伊朗伊斯兰共和国甫建立,就发动了长达 8

年的两伊战争,使伊朗损失惨重,经济发展迟滞至少20年。然而,美国在阿富汗扶植的以卡尔扎伊为首的北方联盟是伊朗的传统盟友;由美引领构建的伊拉克政治格局中,与伊朗同宗的伊拉克什叶派占主导地位。最大的伊拉克什叶派政党——伊拉克最高伊斯兰革命委员会,就是由伊朗前领袖霍梅尼指令流亡德黑兰的伊拉克什叶派宗教人士成立的,其纲领是由现领袖哈梅内伊草拟的。而美国在阿富汗和伊拉克滥杀无辜、虐囚丑闻,成为伊朗回击美国人权借口的有力炮弹。伊朗在伊拉克的作用日彰,美不得不放下身段,一度就伊拉克问题与伊朗建立对话机制。

(二) 中东问题解决渺茫,伊朗支持的激进势力增强

中东地区具有伊朗背景的反美力量持续增长。2006年7月,黎巴嫩真主党武装同以色列正规军打了个平手,真主党在黎巴嫩和整个阿拉伯世界声望大振,其势头达到主导黎巴嫩政情的地步,颠覆了黎巴嫩亲西方的哈利里政府,换上亲真主党的米加提政府。巴勒斯坦哈马斯2005年通过选举上台后,加沙虽遭以色列反复打击,却赢得阿拉伯、伊斯兰世界广泛同情,甚至美、以的盟友土耳其也加入声援加沙的行列。土耳其总理埃尔多安甚至将以色列解除对加沙的包围、就打死9名土耳其声援团成员,向土耳其道歉并赔偿,作为土、以关系正常化的先决条件。维基网暴露巴解与以色列谈判中让步的细节后,哈马斯在巴勒斯坦的威望激增。

(三) 国际油价大幅上扬,伊朗大发石油财

美和西方国家先后发动的阿富汗、伊拉克和利比亚战争,引起国际油价大幅上扬,这给伊朗提供了千载难逢的发财机

会。伊朗的国民收入主要靠石油收益，石油出口量位居中东第二，世界第四。虽因受制裁，石油生产设备老旧，但基本上仍能保持日均400万桶的产能，其中，65%用于出口，石油外汇年收入达700多亿美元，占整个外汇收入的80%，占政府预算收入近半。在石油输出国组织中，伊朗出于自身利益，坚决反对沙特等提高产量、平稳油价之举，以维持市场的高油价水平。

在美国不断收紧对伊朗制裁的紧箍咒之时，伊朗果断采取灵活措施，改变以美元计石油价格的惯例，以欧元取而代之，并加大同新兴经济体，特别是亚洲大国的石油合作力度，以求规避石油制裁的风险。

（四）美国在核问题上的双重标准，为伊朗坚持掌握核技术找到理由

以色列前总理奥尔默特等领导人曾含蓄地承认以拥有核武器，但美国从未要求对以色列进行核查或制裁。印度如同以色列，未加入《不扩散核武器条约》，然而，美国异乎寻常地积极与印度进行核合作，让印度享用美国的核技术。

2003年以来，美国侧重借伊核问题打压伊以来，力促安理会层层加码，将制裁由高官和军队，扩大到金融、双用途设备领域，挑动阿拉伯国家特别是海湾阿拉伯国家"对抗"伊朗核威胁，宣称伊朗是世界第二大石油储藏国，根本无须发展核能。伊朗方面驳斥说，20世纪50年代，伊朗石油储量比现在多许多，美国为何向伊朗提供核反应堆。既然《不扩散核武器条约》签署国有权利和平利用核能，伊朗为何不能自行生产用于核电和核医学的浓缩铀呢？

（五）阿拉伯世界的全面政治动荡，为伊朗提供多方转圜之机

肇始于突尼斯的政治动荡，使阿拉伯世界遭遇半个多世纪以来最大的风波，转移了美国为首的西方国家对伊朗核问题的注意力；最大的阿拉伯国家埃及同伊朗关系有了改善，埃允许伊朗军舰首次通过苏伊士运河进入地中海，并推动巴勒斯坦哈马斯与法塔赫和解；失控的埃及民众冲击以色列大使馆，其他阿拉伯国家及土耳其反以情绪高涨，突尼斯、埃及、摩洛哥、利比亚、也门等国的伊斯兰势力普遍抬头，以色列重陷孤立境地，伊朗对其反以立场更加自信。

四、伊朗的政治军事影响在扩大

政治上，伊朗利用地区各种矛盾和缺口，向中东地区输出伊斯兰革命。伊朗利用长期拖而不决的中东核心问题——巴勒斯坦问题、美国的狂妄自大与中东政策失误，以及阿拉伯内部错综复杂的纷争，来扩大自身在地区的影响。尤其是"9·11"之后，美国将恐怖主义与伊斯兰挂钩，扬言"要进行新的十字军东征"，惯于以伊斯兰旗手自居的伊朗，深化对真主党、哈马斯等组织的影响和掌控，鼓励阿拉伯世界反抗美国以"9·11"为借口搞新殖民主义扩张。伊朗下大力气做伊拉克各派工作，对于萨达姆倒台后的历届伊拉克新政府，伊朗都在第一时间内予以承认，在几次援伊拉克国际会议上，伊朗均踊跃认捐、出资。美、以就伊朗发展核技术进行战争威吓时，伊拉克政府明确表示，绝不允许利用伊拉克国土袭击伊朗。

阿拉伯世界动荡之后，伊朗乐观其乱。在伊朗看来，多数阿拉伯国家都在美国控制之下，没有实现真正的独立，无论对巴勒斯坦问题，还是对伊朗的伊斯兰政权，往往唯美是从。伊朗极力将动荡引向对伊朗有利的方向发展，为此2011年9月中旬，伊朗在德黑兰举办"伊斯兰觉醒会议"，领袖外事顾问、前外长维拉亚提任秘书长，宗旨是"为阿拉伯革命的发展做出规划"。伊朗一直同情和支持海湾各阿拉伯国家及也门的什叶派，尤其占巴林人口70%的什叶派，伊朗认为沙特出兵巴林镇压什叶派，是美国开的绿灯；沙特则指责伊朗插手巴林动乱。

伊朗在阿富汗则采取"多头下注"的策略。美国入侵阿富汗后，伊朗收容本·拉登的妻女；与卡尔扎伊政府保持良好的协调合作关系，主动倡议和参与阿富汗基础建设项目，甚至提供学校教材；与昔日宿敌塔利班缓和关系，以致美国指责伊朗向塔利班提供武器。

军事上，伊朗的军队建制在中东独树一帜，它不但有建制完备的正规军，还有专事捍卫伊斯兰革命的"革命卫队"，且都经过两伊战争的洗礼。萨达姆政权垮台后，伊朗军队成为中东地区唯一经过连续8年战火考验的军队。美国和其他西方国家的严厉制裁，迫使伊朗军事工业走以自力更生为主的发展道路。伊朗经过三十多年的苦心经营，以及石油价格疯涨为伊朗军工提供了丰厚的资金，军工企业在多个领域颇有建树：可生产各种类型的导弹，包括射程2400千米的"泥石"导弹，现役导弹数量已达1500枚，已多次发射低轨道试验卫星；仿制美式F5喷气战斗机和俄式S-300防控导弹；已批量生产无人侦察机和攻击机；可大批量生产小型潜艇和快艇及炮艇。2011年年初，伊朗宣布"在本地区拥有最先进技术水平"的新型电子站设备，能够干扰军用和间谍卫星，也可以改变军用和间谍卫星的运行轨道。12月初，迫降一架越过阿富汗—伊朗边境的美国RQ-170"哨兵"隐形无人驾驶侦察机。该机配备有高度先进的侦察、数据收集、电子通信和雷达系统。此外，伊朗还宣布准备生产航空母舰。

伊朗的军力超过任何一个阿拉伯国家，在中东地区仅次于以色列而居于第二位。其三支部队（正规军、革命卫队和预备役民兵）人员总数可达150万，稳居中东第一位，加之训练有素、不断灌输殉教复仇理念，是美国与以色列多年来无数次对伊朗发出战争威胁，但迄今未敢贸然一战的主要考量因素。

五、面临内外严峻挑战

（一）内部反对派势力见长，民生艰难

伊朗伊斯兰政权建立以来，一直实行伊斯兰民主选举制，总统选举是伊朗式伊斯兰民主最为典型的诠释，在选举委员会遴选候选人基础上实行全国直选，伊朗颇以此为自豪。然而，伊式民主造成体制内各派势力之间的裂隙在不断扩大。

2005年的总统选举，在前两轮投票中居于明显优势的确定国家利益委员会主席拉夫桑贾尼，却在第三轮中以大比数被时任德黑兰市长、较年轻的艾哈迈德—内贾德击败。其直接原因是，领袖哈梅内伊放言，"要补充新鲜血液"；艾—内贾德曾任职的革命卫队所属的基层民兵组织，也发挥了揽票作用。

2009年的总统选举，领袖对持强硬立场的艾—内贾德继续采取支持态度，而主张调整对美国、以色列政策、实行对西方开放的所谓"改革派"，如前总理穆萨维、前议长卡鲁比等，

则受到多方打压，组织的游行遭镇压；他们本人一度遭软禁，有的甚至被起诉、判刑。

一直以来，当选的总统又多执行"一朝天子一朝臣"和"任人唯亲"的组织路线，甚至换届时，各部委机关的司局长，大多也被调换。这种以人画线的"惯例"深深地割裂了伊朗社会，滋生了严重的权钱寻租腐败现象，令在野的政治势力和低层民众不满情绪越积越深，体制内的裂缝愈演愈厉，从而埋下不稳定的种子。

伊斯兰革命胜利伊始，伊就被西方孤立打压，又遭遇连续八年的两伊战争，经济水平较国王时期大幅倒退。伊朗政府不得不将安全与稳定置于经、社发展之上，将大笔的石油收益投入到军队和军工建设之中，关乎民生的方方面面发展相对滞后。失业率居高不下，年轻人不满现状，常常成为反政府集会和示威的主力。

此外，近一年来，总统与领袖的摩擦公开化。总统要解除内政部长职务，被领袖制止；总统要自兼石油部长，遭领袖反对；总统欲任其连襟高职，遭领袖否之。而领袖年高罹病，接班人问题已是又一大隐忧。

（二）外部压力有增无减，叫阵声不绝于耳

33年来，以美国为代表的西方国家与伊朗的对抗几乎从未中止过，文的武的、明的暗的较量手段尽数用过。这缘于彼此皆视对方为最危险的敌人。美国称伊朗是"邪恶轴心"、"暴政前哨"和"无赖国家"；伊朗则回敬美是"大魔鬼"、"万恶之源"，尤其小布什为代表的美国"新保守主义"上台和伊朗核计划曝光之后，美伊关系更加险恶。美领导人与以色列领导人一唱一合，时不时把"一切选择都放在桌面上"挂在嘴边，潜

台词就是威吓要对伊朗动武。

自2006年以来,除联合国安理会就伊核问题通过四个制裁决议外,美国、欧盟及其盟友日本、韩国等以国内法案或决议等方式,收紧对伊朗政治、军事、经济、金融制裁的"紧箍咒",给伊朗造成了不少的麻烦。但是,长期持续且花样不断翻新的制裁,并未动摇伊朗的经济命脉——石油和天然气。

美国从伊拉克撤军,北约结束利比亚战事后,腾出手来加大对伊朗的威胁。美国国务卿希拉里扬言要对伊实施"致残式制裁",即所谓"终极制裁",这意味着对伊朗实施海、空封锁,禁止出口油、气。伊朗第一副总统拉希米警告说,"如果伊朗石油出口被禁,那么我们不会让一滴油流出霍尔木兹海峡。"而伊朗海军正在霍尔木兹海峡进行为期十天的大规模的军演。与此同时,美国第五舰队最大航母之一的约翰·斯坦尼号也在该海域游弋,美且宣布向沙特出售300亿美元的先进战机。美国和以色列对伊朗动武的声浪再嚣尘上,以色列外长利伯曼直白地呼吁对伊朗动手,他称,"伊朗是对当今国际秩序构成最大且最危险的威胁。以色列期待国际社会加紧努力采取行动,应对这一威胁。"伊朗也宣称,如美、以敢于来犯,伊将袭击美国在中东的32个军事基地、以色列核设施,并封锁霍尔木兹海峡。一时间,波斯湾云谲波诡,火药味益加浓重。

六、结 语

(一)伊朗的地位和影响还将可能进一步提升

伊朗虽然面临西方空前压力,其战略盟友叙利亚又陷入空前窘境，但是可资伊朗利用的一些外在因素还会长期存在，如巴勒斯坦与以色列的纷争纾解无望，美国不甘心撒手中东，西方强权还要继续插手中东事务，阿拉伯政治动荡将持续下去。只要美国一天不放弃颠覆伊朗伊斯兰政权的政策，伊美对抗就无穷期，这样反倒增强伊政权的内部凝聚力，在保障人民基本生存条件情况下，还会大力发展军工，增加军事科技投入，全方位地提高军队的战斗力；利用美国的软肋和失误，继续向伊斯兰世界，尤其是阿拉伯国家输出革命。

（二）伊朗不会弃核，但目前不会制造核武

"掌握核技术、实现大国梦"是伊朗各党派各阶层的共识。利比亚卡扎菲政权弃核妥协换来的是灭顶之灾，给伊朗树立了反面的榜样，伊朗自然会从中汲取"教训"，从而拥核技术的决心会更加坚定。伊朗在当前条件下，坚持逐步全面拥有核技术，是将此作为对外维护主权、独立，对内提高民族凝聚力的标杆；掌握核技术，跨进核门槛，取得国际核俱乐部成员资格，一旦需要制造核武器，随即梦想成真。

（三）伊、英对抗，及致伊与整个西方矛盾激化，但战争的可能性不大

伊视英国为美国的亲密盟友，近代对伊伤害最深的殖民国。伊私下对学生冲砸英国使馆表示歉意并强调伊朗绝不主动挑战。英、美等西方国家虽有以色列不断挑动、鼓噪，但不会轻易用兵。酝酿中的对伊朗生命线——石油全面禁运，也难下决心，主要缘于这可能令已高企的油价飞涨，使深陷金融危机的西方国家雪上加霜。阿富汗、伊拉克和利比亚的战乱及其后遗症，阿拉伯世界动荡之中伊斯兰势力普遍上升，也是美等西

方国家不得不顾及的因素。

（四）我国从中东进口石油暂无大碍，但对伊合作难度增大

伊朗作为我国进口石油第三大供应国，对我国能源需求举足轻重，我国应预谋对策，应对西方可能对伊金融与石油的更严厉的制裁措施，包括从沙特等国增加进口的替代办法。双边合作项目暂不宜冒进。西方新的制裁对中国未必只是负面效应，其中蕴藏着中国发挥作用、扩大影响的机遇。

（作者为中国国际问题研究基金会研究员、中国前驻黎巴嫩、伊朗大使）

南苏丹独立后面临的挑战

黄舍骄

2011年7月9日，苏丹南方正式宣告独立，国名"南苏丹共和国"，成为非洲第54个、世界第194个国家。这是2011年非洲，也是世界上发生的一件大事。苏丹南方脱离苏丹走上独立之路，其复杂的历史因素、美国的推动、对石油的争夺都发挥了特定的作用。

一、殖民主义统治制造苏丹南北矛盾

苏丹是一个多民族国家，全国有近600个部族。民族成分非常复杂，其中阿拉伯人约占总人口的39%，黑人占52%，东部黑人贝贾人占6%，其他人种占3%。黑人中主要是丁卡、努厄尔、希卢克、邦哥、赞迪等部族。官方语言为阿拉伯语，南北通用英语，但南方各部族和西部土著居民有本族语言，没有文字。黑人主要生活在南方，大多信奉拜物教，少数信奉天主教、基督教新教、科普特教和伊斯兰教等宗教；阿拉伯人主要生活在北方，信仰伊斯兰教。因此，自古以来，南北方就存在很大的差异。

公元 7 世纪，阿拉伯人征服埃及后，一部分人渡过红海进入苏丹东北，阿拉伯语和伊斯兰教开始在苏丹传播。19 世纪中叶，西方殖民主义者涌入苏丹，大肆进行贩奴的肮脏勾当。苏丹北部的许多阿拉伯部落贵族也竞相组建武装，围捕、贩卖南方黑奴。阿拉伯奴隶贩子伙同西方殖民者猎捕、贩卖南方黑人的残暴行为，造成南方黑人对北方阿拉伯人沉重的积怨。

19 世纪 70 年代，英国开始向苏丹扩张。英国殖民统治者为了维护自己的统治，玩弄殖民伎俩，对苏丹南北两部推行分而治之的政策。英国组建了南方地方武装"赤道军"，规定南北两方使用不同的官方语言，宣布南方为"封闭区"，严格限制人员进入，将信奉伊斯兰教的阿拉伯人部落迁离南方，并在南方实行非洲土著法，继续保留和使用当地黑人部族语言，等等。1939 年，英国殖民当局颁布"南方禁区法令"，从形式和法律上正式确认南北分治政策，从而人为地制造和扩大了苏丹南北居民在社会、经济、文化、教育以及宗教等各方面的差异与隔阂。这样，南方基本上成了黑人居住区，文化发展比较缓慢。北方主要是阿拉伯人，生产力相对发达。

"二战"以后，苏丹民族解放运动蓬勃兴起。英国意识到英在苏丹的殖民统治不会长久，出于维护自身利益，不断唆使南方上层分子提出南北分治要求，并于 1947 年发表文件，主张给予南部苏丹"自决权"，同时要求英国总督对南部苏丹拥有特殊权利。所谓的"南方问题"由此而生，成为此后苏丹国内冲突的主要因素。

1954 年，苏丹首届自治政府宣告成立。同年，在美国支持下，南方代表在朱巴举行的南北苏丹立法会议上，正式提出"南方问题"，要求南北方实行联邦，遭到北方反对。随后，苏丹自治政府向南方派兵，试图用高压政策解决问题。次年 8

月，南方赤道省托里特的黑人驻军在英国的挑唆下发动兵变，要求南部苏丹自治，得到众多南方居民的支持。苏丹自治政府调遣重兵镇压，南方兵变军队被迫退入山林或撤至邻国，继续坚持武装斗争。1956年1月1日苏丹宣布独立后，英国为保持其在南方的影响，大力支持和接济南方反政府武装，苏丹因而陷入长期战乱与动荡之中。1955年至1972年、1983年至2005年，苏丹爆发了两次长期内战，前后近40年。

二、美国一贯策动苏丹南部分离公投

时至今日，苏丹之所以会出现公投的局面，完全是以美国为首的西方国家主导苏丹事务的结果。

1952年，苏丹独立前，美国在喀土穆设立了联络处。1954年苏丹首届自治政府成立不久，美国开始插手苏丹问题，美联络处升格为大使馆。但1967年苏丹为抗议美国支持以色列对阿拉伯国家发动侵略战争，同美国断交，5年后才复交。

20世纪90年代，美国和苏丹关系紧张。1990年，美国指责苏丹违反人权，停止了除紧急救济以外的其他援助。1991年，苏丹谴责美国为首的多国部队对伊拉克采取军事行动。1992年，美国在联合国大会第三委员会提出"苏丹的人权"提案，再次指控苏丹违反人权，两国关系更趋紧张。1993年，美国将苏丹列入支持恐怖活动国家名单。1997年，美国以苏丹继续支持国际恐怖主义、侵犯人权、危害邻国稳定等为由，宣布对苏丹实行全面经济制裁。

2001年11月，美国专门设立苏丹问题特使，加大了介入苏丹问题的力度。2002年，美国接连出台针对苏丹的举措：

1月，提出在保持苏丹国家统一的前提下，以南方实行高度自治和享有独立立法权为主要内容的"新建议"；3月，邀请苏丹人民解放运动领导人加朗访美，时任国务卿鲍威尔等高级官员以及一些议员和知名人士与其会面；3月，前总统卡特访问苏丹，继续对其施压；4月，美国会通过决议，将苏丹列入支持恐怖主义国家黑名单；7月，助理国务卿沃尔特访问苏丹，为苏丹政府与苏丹人民解放运动的和谈进行斡旋；8月，美国务院设立苏丹事务司；10月，布什总统签署了《苏丹和平法》，规定如果6个月内和谈无进展，将对苏丹政府进行制裁；11月，美国再次延长了自1997年以来的单方面对苏丹经济制裁。2003年10月，美国务卿鲍威尔亲临苏丹南北方在肯尼亚的谈判现场，敦促双方加快谈判进程。2005年1月，在美国及东非的"政府间发展组织"的斡旋和推动下，苏丹政府与苏丹人民解放运动终于在内罗毕正式签署《全面和平协议》（以下简称《协议》）。

《协议》签署后，美国坚持要求苏丹政府兑现协定，其要害就是在南方举行公投，以决定该地区的未来地位。2007年至2008年间，苏丹外交官与美方多次接触，表示愿与美国改善关系。但美国坚持将改善美苏关系与落实《协议》挂钩。2009年四五月间，美国总统苏丹问题特使格雷申两度访问苏丹，诱导苏丹落实《协议》，实施公投。

实际上，美国早已预设好了公投结果。2009年10月，美国国务院发布的文件明确指出，美国的目标是"2011年后在苏丹实现和平，或以有序方式建立两个有能力独立生存、和平相处的国家"。与此同时，美国对苏丹出台一项新政策，将通过"胡萝卜加大棒"的措施推动苏丹北南双方落实《协议》。当月27日，奥巴马总统向国会提交报告，宣布将对苏丹的制裁延长一年，包括禁止美国公司在苏丹投资或有贸易往来、冻结苏丹政府在美国的资产等内容。2010年1月，美国国务卿希拉里·克林顿就《协议》签署5周年发表声明，敦促苏丹国内各政治派别加倍努力，以确保《协议》得到切实落实，确保大选顺利举行以及阿布耶伊地区归属与北南苏丹划界问题得到妥善处理。

2010年4月，在巴希尔第四次连任苏丹总统后，美国总统苏丹问题特使格雷申即于5月访问苏丹，与联合国官员及《协议》评估委员会相关各方代表共同评估协议的落实情况，并同苏丹政府和苏丹人民解放运动的领导人就全面落实《协议》过程中的一些未决问题进行磋商。奥巴马在与一些外国领导人会谈时，几乎一次不拉地要求他们与美国一起向苏丹施压。奥巴马强调，美国与苏丹关系的未来取决于一次成功的公投。同时，美国宣称，如果苏丹政府确保南部地区公投如期举行，并尊重公投结果，美国最快可在2011年7月将苏丹从支持国际恐怖主义国家的名单上删除。

美国为了"建立两个有能力独立生存、和平相处的国家"，可谓煞费苦心，甚至为未来的新国家提供资金和派遣顾问都考虑到了。

《华盛顿邮报》网站2010年12月9日的文章公然承认美国干涉苏丹内政，赞扬奥巴马采取"非常美国式的举动"，在南苏丹的外交政策取得成功。日本《每日新闻》说，从2005年的《协议》到2011年南部公投，这一系列进程都是在美国的主导下完成的。

三、妄图控制苏丹的石油财富

美国之所以如此积极地介入苏丹事务,日本媒体一针见血地指出,表面上看是出于最终结束苏丹内战这一人道主义目的。实际上,美国的真实意图是确保日产量达49万桶的石油权益。美国雪弗龙公司原本就对自己发现的油田因苏丹内战和美制裁无法开发的现状感到不满,希望恢复"既得权益"。

苏丹的地质条件表明其拥有大型油田,但由于缺乏资金和技术,苏丹无法依靠自己的力量发展本国的石油工业。20世纪50年代,意大利阿吉普公司、英荷壳牌公司曾在苏丹北部进行过勘探。60年代初,美国雪弗龙公司进入苏丹,早期的勘探作业集中于红海,唯一的重要发现是1976年在苏丹港附近苏阿金的天然气田。雪弗龙公司还在苏丹南部班提乌和马拉卡尔市附近进行了长达10年的勘探开发,发现了几个大型油田,探明了1.8亿吨石油储量,同时还发现了一些中小油田。1983年,由于南方油田的发现,再度引起苏丹内战。次年,雪弗龙公司3名雇员遭反政府游击队杀害,雪弗龙公司开始撤离苏丹,并最终放弃了开采权。1997年美国开始制裁苏丹,禁止美国公司同苏丹发生经济联系。

不过在此之前,苏丹已经改变了石油开采依靠美国的方针。1995年9月,苏丹总统巴希尔访华时提出,希望中国公司到苏丹勘探开发石油,帮助苏丹建立自己的石油工业。随后,中国石油天然气集团公司与马来西亚、加拿大和苏丹石油公司组建了大尼罗河石油公司。该公司在苏丹克服了许多意想不到的困难,帮助苏丹建设了输油管道、炼油厂、石油化工厂等设施，建立起集原油勘探开发、输油管线、炼油、石化于一体的石油工业体系。苏丹就此在短期内从一个纯石油进口国变成一个新兴产油国和石油出口国。

苏丹石油工业迅速发展，大大促进了国民经济的全面发展，同时也带动了中苏经贸关系进一步发展。现在，中国是苏丹第一大贸易伙伴，苏丹是中国在非洲的第三大贸易伙伴。中苏在石油领域的合作真正体现了互利双赢的真谛。

美国面对苏中良好合作的局面，只能采取施压加利诱的手段，威逼苏丹按期实施公投。2011年1月8日，美国参议院外交委员会主席约翰·克里再次扬言，只要公投顺利结束，美国与苏丹的关系将进入新时期。

就美国而言，苏丹南方公投对其具有多方面的战略利益：肢解苏丹，使非洲发生"巴尔干化"；继续对非洲玩弄"分而治之"的伎俩，延滞非洲的复兴，保持对非洲的控制；为本国公司解套，从而有理由允许它们堂而皇之地进入苏丹争夺石油资源。

四、南苏丹面临应对众多挑战的局面

南苏丹独立后，意味着一个国土面积与法国不相上下的新国家腾空出世，将改变非洲和阿拉伯世界地理及政治版图。因而，"后公投"时代的新国家面临的政治、宗教、经济等诸多问题更加错综复杂，牵涉面更广。在政治、经济、社会和文化等方面与喀土穆的关系又不可能一下子完全分割开来，必须应对一系列棘手的挑战。

首先，需要与苏丹（北方）和平解决在边界划分、公民地位、财富分配等一系列重要问题上的分歧。牵动尼罗河沿岸各国神经的水资源分配问题依然有待解决。尼罗河水源分配问题，历来是南北苏丹的"老大难问题"，但过去作为苏丹国内问题很少引起国际关注，如今北南苏丹分家后，水源问题成了国际问题，矛盾更加突出，很可能成为冲突的导火索。这些都需要双方的协商和合作。巴希尔表示将通过合作使"这条边界成为两国之间互利互惠、民众相互往来以及便利货物流通的通道"。

其次，双方经济利益的分配与合作必须妥善安排，尤其是关键的石油产业。南部苏丹有丰富的石油资源，占原苏丹全境石油的75%，其财政收入的90%以上来自石油，但却缺乏炼油设施和向外输油的管道；北方控制着石油产业链，却没有石油资源。这种差异决定了北南分离成两个国家后，只有奉行互利共赢的合作，才真正符合双方的国家利益。

第三，将面临长期存在的族群矛盾、部落冲突和经济滞后等难题，以及社会上长期存在的争夺牲畜、武器泛滥、疟疾肆行、缺医少药等社会问题。苏丹人民解放运动几十年靠枪杆子同苏丹政府对着干，一旦掌权执政，没有治国理政的方略，缺乏经济管理人才，对一个百废待兴的新国家来说，这是一个致命的缺陷。外国顾问的指导必然会贻误国家的发展方向。

南苏丹独立后，喀土穆已指责朱巴袒护在其国内的南科尔多瓦省份反叛的部族，将会引起动荡不安。在南苏丹的军队人民解放军当中，有些来自南科尔多瓦省和青尼罗河州苏丹北方人，很可能他们决定留在苏丹北方，并保留"苏丹人民解放军"名义。这些人员不愿撤到南方，有何意图尚难见分晓。因此，喀土穆方面指控朱巴是这些人的后台，在南科尔多瓦省兴起对北方的战争。但是南苏丹否认这些指控，宣称南苏丹人民解放军绝不可能作为北苏丹人民解放军的后台。

第四，除了与北方的冲突之外，南苏丹内部也有显著的问题——潜在部族冲突。跟北方阿拉伯族裔居主体不同，南苏丹没有主体民族，也没有主体宗教，众多民族甚至没有统一的语言。南北对立时，大家调转枪口一致对北，但独立后，拥有许多民兵组织的各部族之间的矛盾就成了主要矛盾。新政府需要建立一支国家军队、主体是苏丹人民解放军，但其他组织的武装人员不愿放下武器，也不愿被收编，这就产生了问题。

这个新国家独立后，国内已发生多起武装冲突。在与埃塞俄比亚接壤的琼莱地区，乌努尔族和穆勒族爆发冲突。穆勒族攻击了乌努尔族，残杀六百多人，造成近千人受伤，还掠走了乌努尔族人牧养的牲畜。此外，稍北的联合州和上尼罗河州，苏丹人民解放军，也就是现今的南苏丹军队，和其他武装分子也兴起了干戈，在接连的冲突中造成五十多条人命丧生。

第五，巴希尔政权之所以允许公投和南苏丹独立，并非心甘情愿，而是形势所逼。许多舆论都指出，他是迫于国际压力，以及"只要尊重公投结果，就考虑取消国际制裁和逮捕令，追加国际援助"的"胡萝卜加大棒"才勉强接受。但由于苏丹达尔富尔问题没有解决，以及美国对苏丹现政权的偏见，以美国为首的西方没有根本改变对苏丹的政策，仍维持着之前实施的一系列制裁，南苏丹问题的圆满解决并未换来巴希尔所期望的结果。因此，事态可能会出现反复。

再者，据荷兰广播公司1月19日报道，美欧各国正在推动南苏丹加入《罗马公约》和国际刑事法庭，一旦如此，南苏丹就有义务在巴希尔来访时将他逮捕，并引渡到海牙国际法庭受审。2010年12月访问南苏丹的美国前总统卡特指出，一旦南苏丹加入国际法庭，南北苏丹的关系势必急转直下，两国将相互猜疑、指责，很难做到和平相处。

第六，新独立国家还面临妥善处理前苏丹签署的涉及南苏丹权益的合同问题。以农业合作领域的农田为例。南苏丹独立后仅拥有4%的富饶已耕地，其1/3的人口受到饥饿的威胁。因为缺乏农业基础设施和种子，新当局只得依靠外国公司恢复生产。据人道主义组织"挪威人民援助"的报告，至2011年3月，南苏丹9%的土地已通过近几年签订的28个协定接受外国的大规模投资。但大部分土地均种植出口作物，特别是用于生产生物燃料的作物。新政府已开始质疑这些合同的合法性，因为这些合同没有为当地居民带来任何好处，签订合同时也没有得到他们的同意。因此，如何对待这些涉及土地的合同，就需要新政府平衡各方利益后制定新的方针。

司法部的高官认为这些土地的原来居民完全可以质疑根据2009年通过的、现在正在修改的土地法签订的合同。有的地方的居民对于开发他们地区的老合同非常愤怒，甚至扬言要杀死当时签字的头人。根据新情况，政府正在制定新的土地政策，但遇到一个棘手问题，土地属于谁？谁有权出售土地？在南苏丹一直是个说不清的问题。

总而言之，北南苏丹之间存在着众多错综复杂的问题，需要双方采取冷静克制的态度，在互谅互让的基础上，通过协商谈判妥善解决有关分歧，维护南北苏丹和平大局。但由于两国之间的长期恩怨和国际因素的干扰，谈判开局并不顺利。

2011年10月8日，双方领导人在喀土穆举行会晤，没有达成具体行动。关于阿卜耶伊地区问题，喀土穆军队一直没有决定撤离，影响了联合国部署维和部队。联合国秘书长报告称"双方违反协定"。若干争议地区的划界问题一直没有动静。至于石油资源的分配，因双方立场距离大也难于达成协议。朱巴建议使用北方的输油管道和港口设施每桶支付2—7美元，喀土穆要求每桶支付34美元，南苏丹执政党苏丹人民解放运动总书记称之为"敲诈勒索"。南北苏丹因而出现紧张局势。但石油是南北苏丹的经济命脉，唯有保持石油正常生产才符合两国的共同利益。

（作者为中国国际问题研究基金会非洲研究中心执行主任、中国前驻刚果民主共和国大使）

第六章

相对平稳发展的非洲和拉美地区

黑非洲形势：平稳发展　严峻挑战

程　涛　许孟水　黄舍骄　贺红燕

一、政局总体稳定，但不确定因素增多

2011年，和平、稳定、发展仍是非洲形势主流。作为"大选年"，选举国政权基本实现平稳过渡，有关热点问题亦处于可控状态。但和平与安全形势中的不稳定不确定因素明显增多。苏丹北南分裂、科特迪瓦的后选举危机、北非国家政局动荡导致利比亚政权易帜，这一系列形势剧变，显现非洲政治安全形势的复杂，面临严峻的挑战。

（一）非洲地缘政治格局正经历大调整

首先，非洲最大国家苏丹通过公投一分为二，导致非洲地缘政治版图发生变化，北南双方关系、北南各自与邻国关系、非洲国家内部关系以及各外部势力与地区国家间关系都将出现复杂变化。同时，苏丹北南局势并未因南方独立而出现根本改观，双方积怨仍在，达成经济协议的前景不容乐观，甚至有可能出现经济战和代理人战争，给地缘政治格局增加变数。其次，北非地区局势持续动荡，打破了非洲长期以来"北稳南

乱"的地区形势格局，北非国家在非洲地缘政治中的影响力相对下降。

（二）非洲国家政治体制脆弱性明显

冷战后，多党制在非洲基本确立，西式民主、良政理念逐渐融入非洲主流价值观。但西方民主制度与非洲传统部族政治的矛盾性使非洲民主体制存在诸多弊病，多党制与非洲国情艰难磨合的状态持续发展，并在一些宗教、部族矛盾尖锐以及发展问题突出的国家产生激烈碰撞，以致出现"逢选易乱"怪圈和军人干政现象死灰复燃。虽然2011年17国20多场全国性选举大多顺利举行，但2010年底科特迪瓦大选演变成内战并在法国干预下以武力解决收场，此次经济状况相对较好的北非国家发生政治剧变，以及苏丹北南双方在2005年《全面和平协议》中所承诺的西方式"民主过渡"前景黯淡等仍表明，非洲民主制度远未成熟，非洲国家要确立符合自身国情的政治体制和发展道路尚需付出艰苦努力。

（三）非洲政治安全形势趋于严峻

北非一些国家政治剧变对同一大陆其他国家所起的传导效应，使正值大选年、处于政治活跃期的非洲形势更趋复杂。苏丹巴希尔政权受到严重削弱，南方新政权处于最不发达国家的起跑线上，两国未来政治安全形势充满不确定性，不排除出现中央统治乏力、甚至发生内战的局面，这将对未来地区政治安全产生重大影响。与此同时，索马里问题解决未获大的进展，北非动乱引发宗教极端势力和恐怖主义抬头，并向黑非洲扩散，尤其利比亚卡扎菲政权在内战中垮台和卡被击毙，恐怖势力有可能给卡罩上"受难者"光环，使其为增强"圣战"凝聚力服务，非洲形势中的非传统安全威胁进一步增加。

（四）非洲独立自主努力遭受挫折

法国军队直接卷入科特迪瓦内战、美欧以利比亚政权更迭为目标的军事打击行动以及美国以反恐为名向中部非洲地区进行军事部署等行为，对非洲国家维护主权、独立，反对外来干涉的努力构成严重挑战，也进一步表明，西方将借北非形势演变契机，加紧推进对非价值观外交，加大对非洲热点问题的干预，以此巩固对非洲事务主导权，并遏制新兴国家在非进取势头。西方加强在非洲的战略反弹必将触发大国对非战略新一轮调整，导致大国在非利益博弈更加激烈，亦将使非洲国家内部政治安全风险上升，从而有可能使一些权力更迭的国家进一步向西方靠拢，西方在非影响因此得以继续扩大。值得注意的是，在应对北非局势特别是利比亚问题上，非洲国家内部意见分歧，尤其是南非、尼日利亚等国在联合国安理会对 1973 号决议投了赞成票，严重冲击了非盟反对外来干涉的共同立场，使非洲国家能否合力维护共同利益受到质疑。

（五）非洲集体安全机制建设受到削弱

近年来，非盟和非洲次区域组织努力推进集体安全机制建设，尤其加大了对违宪政权、选举争议问题的集体干预，并在解决索马里、苏丹、马达加斯加等问题上发挥了有效作用，为非洲国家自主解决本地区热点问题做出了积极贡献。但非盟和非洲次区域组织在科特迪瓦、利比亚问题上的调解努力，因西方强力干预而失败，从而使非洲集体安全机制在西方列强面前显得苍白无力。

二、经济发展喜忧参半

2011年撒哈拉以南非洲面临发展过程中的诸多考验,经济艰难前行,喜忧参半。年初以来,有经济数据显示非洲经济正处于稳步复苏中,但受地区局势、主要经济体通胀率上升、货币贬值以及世界经济低迷的影响,该地区整体经济复苏未能达到预期的结果。虽然面临诸多不利因素,但2011年非洲经济增长率仍有望超过上年4.7%的平均水平。特别是尼日利亚、安哥拉、毛里求斯等国的石油和电信业的发展超过预期,为整个地区经济发展提供了新的动力。困境中的非洲正全力迎接挑战,探寻超越动荡的发展道路,以下情况值得注意:

(一)改革开放思想正深入非洲人心

2008年全球金融危机爆发,诸多发达国家和地区经济遭受猛烈打击,而世界上最不发达的大陆——非洲却表现出惊人的危机抵御能力,率先走出危机阴影,并成为引领世界经济复苏的一股重要力量。国际货币基金组织指出,目前全球10个增速最快的经济体中,6个是撒哈拉以南非洲国家,预期非洲2011年经济增长率将达到5.3%。因此世界的目光正转向非洲,人们普遍看好非洲经济发展态势。能源加资源是促进非洲发展的两张"王牌"。但非洲能源和资源开发需要大量投资,寻求广泛的国际合作,才能确保非洲经济增长。与此同时,非洲还需要更多的基础设施建设,以便为吸引投资和发展经济创造有利环境。以前联合国秘书长安南为首的非洲进步小组,在调研的基础上鼓励非洲国家实行改革开放,与世界其他国家建立良好的合作伙伴关系，广泛联合国际组织、企业和民间团体，共同创建适合非洲大陆经济发展的合作模式，推动非洲经济和社会走上可持续发展的道路。安南强调，非洲国家必须大力促进区域贸易的进一步开放，鼓励出口商品的多样化，增加市场上产品和服务的种类，促进技术创新，提升国际竞争力和抵御外部冲击的能力。南非总统祖马呼吁非洲国家在与世界其他国家和地区的经贸往来中建立新型合作关系，实现战略互惠。

2011年5月在南非开普敦举行的第21届世界经济论坛非洲会议，从一个侧面反映了非洲的改革开放。会议的主题为"从设想走向行动，非洲的新篇章"，来自60多个国家的900多名与会者为非洲经济社会发展出谋划策。凸显世界对非洲的重视。非洲则把2011年作为新世纪第二个10年的起跑线，在此背景下，南非加入"金砖国家"合作机制将极大促进南非和整个非洲的经济发展，有助于非洲拓展更广阔的国际合作空间，增强非洲的整体国际竞争力。南非向其他非洲国家扩大投资也十分引人注目。南非是非洲经济实力最雄厚的国家，加上本身也是非洲国家，南非企业向其他非洲国家投资的意愿和能力比较强。近年来，南非企业在许多其他非洲国家投资，而且投资领域也非常广泛，包括铁路、发电厂、银行业、电信业等。目前南非对非洲大陆的直接投资已增至150亿兰特（约合22.53亿美元），南非在非洲大陆实施的大型投资项目达到150个，分布在非洲20多个国家。

（二）积极推进结构调整，应对偿债压力

非洲国家领导人意识到经济结构的单一，不利于经济持续增长，必须推进经济多元化结构调整，走产业多元化道路，摆脱对能源和矿产等行业的过度依赖。非洲拥有丰富的自然资源，通过出口石油和矿产品积累资本，将资源优势转变为发展优势，这是发展的第一步。但必须挖掘非洲具有发展潜力的优势产业，进一步改善基础设施，依靠科技创新，推动制造业等附加值更高的产业发展以及加速发展旅游业等绿色产业，非洲经济增长的可持续性才有保障。基于此种认识，非洲国家更加重视拓展国际合作空间，并积极为非洲经济转型探寻路子。安哥拉的转型取得明显的成效，经济增长较快，成为非洲的一个亮点。葡萄牙在2011年遭遇债务危机时，安哥拉理直气壮地表示愿意帮助葡克服困难。

非洲国家普遍实施宽松的财政政策，信贷向实体经济倾斜，以刺激消费和国内投资。非洲国家还加大了对交通运输与通信等基础设施建设的投入，以促进经济增长和增加就业。在对非洲援助和减免债务上，新兴国家表现积极。2000年至2009年，中国已免除35个非洲国家的312笔债务，总计189.6亿元人民币（约合30亿美元）。国际货币基金组织、世界银行等国际组织和有关国家在免除非洲债务方面也给予了不少支持。总的来看，欧债危机还难以对非洲经济造成根本性冲击。同时，非洲也着力减少对外援的依赖度，以卢旺达为例，外援占其财政比例已由2000年的86%减少至2011年的41%。

非洲经济将保持增长态势，其增长原因有以下几方面：一是非洲国家仍然对资源出口依赖性较强，而金融市场只处在起步阶段，对国际市场的"反应"较慢。只要国际能源和原材料价格不出现波动，非洲仍可抵住风浪；二是非洲国家近年来"自力更生"能力提升较快，2011年非洲地区一体化进程加速，南部非洲发展共同体、东南非共同市场和东非共同体制定"三方一体化路线图"以"抱团取暖"。

（三）加速非洲经济一体化的进程

为促进经济发展，非洲坚持了加速区域经济一体化的选择。尽管受内外部各种因素的影响，非洲经济发展存在阻碍，但在2011年开始加速的区域经济一体化进程有望为本地区未来的发展打下坚实的基础。值得注意的是，2011年6月，来自东部非洲共同体、东南部非洲共同市场和南部非洲发展共同体的26个国家政府领导人和高官在南非约翰内斯堡发表联合宣言，正式启动三方自由贸易区谈判，远景目标是建立单一共同市场，在未来三年内先期实现三大地区集团内货物自由贸易。9月底，上述三个区域经济组织的领导人和代表又于肯尼亚首都内罗毕召开会议，商讨筹措约合150亿美元的资金完成肯尼亚拉穆港口项目及其他6个东非交通要道的基建项目。这些项目不但有助于扩大区域市场规模，减少物流成本，还将为服务贸易和投资的发展打下基础，加速非洲区域经济一体化。2011年8月，南共体第31届首脑会议强调，在世界经济大潮中，各成员国应在基础设施建设、人员和物资流动、消除贸易壁垒、解决贸易逆差、创造就业机会等方面进行积极合作，加强本地区经济自由化和一体化进程，为最终在整个非洲大陆实现经济一体化做出自己的贡献。

（四）内需增长拉动了非洲经济增长

经济学家一般认为，决定和影响一国消费水平的因素有多个方面，但最重要的因素是国家经济的发展和居民收入的提高。这几年，由于非洲经济持续增长，越来越多的人正在走出最低收入水平，进入企业家所说的"新兴消费群体"，开始形成一批新的中产阶层。1994年南非少数白人统治让权之后，南非的黑人中产阶层也在逐渐浮出水面，令人刮目相看。尽管非行对非洲中产阶层界定的标准比较宽泛，仅为每人每天消费2美元—20美元，这与世界上其他地区相比显得相当的低下，但非洲经济的快速发展却是有目共睹的事实。据非洲发展银行的报告，非洲大陆有大约3亿人的收入超过了基本需求，与10年前相比增加了60%以上。国际货币基金组织2011年4月预测，撒哈拉以南的非洲地区不断上升的家庭支出可能有助于这一地区的经济发展，使其增长速度比欧洲高出将近3倍。

近年来，非洲更加开放的市场和总体政治稳定加快了城市化进程。非洲国家开始改造贫民窟，使之成为世界上城市化速度最快的大陆之一，南非《商报》称，非洲的城市化程度几乎已赶上中国。城市化和经济发展为电信企业带来巨大的商机，非洲的手机用户已超过美国人口总数。据英国一家机构的调查，非洲2010年手机销售量已突破5亿部。毛里求斯2010—2011年信息技术水平在全球的排名明显攀升，再度蝉联非洲各国之首。非洲国家居民收入提高，消费能力增强，开始接受更多的教育，从农村移居城市，从而获得薪酬更好的工作，购买漂亮服装、电子产品，享受基本的包装食品和饮料产品等。麦肯锡公司的调查表明，在过去4年中，非洲个人商品、服务消费增长对非洲国内生产总值增长的贡献率约占2/3。

非洲快速兴起的城市消费品市场吸引了西方跨国电信巨头和零售企业，美国零售业巨头沃尔玛投资24亿美元购买南非零售商马斯马尔特公司51%的股份，并将其作为向整个非洲市场扩张的根据地。百盛餐饮集团表示，它将在今后几年，将在非洲的肯德基店铺增加至1200家。全球最大食品公司雀巢7月宣布，计划于2015年前向非洲市场投资约14亿美元，在尼日利亚、刚果（金）、莫桑比克和安哥拉建设新工厂，扩大在非洲市场的产能。目前,雀巢在非洲的销售增速已经超过欧洲和北美。在南非,谷歌和微软也在暗中努力,资助当地企业家,希图借此扩展自身业务。

非洲居民,特别是刚浮出水面的中产阶层的消费需求的升级已被看做是促进非洲经济持续发展的引擎,许多经济学家断言,非洲内需增长已成为非洲经济增长的一个重要因素。

(五) 非洲国家的经济伙伴更加多样化

非洲与新兴经济体的经贸合作持续扩大,是拉动非洲经济增长的又一重要因素。中国、印度等新兴国家大量企业走进非洲投资兴业,把非洲视为"机遇的大陆"而非"问题的大陆"。2011年7月非洲发展银行、经济合作与发展组织等联合发布的《2011年非洲经济展望》报告认为,随着非洲经济日益融入全球经济,非洲国家的经济伙伴也更加多样化。在过去十年里,非洲与新兴经济伙伴在拓展经贸与投资合作上取得了新进展,双方贸易额占其全部贸易额的比例已从23%提高到39%。中国在2009年超过美国成为非洲最大贸易伙伴。目前,非洲前五大新兴经济伙伴分别是中国、印度、韩国、巴西和土耳其,因此,非洲应当加强同这些新经济体的合作。作为非洲的传统经济伙伴,欧、美仍占到非洲贸易额的62%、外商投资的80%和官方发展援助的90%。因此报告建议,非洲国家应充分利用不同经济伙伴之间的互补性,提高自身的谈判地位,实现经济的多样性,推动区域经济一体化发展。

非洲国家对南南合作的深远意义有了更深刻的认识。肯尼亚常驻联合国代表、联合国大会南南合作高级委员会轮值主席约瑟芬·奥鲜博认为,南南合作将为发展中国家,特别是最不发达国家应对发展挑战提供大量已获得实践验证的解决办法,并为推动共同发展创造更多机会。发展中国家在南南合作的范畴内都处于平等的伙伴关系，因为彼此有相似的发展环境、背景和发展道路，不论其国家大小或是否发展成熟，彼此可以设身处地地向对方提供必要的经验。有利于平等商讨实施符合各自利益的建设项目。非洲国家积数十年与发达国家合作的经验，不喜欢那种居高临下式的捐赠或援助。非洲有识人士相信，中国、印度、巴西和南非等新兴经济体必将为包括最不发达国家在内的伙伴国提供社会经济管理、粮食安全、农业生产力提高、教育普及、科技创新和应对气候变化等方面的经验。多年来，中国在非洲的经济活动获得了非洲广泛的欢迎和肯定，尽管存在一些摩擦。

2011年9月，非洲开发银行副行长兼首席经济学家穆萨利·恩库贝在巴黎明确指出，中国在非洲的经济影响日益增强，不但对双方贸易交流有利，而且给非洲的发展带来机遇，"中国和非洲的经济合作是双赢的"。一是中非在基础设施和技术知识方面的合作越来越重要，使非洲的发展受益匪浅。二是中国中小企业在非洲的发展也活跃了非洲贸易。三是中国在非洲35个国家基础设施方面的投资方便了这些非洲国家的产品进入地区和国际市场。四是中国在非洲一些国家设立经济特区也增强了非洲制造业的能力。

新兴经济体与非洲国家的互利合作，向世界展示了非洲拥有不断增长的机会。自中非合作论坛成立以来，中非互利合作不断得到加强。在这过程中，中非双方都非常重视高层交往，因为领导人之间的沟通为这种互利共赢的合作提供了保障。2011年前11个月，中国全国人大常委会委员长吴邦国等9位中国领导人相继访非；南非、纳米比亚、喀麦隆、莫桑比克、毛里求斯、几内亚、贝宁、塞舌尔、埃塞俄比亚、赞比亚等非洲国家总统、副总统及总理分别来华访问或出席重大活动。有一个非常能说明问题的例子：赞比亚总统萨塔在当选总统之前反对与中国合作，扬言要把中国人赶出赞比亚，但他上台执政后立即回归务实，宴请150位中资公司代表示意加强合作，并派遣开国元首卡翁达和现任副总统访华与中方沟通。这说明中国在非洲的经济活动并非掠夺非洲的资源，而是为非洲和中国本国的发展做贡献，这是真正意义上的双赢。

（六）新兴经济体一如既往重视对非合作

2011年5月，印度与非洲在亚的斯亚贝巴举行第二届印度—非洲论坛峰会，印度总理辛格率领的代表团与15个非洲国家代表团就包括世界贸易组织争端解决及谈判能力建设、筹建印非外贸学院、强化印非贸易投资关系、印度降低对非洲最不发达国家贸易关税等议程进行了讨论。印度表示将继续在基础设施发展、区域一体化、能力建设及人力资源开发等方面为非洲提供帮助，计划为非洲国家提供50亿美元信贷额度；为修建埃塞俄比亚—吉布提铁路提供3亿美元资金；为非洲提供7亿美元，用于提供培训和新建一些服务性项目。此外，印度还将增加享受印度政府奖学金的非洲学生名额和培训非洲工人的名额。

2011年12月，俄罗斯在亚的斯亚贝巴举办"俄罗斯—非洲"国际商务论坛，俄罗斯总统与非洲国家合作特别代表马尔戈洛夫称之为"非洲的达沃斯"。在苏联时代，苏联与许多非洲国家保持着紧密的关系，但苏联解体后俄罗斯忙于国内事务，放松了对非洲的关注。在中国、印度、巴西等新兴经济体与非洲实现令人瞩目的经济合作后，莫斯科希望恢复其在非洲大陆的地位。普京和梅德韦杰夫先后于2006年和2009年访问非洲，为俄非合作做了有力的铺垫。2011年3月在中东北非政局发生激烈动荡、北约超越联合国决议轰炸利比亚之际，俄决心加强对非工作，梅德韦杰夫总统任命俄联邦委员会国际事务委员会主席马尔戈洛夫担任上述特别代表职务，马强调"重要的是要加强经济合作"。本届"俄罗斯—非洲"国际商务论坛标志俄实质性地重返非洲。俄认为非洲是一个具有广阔前景的投资地区。不久前，俄公司完成了安哥拉的"卡邦达"水电站的建设。俄还准备参建埃塞俄比亚、吉布提、乌干达、博茨瓦纳、南非、纳米比亚等国的电力项目。2012年俄将制定对非合作战略，这意味俄在停顿20年之后，将以新的方式启动俄罗斯与非洲的经济和其他方面的合作。

据世界银行12月公布的题为《跨越大西洋：巴西与撒哈拉以南非洲，南南合作促发展》的报告说，巴西正全方位地积极同非洲加强合作。巴西前总统卢拉12次前往非洲，共访问了21个国家，同时接受了27个非洲国家领导人的47次访问。现任总统罗塞夫继续奉行这一政策，上任第一年便访问了安哥拉、莫桑比克和南非。巴西同非洲拥有特殊的历史和文化联系以及类似的地理和气候条件，因而合作前景良好。巴西的技术比较适应非洲的需要，并且愿意向非洲转让和培训人员。这也正是非洲国家与巴西开展合作的主要目的，非洲国家尤其希望加强同巴西在热带农业、热带药物、职业培训、能源和社会保护方面的合作。事实上，巴西60%的技术转让合作资源都流向了非洲。过去十年中，巴西同撒哈拉以南非洲的贸易额迅猛增长，从2000年的20亿美元增长到2010年的120亿美元，而且还在继续增长。

越南作为后来者也在设法打进非洲。把非洲视为越南扩大经济、贸易、工业合作关系的具有巨大潜力的市场。2011年3

月，据越南工商部介绍，近几年来越南与非洲双边贸易额迅速增长，年增长率平均30%。2010年越南对非洲出口金额达17.9亿美元，同比增长20%，比2001年增长9倍。目前，越南商品已经出口到非洲所有国家，其中重要的出口市场包括南非、埃及、科特迪瓦、塞内加尔、安哥拉等。未来时间，越南将集中加大油气勘探开发、日用品生产等投资合作；2011年，越南国家副主席和南非国民议会议长分别于5月和11月访问对方国家，越希望两国尽早成立两国政府间委员会，推进两国全面合作，鼓励两国企业相互考察对方市场、寻求投资机会。南非允诺将协助越南赴南非投资。迄今，南非已成为越南最大的非洲贸易伙伴，其双边贸易额逐年增长，自2001年的1.92亿美元增至2010年的6.403亿美元。越南希望未来几年两国力争将双边贸易额提升到10亿美元。2011年越还派遣政府总理特使、工商部工作代表团访问了埃及、安哥拉、中非、喀麦隆等国，着重讨论加强经济合作问题，随行的越南企业代表团同相关国家举办企业论坛进行沟通。越南与尼日利亚的经贸关系也在迅速发展。2010年，双边贸易额达到1.55亿美元。2011年前10个月，双边贸易额达到1.21亿多美元。

（七）饱受通胀、货币贬值、粮荒和政局不稳困扰

欧盟是对非第一大援助体、第一大投资方和第一大贸易伙伴，因此欧债危机势必会向非洲传导。由于非洲国家外汇储备多以欧元和美元为主，欧债危机发生后，欧元和美元呈下跌趋势，增加了非洲的通胀压力，货币贬值加剧，人民生活负担加重，拖累了非洲经济的发展。非洲肯尼亚、尼日利亚、乌干达等国通胀率已到达两位数，10月尼、乌通胀率分别为10.5%和30.5%；肯尼亚通胀率连续11月升至19.72%。南非由于食

品和油料价格上涨,10月通胀率达到6%,创21个月来新高。伴随通胀而来的是货币贬值。2011年9月南非兰特对美元汇率大幅贬值,由此前的6.5∶1贬至8∶1。而肯尼亚先令对美元汇率从年初的80∶1也一路走低,在10月中旬一度达到107∶1的最低点。对通货膨胀的担忧还导致一些非洲国家央行紧缩银根,阻碍了经济增长。

2011年,"非洲之角"60年不遇的大旱造成该地区出现严重粮荒,超过1300万难民只能绝望地等待援助。历经20年战乱至今仍政局动荡的索马里面临严峻的人道主义灾难:包括首都摩加迪沙在内的6个地区相继被联合国宣布进入饥荒状态,中南部地区严重营养不良比例已超过50%。粮荒导致大批难民流入周边国家和地区,给地区安全带来巨大隐患。6月以来,索马里每天大约有4000人次选择背井离乡,来自南部的灾民也不断涌入摩加迪沙,而位于肯尼亚和索马里边境的达达布难民营更是人满为患,原本计划接受9万难民的营地却聚集了近50万人。到年底为止,旱情所引发的粮荒仍未得到根本性缓解。虽然国际社会已加大对"非洲之角"的人道主义援助力度,但地区局势长期不稳定、粮食供给缺乏规划、政府农业政策缺失、农业发展意识淡薄、粮价飙升等各方面因素夹杂,"非洲之角"经济几乎停滞。由此,严重拖累了非洲经济的发展。

此外,非洲2010年的政治局势也不容乐观。科特迪瓦、马达加斯加和几内亚等国都深陷政治危机。另据初步统计,2012年撒哈拉以南非洲约有17个国家要举行总统选举,可能产生的不确定性因素有可能成为左右这些国家经济走势的关键因素。

(八) 2012 年非洲经济依然看好

由于大多数非洲国家近年来已打下良好发展基础,非洲 13 个主要经济体中绝大多数经济体的增长率将高于 2010 年,平均增长率有望达 5.9%。石油输出国尼日利亚和安哥拉 2011 年增长率可达 6%,2012 年尽管石油价格低于预期,这些国家不会减弱投资意愿,增长率仍可达 7.25%。然而观察家指出,非洲经济仍将面临世界经济低迷的挑战。一是原材料大宗商品价格下跌的风险,如果发达国家需求继续减少,大宗商品价格走低,将对非洲出口收益产生冲击。二是欧债危机如不能尽快解决,其财政紧缩政策将继续对非洲出口产生严重的负面影响。

但国际货币基金组织和专业人士预测,就整体而言,撒哈拉沙漠以南的非洲地区在经历了 2011 年全球经济下滑的考验后,抵御外部风险的能力明显增强,2012 年经济发展前景依然向好的方向发展。北非三国局势趋稳,经济将进入恢复期,对非洲经济是利好因素。科特迪瓦经济活动 2012 年也会恢复正常,增长率有可能反弹至 8.5%。

总之,非洲经济在 2011 年的逆境中取得了稳步增长的好成绩,虽然 2012 年国际经济大环境仍存在诸多不确定因素,但上述推动非洲经济增长的因素不会消失,外部风险已不能阻止非洲经济的前进步伐,增速有望达 5.8%。

三、一体化处于新的十字路口

非洲一体化是广大非洲国家为之进行长期艰苦探索的战略目标。从 20 世纪 60 年代的泛非主义到 1963 年成立非洲统一组织,从各地区为实现经济一体化而成立的经济、贸易和关税联盟或共同体,到谋求政治、经济一体化的非洲联盟,非洲在经济合作、"集体自力更生"和致力和平稳定的道路上取得了许多可喜的成就。

在过去几十年中,非洲在促进地区经济一体化方面进行过诸多努力。在非洲大多数地区相继建立了200多个地区一体化合作组织,其中包括西非国家经济共同体(ECOWAS)、南部非洲发展共同体(SADC)、东部和南部非洲共同市场(COMESA)、东非共同体(CEA)、阿拉伯马格里布联盟(MRU)、中非国家经济共同体(ECCAS)、中部非洲关税和经济同盟(UDEAC)、西非经济货币联盟(UEMOA)等11个支柱性区域组织,勾画了建立自由贸易区、关税同盟、共同市场、货币同盟甚至政治同盟的发展蓝图,成员国间贸易额逐年攀升,合作建设项目不断涌现,在推动有关地区经济一体化中发挥了重要作用,使非洲一体化,尤其是经济一体化进程一度有所进展。在政治方面,非盟和次地区组织在维护地区和平与稳定、推动解决某些地区热点问题方面发挥积极作用。大多数非洲国家在选举中实现了政权的平稳过渡。

然而,2011年上半年在科特迪瓦后选举危机面前,非洲内部分歧严重,法国利用这一形势,强行武力干预,争夺解决科特迪瓦危机主导权。在利比亚问题上非盟也显得软弱无力。西亚北非局势的动荡,特别是卡扎菲及其政权的消失,使非洲集体安全机制建设遭遇挫折,非洲一体化遭受承重打击。非洲经济一体化也一直在低水平上前行,离2030年建成非洲经济共同体,实现全非洲人员、资本、货币和服务自由流通的远景目标相距甚远。

未来非洲一体化道路将更加曲折坎坷。

其主要原因首先是非洲大陆总体政局稳定的不平衡和脆弱性。由于在历史上西方长期殖民统治制造的种种矛盾和非洲本身在政治、经济、民族、部族、宗教和文化等复杂因素，在过去的数十年中，非洲一直是世界上最动荡的地区之一。20世纪80年代非洲遭受西方民主化冲击下，一度政治制度扭曲，社会动荡不已。在21世纪头一个十年里，非洲政治、安全形势总体趋于平稳，但局部地区和少数国家仍饱受战乱与动荡之苦。国家不稳定，政权不牢固，就无法保证国家的长治久安，国家间的联合当然无从谈起。这一问题一直严重困扰非洲经济一体化进程。

其次是经济落后和发展的不平衡。绝大多数非洲国家本来经济发展就比较缓慢，经济全球化又使他们更加边缘化。非洲大多数非洲国家经济相对落后，使非洲整体经济发展水平低下。而且许多国家经济结构雷同，不但互补性差，而且在产品生产和出口商品方面存在许多利益冲撞，容易引发地区一体化组织间、成员国间在目标和利益等方面产生分歧、相互掣肘。另外，地区间和国家间相互经济合作也相当松散，这些都严重制约着一体化进程。

第三是利益共享与主权让渡之间的矛盾。从全球经验看，一个国家参加任何一个地区一体化组织，在扩展本国利益的同时必须自主自愿地出让部分国家主权，特别是某些决策权，才能保证地区一体化组织的正常运转。但在非洲地区一体化组织中，成员国的区域认同意识薄弱，往往不愿出让主权而只想获取利益。多数穷国、小国加入集体合作的目的是索取而不愿奉献，少数龙头国家与多数经济落后国家差距过大，在提供经济援助方面往往不是力不从心就是慷慨有限。因此相对富裕的核心国家缺乏足够的权威和实力去解决地区和别国的难题和推动一体化，导致许多关于自由流通、减免关税和非关税壁垒的整体和区域性措施难以顺利推行。

第四是基础设施落后的制约。由于交通设施差，运输手段单一，速度慢，效益差。交通运输成本高出世界其他地区136%，尤其是15个最不发达内陆国，商品和物资流通受到更大制约，成本更高，在国际竞争中处于不利地位。

除了上述基本因素之外，西亚北非的所谓"茉莉花革命"在一定程度上刺激了非洲反对党派和年轻人的不满心态和求变欲望，给整个非洲的稳定增加新的不稳定因素。而对非洲一体化打击最大的是利比亚的内战和卡扎菲的倒台。应该说，卡扎菲对推动非洲一体化是做出过巨大贡献的。早在反殖民主义时期，以恩克鲁玛为首的一批早期非洲政治家提出要建立"非洲合众国"的设想。后来的几代非洲国家领导人都怀揣着这一梦想，卡扎菲则是这一思想的积极推动者和实践者。卡扎菲对推动非洲一体化的贡献一是在于他的泛非主义思想，二是利比亚的经济援助，三是他桀骜不驯个性。面对西方强权，卡扎菲往往表现出维护非洲独立尊严的勇气，说出许多非洲国家领导人想说而不敢说的话。即使在其与西方"和好"的情况下，他也时不时给西方一点难堪。因此卡扎菲在非洲具有一定的影响力和号召力。1999年9月，卡扎菲正式提出建立"非洲联盟"的设想。2001年在他的推动下，非洲联盟正式成立，使非洲"用一个声音说话"，提高了捍卫自己的能力。2007年7月，非盟将建立"非洲合众国"确定为非洲一体化的最终目标。多年来，非盟在维护地区安全、调解地区战乱和冲突方面颇有建树。非盟推动各成员国加强基础设施建设、吸引和争取外资及援助，为促进非洲大陆的经济一体化做出了积极贡献。

根据卡扎菲建立"非洲合众国"设想的是，"非洲合众国"建成后，非洲将拥有统一的中央银行、军事力量和议会，可以更好地帮助非洲国家应对全球化的挑战，改变长期以来非洲在世界的"边缘化"地位。为此，他还主张尽快成立"非洲权力机构"，统一领导非洲外交、国防与安全、经济和国际合作等。在2009年第16届非盟首脑会议上，担任非盟轮值主席的卡扎菲把建设"非洲合众国"的主张进一步细化，并大力推动。卡扎菲还向非洲联盟和许多地区组织投入了大量的资金和物力，以推动非洲一体化。的确，卡扎菲的"非洲合众国"曲高和寡。南非和尼日利亚等国领导人则认为，成立非洲合众国不能操之过急。在当前的现实条件下，地区性合作组织往往能发挥比"非洲合众国"更大的作用。与其一味追求全非性的联合政府，不如先加强地区性合作。同时，必须进一步扩大和发挥非盟的功能。然而，卡扎菲提供的资金却深受欢迎，也发挥了积极的作用。卡扎菲倒了，也相当于非洲一体化跨掉了一根重要支柱。在经费方面捉襟见肘的非盟在运作上会更加困难，将会对西方经济援助产生更大的依赖性。然而对没有卡扎菲作梗的非洲，西方的干涉将更加肆无忌惮，西方援助一定会附加更苛刻的政治条件。如何维护非洲的独立、主权和尊严，反对外来干涉，按照非洲人自己的意愿推进非洲一体化建设是非洲面临的严峻的考验。

　　面对复杂的国际环境，非洲国家和人民对一体化的渴求愈发强烈。发展经济是广大民众之愿，团结合作是应对全球化之须，非洲一体化是顺应潮流之举。非洲的当务之急是尽快化解一些国家的政治危机，平复动荡局势，保持和平稳定，力争持续发展，为非洲一体化重新起步创造必须的条件。

四、安全形势令人关注

2011年,与"基地"组织有联系的一些非洲极端主义组织十分活跃,频频出手,展示力量。它们制造了一系列事端,使非洲之角、北非、萨赫勒地区、尼日利亚北部、大湖地区原本就很脆弱的安全形势进一步恶化。利比亚战争后,原属于卡扎菲军队的武器严重扩散,有的已流入极端组织手中,致使国际社会倍加忧虑。

(一) 非洲之角,尤其是索马里形势没有得到改善

索马里伊斯兰青年运动控制着索马里中、南部,从事反政府活动。他们袭击的目标很明确,一是"投靠西方的"索马里过渡政府军政要员,二是维系这个政府存在的非洲联盟维和部队,三是在财政和军事装备上支持这个政府的西方国家,包括一些派驻索马里的国际组织。它们的长远目标是在非洲之角建立一个"真主的国家",并在全球展开"圣战"。

该组织的活动影响了索马里的安全和发展,使其长期处于不稳定状态。自2月以来,索政府军在非洲联盟驻索马里特派团协助下对其实施打击。8月初,索伊青年运动被迫撤出摩加迪沙北部的大本营及多处区域。当时一些分析师预测,该运动撤离摩加迪沙或出于战术考虑,今后可能效仿"基地"组织发动一系列自杀袭击。果然,10月初索伊青年运动在摩加迪沙一座政府办公楼附近制造了一起自杀式汽车炸弹袭击,76人丧生、数十人受伤。10月20日该运动反政府武装与索政府军及非盟驻索马里特派团在首都摩加迪沙近郊交火,声称打死70

余名非盟维和士兵。

2011年非洲之角饥荒严重,引起国际社会的广泛关注。但索伊青年运动的反政府活动使人道救援严重受阻。

肯尼亚政府指责索伊青年运动武装还在肯尼亚境内进行恐怖袭击,绑架人质,严重威胁其国家安全。10月16日,肯派出坦克和陆军部队越过边界进入索马里南部地区,对该组织武装进行打击。肯索两国政府均视其为"共同敌人"。10月31日双方在内罗毕就目前在索境内进行的联合军事行动举行高层会谈,决定尽快建立高级别联合协调委员会,对军事信息及行动进展进行共享和磋商。双方并表示希望国际社会和国际刑事法庭就打击该极端主义组织提供必要的后勤援助、经济支持和司法协助。

为了维护非洲之角,特别是索马里的安全和应对索伊青年运动的挑战,该地区国家加大了对索马里军事行动的协调。11月中旬,乌干达、布隆迪、吉布提、肯尼亚和埃塞俄比亚五国的国防部长在埃塞俄比亚举行闭门会议,讨论加强非盟维和部队以及该地区国家如何更大规模介入索马里军事行动的问题,其中包括埃塞俄比亚派兵的可能。非盟和平与安全理事会官员表示,埃塞俄比亚有可能派军队进入索马里。乌干达总统称,支持埃塞俄比亚向索马里派兵,因为只有非盟维和部队增加军力才能满足维护局势稳定的需要。肯尼亚、乌干达和索马里并在内罗毕举行三国首脑峰会,表示将进一步加强合作,认为非盟维和部队以及肯尼亚军队对索反政府武装在两条战线上作战,为恢复索马里和平与稳定提供了"历史性的机遇"。11月17日,非盟和平与安全理事会亦举行会议,支持将肯尼亚军队纳入非盟维和部队,认为这是维稳"最好的选择之一"。

但是,索伊青年运动不会因此而束手就擒、坐以待毙。11

月初，索伊青年运动通过一个伊斯兰网站扬言将派武装人员到肯尼亚境内"发动无限期的战争"。而且 2010 年下半年，索伊青年运动确实在乌干达、肯尼亚等国发动过境外袭击，国际社会不能对其发出的威胁等闲视之。

（二）萨赫勒地区的恐怖活动有所加剧

2011 年伊斯兰马格里布基地组织加剧了在萨赫勒地区的恐怖活动。该组织主要从事伏击、爆炸、自杀式袭击、绑架人质等形式的恐怖活动。他们宣称，通过灵活多样的袭击活动，最终推翻本地区各国的世俗政权，逐步建立起纯粹伊斯兰国家。

伊马基地组织之所以比 2010 年活跃，是因为利比亚战争导致了卡扎菲政权崩溃，从而彻底改变了这一地区的地缘政治格局。当初，因利比亚危机的爆发，利政府军撤离了与阿尔及利亚接壤的边境地区，使该组织的武装分子获得了更大的活动空间。

在此情况下，萨赫勒地区的阿尔及利亚、毛里塔尼亚、马里、尼日尔四国军队参谋长于 4 月举行会议，协调加强打击伊马基地组织的恐怖主义活动问题。四国外长，还有欧洲的相关专家和联合国安理会成员国代表，先后于 5 月和 9 月举行会议，研究萨赫勒地区的恐怖主义和跨境犯罪问题，并为反恐制定更有效的合作方针。

人们存在着这样一些担忧：

一是担心伊马基地组织蜕变为伊斯兰萨赫勒基地组织，萨赫勒地区成为恐怖主义分子的又一巢穴。多年来，伊马基地组织的战士就一直频繁袭击和绑架西方人。而利比亚战争给了这些圣战分子新的动力，原利比亚政府军火库遭到大肆洗劫，西方国家分析人士估计，他们已经从利比亚战争的参战方获得了新的武器，如"萨姆－24"便携式地对空导弹和"萨姆－7地"对空导弹，并恢复了 AK－47 步枪、炸药、火箭筒等军火储备。

此外，数百名卡扎菲伊斯兰军团的图阿雷格族战士返回马里和尼日尔，恶化了当地的安全形势。6月末7月初，毛里塔尼亚军队和伊斯兰主义战士在马里北方瓦加杜森林的激烈战斗表明，伊马基地组织能够疯狂地抵抗一支使用炮兵、飞机、战斗直升机的常规部队。虽然伊斯兰主义分子最终从其瓦加杜森林根据地撤了出去。但他们一直呆在毛里塔尼亚的东部和马里的北部，那里的训练营地已建立多年。新招收的人员在那里受训，然后返回各自的祖籍国。从历史上说，伊马基地组织与阿尔及利亚有关系，然而它越来越从撒哈拉以南非洲招募人员，因此与尼日利亚的伊斯兰运动"博科圣地"发生了联系。基地组织的"非洲化"显然与伊斯兰教在政治上的奋起和瓦哈比教派的影响不断扩大有关。

二是担心马里的"薄弱环节"。在萨赫勒地带，马里通常被看做反恐的"薄弱环节"。马里北部图阿雷格族发动一次叛乱之后，该国荒漠的北方安全形势大为恶化。伊马基地组织的战士控制了这块地盘。马里军队没有能力单独应对伊马基地组织，因而毛里塔尼亚军队多次奔袭马里领土内的伊斯兰武装分子。此外，马里北方香烟、汽油、甚至大麻、海洛因、可卡因等毒品的走私十分猖獗。久而久之，该地区成了政府管理的"灰色地带"。

三是担心萨赫勒地带有可能成为有其自己"塔利班"的新阿富汗，或类似成为基地组织庇护所的巴基斯坦"部落地区"。而利比亚战争造成大量武器扩散，给萨赫勒地区的安全局势带来了许多不确定性，联合国、欧盟和美国对此多次公开表示担忧。

以前，卡扎菲为了自身安全镇压了伊斯兰激进分子，利比亚战争爆发后，情况发生变化。阿尔及利亚政府一名高级官员称，有证据表明阿方此前移交给利比亚政府的利比亚伊斯兰武装分子加入了反对卡扎菲的武装队伍。萨赫勒四国，特别是阿政府要求利比亚新当局必须承诺打击恐怖组织，确保执行卡扎菲的同一路线，声称这是发展友好关系的关键。但当时的利反对派否认其武装力量被恐怖组织渗透。

四是担心四国不能协调一致应对新形势。四国对利比亚新当局的外交政策不尽一致。虽然四国联合行动参谋部已成立一年半，但在当前新形势下，更需要四国在军事上协调一致。西方国家对此特别关注，敦促四国加强地区合作，制定共同政策。然而，由于利比亚新当局还没有能力控制全国，形势仍然复杂多变。

中东问题观察家总的认为，北非和萨赫勒的恐怖主义组织，特别是伊马基地组织利用北非动荡的时机，加紧发展势力，增强了实力，成了地区安全的主要威胁之一。

（三）尼日利亚北部恐怖主义活动趋向活跃

8月，尼日利亚伊斯兰教极端组织"博科圣地"，在首都阿布贾的联合国驻尼代表处大楼制造一起自杀式汽车炸弹袭击，引起国际社会的广泛关注。

"博科圣地"，豪萨语意为"西方教育的罪恶"，于2002年成立于尼东北部全国最贫困的约比和博尔诺州，在与喀麦隆、乍得接壤的博尔诺州特别活跃。"9·11"事件后，该组织被称为"尼日利亚塔利班"。2003年至2004年，他们开始对警察哨所发动袭击，夺取武器和弹药，为此政府向北方派出大批军队和警察。2006年该组织又以"博科圣地"的名义重新露面。

2009年是"博科圣地"与尼政府关系的转折点。这年，该组织在北方4个州联合发动"起义"，与政府关系急剧恶化。警察和军队将该教派设在博尔诺州的总部迈杜古里清真寺夷为平地，并打死了其领导人。但实际上并没有消灭该组织。他们在邻国隐蔽了一个时期，又开始恢复活动。2011年6月，"博科圣地"炸弹袭击了阿布贾警察总部。这是该组织首次在首都制造事端。警察因应付不了这个局面，军队于当月建立了一支特种部队。与此同时，该组织在尼日利亚东北部对警察发动了数起袭击。11月后，"博科圣地"在尼东北部连续制造多起暴力流血袭击事件，并秘密制造炸弹等爆炸物。

上述情况表明：

一、"博科圣地"大肆张扬袭击联合国驻尼机构办公大楼，显示其有能力把矛头针对联合国和培训自杀式"肉弹"。

二、反映了"博科圣地"与尼日利亚政府的严重对立。"博科圣地"主张建立一个伊斯兰国家，指责政府在北方12个州没有严格执行伊斯兰法，并在反对"基地"组织的战争中与西方，特别是与美国结盟。

三、尼日利亚安全部门声称，"博科圣地"与伊马基地组织和巴基斯坦的基地组织支部存在联系。阿尔及利亚外交人士称，情报和"博科圣地"的行动方式证明，该组织和伊马基地组织之间存在协作关系。

四、"博科圣地"的袭击从尼日利亚东北部发展到首都所在的中部地区，其活动空间明显拓展，尽管在现阶段它还撼动不了这个拥有1.6亿人的非洲人口大国，但是宗教和族群之间的冲突经常使尼中部的高原地区"着火"，每次死者数以百计。有识之士指出，安全部队的粗暴镇压解决不了问题，反而把许多失业的年轻人推到宗教和政治激进势力一边。数百万基督教徒生活在北方,如果暴力活动蔓延开,他们就会冒险逃往南方。而在南方,基督教徒可能会向少数的穆斯林寻仇。

从2011年全年情况来看,上述地区的恐怖主义活动不是受到遏制,而是有所扩展。伊斯兰极端主义者对西亚北非伊斯兰主义政党上台执政,对伊斯兰教复兴感到鼓舞;对西方大国赤裸裸地干涉、控制弱小国家的帝国主义行径非常不满。这预示来年针对西方的恐怖主义活动不会减弱。美国卡内基国际和平基金会访问学者罗特科普夫认为,2011年美国的无人机基地和军队已悄悄开进非洲,美国和西方的安全人士非常关注该地区的"基地"组织和类似组织,他预测2012年非洲极端主义将会蔓延。而以美国为首的西方借反恐之名加强其在非洲的存在,将会使问题变得更为复杂。

目前,中国在非洲从事经援商贸、文化交流、劳务承包活动的人员数以万计。中方机构和人员应该增强风险意识,提高警惕,以防极端势力为制造轰动效应而绑架,甚至杀害我方人员,破坏中资企业的事件发生。

五、粮食安全问题突出

(一)黑非洲粮食安全形势严峻

2011年以来,黑非洲面临最突出的问题之一是严重的旱灾和饥荒,特别是东北非的非洲之角遭遇到60年不遇的特大旱灾。索马里、埃塞俄比亚、厄立特里亚、吉布提、肯尼亚、苏丹、南苏丹和乌干达等国连年降雨稀少,2011年降雨量仅为正常年份的5%至50%不等，高粱、玉米等粮食作物严重歉收甚至颗粒无收，1240万民众受灾，急需救助。索马里灾情最为严重，全国一半人口承受饥馑之苦，360万人面临生存危机，146万人流离失所。联合国粮农组织总干事迪乌夫说，"索马里陷入非洲有史以来最严重的粮食危机"，并将非洲之角饥荒形势称为"世界面临的最严重的人类灾难之一"。

黑非洲粮食安全问题由来已久。从20世纪80年代开始，全世界只有非洲是人均粮食产量不断下降、赤贫人口持续上升的地区，非洲成为全球唯一粮食净进口大陆。2000年，全非进口总额为190亿美元，其中粮食进口额达187亿美元。从国别情况看，南非是黑非洲唯一能保障本国粮食安全的国家。正常年景，赞比亚、马拉维、坦桑尼亚、肯尼亚、乌干达、加纳、贝宁、布基纳法索、喀麦隆、布隆迪等国粮食能基本自给，但抗灾应急能力都很薄弱，灾年仍需粮食援助。其他30多个黑非洲国家常年缺粮。一些非洲大国粮食安全问题严重。非洲第一人口大国尼日利亚40%以上食品需要进口，埃及和阿尔及利亚均为世界主要食品进口国。

近年来，受全球能源危机、金融危机和粮食危机冲击，非洲粮食安全问题更加凸显。据联合国粮农组织最新数字，2009年黑非洲地区饥饿和营养不良人口达2.65亿，约有500万人死于饥饿和与饥饿有关的各种疾病。另据"国际食物政策研究所"、"全球关注"和"救济世界饥馑组织"研究报告称，2010年全球有25国饥饿状况达到"惊人"水平，其中黑非洲国家占15个；刚果（金）、厄立特里亚、乍得和布隆迪4国达到饥饿状况"极度惊人"的最严重水平的。刚果（金）情况极为糟糕，全国75%的人营养不良，15岁以下儿童体重不达标的比例超过40%，5岁前夭折的儿童比例超过20%。目前，全非洲每年25%的粮食需要靠进口解决。根据联合国粮农组织统计，全球面临粮食危机共有39个国家，其中非洲占25国，非洲每年有2300到2800万人需要粮食救济。非洲已成为全球缺粮最严重、需要粮援最多的地区，被称为"饥饿的大陆"。

（二）黑非洲粮食安全问题成因

黑非洲国家长期受粮食危机困扰，是由于内部和外部多方面因素造成的。内因主要有：1. 国家发展战略失当。多数黑非洲国家在独立之初粮食尚能基本自给自足，尼日利亚、喀麦隆、津巴布韦等国都曾是粮食净出口国。但各国独立之后普遍急于实行优先发展工业的战略，农业只注重经济作物种植，粮食生产被忽视，投入严重不足，一些国家粮食生产几近荒废或濒临破产，致使人民吃饭问题得不到解决。

2. 政治环境不稳定。不少国家内乱频发，战事不断，政局动荡，政策多变，人民无法安居乐业。

3. 农业生产技术和管理落后。大多数国家维持小农生产，基本是刀耕火种式粗放经营，很少有技术和物质投入，农民缺乏抵御旱涝虫灾的能力，靠天吃饭。产量很不稳定，粮食单产在世界上是最低的地区。许多国家政府腐败，官员贪渎成风，农业部门管理无方。

4. 基础设施很差。黑非洲8%以上乡村不通电，40%以上村庄不通路，阻碍地区经济一体化进程和农产品市场发育。农产品产后处理、加工、储运设施奇缺，农产品商品率低，加工增值率更低。

5. 人口增长过快。黑非洲人口年均增长率保持在3%左右，人口增长长期高于粮食增速。目前黑非洲总人口已有10亿。人口快速增长必然增加对粮食的需求，农民不断垦荒，扩大种地面积，由此导致乱砍滥伐、水土流失等生产要素恶化。

外因主要是：1. 西方造成黑非洲国家单一经济结构。西方国家历史上长期对非洲实行殖民统治，把黑非洲各国改造成宗主国的原料产地和商品市场，并采用各种行政和经济手段瓦解和摧毁当地传统生产结构，使自给自足的传统经济趋于解体，被迫走上片面发展以一两种经济作物或矿产品为主的单一经济结构。黑非洲国家独立后，经济上一直受制于西方，单一经济结构基本上没有得到改变，粮食安全问题被长期置于次要地位。

2. 西方维持世界农产品生产和贸易体系中的垄断地位。西方国家为保护自身农业产业利益，通过为本国农业生产提供巨额补贴，对农产品进口设置高额关税和苛刻的技术壁垒等手段，牢牢控制着他们在世界农产品生产和贸易中的垄断和主导地位，使黑非洲农业始终处在低水平艰难维持的状态。

3. 西方对黑非洲一贯采取损人利己的做法。长期以来，美国、欧洲和澳大利亚等西方发达国家大量向黑非洲倾销粮食，严重打击黑非洲农业生产，挫伤各国农民种植谷物的积极性。近十多年来，欧美等西方国家在非洲大量"圈地"，总面积超过 3000 万公顷，占非洲已耕地 5%。这些土地主要集中在自然条件较好、基础设施较完善的东部和南部非洲国家，种植的并非黑非洲人最需要的粮食，而是麻风果、蓖麻等经济作物。出产的农产品经简单加工后全部运回欧美，用于制造生物燃料。同时，西方还用大量粮食生产汽车燃料，造成全球粮食消耗量急剧增加。从 1990 至 2005 年年均 2100 万吨猛增到 2005 至 2010 年年均 4100 万吨，从而使外部输入非洲的粮食锐减，粮价随之迅速上涨。此外，2010 年澳大利亚、俄罗斯等国因水灾、旱灾和火灾粮食减产，西方投机资金认为有机可乘，在国际粮食市场大肆炒作粮食，导致全世界粮价暴涨，受害者是广大发展中国家，贫穷苦难、饱受粮食危机的黑非洲国家更是雪上加霜。

（三）对缓解黑非洲粮食安全问题的几点思考

1. 黑非洲理应能解决人民的吃饭问题。非洲农业资源得天独厚。全非可耕地面积多达8.4亿公顷，已耕种的不到1亿公顷，大部分土地尚未开垦。刚果（金）可耕地有1.5亿公顷，已耕种的仅600万公顷。苏丹可耕地有8400万公顷，目前只耕种1.5%。赞比亚可耕地为4200万公顷，已开发面积仅占14%。莫桑比克可耕地有3600万公顷，已耕种的仅510万公顷。非洲还有四季宜牧的草场9亿公顷，森林6.8亿公顷。雄厚的土地资源和后备资源为黑非洲拓展农业和发展粮食生产提供广阔余地和巨大空间。

黑非洲地处热带和亚热带，气候温热，光照时间长。优越的光热水等自然条件，有利于黑非洲国家发展谷物种植和农林牧副渔业的综合开发。

人力资源方面，非洲有10亿人口，而且是个年轻的大陆，充裕的年轻劳动力和后备劳动力是发展劳动密集型农业生产的有力保障。

此外，黑非洲现阶段粮食单产普遍很低：津巴布韦玉米单产每公顷仅670公斤，不到中国的14%；尼日尔谷物单产每公顷只有393公斤，仅为世界平均水平的12%；几内亚水稻单产每公顷不到500公斤，而中国援几农场水稻大面积单产每公顷达6700公斤。只要加大资金和技术投入，改进耕作方式，加强科学管理，黑非洲粮食单产和总产可以大幅度提升。综上所述，黑非洲是全球农业发展最为理想的地区之一，发展粮食生产潜力巨大的。从长远看，黑非洲不仅可以解决本地区缺粮问题，而且有可能成为世界新的粮仓。

2. 缓解黑非洲粮食安全问题主要依靠黑非洲各国坚持不懈的努力。对于广大发展中国家来说，农业是经济发展的基础，粮食是国计民生的保障，在黑非洲尤其如此。2003年非盟制订非洲农业综合发展计划，要求各国将年度预算的10%用于农业发展，并规定2002至2015年间全非洲对农业总投资要达到2510亿美元。但由于诸多复杂因素，大多数黑非洲国家并未重视农业，没有采取切实有效的政策措施发展粮食生产，没有立足于解决人民吃饭问题，遂使粮食问题成为老大难问题。

2008年以来，黑非洲国家深刻认识到确保粮食安全对国家安全和发展的重要性、紧迫性，纷纷把发展农业、实现粮食自给确立为国家优先发展战略。各国在加大对农业投入的同时，不断出台优惠政策，鼓励土地租赁，减免农业税收，提高进口农机具和农用物资退税额度，对专营粮食种植和农产品加工的企业放宽免税年限，争取国际投资，以推动本国农业发展，改善粮食安全状况，缓解人民缺粮问题。同时，各国均积极致力于区域合作，通过集体努力共同促进农业发展和粮食生产。2009年非盟第13届首脑会议以"农业投资促进经济发展和粮食安全"为题，提出促进农业发展地区性规划，再次要求各成员国每年至少将年度预算的10%用于农业发展，使农业增长率达到6%。2010年非盟第15届峰会宣布建立应对灾害和保障粮食安全的泛非基金，制订涉及20多国的非洲粮食安全战略伙伴计划。非洲发展银行也批准2010年至2014年非洲农业战略规划，计划今后几年，用于农业发展项目的资金总额将达到53.3亿美元。如果黑非洲国家持之以恒地奉行农业优先的国策，加强地区合作，争取有效国际支持，抓紧"米袋子"，粮食安全问题有望得到较大缓解。

3. 国际社会需要对黑非洲粮食安全问题给予更多关注和援助。西方国家每年对外援助总额很大一部分用于非洲,黑非洲是其重点援助地区,但农业并非西方提供官方援助的重点部门。21世纪初以来,西方对非援助总额大幅增长,但对黑非洲农业援助并没有相应增加。2005年西方对各领域援助份额中,农业援助排在倒数第二位,仅占双边援助总额的3.4%。而且,西方对黑非洲农业援助不仅份额少、落实缓慢,被称为"口水援助",还往往附加财政改革、经济私有化、民主、人权等条件,成为西方干预黑非洲国家内政的工具。

国际社会长期以来对黑非洲农业发展和粮食危机给予了一定关注,不少国家和国际组织也伸出援助之手。但黑非洲粮食需求太大,外部杯水车薪的援助解决不了大问题。值得注意的是,联合国有关组织对黑非洲重灾区非洲之角的官方渠道整体发展援助自1990年以来已经下降40%,其中农业发展援助下降最为明显。仅在索马里,世界粮食计划署援助资金短缺比例达70%,索国内粮食储备多年来一直捉襟见肘。2011年非洲之角发生大饥荒后,国际社会的救援行动显得不够积极。联合国呼吁为该地区人道募捐24亿美元,至今还有11亿多美元的缺口,使援助行动受到很大影响。

面对黑非洲严重灾情,中国及时施以援手。截至目前,中国政府已向埃塞俄比亚等国提供4亿多元人民币的紧急粮食援助;并向世界粮食计划署捐款2000万美元,其中1600万美元用于在索马里的饥荒求助行动。中国红十字会和在黑非洲的中资企业也紧急筹措捐款,帮助灾区缓解困难。在中非友好合作的框架下,中国在帮助非洲实现发展的实践中一直是尽己所能,始终如一。中国对黑非洲农业援助始于1959年。半个世纪以来,中国坚持在力所能及的范围内为黑非洲国家农业发展提供真诚无私的支持和帮助,对非农业援助不附加任何政治条件,重信守诺。并充分考虑受援国的实际需要,在提供资金和物质援助的同时,尽全力帮助黑非洲国家逐步建立农业产业体系,提高发展农业和粮食生产能力,缓解粮食安全问题,与西方对非援助"口惠而实不至"形成鲜明对照,赢得国际社会特别是黑非洲国家的广泛赞誉。英国前首相布莱尔曾说:"非洲是世界良心上的一块伤疤。"如何帮助黑非洲国家缓解粮食安全问题正考验着国际社会的"良心"。人类居住的这个蓝色星球上,"阳光灼热之洲"是一片不可分割的美丽大陆。非洲是联合国千年发展目标的重点和难点。国际大家庭需要对黑非洲粮食安全问题投入更多的关注和援助,并共同努力,致力于加强同黑非洲的农业合作,帮助黑非洲国家发展粮食生产,提高粮食产量,缓解粮食危机,摆脱贫困,实现国家可持续发展。

(作者为中国国际问题研究基金会研究员)

西亚北非局势对黑非洲的影响

中国国际问题研究基金会非洲研究中心

一

2011年,由突尼斯"街头革命"为导火索引发的西亚北非政治动荡持续一年之久,其燎原之势,不仅深刻改变着该地区地缘政治格局,也对与西亚北非地理相连、宗教相通的撒哈拉以南非洲国家(以下简称黑非洲)的内政外交产生深远影响。

(一)增加黑非洲国家政局中的不稳定不确定因素

首先,刺激黑非国家各阶层民主诉求,上半年,已有科特迪瓦、乌干达、尼日利亚、布基纳法索等国发生不同程度的动乱或示威游行。其次,部分黑非国家同西亚北非国家政体相近,"老人政治"、"家族统治"色彩浓厚,西亚北非国家政治剧变将使这些国家面临更大的政治变革压力。第三,西亚北非乱局助长恐怖主义和伊斯兰极端势力,伊斯兰国家众多且贫穷落后的黑非国家亦是其适合渗透和滋生的土壤,尤其利比亚卡扎菲政权在内战中垮台和卡被击毙,以及伊斯兰主义政党在埃及等国获胜,都可能促使恐怖主义和宗教极端势力加大向黑非洲扩散,黑非地区非传统安全威胁进一步增加。

(二) 非盟反对外来干涉的统一立场受到挑战

非盟长期致力于加强内部团结,反对外来干涉,在非洲事务中用一个声音对外,并在近两届欧非峰会有关制裁苏丹和津巴布韦政府等问题上显示了高度一致,一定程度抵制了西方霸权。但在应对北非局势特别是利比亚问题上,非洲国家内部意见分歧,尤其是南非、尼日利亚等国在联合国安理会对1973号决议投了赞成票,严重冲击了非盟反对外来干涉的共同立场,非洲国家内部为之震动,并对非洲国家能否合力维护共同利益特别是南非等国在"争常"问题上的非洲代表性产生质疑。

(三) 非洲国家维护独立、主权和尊严的努力遭受挫折

西方置非盟反对外来干涉立场和调解努力于不顾,对利比亚采取以政权更迭为目标的军事行动,无疑是对非洲国家长期以来争取独立自主努力的一次深重打击,折射出非洲国家在独立几十年后仍未真正掌握自身命运,西方强权政治和霸权主义仍在非洲大行其道。第17届非盟首脑会议对西方在处理利比亚冲突过程中企图使非盟作用边缘化表示"惊讶和失望"。非洲有媒体惊呼西方正在再次对非洲实行殖民主义化。与此同时,法国军队直接卷入科特迪瓦内战、美国以反恐为名向中部非洲地区进行军事部署等行为,也进一步表明,西方欲借西亚北非形势演变为契机,加紧推进对非价值观外交,加大对非洲热点问题的干预,以此巩固对非洲事务的主导权,并遏制新兴国家在非进取势头。

二

西亚北非动乱增加了黑非洲国家的内外部政治风险,但不至酿成大规模局势动荡,原因主要在于双方政治结构,社会生态,民族、宗教、文化,集体安全机制建设及外部因素差异。

(一)政治结构差异

多数西亚北非国家政治民主化进程滞后,"老人政治"、个人专制、权力腐败成为常态,中产阶级和知识阶层政治上长期被边缘化,无处申张其合法诉求,民间不满情绪不断积蓄。然而黑非国家历经20年西式民主改造,已普遍确立多党民主制,2011年有17个黑非国家举行的大选基本顺利,多党选举而非街头革命成为大多数黑非国家政权更迭的主要方式。尤其黑非民众吸取了20世纪80、90年代过度释放民主导致社会动荡、经济凋敝的历史教训,人心思稳。即使有些国家也发生了大大小小的动乱,但仍属于二十多年民主化进程中的常态性释放,远未形成北非国家那样翻天覆地的规模。

(二)社会生态差异

西亚北非动荡源于民生问题,该地区经济社会发展水平相对较高,但近年发展速度和效益下降,失业率高企,贫富差距扩大,百姓生活长期无改善,国际金融危机负面影响更加剧了该地区国家经济社会矛盾。而黑非国家经济社会发展水平普遍较低,公民社会意识较西亚北非民众弱,且民生意识强于民主意识,发展诉求多于变革诉求,经济利益重于政治利益,故自下而上推动变革的力量和民意基础较弱。

(三) 民族、宗教和文化差异

西亚北非国家基本为阿拉伯国家，普遍信奉伊斯兰教，其阿拉伯民族主义、泛伊斯兰主义、伊斯兰激进思想均具有超国家特征，相互间有很强的渗透性。黑非国家则拥有多元宗教信仰、民族结构和传统文化，没有任何一国是单一民族、宗教和文化，这一文化的多元性使其不具备阿拉伯文化的渗透性，故不可能被西亚北非国家的动乱牵动全身。

(四) 集体安全机制建设差异

近年来非洲国家大力推进的集体安全机制建设在黑非和北非所产生的作用差异明显。非盟和黑非洲次区域组织积极倡导以非洲方式解决非洲问题，并在实践中增强了自主解决本地区热点问题的能力，特别是在对违宪政权、选举争议等问题的集体干预中取得较好效果，使非洲集体安全机制作用受到广泛肯定，从而促使这一机制对遏制西亚北非动乱向黑非蔓延起到积极作用。而北非国家非洲意识较黑非国家弱，恋欧情节重，甚至以欧洲国家自居，在政治、经济和安全事务等问题上更易受西方影响，故非洲集体安全机制建设在北非并未迈出实质性步伐。

(五) 外部因素差异

西亚北非地区对西方有重大战略和经济利益，是其长期重点经营之地，而其大力推进的"大中东民主改造"计划已对地区民众产生潜移默化的影响，一有风吹草动，极易触及并引爆地区国家内部涌动的一些暗流，再加上西方媒体、"半岛"电视台、网络媒体等推波助澜，局势便会进一步激化、漫延。而西方对黑非投入较西亚北非少得多，西亚北非动荡更牵扯了西方精力，如黑非也陷入大规模动乱，同北非局势形成联动，将极大增加西方应对西亚北非局势变化的难度，不符合西方利益，这促使西方目前更加注重维护黑非洲的稳定。此外，黑非国家互联网不发达，也使其免遭网络和媒体影响。

但另一方面，黑非某些国内矛盾重重而又被西方国家视为"眼中钉"的国家会面临更大政治风险。如铁腕统治的津巴布韦、独裁已久的穆塞韦尼，已导致国家经济严重衰退，人民生活极端困苦，贫富悬殊日益扩大，一旦内部生乱，西方势将趁火打劫，以压促变。

三

西亚北非局势对黑非洲国家带来重要启示。

（一）黑非洲国家必须尽快确立符合自身国情的可持续发展战略

西亚北非政治危机的根本原因在于该地区国家尚未找到适合本国发展的正确道路。大部分发展中国家取得独立后，在发展民族经济、减贫脱困等方面均做出了巨大努力并取得积极成果。但许多国家特别是广大非洲国家未能跟上经济全球化发展步伐，有的还在不同历史时期甚至沦为"失败国家"。原因就在于它们只是搬抄发达国家政治、经济发展模式，导致"水土不服"，既破坏了自身传统政治体制，又阻碍了这些国家发展经济的基础，最终陷入政治动荡和经济发展滞后的双重困境。

黑非洲国家必须吸取西亚北非危机的教训，积极探索并确立符合本国实际的可持续发展战略，切实提高本国经济竞争力和国民生活水平，尽快走出"经济有增长、社会无发展"的陷阱。

（二）黑非洲国家必须树立以民为本的执政理念

国以民为本，民以食为天。民生问题是西亚北非动荡的最直接原因。黑非洲国家政府应将改善民生问题置于工作首位，在解决经济可持续发展、就业、通货膨胀等直接关乎百姓生计的问题上花大力气，采取具体的实实在在的政策措施，显现发展和分配层面的公平、透明和正义，缓和民众的失望和不满情绪，以减少和消除"街头革命"的隐忧。

（三）黑非洲国家应倡导执政层面的民主化和年轻化，并将廉政建设提高到关乎国家生死存亡的重要位置

西亚北非一些国家面临的执政困境表明，制度腐败已成为各国政府维持政权的最大挑战，一个腐败的政府最终将失去执政的法律和道义地位。而在黑非洲国家，"老人政治"、家族统治等现象依然存在，一些国家领导人和各级政府官员利用手中权利，侵吞国家财富，甚至为亲属和本部族大量敛财。突尼斯和埃及政权变更应该给黑非洲国家敲响了警钟。

一些黑非洲国家已采取相应防范措施，在提高警惕、加强防范的同时，主动实行一定程度的权力下放，更加重视民意和改善人民生活，并积极引导民众通过现有的民主、透明和和平的渠道选择领导人。总体而言，黑非洲国家政局将在总体上保持基本稳定，经济会持续慢速增长，西亚北非的政治和社会动荡不会席卷非洲大陆，黑非洲的天下不会大乱。

平稳兴起的拉丁美洲

吴长胜

2011年，世界政治经济形势复杂性和不确定性日趋突出，"日本自然大地震"、"中东政治大地震"和"欧洲金融大地震"接踵而至，而且余震不断，远未见平息。在这样一个国际形势持续动荡的背景下，拉丁美洲的局势就显得格外平静。拉美政局总体稳定，经济保持增长势头，平稳发展，区内各国之间的关系趋于平和。拉美地区整体实力和国际影响力续有提升，拉美作为一股重要新兴力量在国际格局中加速崛起的态势没有改变，而且势头更强。总之，平稳兴起是2011年拉美形势发展的最大特点。

一、政局总体平静稳定

2011年海地、秘鲁、阿根廷、危地马拉、尼加拉瓜、圭亚那和圣卢西亚等国举行了大选。3月20日在海地举行的第二轮总统选举中，"农民的回答"组织提名的候选人，49岁的流行歌手米歇尔·马尔泰利获67.57%的选票胜出，当选总统。而在2010年11月28日举行的第一轮选举中，马尔泰利只名列第三,后因现总统普莱瓦尔支持的执政党候选人被指舞弊,在民众大规模抗议和联合国、美洲国家组织出面干预下,被取消参加第二轮选举的资格,马尔泰利得以参加第二轮选举,并赢得胜利。马尔泰利当选后,国内表现平静,没有发生以往选举后局势总是出现动乱的状况。2011年6月5日,秘鲁左翼政党民族主义党领导人乌马拉在第二轮大选中以微弱优势战胜前总统藤森的女儿藤森庆子而当选总统。乌马拉已于7月28日就职,并取得良好开局,乌本人的民众支持率续有提升。阿根廷女总统克里斯蒂娜在10日23日举行的大选中获胜,取得连任。克里斯蒂娜因在任期间采取的经济和社会政策比较得当,经济发展较快,中下层民众多有受益,以及反对派群龙无首等原因,而使这次总统选举毫无悬念。在危地马拉11月6日举行的第二轮总统选举中,右翼政党"爱国党"候选人、61岁的退休将军佩雷斯当选总统,于2012年1月14日就职。这是1986年危军人还政于民以来第一位军人通过民选执掌政权。选举进行的平稳顺利。同日,尼加拉瓜现任总统奥尔特加在大选中获62.46%的选票,以超出位居第二的反对派候选人31.46%的绝对优势获得连任。虽然选后反对派指责奥舞弊,要求重新选举,美国和一些西方国家也质疑选举结果,但从所得选票数及执政党在议会中所占的绝对多数看,这个盘很难翻得过来,奥尔特加尚能掌控局势。圭亚那和圣卢西亚的选情也基本稳定顺利。

从上述选举及各派候选人在竞选中所提出的纲领看,拉美地区左右翼政治力量的分歧出现弱化,党派政治属性对其取得执政地位的影响减弱,执政的理念趋同,以巴西为代表的中间温和型发展路线渐成主流。秘鲁总统乌马拉属左派政治家,但他在竞选中不再提极端的民族主义理念,而宣示比较温和的政策主张，保证不在秘鲁实行委内瑞拉的现行模式，而是以巴西前总统卢拉为榜样。危地马拉当选总统佩雷斯是右翼的退休将军，当选后也明确表示要继续执行现任中左派总统的经济和社会政策，致力于改善中下层民众的福利。

地区内国家年内没有发生重大突发事件和热点问题，政局都相对平稳。洪都拉斯问题在地区内国家和美洲国家组织的调解下得到顺利解决，洪都拉斯也得以重返美洲国家组织，标志着二十多年来地区最严重的民主政治危机得以解决，地区民主体制日趋巩固和加强，运转正常。巴西、秘鲁和哥伦比亚等新政府开局顺利良好，民众支持率保持较高水平。古巴共产党2011年4月成功召开"六大"。这是一次承前启后、继往开来的大会，开启了经济改革的大门，改革将在政治统一、社会稳定的前提下稳步推进，将对古巴现政权的巩固和经济建设的发展起到重要的作用。

另外，区内国家和解、合作的气氛进一步浓厚。巴西和阿根廷曾是争雄南美的对手，现关系得到改善和发展。巴西女总统迪尔玛上任后首次出国访问就选择阿根廷，并在访问中签署了14项合作协议。迪尔玛表示，巴西和阿根廷的关系在拉美地区具有战略意义，是使21世纪成为拉丁美洲世纪的关键。克里斯蒂娜总统也强调，阿根廷和巴西的命运密不可分。哥伦比亚因反政府游击队问题同委内瑞拉和厄瓜多尔交恶，甚至到了中断关系的地步，但是桑托斯总统就职后调整政策，努力修复关系。委、厄也表示同样的愿望，双方很快达成和解，恢复并发展了传统的睦邻关系。桑托斯总统还和查韦斯总统建立了个人友谊，联手调停洪都拉斯问题并取得成功。

地区政局虽保持总体稳定的基本面，但一些国家仍存在不稳定的因素。委内瑞拉总统查韦斯的病情如何发展成为影响委政局的重要因素，不但使2012年总统选举的不确定性增加，也使其接班人问题成为考验执政党的一大挑战，同时还会对地区格局的演变产生重要影响。巴西内阁的高官腐败案对迪尔玛总统来说，也是一个很棘手的问题。她执政以来，不到一年的时间，已有六七名内阁部长因涉嫌腐败而离职。虽然由于迪尔玛总统采取严厉果断的态度而受到国内民众的好评，但对执政联盟的团结及民众对政府的信任乃至政府的执政能力都是一个严峻的考验。另外，智利和哥伦比亚的学潮，特别是智利学潮的规模之大、持续时间之长在智利的历史上都是少见的。学潮从2011年6月发起，长久未平息，多次导致国家和经济社会生活陷于瘫痪。学潮造成了智利社会和政治的危机，使政府的支持率大幅度下降，危及国家政局的稳定。这反映出地区贫富差距仍十分严重，发展成果未能在较大范围内分享已成为地区的突出矛盾，社会不满有所抬头。此外，地区有组织犯罪、毒品暴力等有增无减，安全形势仍很严峻。

二、地区经济虽增速放缓，但仍保持增长势头

2011年，拉美宏观经济运行良好，与欧美等地区形成鲜明对比。据国际货币基金组织预测，2011年拉美经济将增长4.4%，进出口分别增长11.4%和5.6%，外汇储备增至6500亿美元，财政赤字和政府公共债务占国内生产总值的比例分别为2%和30%，失业率将控制在7%以内，均未超过安全线水平。从国别上看，阿根廷、智利、秘鲁和乌拉圭等国经济增长率都将在6%以上，哥伦比亚、厄瓜多尔、玻利维亚的增幅也将在5%左右，巴西、墨西哥有望增长3.8%。委内瑞拉和加

勒比诸国经济增长乏力，约为2%。2011年上半年拉美吸引外资增长54%，其中巴西增长高达157%，哥伦比亚达91%，中美洲外资增长也很显著，特别是哥斯达黎加和多米尼加都增长30%以上。拉美各国的通胀压力都比较大，总体预计要突破7%，委内瑞拉和阿根廷等一些国家更为严重。

欧美债务危机对拉美经济也造成一定的冲击，但由于拉美吸收了前几次经济和金融危机的教训和经验，在过去20年里，对自身的经济结构进行了大力调整而使之趋于合理，多次实施宏观经济稳定计划，特别是加强了金融方面的监督和管理，经济发展和财政金融状况均处较为健康的状态。各国财政状况良好，国际储备充裕，全拉美地区国际储备约为7000亿美元，其中南美国家5000亿美元，具备较好的抗击国际金融危机冲击的能力，拉美经济总体形势保持了平衡的态势，在整个世界经济格局中占较为有利的地位。伊比利亚美洲首脑会议秘书长恩里克·伊格莱西亚斯乐观地说，21世纪第二个10年将是拉美"机遇的10年"。世界经济论坛发布的2011—2012年全球竞争力报告预计，在未来的10年里，拉美有可能替代亚洲成为世界经济最具活力的地区。拉美一些舆论也不无得意地说，过去总是美国和欧洲施援我们，对我们的经济政策指手画脚，现在到了我们给他们上经济课、向他们提供帮助的时候了。

但是，欧洲债务危机愈演愈烈，美国经济复苏乏力，国际市场的不确定性增加，对拉美的影响也在逐步扩大，2011年下半年以来，拉美经济出现明显减速。拉美各国经济运行的风险加大，政策调控空间相对缩小。面对高通胀、热钱涌入等挑战，巴西、阿根廷、智利和秘鲁等国政府都强调经济稳固增长，保持外汇储备充足，提振市场信心，同时进一步加大经济金融监管政策调整力度，进一步保护国内市场。南美洲国家联盟还多次召开外长和财长会议，谋求地区合作，共同应对危机。

三、地区一体化建设取得稳步进展

2011年5月2日，智利、秘鲁、哥伦比亚和墨西哥在秘鲁首都利马举行元首会议，签署"太平洋协议"，宣布成立由四国组成的"深入一体化地区"，以加强经济一体化进程，推动共同发展。因为四国都是拉丁美洲的太平洋沿岸国家，所以这个新的经济一体化组织又被称为"拉美太平洋联盟"，是继南共市之后拉美第二大区域经济合作机制。该联盟决定将四国的证券交易所合并，组建"拉美一体化市场"，资本金为6000亿美元，将是拉美第二大股票市场。四国还将组成共同市场，实现联盟内商品、资金、人力和服务等要素的自由流通。联盟表示，该一体化组织是一个开放的进程，欢迎其他国家的加入。有舆论认为，该组织一方面推动四国之间的经济贸易合作，同时也着眼于进一步加强同亚太地区的合作。

2011年是南方共同市场成立20周年，"美洲民主宪章"签署10周年。"南美洲国家联盟组织条约"正式生效。安第斯共同体、美洲玻利瓦尔联盟、中美洲共同体和加勒比共同体等各类地区一体化组织都在内部成员国的关系和政策协调及务实合作上取得一定的发展和巩固，在维护拉美地区和平和发展等方面都起到了积极的作用。

特别是"拉丁美洲和加勒比国家共同体"（简称拉共体）年终宣告成立，是拉美一体化进程中的重要里程碑。2011年12月2日至3日，拉美和加勒比33个国家的元首和政府首脑在委内瑞拉首都加拉加斯举行会议,宣告拉共体正式成立。从会议通过的《加拉加斯宣言》、《2012年行动计划》、《拉共体章程》和《维护民主和宪政特别宣言》等文件看,该共同体将以促进地区和平、社会正义和团结合作为核心目标,以平等、独立、民主、人权和遵循国际法准则及不以武力相威胁为根本原则,以政治、经济、社会发展、能源及环保为重点关注领域,以三任轮值主席国的"三驾马车"为引领机制,以首脑峰会和外长会议及特别会议为主要议事平台,以协商一致为基本决策方式,推进和加强地区各领域的一体化进程,打造拉美一体化的最高机制。

拉共体是拉美和加勒比地区首个涵盖地区所有国家的一体化组织。它的成立有助于拉美国家凝聚共识,提高独立处理地区内部事务的能力;有助于拉美国家加强政策协调,以"一个声音"同地区外国家和组织开展对话,提升地区的对外影响力;有助于整合和完善区域现有的各种合作机制,推进地区一体化的全面发展。同时,也有助于提高发展中国家的整体实力,有利于世界力量对比向更加均衡的方向发展。

但拉美各国意识形态不尽相同,左右翼政治力量的分歧依然存在,国情差异较大,发展水平和模式各异,如何妥善处理现有的众多地区各类组织,特别是同美洲国家组织的关系,也是拉共体面临的重要考验。同时,受限于各国间历史遗留问题、利益纠纷以及"美国因素"的影响,拉共体从成立到成熟仍会有一段较长的发展过程。未来拉美一体化进程也仍会有不少变数。

四、拉美国家总体国际地位和影响力进一步提升

新世纪以来，拉美国家政局保持基本稳定，经济快速增长，在国际金融危机的冲击下，仍运行良好，总体实力相对提升。在当前世界格局中，处于一个较为有利的地位，使拉美外交进取心进一步增强。2011年以来，拉美国家积极参与联合国大会、安理会改革、国际金融体系改革、气候变化大会等全球性事务，就重大国际问题积极发声建言，对外关系的独立性进一步增强。特别是巴西、墨西哥和阿根廷等拉美新兴大国在G20、金砖国家、气候变化大会等框架下积极参与全球治理。在2011年G20戛纳峰会前，巴西、阿根廷和墨西哥就进行了磋商，协调共同立场。三国都强烈要求进行国际金融体系改革，结束美元的垄断地位，加强对金融机构的监管以及采取措施减少大宗商品的价格波动。巴西把G20峰会看做是巩固和加强其国际地位和扩大其国际影响力的重要平台，主动倡议召开金砖国家会议，协调立场，发挥了重要作用。墨西哥是下一届G20峰会的轮值主席国，将以G20和世界气候变化大会等平台不断提高自己的国际影响力。阿根廷也在会上强烈要求尽快成功结束多哈回合的谈判，以减少农牧方面的贸易保护主义。同时呼吁加强南南合作，以应对挑战。总之，随着拉美整体实力的提高，其国际影响力将进一步增强。

2011年拉美和美国的关系发展平平，未见实质性改善。美国以巴西、墨西哥为重点，以哥伦比亚、秘鲁为支点，以中美洲和加勒比近邻国家为依托，推进其对拉美的战略，旨在"收复失地"、"稳住后院"，恢复其对拉美地区的主导地位和影响

力。2011年,美国总统奥巴马首次访问巴西、智利和萨尔瓦多三国,打出"打造美拉新联盟"的旗号,表示要与拉美发展平等的伙伴关系。国务卿克林顿也走访了拉美数国。美国国会通过了同哥伦比亚、巴拿马的自由贸易协定,进一步放松了对古巴的制裁,并在反毒和打击有组织犯罪等领域加强同拉美合作。奥巴马虽公开表示美拉已结束"主从关系",但其言论更多旨在争取拉美裔选民的选票,多是说的多,做的少,实质性投入不大,效果甚微。拉美国家对美态度总体冷静务实,对美不重视拉美心存不满。古巴、委内瑞拉与美国关系未见改善,厄瓜多尔同美国的关系还出现因美国大使指责厄警察腐败而出现互撤大使的风波。部分国家,如玻利维亚同美在反毒品走私等问题上分歧明显。总之,拉美国家对美政策渐趋务实,双方既合作又斗争的格局将持续下去。

地区各国在对外关系中努力巩固同美、欧、日等传统关系的同时,积极拓展同中东和非洲等地区的关系。特别是,拉美国家把中国、俄罗斯和印度看做是世界经济增长的新引擎和他们发展的新推动力,所以,努力抓住机遇,借助APEC、TPP、东亚和拉美合作论坛和"金砖国家"等合作机制,不断深化双边贸易,扩大出口,引进外资和先进产业,促进自身的经济发展。

五、中国和拉丁美洲的关系继续保持全面快速发展的势头,各领域合作稳步推进

主要表现在以下几个方面:

沟通协调进一步密切,战略配合和互信增进。2011年胡锦

涛主席分别在 G20 和 APEC 峰会期间会见了巴西和秘鲁总统。习近平副主席、回良玉副总理、王岐山副总理、中央政法委副书记王乐泉、全国人大副委员长路甬祥、华建敏、陈昌智、全国政协副主席、中央统战部部长杜青林及杨洁篪外长分别访问了拉美 16 个国家。巴西总统迪尔玛·罗塞芙、玻利维亚总统埃沃·莫拉莱斯、巴巴多斯总理斯图亚特以及巴西和阿根廷外长分别访华,这些高层互访进一步发挥了对中拉关系的政治引领作用。2011 年 9 月 12 日至 13 日,由中国同特立尼达和多巴哥共同主办的第三届中国和加勒比经贸合作论坛在特多的首都西班牙港成功举行。王岐山副总理在论坛上宣布了今后三年中国政府为深化中加合作的 6 项政策举措。与会各国签署了一系列政府间合作协议,将为中加进一步深化合作发挥重要作用。中国还同巴西首次举行拉美事务磋商,同墨西哥进行第二次战略对话,同委内瑞拉举行了第 10 次高委会会议,还同阿根廷、墨西哥、厄瓜多尔开展了外交部间的政治磋商,双边机制性对话磋商和政策协调进一步推进。值得指出的是,双方在多边领域的合作进一步加强。面对国际形势的复杂多变和提出的严峻挑战,中拉双方都有加强协调、相互配合、共同应对的强烈愿望。2011 年,中拉双方多次就重大国际和全球性问题密切交换意见,筑造了双边战略协作的良好势头。特别是中国与巴西、墨西哥、阿根廷等地区大国就 20 国集团、金砖国家、全球经济治理、多哈回合谈判、气候变化以及西亚北非局势等热点议题开展了有效协调与配合,中拉关系的战略性进一步提升。

中拉务实合作取得新的发展。贸易高速增长,2011 年前 8 个月,中拉贸易额达 1532.8 亿美元,同比增长 33.8%,全年有望突破 2000 亿美元大关。投资继续扩大,截止 9 月,中国对拉美非金融类直接投资达 82.39 亿美元。能资源合作继续巩固发展，中国委内瑞拉四区块石油项目启动，秘鲁中铝铜矿正式开工，中国和玻利维亚签署了联合勘探盐湖锂矿的协议。金融合作进一步推进，在既有大额融资项目顺利滚动运行的同时，中国同厄瓜多尔签署了新的融资和水电站贷款协议，中国还在中国—加勒比合作论坛的框架内推出10亿美元优惠贷款和10亿美元基础设施建设专项贷款。务实合作的领域持续拓宽，中国同巴哈马及厄瓜多尔在大型基础设施项目合作上取得积极进展，中国对巴西、乌拉圭等国汽车制造业投资稳步增大，同委内瑞拉、玻利维亚卫星合作有序推进，中国数字电视标准首次走进拉美。另外，2011年，哥斯达黎加国家体育场、秘鲁洛阿伊萨医院新楼、安提瓜和巴布达的电站和巴哈马国家体育场等一批标志性的中国援建项目相继建成，交付使用，这将扩大中拉合作的影响，并产生良好和实实在在的社会效应。

民间交流和公共外交亦取得实效。中拉双方围绕高层互访、中加经贸合作论坛召开、中国援建项目建成使用和双边建交周年等重要事件和时间节点，广泛开展官方和民间活动，实现了政治与公共外交并行推进、紧密结合、相互策应、多渠道、多方式的宣传和介绍了中拉关系和双边的情况，增进了中拉社会各界及普通民众的相互了解和亲近感，进一步巩固了中拉友好合作关系的社会基础。

（作者为中国国际问题研究基金会拉美研究中心主任，中国前驻玻利维亚、巴哈马、哥伦比亚大使）

崛起的三个拉美新兴大国

沈 安

巴西、墨西哥和阿根廷是拉丁美洲三个地区大国，也是该地区近10年来崛起的三大新兴经济体，其经济持续多年增长，政治民主制度不断巩固，社会形势基本稳定，综合实力明显上升。2008年金融危机爆发以来，三国适时调整外交战略，积极参与国际事务，借以提高本国的国际地位，推动本国从地区大国向世界大国转变。可以预期，随着其实力和国际地位的上升，它们必将成为国际舞台上不可忽视的力量，发挥日益重要的作用。

进入平稳发展时期

21世纪初以来，拉美地区各国经济进入平稳增长期。巴西、墨西哥和阿根廷三个地区大国也不例外。20世纪90年代中期至21世纪初，拉美国家经历了墨西哥和阿根廷两次金融危机引发的全地区性经济危机。危机之后，各国政府痛定思痛，总结新自由主义改革的经验教训，大力调整发展战略，转变发展模式，抓住世界经济好转的机遇，大力发展经济，2003

年起开始经济复苏,并保持持续增长。2008年国际金融危机爆发后,三国经济遭受短暂冲击,很快复苏,并走向稳步增长。同时,政治和社会形势逐步稳定,民主制度得到巩固并基本上正常运转。三个国家都已经不同程度地步入平稳发展期。

巴西

巴西劳工党领导人卢拉2003年执政后,对过去实行的新自由主义模式进行了调整和改革,实施以消除贫困为目标的经济社会发展战略,并取得一定成效,经济稳步增长,人民生活水平有所提高。政治社会基本稳定。巴西政府把提高综合国力作为未来经济发展的目标。2007年,提出"加速增长计划(PAC)",计划通过加大对基础设施的投资带动实体经济的发展。2010年大选,劳工党候选人罗塞夫当选总统。她上台后继续实施卢拉政府时期的发展政策和既定的大国战略。

阿根廷

阿根廷在2002年危机之后,较大幅度地调整了经济发展模式,注重社会发展,在保持高速经济增长的同时,人民生活水平也有较大幅度提高。国家政局和社会形势基本稳定,经济保持快速增长。2011年大选,正义党领导人克里斯蒂娜·基什内尔总统以高票连选连任。

墨西哥

墨西哥在1995年金融危机后调整发展战略,2006年卡尔德龙政府根据新形势制定了《2007—2012年国家发展规划》,提出了新的发展目标和战略。墨西哥在政治和社会方面存在的不稳定因素相对较多。自2000年国家行动党取代革命制度党执政以来，墨政局一直不平静，政党之争导致政治分裂，政府发展战略难以实施。毒品集团日益猖獗，暴力事件不断，社会安全形势恶化。但总的来说，该国民主制度仍保持稳定和正常运转，经济持续增长。

经济实力有望进入世界前列

8年来，巴西、墨西哥和阿根廷经济迅速增长，经济总量和整体实力均明显增长，为其进一步走向世界级大国奠定了初步的经济基础，不久的将来可能进入世界前列。

巴西

巴西国土面积854万平方公里，人口1.85亿，均位居世界第5位。巴西是拉美第一经济大国，拥有丰富的自然资源，是铁矿石等重要矿业生产和出口国。近年来，巴西发现海底大油田，生物能源发展迅速，可能成为未来的能源大国。拥有丰富的自然资源不仅是决定一个国家未来发展的重要因素，而且也将使其在国际市场的激烈竞争中占据不可替代的优势。巴西拥有雄厚的工业基础和完整的工业体系，农牧业发达，是世界主要粮食生产和出口国之一，被誉为"21世纪的世界粮仓"。有学者认为，这个南美第一大国的宏观经济结构已接近发达国家，具备了成为世界大国的经济基础。

2003—2010年，巴西年平均经济增长率为4.0%，经济规模扩张了50%左右。2011年，受欧美债务危机和经济危机影响，巴西GDP增长率可能降至3.19%。据世界银行数字，2010年，巴西名义GDP为24216亿美元，人均12422美元；

按购买力平价（PPA）计算的 GDP 为 22930 亿美元，人均 11767 美元，均居世界第 7 位。预计 2050 年名义 GDP 将达到 113660 亿美元，人均 49759 美元。2010 年巴西货物进出口总额为 3835.6 亿美元，居拉美第二位。其中出口 2019.2 亿美元，进口 1816.5 亿美元，分别居世界第 22 和 20 位。

另一个重要方面是巴西军事实力的不断增强。2008 年 12 月，卢拉政府制定了新的国防和安全战略，目的是通过提升军队能力，重组国防工业，大力增强巴西的国防力量。为此实施了更新武器装备和加速发展军工企业，实现装备生产的自给自足两项重要措施。按照这个新战略，巴西空军和海军已开始规模巨大的装备更新计划，包括购置核潜艇在内的战略武器装备。巴西近年来军费不断增长，目前已是拉美地区军事开支占 GDP 比重最高的国家之一。除核武器外，巴西将拥有南美最强大的军事力量。

墨西哥和阿根廷与巴西不同，其在军事方面投入不多，占 GDP 比重更小。墨军事投入主要用于打击贩毒集团和安全方面。阿根廷的军事预算主要用于人事开支，其装备虽有更新，但数量和先进程度均大大落后于巴西、哥伦比亚和智利等其他拉美国家。

墨西哥

墨西哥国土面积 197 万平方公里，居世界第 14 位。人口 1.12 亿，居世界第 11 位。2010 年名义 GDP 为 11672 亿美元，人均 15113 美元，位居世界第 14 位。按购买力平价（PPA）计算的 GDP 为 16582 亿美元，人均 10637 美元，居世界第 11 位。预计 2050 年名义 GDP 将达到 93400 亿美元，人均 63149 美元。今后几年有可能进入世界前 10 名。2010 年墨西哥进出口总额达 5999.5 亿美元，居拉美第一位。其中出口 2984.7 亿美元，进口 3014.8 亿美元，分别居世界第 15 和 16 位。

墨西哥幅员辽阔，自然资源丰富，是世界主要产油国之一，工农业都较发达。作为北美自由贸易区的成员国，经济上已与美国和加拿大一体化。墨经济既得益于也受制于北美自由贸易区。墨在市场、资金和技术上对美国都严重依赖，其制造业主要是客户工业。受美国经济增速低缓等因素的影响，墨经济一直处于低增长状态，国际金融危机爆发后，受美国经济拖累，2009 年出现 -7.1% 的大幅度下降。2003—2010 年，年平均增长率为 2.23%，在拉美国家中居较低水平。

阿根廷

阿根廷国土面积 278 万平方公里，居世界第 8 位。人口 4000 万，居世界第 32 位。2010 年名义 GDP 为 3703 亿美元，人均 9138 美元。居世界第 27 位。按购买力平价（PPA）计算的 GDP 为 6424 亿美元，人均 16831 美元，居世界第 22 位。其经济总量居拉美第三位，但人均 GDP 居第一位，是拉美国家居民生活水平最高的国家之一。2010 年阿根廷进出口总额 1235 亿美元，居拉美第三位。其中，出口 673 亿美元，进口 562 亿美元，分别居世界第 43 和 41 位。

阿根廷国土辽阔，人口较少，自然资源丰富，工农牧渔业都比较发达，是拉美经济较发达的国家，是世界上主要的粮食和肉类生产和出口国。能源和矿藏丰富。2003—2010 年，年平均 GDP 增长率为 7.4%，为拉美 10 年来增速最快的国家之一。但其发展模式广受关注，争议颇多。2011 年大选，现任女总统克里斯蒂娜·基什内尔连选连任，有分析家评论说这是对现行发展模式的承认和支持。预计，第二届克里斯蒂娜·基什内尔政府将继续推行现行发展战略，但政策上将有所调整，以保持可持续发展。

从经济总量来说，巴西已经大大超过墨西哥和阿根廷等拉美国家。一些国际机构预测，巴西将进入世界前5名，墨西哥将会进入前10名，阿根廷的排名将大大提前，但其经济总量规模相对较小，今后若干年内难以进入世界前10名的行列。

巴、墨、阿三国在经济发展方面面临的共性问题是：经济结构失衡，在市场、资金和技术方面对外依赖过度，国际竞争力较低，储蓄率和投资率偏低，基础设施落后，对农牧业出口依赖过度，区域发展不平衡，科技落后，创新能力差，政治腐败，行政效率低，贫困化依然严重，社会问题多，贸易和投资保护主义，法律不健全，等等。此外，各国还存在一些本国特有的问题。这些不利因素对三国综合实力的提高，无疑是严重的制约因素，也是阻碍它们实现可持续发展的重要因素。

积极参与国际事务

进入21世纪后，特别是金融危机爆发以来，巴西、墨西哥和阿根廷根据国际形势的新变化，对各自的对外政策做出了较大调整。更加强调多元外交，积极参与国际多边事务，其国际影响和地位随之不断提高。

巴西

巴西卢拉政府2003年上台后像他的前任一样继续推行大国战略，并对外交政策做出了较大的调整。新政策比以往更强调全方位外交，在大力发展邻国关系和拉美国家关系的同时，与全世界所有国家都保持和谐的友好合作关系。重视扩大与发展中国家的合作关系和推进南南合作,作为其全球外交的重点。在地区外交中,以推动拉美一体化特别是南美一体化为优先目标,以此抵制美国在西半球推行的霸权主义和干涉主义政策。适当调整对美国政策,改善与美国关系,并与其他发达国家建立平衡协调的关系。在气候变化、多哈回合谈判和国际金融体制改革等多边事务谈判中,坚持维护发展中国家的利益,反对美国等西方发达国家的保护主义和霸权主义政策,坚持拒绝美国倡议的美洲自由贸易区。同时,卢拉政府制定并积极实施"国际多边参与战略",通过积极参与世界事务提高本国的国际地位。2008年金融危机爆发以后,巴西抓住机遇,以更积极主动的姿态参与国际多边事务。在联合国和20国集团等多边场合,高调表达自己对当前金融危机的原因与对策、国际多边经济机构和金融体系改革、气候变化等世界其他重大问题的意见和主张,对美欧等西方国家的错误政策进行直言不讳的批评。倡导成立金砖国家集团,并积极推动与其他发展中国家的合作。巴西已经成为国际舞台上引人注目的重要角色。

墨西哥

墨西哥也调整了外交战略。自20世纪90年代初起,墨西哥奉行亲美政策,外交重点是墨美关系、人权、反恐、扫毒和移民。墨加入北美自由贸易区,事实上成为美国的盟国,改变对古巴传统友好政策,疏远与拉美其他国家的关系。卡尔德龙政府上台后调整对外政策,重提对外关系多元化,宣布把拉美作为其外交的最优先重点。强调加强国际地位,加强其对世界事务的参与。卡尔德龙总统在2007年政府工作报告中指出,墨必须成为世界的主角,而不是充当观众。应该重新担负起在拉美地区的领导作用。卡尔德龙政府制定的《2007—2012年国家发展规划》（Plan Nacional de Desarrollo 2007—2012）对外政策部分规定的对外政策的四大核心是：1. 对外政策应作为国家发展的杠杆。2. 墨在建设新世界秩序中发挥核心作用。3. 对外关系多元化。4. 移民问题。在这一方针指导下，强调参与多边机构的事务，积极发挥作用，特别重视20国集团和5国集团。但是，受墨美关系的制约，墨无法改变与美国的实际上的盟国关系，在世界和地区事务中，不可避免地要受美国的影响。

阿根廷

阿根廷对外政策的调整更加引人注目。20世纪90年代以前，阿反美色彩较浓，与美国的关系比较紧张。90年代初至21世纪初，梅内姆政府和德拉鲁阿政府奉行亲美政策，自称阿美关系为"肉体关系"，成为北约"联系成员国"，参加海湾战争等。2002年初在危机中上台的杜阿尔德政府大幅调整了对外政策，重归独立自主外交，放弃亲美政策，强调与美建立正常国家关系。对外关系多元化，注重地区一体化，与巴西等拉美国家联合抵制美国提出的建立美洲自由贸易区倡议。2008年金融危机爆发后，作为20国集团成员国，阿积极参与国际事务，活跃在这个世界经济治理的新平台，经常激烈批评现行国际金融体制和发达国家的经济政策，要求建立全新的国际金融和经济体制。对美欧债务危机采取批评和旁观态度，宣布不介入救助行动。

重视多边外交，积极参与世界事务，是这三个国家的共同特点，但是它们参与多边事务的方式和目标却有较大区别。

在参与方式方面，巴西强调全面参与国际事务，不仅积极参与拉美地区事务（如海地维和），而且注重参与其他地区和世界事务，曾不顾美国的压力主动介入调解伊朗核问题和中东地区的冲突。在欧债危机问题上，力主新兴经济国家积极参与援助。墨西哥和阿根廷在参与国际事务方面则有所选择，它们积极参与海地维和，调解本地区国家之间的争端，但不介入外地区国际争端的调解。对欧债危机的解决，也都表示不会参与，拒绝注资。在地区一体化事务方面，墨西哥除把中美洲作为外交重点外，力主建立涵盖全地区的一体化组织，首倡并推动拉美加勒比国家联盟的建立。而巴西和阿根廷不反对建立全地区一体化组织，但更重视南美洲国家联盟的建设。

　　三个国家追求的战略目标也有所不同。在全球事务方面，巴西的目标十分明确：谋求世界大国地位，作为世界事务决策的主角，但并不谋求领导地位。墨西哥意在提高国际地位，在世界事务决策中充当主角，而不是旁观者，但不提世界大国地位。阿根廷同样强调提高国际地位，在世界事务中发挥更重要的作用，也不提世界大国地位。在地区外交方面，巴西立足于巩固其南美地区的领导地位。而墨西哥则巩固其在中美洲地区主导地位的同时，还谋求在全拉美和加勒比地区的主导角色。阿根廷则主要谋求在南美地区的主导作用。不过，值得注意的是，这三个国家都强烈要求联合国改革，都希望成为安理会常任理事国。这可能成为影响其相互关系的问题之一。

　　在大国战略方面，三国更是明显不同。早在 20 世纪初，巴西就开始制定并实施强国战略，把建成一个世界大国作为其国际战略的长远目标。此后近一个世纪中，历届巴西政府，都始终不渝地推行这一国际战略，推动国家不断接近这个宏伟目标。墨西哥和阿根廷没有明确的大国战略。

结　语

经过近 10 年的持续增长，巴西、墨西哥和阿根廷这三个拉美地区大国的经济和综合实力明显提高，国际影响和地位不断上升，在国际舞台上发挥着日益重要的作用，成为新兴国家中不可忽视的重要力量。当然，三国也都面临着不利于其可持续发展的制约因素，对此三国政府也有清醒的认识，在不断调整宏观经济的同时，也在探索更加符合本国国情的发展模式，走上可持续发展的道路。可以预测，如果不发生大的反复，这三个国家的经济总量和综合实力还会继续扩大。它们的国际地位及其在世界事务中的影响和作用还会随之不断上升。

（作者为中国国际问题研究基金会及新华社世界问题研究中心研究员）

古巴稳步推进改革

孙光英

2011年对于社会主义的古巴来说是具有重大意义的一年。4月，古巴共产党举行第六次全国代表大会，讨论并通过了古巴经济改革的纲领性文件《经济社会发展政策纲要》，开始了古巴经济进行结构性变革的进程。这场在古巴被称为"更新社会主义发展模式"的经济和社会改革，不仅在其国内引起巨大反响，也引起了国际社会的高度关注。"六大"以来，古巴政府陆续出台了一系列措施，推动改革进程。由于经济困难以及各种内外因素，古巴改革不可能一帆风顺。但是，劳尔·卡斯特罗领导的古巴共产党决心坚定，改革计划在谨慎、渐进和稳步地进行。这场旨在改变古巴发展模式的变革进程将会使古巴发生前所未有的变化。

一、古巴为何要更新发展模式

1100多万人口的古巴在历史上是一个单一种植、严重对外依赖的国家。1959年菲德尔·卡斯特罗领导的革命取得胜利，在古巴建立了社会主义制度。社会主义给古巴人民带来了公正和平等，但是由于美国长期经济封锁和本国发展模式上的问题，经济一直发展缓慢。根据古巴官方数字，1994～2008年国民经济年均增长4.6%。这是在20世纪90年代初由于苏东剧变，经济跌入谷底后逐步回升达到的增长率，但古巴经济仍未达到苏联解体前的水平。

近年来，由于各种不利因素的影响，古巴经济形势更加严峻，甚至按照官方的说法，出现了"革命胜利几十年来最严重的困难"。造成这种形势的客观原因，一是全球经济危机的影响，古巴的外部环境恶化。国际市场价格急剧变化，镍等古巴主要出口产品价格大幅度下跌；而进口产品，尤其是维持民生所必需的粮食等，价格一路飙升。出口收入减少而进口成本提高，加大了古巴的经济困难。加上受金融危机的影响，外国提供贷款困难，而古巴不能如期履行偿债允诺，更加难以获得新的贷款。另一个原因是自然灾害造成严重损失。古巴是一个多飓风的国家，近年来由于全球自然环境的恶化，飓风更是多发。从1998年到2008年，古巴遭受了16次飓风袭击，基本上每年都有，损失达205.64亿美元。

在古巴经济困难加重的情况下，美国坚持并加强了对古巴的经济封锁。据古巴官方数字，截止到2010年12月，美国封锁给古巴造成的经济损失超过1040亿美元，如果考虑到1981年至2010年间，美元在国际市场对黄金贬值的因素，封锁造成的损失达9750亿美元。

除了上述客观原因外，高度集中的计划经济的弊端日益凸显，经济体制的危机越来越成为经济发展的严重阻力。这是古巴经济发展的内部原因。

古巴革命胜利后，从1976年开始实行苏联式计划经济，经济的95%以上掌握在国家手里。这种高度集中的计划体制，将经济统得很死，没有活力，加上大锅饭式的分配制度，职工没有积极性，造成了生产的低效率。拿农业来说。古巴影响民生的最大问题是食品供应，但农业生产效益很差。农业就业人数占整个就业人数约30%，但农业收入仅占GDP的4%。古巴有20%的土地闲置，但食品依然依赖进口，每年食品进口要花费15亿美元，相当于古巴整个进口额的17%。在国际市场粮食不断涨价的情况下，增加农业生产，减少食品进口，成了国家的当务之急。

僵硬的计划经济给经济运行造成了很大的压力。进出口行业严格的计划经济管理，外汇拨款和使用机制高度集中，使得企业的运作困难重重。如何应对国际收支逆差和大量的到期债务，凸显了经济的结构性危机。

在经济困难日益加重的形势下，那些几十年来古巴人一直引以为豪，体现社会主义优越性的免费教育、免费医疗等高福利政策就越来越成为国家难以承受的负担，不到1200万人口的古巴，就业人口约500万人，其中90%以上在国有部门。企事业单位充满冗员，工资低下，不仅使国家难堪重负，而且效率低下，影响生产的发展。

计划经济发展模式的危机日益凸显。古巴管理层越来越迫切地感觉到，要解决阻碍经济运行的复杂问题，必须进行深入的结构性变革。

2006年7月，菲德尔·卡斯特罗因病将权力暂时交给劳尔·卡斯特罗。2008年劳尔通过选举正式成为国家最高领导人。劳尔思想灵活，作风务实，对古巴经济发展存在的问题具有清楚的认识。2007年7月，他在纪念"7·26"群众大会上发表讲话，向全党全国提出，要"转变观念，改革结构"。

劳尔掌权后，古巴政府提出了各种政策调整措施，目的是：1. 鼓励发展生产力；2. 增加外贸收入，替代进口；3. 改革就业和工资体制，在合适的领域考虑允许非国有的经营管理方式；4. 增加工作动力，重新发挥工资的作用；5. 寻找多种融资渠道，遏制投资下降的趋势；6. 给企业和地方放权。

为了达到上述目标，古巴制定了一个中期的战略性规划（2011—2015），提出为促进国家今后的发展，必须解决宏观经济的不平衡，以及存在的效率方面的问题。这是从战略性考虑出发的第一个五年计划。

2010年11月8日，古巴共产党宣布2011年4月召开第六次全国代表大会，会议的议题只有一个：更新古巴的经济发展模式。11月9日，古共向全社会公布了《古巴党和革命的经济和社会政策纲要》草案，并号召全国对《纲要》的内容进行大讨论。据西班牙《世界报》2010年12月18日报道，劳尔当天在全国人大会议上发表讲话，批评了古巴实行社会主义半个世纪来所犯的错误。他指出，如果要"拯救革命"，就必须实行《纲要》中所提出的经济改革措施，"我们要么改正方向，要么沉没"。

对于《纲要》草案的讨论经历了三个阶段：首先是在全体人民中进行讨论，随后在省一级人民政权代表大会上讨论，最后在党的代表大会上讨论。全民讨论的目的是使变革在得到人民理解和支持的前提下进行。

据古巴官方报道，在古共"六大"召开之前，从2010年12月1日到2011年2月28日，全国参加讨论的人数达到890万人，在各种会议上发言的有300多万人次。党的代表大会对于讨论中提出的意见和建议进行了认真的分析，大会通过的《纲要》中三分之二以上的条款，准确地说68%的内容，是在采纳了讨论中提出的意见后确定的。

二、《纲要》的主要内容

2011年4月16—19日召开的古共第六次全国代表大会，讨论并通过了经过修改的古巴经济社会发展纲要草案。《纲要》有12章，共313项条款。

据古巴官方人士介绍，《纲要》体现了人民希望更新古巴经济模式的愿望，目的是确保：1. 社会主义的持续性和不可逆性；2. 国家的经济发展；3. 人民生活水平的提高；4. 必须巩固公民在道德和政治方面的价值观。

《纲要》指出，古巴经济体制的基本立足点是：1. 基本生产资料的社会主义全民所有制；2. 占经济主导地位的是计划而不是市场，也就是说，以计划经济为主，承认市场在社会建设中发挥一定的作用；3. 捍卫古巴革命成果，重申人人受保护的原则；4. 社会主义是所有公民权利和机会的平等，但不是平均主义；5. 劳动是权利，也是义务，应当按照数量和质量支付报酬。

根据《纲要》，未来的经济管理模式是：1. 社会主义的计划体制将继续是指导国民经济的主导方式，同时将考虑市场因素；2. 给企业更多的自主权，要承认和鼓励国有企业、合资企业、合作社、小农生产者、土地使用权使用者、店铺承租人、个体劳动者以及其他有助于提高社会劳动效率的生产方式。

《纲要》指出，国家的企业体制应是以实力强大、组织完善、建立更高层次新型领导形式的企业组成。国家的职能与企业的职能分离，应该避免国家干涉企业的事情。在对企业进一步放权的同时，要增加企业监控物资和资金使用的责任。要取消亏损补贴、对连续亏损的企业要清盘,并实行新的非国有经济管理模式。

关于宏观经济政策,主要有:加强国家的银行体系以及金融机构与企业的关系;信贷政策的目标基本是支持那些能够创汇和取代进口的生产活动,向能够推动经济社会发展的项目倾斜。同时增加对居民的多样化贷款;国家要朝着货币统一的方向发展。

宏观经济政策是要对优先需要发展的项目给予财政支持。同时,要从经济和社会方面考虑需要调节的价格,政策决定权继续实行集中,价格决定权放开。

对外经济政策是:1. 增加和巩固产品和服务出口的收入,促进进口结构多样化,优先发展那些高附加值和具有科技含量的产品的出口;2. 确保严格履行在债务重组中做出的还款承诺;3. 完善对外资项目的批准、实施和监督,提高办事效率;4. 推动建立发展特区,以增加出口、替代进口,发展高科技项目,促进地区发展,创造就业机会。

关于投资政策。其主要内容是:1. 今后的投资应符合国家中长期发展战略;2. 创造条件,下放投资的计划权,把批准投资计划的权利下放到机构、地方政府和单位;3. 需要进口材料的投资项目,一般情况下,应通过贷款进行。贷款应用该投资项目本身产生的收入偿还。

关于社会政策。《纲要》提出,要继续坚持古巴革命成果,比如教育、文化、体育、娱乐、社保,以及通过社会救助对需要的人群提供保护;提供高效和高质量的社会服务,为此需要对学校、医疗网点进行重新安排,提高培养专业人员的质量;要减少国家预算参与社保资金的相对比例;确保那些得到社会救助保护的人是确实有需要的人;促进有能力工作的人就业,扩大非国有行业的就业。

社会政策中还有，要进行机构调整，削减多余人员；确保工资成为鼓励工作的重要手段，在实行按劳分配的同时，保证工资收入确实能满足劳动者的基本需求。

要逐步提高工资；要按照情况补偿困难人群，而不对产品实行全面补贴的原则，取消不必要的免费项目和过分的补贴，逐步取消日常消费品定量供应。

行业政策。这一政策的目标是减少食品进口，为国际收支平衡做出贡献。要在客运、货运、建筑、贸易和个人服务领域，设计出新的国有及非国有组织形式，包括新的合作社形式以及其他民间参与的形式，以提高这些行业的效率。

为了确保《纲要》提出的改革措施的贯彻执行，古共"六大"成立了《纲要执行和发展常设委员会》，该委员会的使命是指导发展纲要的执行和发展，同时指导各级政府及中央政府完善运行机制和组织机构。委员会由主管经济的古共中央政治局委员，部长会议副主席马里诺·穆里略负责。

三、《纲要》的执行情况

"六大"以后古巴政府提出的新政策和改革措施主要有：

（一）放松对私营经济的限制，为个体劳动创造更好的经营条件

5月下旬，古巴部长会议扩大会议决定进一步扩大个体劳动的范围，已有超过30万个体劳动者在181种行业注册；新登记的个体户中从事餐饮业的最多，其次是从事运输和家政服

务。7月底,古巴政府取消了 2003 年颁布的包括空调、烤箱、热水器、加热器和电饭锅等高消费家用电器的销售禁令,以推动个体餐馆业的发展。

此外,政府还调低了个体经营的税额。古巴官方媒体 9 月 27 日公布了关于自主经营的 9 条新法规。新法规免除了收入中等的个体经营活动 2011 年应缴纳的税收,并将一些特殊的经营活动,例如需要租赁店铺的个体户每月应缴纳的租金下调 30%。

在服务业的一些领域改变了经营管理模式。据当地媒体报道,从 2011 年 10 月份起,对国营理发店等服务企业实行承包,让他们作为私营企业来经营。

根据古巴政府 12 月 24 日公布的一项法令,从 12 月 20 日起,个体经营者可以获得银行贷款。根据规定,每个个体户可以获得至少 3000 比索(相当于 125 美元)的贷款。《格拉玛报》报道说,出台这一规定的目的是"刺激国内创汇或替代进口的产业的发展"。

(二)进一步完善土地承包责任制,提供闲置土地的使用权

这项措施是从 2008 年开始的,到目前为止全国 180 万公顷闲置的土地中,已经向农户提供了 130 万公顷。同时,放开了农具和其他生产资料的销售权。国家还向承包土地的农户发放小额农业贷款。

另据《格拉玛报》报道,根据有关部门从 12 月份起开始生效的决议,古巴农民几十年来将首次可以直接销售农产品,将农产品直接卖给旅游单位,不必通过国营企业来出售。这样做的目的是通过简化生产者和消费者之间的流通环节,降低损失,改变农牧业产品的储存和销售体制。

（三）改组中央政府和省市级政府机构，提高效率

为了振兴糖业生产，9月，古巴政府取消了糖业生产部，自11月起，由新组建的古巴糖业公司集团取而代之。该公司集团由3个研究和培训中心、13家省公司、9家技术、运输、进出口、工程、安保公司组成。

据古巴官方媒体报道，作为贯彻落实古共"六大"有关"更新"经济模式"纲要"的措施之一，古巴政府决定自2012年起，取消国家邮电总局的建制，原因是它"过时的庞大的结构阻碍了发展"。

（四）允许住房和汽车自由买卖

古巴政府9月28日颁布法令，解除了近半个世纪的禁令，允许私人购买住房和汽车。法令10月1日生效。根据这项法令，古巴人和居住在古巴的外国人可以进行汽车赠与或买卖，而且还放宽了古巴人或外国人永久离开古巴时财产转让的有关手续。

允许住房和汽车自由买卖在古巴是50年来第一次，在古巴受到广泛的欢迎。这一措施将使政府增加侨汇收入，从而拉动经济的增长。古巴在国外有200万侨民，其中180万人在美国。侨汇将是住房和汽车买卖的决定性因素。

（五）放松公民出境政策，允许古巴人出国旅游和探亲

根据古巴2011年5月9日公布的改革纲要，政府将研究一项政策以有助于古巴人出国旅游。允许公民出国旅游在古巴革命胜利50多年来尚属首次，过去古巴政府只是作为奖励，允许先进工作者免费到苏联和东欧原社会主义国家旅游。劳尔在

2011年年中召开的人大会上宣布,要放宽出国条件,正在制定政策允许的古巴人自由出国,包括修改移民法。

(六)准备建立经济特区

据古巴媒体10月22日报道,古巴外贸和外资部部长马尔米耶卡表示,古巴正在从法律和运转角度考虑,准备建立发展特区,来吸收外国投资和先进的技术并扩大出口。外国投资将促进古巴经济的发展、增加外汇收入和创造就业机会。

据悉,古巴准备先在离哈瓦那50公里的马里埃尔港建立第一个特区,面积为400平方公里,主要资金来自巴西。

四、改革的困难和阻力

(一)经济形势依然困难,缺乏改革所需要的物力和财力条件

据媒体报道,古巴2011年上半年经济增长1.9%,全年有望达到2.9%的指标。劳尔·卡斯特罗7月底在人大会议上发表的讲话中说,2011年上半年古巴经济总体来说,形势较好,但有些重要的部门,如农业部、冶金工业部等没有完成指标。能源方面,生产效益有所提高,石油产量有所增加,天然气产量略有下降,但能源供应仍是古巴经济发展的瓶颈。另外,糖的生产形势也有所好转,产量不再下滑,本糖季可以产糖110万—120万吨,但距离政府振兴糖业的目标仍有相当的距离。对外金融方面由于同一些主要债权国达成债务重组协议,情况有所好转,但形势依然严峻。

2012年，国民经济将继续受到全球经济危机后果的影响，粮食、燃料和其他原料价格上涨，对外融资仍然困难，美国继续在对古巴实行封锁。这些都是制约古巴形势好转、阻碍改革计划实施的重要因素。

（二）土地承包的效益不明显

在古巴所有的经济议题中，农业改革是核心。根据2011年4月古巴官方数据，全国半数以上的闲置土地已由农民承包，已有近15万人获得了土地承包许可。

但是，土地承包的效益并不明显，主要原因一是由于古巴缺乏农业生产资料供应市场，农民虽然有了土地，但是所需的农具和农业机械，以及农药、化肥等的供应得不到保证。二是产品收购不及时，价格过于低廉，从而影响了农户的生产积极性。另外一点是承包土地的农户大多没有种地经验。据悉，在已经得到承包许可的农民中，有一半人是没有经验、不会种地的新农户。2009年，古巴农业生产下降了7.7%，2010年又下降了4.2%。尽管2008年颁布承包闲置土地的法令以来，土地承包状况还可以，但是依然还有数十万公顷土地闲置。

（三）人员下岗和减少福利可能引起社会不安

2010年8月，劳尔·卡斯特罗宣布，要在三年内精简国有部门150万富余人员，其中约一半人从事个体劳动。同年9月，古巴官方正式宣布，到2011年3月底，在半年内，国有部门50万人下岗，其中一半人从事个体经营。

在目前的条件下，古巴的私人经济刚刚起步，下岗职工很难找到再就业的机会，失去工作就等于失去饭碗。短时间内几十万人失业，对社会意味着巨大的潜在风险。这一措施宣布后，立即在社会上引起强烈反应，2月25日，古巴部长会议举行扩大会议，对于这一涉及到数十万人生计的措施紧急刹车，决定放慢裁员的步伐。劳尔发表讲话说，此事不能操之过急，要谨慎而行，不能规定时间表。他强调不能犯错误，说，"革命的最大威胁就在于我们可能会犯的错误。"

另外，取消"购货本"的计划也会在群众中引起不安。古巴革命胜利后，从1963年起，国家用补贴的方式，向每个居民低价供应食品和生活用品，每个家庭都有一个定量供应的"购货本"。苏联解体后，古巴经济陷入危机，群众本上供应的品种大大减少，每月的食品供应量勉强能够维持半个月的需求。尽管不足，但对于大多数没有其他收入来源的普通百姓来说，仍是基本的生活保障。古巴人月平均工资只有20美元，要让他们去价格高出本上许多倍的自由市场购买食品和生活必需品，非常困难。将要取消购货本的消息，在社会上引起很大反响，尤其是已经退休的老人和无收入的家庭妇女，更是感到不安。

企业人员下岗和取消居民基本食品和必需品的定量供应，是十分敏感的社会问题，古巴政府经过考虑决定放缓步伐，将在5年内逐步进行。

（四）传统观念的阻碍

"社会主义是计划经济，市场经济是资本主义"的观念已在古巴深深扎根，成为改革的阻力。法新社在报道中说，古巴改革正面临来自权力高层的抵制。《格拉玛报》在文章中说，改革进行的头几个月，进展缓慢而谨慎，看出了官僚阶层对于改革措施的抵制和反对。

据古巴官方媒体报道，在7月底举行的古巴全国人大第七次会议上,劳尔强烈批评阻碍改革的错误思想和行为,指出改革面临的最大困难是由精神懈怠、墨守成规、装模作样、无动于衷和麻木不仁形成的思想障碍,要求同"无组织、无纪律、玩忽职守和瞎指挥"的行为作持久的坚决的斗争。他说:"如果不改变观念,我们就没有能力去进行必要的改革来保证制度的持续性,或者说,保证社会主义不变色。"

(五)未来可能影响古巴改革的一些因素

西方媒体和学者在评论中认为,今后五年有一些因素可以对古巴形势产生重大影响:一是老一代领导人去世,古巴政治前景可能面临新的变数;二是美国面临大选,美国政府的对古政策是一个未知数;三是查韦斯罹患癌症政治前景不确定。查韦斯政府是古巴政治上的坚定盟友,经济上的有力后盾。委是古巴第一大贸易伙伴,贸易额每年90亿美元,每天以优惠价格供应古巴10万桶石油。古巴不仅依靠委内瑞拉的石油,而且大量向委出口专业服务。有人认为,查韦斯如果因病不能参加下次大选或在大选中失利,对古巴的经济改革可能产生重要影响。

尽管存在诸多的困难和阻力,古巴已经开始的改革进程将会继续向前,因为这是古巴的人心所向和社会发展的大势所趋。古共于2012年1月28日将召开"六大"后党的第一次全国大会,主要议题是检查和评价党的工作,用革新的精神决定需要进行哪些变革,使古共能够与时俱进。党的全国会议可以说是古共"六大"的继续,这次大会从政治上和组织上提供更加有力的保障,使得古巴社会主义的模式更新更加顺利地向前推进。

(作者为新华社世界问题研究中心研究员)

查韦斯病情和委内瑞拉政局

王 鹏

2011年，委内瑞拉没有举行重大选举活动，整体形势表现平稳。由于总统选举即将在2012年到来，因而这一年成为一个敏感的过渡阶段。查韦斯总统谋求在2012年总统选举中再度连任，因此在年内采取多项措施提升自身民意。经济形势的回暖也有利于他扩大支持率。但是，健康状况恶化使他的连任进程产生新的不确定性因素。反对党联盟在近年通过多次选举成功扩展自身的影响力，并在近年进一步进行整合，力求在2012年获得执政权。随着总统选举的临近，朝野双方的对立与角力呈现不断加剧之势，由此产生重压将成为委内瑞拉爆发政治冲突的重要诱因。

一、查韦斯病情对委内瑞拉政局的影响

2011年委内瑞拉政治进程中的一个突出事件就是查韦斯健康状况恶化。6月，查韦斯在访问古巴期间被确诊患有癌症，并在该国接受两次手术。7月至9月中旬，他先后接受4轮化疗。虽然查韦斯的病情趋于稳定。但他的健康状况依然有待观

察。政府并未说明他的病情状况。作为一名癌症患者，他的康复无疑是一个长期过程。

查韦斯长期担任总统，是执政党的最高领导者，并谋求在2012年再次连任总统。委内瑞拉国内政治的运转对他具有极高的依赖性。在古巴接受近1个月的治疗期间，他没有移交总统权力，实际上使委内瑞拉的国家权力结构出现真空。直至他在7月初回国之后，委内瑞拉政局才暂时稳定下来。

伴随健康状况的改善，查韦斯将继续发挥其"强人"作用，充当政府核心，推动委内瑞拉政治进程沿着其既有轨道继续前行。但是，就长期而言，健康问题可能成为查韦斯在委内瑞拉政坛影响力由盛到衰的一个转折点。查韦斯政府是一个高度个人化的政府，民众已经习惯查韦斯对国内事务的全面干预。多年以来，他频频出现在街头集会和广播节目，不知疲倦地发表演说，力求实现对基层民众政治动员的最大化，赢得他们针对总统个人的政治忠诚。未来，他在癌症病情的干扰下，可能将难以延续这种国家元首和基层民众的高强度直接互动。这将导致他对基层影响力的下降，而这种影响力恰恰是他最核心的魅力所在。

查韦斯健康状况不佳使"后查韦斯"时代的到来具有现实可能性。执政党向"后查韦斯"时代过渡的最核心问题是选择一名接班人，执掌玻利瓦尔革命事业。查韦斯从未为自己安排接班人。由于他年富力强，他的支持者也未曾考虑他在短期之内离职的可能性。以往，人们只是担心政敌的刺杀将使委内瑞拉革命进程失去其领袖。现在，查韦斯身患癌症一事使接班人问题变得更加突出。

查韦斯对接班人人选具有决定权。他的兄长阿丹·查韦斯（Adán Chavez）、副总统豪阿（Elías Jaua Milano）、外交部长尼古拉斯·马杜罗（Nicolás Maduro）、能源石油部长拉斐尔·达里奥·拉米雷斯（Rafael Ramírez）等人都是他的亲密政治盟友，深受他的信任，因而被外界视为热门接班人人选。他们的共性问题是：具有派系领导人地位，对全党的号召力却略显不足。

从宪法角度看，副总统将成为2012年委政局的一个关键人物。宪法第233条规定，如果总统在其任期的最后两年出现无法行使职权的情况，副总统将接任总统，直到这一届任期结束（2013年1月）。豪阿在2010年1月就职副总统，他曾任农业部长，负责土地的征收和再分配，是具有较为激进立场的高层官员。如果他接任总统，很可能将继续实行查韦斯的既定政策。尽管得到党内激进派和少壮派的支持，他在党内的地位却有待进一步观察。

阿丹是外界最为瞩目的接班人人选。查韦斯政府成立之后，他曾担任驻古巴大使、教育部长等重要职务，现任巴里纳斯州州长，被视为党内激进派。与总统的血缘关系是他的主要优势。但是，他缺乏弟弟那种超凡个人魅力和领导能力。他能否在党内高层赢得足够的支持依然存疑。

外交部长马杜罗和能源石油部长拉米雷斯均是查韦斯政府的资深领导人物，长期担任现职，在执政党内具有较大影响力。马杜罗曾任最高立法机构全国代表大会主席。2006年以来，他一直担任外交部长，深得查韦斯信任。2002年以来，拉米雷斯长期掌控能源石油部，是查韦斯决策层核心成员之一。

前副总统迪奥斯达多·卡韦略（Diosdado Cabello）也是一名值得注意的人选。他出身军人，在1992年参与查韦斯领导的军事政变。由于在2008年竞选州长告负，他在国内政坛的影响力有所消退。目前，他仍然与军队保持紧密联系，得到部分高级军官的支持，倾向实行一套比较稳健的政策路线。

二、当前委内瑞拉政局的特点

第一，即使在查韦斯政府长期执政的背景下，选举仍然是各派政治力量有效进行政治参与的渠道。近年来，反对党联盟由抵制选举转变为积极参选，不断加强内部整合，利用政府的失误争取民意支持，在重大选举中呈现愈来愈强劲的崛起势头。2007年12月，在反对党联盟的强烈反对下，政府修宪提案在公民投票中遭到否决。这是查韦斯在执政以来首次出现选战落败。在2008年地方选举中，反对党赢得5个关键州的州长职位。在2010年国会选举中，反对党联盟赢得超过三分之一的席位。2011年1月5日，新一届国会成立，反对党联盟控制165个席位之中的65个。而在上届国会，执政党几乎控制所有国会席位。本届国会的这种状况意味着查韦斯政府在修宪或进行重大立法时将受到反对党联盟的制约。针对即将到来的2012年总统选举，反对党联盟谋求推出一名共同候选人，以便最大程度地挑战查韦斯，实现政权更迭。

第二，在一系列选举的作用下，委内瑞拉日益形成两大集团对垒的政党格局。一方是以执政党——统一社会主义党（PSUV）为首的左派政党集团，它的主要盟友是委内瑞拉共产党。另一方是反对党联盟"团结民主联盟"（MUD），其成员构成覆盖政治光谱的左中右三个方面。联盟之中既有民主行动党（AD）、基督教社会党（COPEI）等传统政党，也有"一个新时代"（UNTC）、"正义第一"（PJ）等新兴中间党派，并有争取社会主义运动（MAS）、"激进事业"（CR）等传统左派政党。新近脱离查韦斯阵营的"大家的祖国"（PPT）党暂时处于中立。在委政党格局中，统一社会主义党具有支配地位，任何一支反对党都无力单独与其抗衡。主要反对党因为自身力量弱小而在 2008 年结成"团结民主联盟"，以结盟方式与执政党进行政治博弈。

总体而言，执政党在农业州和边远州享有很高支持率，而反对党联盟的支持者集中在经济发达州和都市地区。执政党在农村地区拥有绝对优势。农民享受到查韦斯政府社会政策带来的好处，同时因为传媒的相对封闭而较少受到反对党及其媒体的影响。边远州是查韦斯政府内陆开发政策的直接受益者，因而也倾向支持执政党。在经济发达州和都市地区，反对党联盟控制较多资源，具有很高的活跃度，常常利用城市普遍存在的治安恶化和物价飞涨问题影响民意。

第三，查韦斯政府在长期执政的过程中，能够保持强有力的政治动员能力。查韦斯作为一名个人魅力型领导人，对于委内瑞拉的下层民众具有强大吸引力。他通过电视节目、微博等方式，建立与民众的直接互动。在查韦斯执政期间，国家和社会之间的互动走向机制化。政府成立"社区委员会"等基层自治组织，甚至为其划拨财政预算，推动民众参与由查韦斯倡导的政治发展进程。当重大选举、特别是至关重要的总统选举到来时，执政党的各类基层组织走家入户，动员查韦斯支持者参与投票。

1998 年以来，查韦斯在自己参加的历次选举活动中都赢得胜利。他在长期执政进程中成功塑造"人民领袖"形象，其领袖魅力在党内外无人能及。2010年下半年以来，伴随国际油价的反弹，委内瑞拉的经济状况得到改善。2011年，该国国内生产总值增长率有望超过4%。在这一背景下，政府大幅提高公共投资，改善民众福利，以便提升民意支持率，备战2012年总统选举。

第四，查韦斯健康状况恶化成为加剧委内瑞拉政局不确定性的重大事件。2011年，查韦斯被确诊患有癌症一事成为一场重大政治事件。癌症病情暴露查韦斯政府的脆弱性。由于政府和执政党的权力高度集中在查韦斯手中，他的个人安危对委内瑞拉政局具有决定性的影响。执政党不得不为"后查韦斯"时代进行准备，接班人问题成为考验党内团结的一大挑战。2012年总统选举因为查韦斯届时能否参加而产生新的不确定性。如果查韦斯退出选举，反对党获胜的希望将大幅提高。

三、委内瑞拉政局前景展望

委内瑞拉总统选举将在2012年10月7日举行。查韦斯早已明确表示将谋求连任。如果获胜，他将在2013年至2019年继续担任总统。他已经成为西半球执政时间最长的在任领导人。他公开表示希望执政至2030年，也就是玻利瓦尔逝世200周年。届时他将年满76岁。从目前的情况看，查韦斯的统治仍然比较稳固。政府和军队领导人反复强调对他的效忠，没有出现挑战其领导权威的迹象。他在中下层民众之中依然享有较高的民意支持率。不仅在执政党党内，即使在委内瑞拉国内，没有任何人具有他的超凡个人魅力。因此，查韦斯能否参选是决定此次选举结果的最关键变量。

只要能够参选,查韦斯仍然具有较大的连任可能性。但是,由于通胀高企、电力危机频发、住房短缺严重、社会治安状况恶劣、腐败蔓延等不利因素的作用,中下层民众对经济社会状况的不满逐渐转变为对执政者的不满。查韦斯在下届总统选举中将不再具有他在2006年总统选举中享有的显著优势。外界普遍认为,选民对查韦斯的选择高于对执政党的选择。如果他因为健康状况恶化而无法参加此次选举,执政党的号召力势必严重萎缩。

目前,国际石油价格正处于2008年以来的相对高点,委内瑞拉的石油收入因此得到改善。查韦斯实际控制的竞选资金远远超过其他候选人。他对执政党和国家机构具有高度的控制力,可以支配大量预算外资金,能够通过扩大社会开支提高支持率。查韦斯政府在2011年大幅增加公共支出,支出的重点是住房。5月,政府宣布将在未来7年兴建200万套住房,以满足最弱势群体的需求。仅在2011年,政府将斥资69亿美元,在全国各地修建15万套住房。政府甚至拿出军营土地用于兴建住房。例如,位于加拉加斯的蒂乌纳军营就被用于兴建4万套住房。2011年,政府还两次调高居民最低收入,累计增幅为25%。

随着总统选举的临近,查韦斯政府和反对党的摩擦日趋剧烈。一批反对党政治人物受到司法指控或调查,可能因此丧失参加选举的资格。2011年7月,前苏利亚州州长奥斯瓦尔德·阿尔瓦雷斯·帕斯(Oswaldo Alvarez Paz)因被指控"散播虚假信息"而入狱服刑2年。此外,委内瑞拉最高法院授权总检察长办公室对反对党领导人恩里克·卡普里莱斯展开司法调查。广受欢迎的前查考市市长莱奥波尔多·洛佩斯（Leopoldo Lopez）被指控涉嫌贪腐。由于这一指控的存在，他无法参加2012年总统选举。2011年，泛美人权法庭裁定他有权参加选举。委内瑞拉全国选举委员会同意接受这一裁定，但委内瑞拉总检察长办公室仍然在对他进行司法调查。这就使他的参选资格依然存在悬而未决。

在此情况下，朝野双方都力争军队的支持。2011年8月，委内瑞拉国防部长卡洛斯·马塔·菲格罗阿（Carlos Mata Figueroa）将军指责反对党与部分军官接触，试图鼓动其发动类似2002年4月发生的军事政变。这一状况从一个侧面表明委内瑞拉政局的微妙状态。同月，前往古巴接受化疗的查韦斯新任命5名将军的职务，其中包括总统卫队司令。这无疑是他加强对军队控制的重要举措。

从总体看，2012年总统选举可能使委内瑞拉政局陷入巨大的震荡。随着执政党力量的下降和反对党联盟的崛起，总统选举将在一种更为势均力敌的格局下进行。由于对垒双方存在尖锐的分歧，选举的争议很可能引发激烈政治冲突。查韦斯政府在2011年8月决定把存放于美国、加拿大和欧洲国家的黄金储备转移到国内。这一做法表明，它可能在为2012年出现乱局进行某种预先准备，防止西方国家利用冻结这些资产干涉委内瑞拉国内局势。

总统选举引发的震荡可能在较长时间内持续。选举之后，委内瑞拉将相继举行州长选举和市长选举，使政党利益格局处于进一步调整之中。一旦该国出现政府更迭，新政权很可能对现行政治政策、经济政策和外交政策进行重大调整。另一方面，查韦斯的12年执政已经使委内瑞拉形成受益于现行政策的新利益集团；执政党即使在总统选举中失利，也仍然控制国会的多数席位和大多数州长职位，其政治实力依然在各党派之中位居首席。这些因素意味着，反对党即使能够在2013年执政，其执政地位将带有很大的脆弱性；新政府在调整查韦斯政府政策时必将面对巨大的阻力，由此引发的分歧无疑将使委内瑞拉的国内冲突长期化。

（作者为中国社会科学院拉丁美洲研究所政治室研究员）

第七章

世界性难题增多

国际能源安全形势回顾与思考

王海运

2011年，影响国际能源安全的消极因素明显增多。尽管存在某些积极因素，但是不足以抵消消极因素的负面影响。国际能源安全形势总体看趋于严峻。

一

2011年，影响国际能源安全形势的突出因素是：

（一）发达国家经济复苏乏力，世界能源需求与产能增长同时下降

欧洲国家主权债务危机愈演愈烈，经济形势日趋严峻。美国债务突破最高限额，国际评级下调，经济复苏前景黯淡。美欧发达国家遭遇的这种危机是制度性危机：政府调控能力严重下降、市场力量横冲直撞；虚拟经济泛滥，实体经济萎缩；金融资本贪婪无度，贫富差距持续拉大；票选制度、政党恶斗导致民粹主义盛行；高福利、寅吃卯粮导致债台高筑。这种制度性危机不仅致使摆脱经济危机的希望渺茫，而且将广大劳动者

置于生存困境,社会动荡因此而频频发生。发达国家经济危机的加深,不仅拉低了经济发展对能源的需求,而且影响到其企业对能源开发的投资。虽然以中国为代表的新兴大国经济持续增长,成为世界能源需求与投资增长的主要拉动力,但是不足以抵消发达国家经济减速所造成的负面影响。因此可以说,全球多个大型经济体经济复苏乏力,是影响2011年国际能源安全形势的重大宏观因素。

(二) 世界主要油气产地发生动荡,引起国际油气市场恐慌性预期

2011年年初以来,世界主要油气产地之一的西亚北非多国相继发生动荡,不仅造成严重人道主义危机,而且给其油气生产带来严重冲击。特别是欧美违反联合国决议,以改变政权颜色、控制能源资源为目的对利比亚实施的军事干涉,使北非这一主要产油国陷入长达7个月的战乱,油气生产几乎完全停止。海湾多个油气生产国也受到波及,虽然油气产量并未明显下降,但是引起了国际油气市场的恐慌性预期,投机资本趁机兴风作浪,导致国际油价剧烈波动。目前,利比亚战事已经基本结束,但是社会动乱仍在继续,西亚北非其他资源国要实现社会稳定也遥遥无期,从而给国际能源安全形势投下了长长的阴影。

(三) 日本核灾难对世界核电产业造成严重冲击,拉高了对石油天然气的需求

2011年3月11日,日本东北部近海发生9.0级强烈地震,并且引发了高达10米的大海啸。在地震与海啸的双重打击下,日本福岛核电站多台机组遭受严重破坏,造成继切尔诺贝利核灾难之后最为严重的核电安全事故。福岛核灾难对全球能源安全造成的影响主要集中在以下两个方面：一是日本多台核电机组停止运行，不得不紧急扩大油气进口以维持其经济社会运转，从而增大了国际油气市场的供应压力，刺激了国际油气价格的上涨；二是核灾难引起世界范围内对核电安全的深重担忧，多国出现反核、弃核运动。德国执政联盟通过决议，决定2020年前彻底淘汰核能发电；意大利全民公决决定，立即取消新建核电站计划，进而全面放弃核电；瑞士政府决定，2034年前关闭全部核电站；另有不少国家宣布冻结核电发展计划。虽然世界多数经济体坚持认为核能发电仍是清洁能源发展的现实选择，但是普遍采取了空前严厉的安全管理措施，包括对正在运行的部分核电机组进行停机检查，提高核电生产准入门槛，停止或者推后在建和计划修建的核电站项目。核电生产的减少，特别是核电发展的减速，势必拉高世界经济对其他能源的刚性需求。目前看，新能源在相当长时间里替代核电的能力有限，更多国家可能转向扩大天然气的利用。虽然页岩气的开发可望缓解核电发展减速给天然气供给造成的压力，新能源的发展也可能因此而获得新的动力，但是天然气价格进一步上升的趋势必然更趋强劲，并且可能刺激石油价格升势增强。

（四）金融投机再趋肆虐，国际石油供需失衡被数倍放大

2011年以来国际油市起起落落、涨跌频度增大，金融投机难逃其咎。发达国家对金融监管的宣示迟迟未能转化为具体举措，其大型投资基金仍在不断从油价炒作中牟取暴利，致使国际油价的攀升远大于供需失衡的幅度。可以肯定地说，国际油价的剧烈波动主要不是微弱的供需失衡造成的，而是金融资本利用地缘政治事件及欧美经济危机炒作牟利所致。不少时候，

国际油市并未出现引起涨价的事态，但是由于投机资本作祟，期货价格却离奇地大涨。例如，11月14日布伦特原油期货12月合约较10月初涨幅超过25%，正是原油期货逆价套利所致。纽约油价与布伦特原油价差持续拉大，也与金融资本炒作直接相关。国际能源署动用6000万吨战略石油储备应对供需失衡、平抑国际油价，但其效果为金融投机大部抵消。目前，国际石油市场价格上涨预期仍在升高，原油期货市场上买入上涨合约的情况仍在增多，预示着国际油价仍将继续攀升。

（五）新能源与节能技术开发进展趋缓，对传统能源的替代作用不如预期

主要由于中国的风能发电和欧洲的屋顶小型太阳能发电投资大幅增长，2010年全球可再生能源投资达到创纪录的2110亿美元。2011年以来，尽管世界主要经济体继续关注新能源和节能技术的发展，但是由于欧美发达国家陷入严重债务危机，大幅减少了对新能源和节能技术研发与设备生产的补贴，致使这一领域的投资积极性下降、技术突破减少，对能源安全的贡献未达预期。欧美国家对新兴国家的新能源设备出口实行贸易保护主义，亦成为世界新能源发展的重要抑制因素。这种情况导致传统能源的供给压力增大，成为拉抬油气、煤炭价格的另一重要因素。

二

在上述因素的共同作用下，2011年国际能源安全形势趋于严峻，集中表现为国际油价大幅波动、多数时间高位震荡，其他能源价格也在不断攀升。2011年前10个月的国际平均油价达到102美元/桶，较上年上升27.5%，远远超过合理价位。年初纽约和布伦特原油现货平均价格分别为89.38美元/桶和96.54美元/桶，4月即分别上升至109.89美元/桶和123.49美元/桶，9月又分别下跌至85.55美元/桶和113.12美元/桶的低点，此后则在忽跌忽升中向上攀行。原油期货价格的震荡幅度较之原油现货更为剧烈，主要原油期货市场的报价差距不断拉大。其他能源的价格也在跌升交替中总体升高。尽管煤炭价格也在快速上涨，但是与石油价格涨幅相比相对温和，与应对全球气候变化的要求相反，其在世界能源消费结构中的比例明显增大。国际油价持续攀升导致消费国石油进口支出大幅增加。据国际能源署统计，2011年消费国的石油进口支出"逼近了历史最高点"。由于世界经济与能源需求的重心转移至新兴大国最为集中的亚太地区，亚太国家遭受的国际油价上涨压力尤其沉重。

在新的一年里，为了维护全球能源共同安全，国际社会必须努力消除引起国际能源市场剧烈波动的各种消极因素，遏制主要能源价格的进一步攀升。否则，世界经济的复苏必然受到能源高价的严重拖累，因能源争夺而引发的国际秩序混乱也会随之加剧。

（一）要共同维护能源资源产地的政局稳定

世界主要能源资源产地的政局稳定是确保国际能源市场供给稳定的基础性条件。全球经济尚未摆脱危机，为了避免因供给不足而拉高能源价格，进而影响到各国应对危机的努力，国际社会必须共同维护世界主要能源资源产地的政局稳定。殖民主义已经成为历史，霸权主义不得人心。"利比亚模式"不仅严重破坏了"不干涉主权国家内政"的国际法基本准则,制造了骇人听闻的人道主义灾难,而且将多个能源资源国推向了动乱和战乱,直接威胁到全球能源安全。为了世界的和平与稳定,为了全球的共同能源安全,国际社会必须坚决反对"新干涉主义",携手制止那种打着"人道主义"旗号,以改变资源国政权颜色为目的,对主权国家内政进行的赤裸裸的军事干涉。国际社会还必须采取切实有效的措施,帮助那些深受动乱之苦的西亚北非国家走向民族和解,进行经济与社会重建,尽快恢复其油气生产。在此问题上,联合国安理会、其他国际组织及有关大国必须担负起历史责任,表现出应有的远见与胆略。处在动荡之中的资源国政府则必须加快改革的步伐,努力消除影响社会稳定与能源生产的各种消极因素。

(二)要共同维护国际能源市场的稳定

国际能源价格"过山车式"的畸高畸低,对能源生产国与能源消费国都是祸而不是福。价格过低,必然挫伤资源开发投资的积极性,导致产量下降、产能减少,进而造成国际能源市场供应紧张、价格上扬;反之,价格过高,不仅会给陷入低迷的世界经济造成冲击,而且必然拉低能源消费需求,最终导致能源价格下跌。要维护国际能源市场的稳定,首先要保证供需基本面的平衡。为此应鼓励各方加大对能源勘探开发的投入,确保产能的持续增长。而要扩大投资、增加产能,根本途径是各国际能源活动主体切实加强"互利共赢"合作。有必要以欧佩克与国际能源机构为主建立起国际油价协调机制。联合国所属各能源机构、其他国际能源合作组织、各种地区合作组织,在稳定国际能源市场问题上亦应施加积极的影响。其次要加强金融监管,制止投机资本对国际油价的恶意炒作。在此问题上，投机资本最为集中的美欧发达国家负有不可推卸的责任。他们加强金融监管的宣示应当尽快落实到行动中，而不应仅仅停留在言论上。联合国及各国际金融机构，也必须履行其肩负的协调、监管责任。

（三）要在合作伙伴国之间建立起利益平衡机制

能源开发中，合作伙伴国应当成为利益共同体。只有相互照顾对方的利益与关切，才能确保合作的顺利进行。否则，必然争执不断，双方利益都会受损。尤其是发达国家与新兴大国的大型能源公司，在投资于发展中国家的能源资源开发时，必须充分照顾后者经济社会发展的需要，不仅在利益分成上要最大限度地照顾这些经济落后、急需国际社会支援的发展中国家，而且要在实现本地化、促进当地就业、帮助当地脱贫、加强当地基础设施建设等领域最大限度地履行社会责任。那种以资源开发投资作为筹码干涉资源国内政、通过资源开发投资左右资源国发展道路选择的做法应当废止。资源国政府也必须充分考虑投资伙伴的利益，不应动辄改变相关政策，也不应提出不切实际的社会责任要求，更不应以能源资源作为政治工具谋求不当政治利益。如果不带偏见，应当肯定，中国企业总体看在这方面做得是好的。中国不干涉资源国内政，真心实意地贯彻"互利共赢"理念，充分照顾资源国的利益与关切，在帮助资源国的经济发展与社会进步方面做了大量富有成效的工作，得到了合作伙伴国政府与民众的真诚肯定。某些国际势力破坏中国与能源资源国关系的企图是难以得逞的，"新殖民主义"的帽子是扣不到中国头上的。

(四) 要加强能源领域各个环节多种形式的互利合作

能源安全应当体现在能源领域上中下游全链条各环节，以及与能源相关的各领域。特别要扩大能源勘探开发投资，从源头上遏制供需失衡的可能加剧。为此应鼓励新兴国家更多地参与发展中能源资源国的资源开发投资，因为这种开发投资并非仅仅对他们自己有利，而且有利于增加国际能源市场的有效供给，是对世界能源安全的重要贡献。必须认识到：在欧美多国深陷债务危机难以自拔的情况下，新兴国家因经济持续增长、能源需求旺盛而具有扩大能源开发投资的积极性，因资金比较充裕而具有扩大能源开发投资的可能性；如果没有新兴国家对能源开发的投资，世界能源产能不仅难有新的增长，而且很可能进一步萎缩，从而导致世界能源安全形势更趋严峻。既要强化双边合作，也要强化多边合作。从适应经济全球化与区域一体化的大趋势来看，多边能源合作对于实现全球能源共同安全意义更为重大。要积极推动建立由资源国、消费国、过境国共同组成的新型多边能源合作机制。目前正在酝酿建立的上合组织能源俱乐部即是这种新型多边能源合作机制，可望为促进不同类型国家的共同能源安全做出有益的尝试，为新的国际能源秩序的形成做出应有的贡献，在新时代的全球治理中发挥更加积极的作用。鉴于世界能源消费的重心转移至亚太，为了确保亚太地区经济的可持续发展，该地区尤其应当建立区域性多边能源合作对话机制，并且逐步发展成为以推动全球能源共同安全为取向，区域内主要能源资源国、能源消费国、能源过境国广泛参与的多边能源合作机制。

(五) 要加快新能源与节能增效技术的开发

尽管化石能源仍然存在巨大的发现潜力与发展空间，但是开发难度越来越大，开发成本越来越高。廉价油气的时代已经终结，高价油气的时代已经到来。化石能源的粗放利用给人类生存环境造成了灾难性破坏，国际社会必须切实加大对可再生清洁能源开发利用的努力，实现能源消费结构的革命性变革，同时提高化石能源特别是煤炭与石油的利用效率，减少其二氧化碳排放。低碳发展是人类社会发展至今天所提出的迫切要求，低碳革命能否尽快取得突破关系到人类社会的可持续发展，而新能源与节能增效技术开发是低碳发展与低碳革命的关键所在，国际社会必须在此领域做出共同努力。但是，由于多个发达国家陷入债务危机，新能源与节能增效技术开发投资能力下降。某些发达国家以保护知识产权为名封锁新能源与节能增效技术转让，或者以保护本国产业为名实行贸易保护主义政策，对该领域技术突破和快速发展产生的消极影响明显。为了人类的未来，发达国家与新兴国家应当加大新能源与节能增效技术开发领域的合作力度。新兴国家应集中更大的财力填补发达国家投资减少的空白，发达国家则应发挥技术研发的优势、放松先进技术转让的限制，共同推动该领域取得新的突破。

展望未来，只要国际社会真正认识到全球能源安全的不可分割性，认识到只有尽快改变目前不公正不合理的国际能源秩序才能保证世界各国的共同能源安全，加强能源领域的互利合作和多边治理，国际能源安全形势就一定能够不断得到改善。如是，世界经济才有良好的发展前景，人类社会才有美好的未来。

(作者为中国国际问题研究基金会能源外交研究中心主任)

国际恐怖主义及反恐斗争新动向

李青燕

拉登之死虽然标志着美国领导下的反恐战争"取得了阶段性胜利",但是并不能从根本上遏制国际恐怖主义的发展势头。"9·11"十年后,随着全球恐怖主义活动越来越呈现出新的特征和趋势,未来国际反恐斗争将更加复杂和严峻。

一、国际恐怖主义与反恐进入"后拉登时代"

(一)拉登之死对"基地"组织的恐怖网络影响有限

"基地"组织头目、世界头号恐怖分子本·拉登2011年5月被美军击毙于巴基斯坦,美国政府称之为全球反恐斗争的"重大事件",联合国秘书长潘基文也表示,拉登被击毙是全球反恐努力的转折点。然而,拉登作为"恐怖组织的精神领袖",他的死象征意义远大于实际效用。

虽然拉登以及"基地"组织其他重要头目如二号头目阿提耶·拉赫曼、"基地"巴基斯坦行动负责人阿布·沙赫里以及也门分支重要头目安瓦尔·奥拉基等的死亡会使全球恐怖主义遭受重大挫折，对"基地"组织的号召力、影响力及筹资能力等都将产生深远影响，其实力被大大削弱，但是"基地"组织不会就此消亡，恐怖主义也远未终结。首先，"9·11"后美国发动阿富汗战争以来，拉登遭美通缉多年，指挥能力受限，逐渐不再对"基地"组织进行直接领导，其死不会明显弱化"基地"策划或发动恐袭的能力。其二，"基地"组织在南亚、阿拉伯半岛、中东、非洲等地区有众多分支机构，均已建立起完善的组织结构，具备独立运作能力，拉登之死并不会对"基地"运转带来太大影响，其恐暴活动也不会就此停歇。其三，"基地"组织的新生代逐渐崛起，再生能力较强。如赛义夫·阿德尔担任与西方国家进行"恐怖战争"的总指挥，其上台标志着"基地"新一代领导核心开始挑大梁；"伊拉克分支"新任头目贝克·库拉西 2010 年策划 2000 多起恐袭行动，创历史新高。新生代领导人年富力强，深受"圣战"思想影响，行为更趋极端。因此，拉登死后不仅很快由二号人物扎瓦赫里上升为"基地"新头目，而且各地极端组织借复仇之机发动了更多恐怖袭击，令反恐形势不容乐观。美国国防部长帕内塔在"9·11"十周年纪念活动上称，"基地"组织的威胁依然存在，必须保持高度警惕。

（二）"后拉登时代"的反恐仍任重道远

国际反恐在拉登死后将进入一个新阶段。短期内，恐怖主义威胁将不降反升，反恐压力增加。拉登的死会激起"基地"组织和其他极端主义势力同仇敌忾，引发针对美国和其盟国的疯狂报复性恐怖袭击。2011 年 5 月以来，实力最强的恐怖组织之一"半岛分支"利用也门动荡局势变得更加活跃，在占领也门南部阿比扬省省会津吉巴尔市后，宣布建立"伊斯兰酋长国"，击退政府军，与当地部族合作，不断扩展其影响力。"基地"在南亚的大本营、反恐前沿国家阿富汗和巴基斯坦，已成为塔利班等极端组织报复的首选目标。阿巴频繁遭受恐怖暴力袭击，安全局势更加紧张。巴海军基地遇袭引起震惊，阿包括前总统拉巴尼在内多名政府高官遇袭身亡，美军载有海豹突击队员的直升机在阿被击落，以及洲际饭店、英国文化协会驻阿办事处、美驻阿使馆、北约驻阿部队总部遭袭，令拉登之死带来的胜利喜悦、美军的撤离计划以及阿国内政治和解蒙上阴影。而印度孟买连环爆炸案、新德里高等法院爆炸案以及尼日利亚联合国大楼爆炸案、索马里首都汽车炸弹袭击等也引发了国际社会普遍担忧，更是敲响各国防范恐袭、加强反恐能力的警钟。

长远看，恐怖主义将长期存在，恐怖网络盘根错节，"后拉登时代"反恐形势仍严峻。只要伊斯兰激进思想、民族矛盾、种族歧视、贫富分化、社会不公、政治霸权等根源性问题一天得不到有效控制和合理解决，恐怖主义滋生的土壤存在，恐怖主义威胁就难以消除。"基地"组织等恐怖组织分散化、本土化的发展趋势及"游击化"的作战方式也决定了未来全球反恐行动的长期性和艰巨性，任何一个国家都不能指望通过对恐怖组织头目的"斩首"行动来扫清恐怖阴霾。而2011年7月在挪威发生的奥斯陆爆炸案和于特岛枪击案，则表明极右翼恐怖主义的危害绝不亚于"基地"组织。憎恨伊斯兰教、仇视多元文化、带有基督教原教旨主义色彩的极右翼分子，利用社会矛盾和经济困境，模仿伊斯兰激进思想进行"圣战"，给欧洲带来了同伊斯兰激进思想一样的灾难。这些曾被忽视的潜在恐怖主义如极左翼恐怖组织、民族主义恐怖组织等，应引起国际社会的普遍关注，也给未来的国际反恐带来新的挑战。

二、国际恐怖主义新趋势

"基地"等恐怖组织为保存实力,彰显力量,将转换方式发动袭击,呈现出新的发展趋势和特征。事实上这个进程在拉登时代后期已启动。

(一)以"基地"组织为代表的国际恐怖主义"分散化"发展

过去十年里,尽管"基地"组织在阿富汗和巴基斯坦的中枢神经被打散了,但恐怖势力的新生代力量不断涌现,分支力量的威胁呈现上升态势。世界各地陆续产生了各种效仿"基地"的极端组织,它们大都打着"基地"的旗号,在各地发动恐怖袭击,生存能力更强,危害性也更大。巴基斯坦和阿富汗的部落地区仍是"基地"组织核心、塔利班等极端组织藏匿和发展的重要根据地,这一地区落后、动荡的局势为其提供了活动空间。但是随着美国在这一地区反恐力度加大,"基地"的活动空间受到挤压,行动能力萎缩,"基地"将更加重视在阿拉伯世界的影响,活动重心有"回归中东"之势,也门、索马里和北非、中东等动乱地区将成为"基地"分支快速发展的新乱源。这些地方长期经济发展滞后、社会发展失序、人民生活困苦,极端思潮大行其道,而西方国家出于各自利益,或坐观其乱,或插手煽动,使这些地区沦为国际恐怖活动的新基地。美国中央情报局新任局长彼得雷乌斯在国会的听证会上称,"基地"组织的重心正在一定程度上向南亚以外地区的分支机构转移,而"也门分支已经成为其最危险的地区分支"。中东局势动荡以来,扎瓦赫里五次发布视频,宣称欲在也门、利比亚、突尼斯和埃及等地实现突破,在中东建立大哈里发国家。欧洲议会与马格里布国家关系议员团主席安东尼奥·潘泽里也指出,自北非、中东陷入政治动荡以来,"基地"组织加大了渗透力度,而当地有关国家无暇打恐,可能成为全球反恐链条中的薄弱环节。其中,"半岛分支"利用也门政治、经济和社会困境加速发展,营建暴恐基地,成为目前实力最强的恐怖组织之一;"伊斯兰马格里布分支"实力增强,借中东动荡大肆向突尼斯、利比亚等国渗透,加紧编织伸向欧美的恐怖网络;索马里"伊斯兰青年运动"控制索中、南部大部分地区,并向乌干达、肯尼亚等国扩展势力,欲开辟新的恐怖策源地;"伊拉克分支"在美国逐步撤军后出现反弹,恐袭不断。此外,东南亚的反恐虽取得显著成效,但仍具有恐怖组织滋生的温床,而中亚的不稳定因素使得恐怖主义对国家和地区安全的威胁上升。

(二)国际恐怖主义"本土化"趋势明显

使用本地资金、组建本地团队、设计本地恐怖袭击程序,对目标国及其盟国进行打击,这种袭击方式已成为"基地"等恐怖组织发动新行动的主要手段。随着以"基地"组织为代表的恐怖主义在全球扩散,今后很可能将有更多新生代恐怖据点逐渐壮大,特别是当恐怖主义同本地武装组织、犯罪集团、黑帮、海盗等势力相互结合后,将使反恐行动面对的局面更加艰难。受恐怖组织蛊惑和招募的本土化极端组织或个人,更擅长于在目标国内发起攻击,杀伤力更大,造成的心理恐慌尤甚,且不易被预先察觉。近年来,美国接连遭遇本土恐怖分子的恐怖袭击,如 2009 年"12·25"圣诞炸机未遂案、胡德堡基地枪击案以及2010年时代广场爆炸案，引发美国政府反思反恐战略。在美国2011年6月新推出的《国家反恐战略》报告中，强调把反恐重点转移至针对美国本土的恐怖袭击，将本土恐怖分子与"基地"等国际恐怖组织同时列为防范的对象。欧洲各国也面临着同样的本土恐怖主义威胁。欧洲当前身陷债务危机，经济滑坡，一方面诱使极端思想抬头，威胁社会秩序与和谐；另一方面，经济低迷带来的高失业率使年轻人群易受极端思想蛊惑，进而采取极端行为。近年来，恐怖势力在欧洲本土接二连三地策划了一系列有预谋的恐怖袭击事件，如马德里爆炸案、伦敦地铁爆炸案、德国未遂恐怖炸弹袭击等，主谋者多半是受"基地"组织激进思想影响或对社会极度不满的本国年轻人，包括第二、第三代移民。震惊世界的挪威连环爆炸案，更是凸显了本土社会矛盾和极端种族主义思想滋生出的恐怖分子带来的巨大威胁，而这种威胁在之前往往被看似平静安详的欧洲社会所忽略了，然而其破坏性和隐蔽性不容小视。

（三）低成本、小规模、个体化成为国际恐怖主义发动袭击的新特征

近年来，随着各国加大反恐力度，加强国际反恐情报合作，"基地"等恐怖组织的实力受到沉重打击，资金来源减少，人员招募受限，恐怖组织想要搞"9·11"事件那样大规模的恐怖袭击已不现实。恐怖组织转而青睐于成本较低、规模较小、人员较少而频率更高的暴力袭击行动，目标往往选择普通民众经常光顾的场所或交通设施，以便以最小的代价造成最大的伤亡和轰动效应，并可极大消耗国际反恐安保资源。美国情报机构称之为"微恐怖主义"，其执行者可以是受宗教极端思想影响的个人或者与某些恐怖组织保持一定联系、受恐怖分子蛊惑、接受恐怖组织培训的小团体，一般为自发的独立行动，行动过程也较为隐秘，防范难度极大。尤其是随着现代科技的发展，购买和制造武器的材料也更加容易获取，这使得此类恐怖袭击对国际社会威胁日益增大。

（四）网络等高科技领域日益成为国际恐怖主义的新战场

在国际反恐力量施压下，恐怖组织开始将网络作为鼓动宣传、交流经验、募集资金、招募人员、传授恐怖技能及策划指挥行动的平台。网络的隐蔽性、普及性、快捷性、虚拟性等优势，为恐怖组织提供了便利条件，使其得以更多地采取"以虚对实"、"以小搏大"等方式扩大影响，加强宣传攻势。"基地"等恐怖组织利用网络等高科技手段，借助互联网发布声音和视频文件、恐怖思想和技术刊物，号召伊斯兰教徒展开"圣战"，招募新生力量，开展"独狼"行动等，反映出恐怖主义也在随时代不断更新，抢占高科技领域的宣传阵地，以更加轰动和蛊惑人心的方式为恐怖主义扩张服务。例如，"半岛分支"在其网络杂志《激励》上大肆宣扬"千刀"战略，意图使美欧国家的反恐力量"防不胜防"，难以招架。"东伊运"恐怖组织效仿"基地"做法，通过开办网络杂志等扩大影响力，增强蛊惑性，对中国新疆地区的安全稳定构成新的威胁。在美国本土发生的恐袭案中，嫌犯多是在网上受到"圣战"思想影响而主动加入恐怖组织的。在阿富汗战场上，塔利班利用收音机广播、网络等宣传攻势与美军展开民心争夺战，成为美国在阿反恐遇到的棘手难题之一。

三、国际反恐斗争新动向

鉴于上述国际恐怖主义发展的新趋势,后拉登时代的国际反恐将面临诸多新挑战,斗争形势依然严峻并更趋复杂。

(一)国际恐怖主义生存的土壤犹存,反恐需标本兼治

恐怖活动的发生和发展有着深刻的社会政治、经济和文化根源,消除恐怖威胁需要从本源上寻求解决之道,治标的同时更应治本,否则只能"越反越恐",加剧恐怖威胁。各国的反恐需将短期目标和长期战略相权衡,不能因某些战术性的行动而损害最终的战略目标,致使行动与结果背道而驰。从根本上治理恐怖主义,国际社会还应做好长期投入和长期战斗的准备,恐怖主义的形成非一朝一夕,而消除恐怖主义的努力也必须是持之以恒、切实到位的付出,才能彻底瓦解滋生恐怖主义的温床。

(二)恐怖主义分散化的发展趋势,更需要国际反恐力量加强合作

恐怖主义是国际社会的公敌,国际间加强合作是打击恐怖主义的有效途径。随着恐怖主义组织和活动日益分散化趋势,反恐不能依靠一国之力、一役之战而取得优势,需要国际反恐力量同心协力、共同应对恐怖主义威胁。面对散布于全球数十个国家的恐怖分子,国际社会应致力于利用各种资源,加强在国际、地区和次区域层面的多边合作机制,共享反恐情报、分担财政负担,并可通过开展双边或多边反恐军事演习,以提高

打击恐怖主义的协作能力。

（三）反恐不能简单地"以暴制暴"，需要运用政治、军事、经济、外交等手段综合治理

打击恐怖主义须综合运用多种手段，单纯依靠战争、武力惩治恐怖主义，只能陷入"反恐怪圈"，付出巨大代价，收效却甚微。以美国发动的阿富汗反恐战争为例，战事已长达十年，花费上千亿美元，人员伤亡惨重，但阿富汗安全局势尚无根本好转，国际反恐形势也没有取得实质性改善。美国不得不积极借助政治和外交手段推进阿国内政治和解，以期早日从阿战泥潭脱身。可见，在国家关系中轻率使用武力，不但无助于国际反恐事业，反而会造就更多恐怖主义土壤。国际社会应树立综合治理恐怖主义的理念，从政治上压缩其活动空间，从经济上切断其资金来源，从外交上削弱其民意基础，从文化上大力开展反恐宣传，从军事上强化联合打恐，多管齐下，有效反恐。

（四）各国反恐需采取切实措施遏制恐怖主义"本土化"、"个体化"发展

恐怖主义的"本土化"、"个体化"带来的危害逐渐显露，特别是与本国或者本地区的社会矛盾和经济问题相结合演变为更深层次的文明冲突，恐将长期存在下去，并具有较强的煽动性和隐蔽性。这已引起许多国家的警惕，并设法采取措施遏制这一势头的发展。例如，美国于2011年8月公布了《防范国内暴力极端主义战略报告》，旨在通过加大对美国社区的支持力度，包括提供更多有关极端主义威胁的情报，加强与地方执法部门的合作，帮助社区更好地理解和抵御暴力极端主义宣传，尤其是网络宣传的影响，以防范暴力极端分子及其支持者煽动、激化、资助或招募美国境内的组织或个人从事暴力活动。各国需从自己的实际国情出发，采取切实可行的策略应对恐怖主义"本土化"、"个体化"，相互借鉴成功的经验，规避失败的教训，从而制定适合本国的有效反恐政策。

（五）国际反恐加大力度的同时应反对双重标准

反恐一直是国际社会面临的主要难题之一，几乎所有的国家都在不同程度上受到国际恐怖主义的威胁，暴力恐怖活动已成为全世界人民的公敌。但是对恐怖主义活动，某些西方国家仅从维护本国利益的角度出发，奉行实用主义和利己主义的双重标准，对别国的反恐斗争说三道四，甚至打着反恐的旗号来谋求私利，极大影响了国际反恐斗争的有效性。中国也是恐怖主义的受害者。"三股势力"为了达到破坏、分裂中国的目的，在中国境内外制造了大量的恐怖活动，严重威胁了中国的安全和地区的和平稳定。中国打击"东突"恐怖势力是国际反恐斗争的重要组成部分。2011年在新疆和田和喀什发生的暴力恐怖袭击事件，属于国际上典型的恐怖主义事件，但是某些西方国家却罔顾事实，渲染民族冲突，迎合"世维会"的说法，给中国制造麻烦。这种在反恐问题上的实用主义和双重标准的做法危害甚大，只能助长恐怖主义势力的嚣张气焰，对于建立完善的国际反恐怖主义合作机制构成巨大障碍，不利于国际反恐事业。

此外，以"反恐"为名发动了伊拉克和阿富汗两场战争的美国，其未来反恐动向和部署值得关注。2011年值"9·11"十周年之际，这两场战争也都到了该撤军的时候。根据奥巴马宣布的撤军计划，至2011年底前，撤回驻伊拉克的全部剩余美军；至 2011 年夏季前，3.3 万名美军士兵撤离阿富汗，全部撤军行动将在 2014 年结束。拉登之死无疑加速了美国从阿富汗的撤军行动，然而，美国的撤军并不是在阿伊局势稳定、国际反恐形势一片大好的情况下进行的，而是更多出于美国内经济、政治因素和其全球战略布局的考虑。随着美国总统选举日益临近，奥巴马兑现承诺压力倍增，同时，反恐战争消耗的巨额人财物力也使美国经济雪上加霜，国内反战情绪高涨，令美国支撑目前的全球战略摊子更加吃力。对于"9·11"十年来的反思，欧美学者大都认为，美国付出了不必要的巨大代价，却令美国的软硬实力和国际竞争力下降，美国不应再将反恐作为国家未来战略的核心要务。

可以预见，奥巴马政府将继续降低反恐在美国军事安全外交战略中的地位，放弃反恐的国际责任，由进攻转入威慑性防御，发展美国式反恐的新模式。这在奥巴马的《国家反恐战略》报告中有明显体现，强调把反恐重点转移至针对美国本土的恐怖袭击，重点打击"基地"组织，打击手段也更多借助特种部队突袭、无人驾驶飞机等"外科手术式"行动，尽量避免大规模地面军事行动。因此，在经历了十年伊拉克和阿富汗两地反恐作战，耗费巨大却难有明显成效或获益后，美国正急于摆脱压在身上的沉重包袱，将反恐重心由海外收缩回本土、由全球性恐怖组织"集中"于"基地"，通过反恐新模式，即将情报系统与军事精英有效结合，由间谍、特种部队、无人机与网络战等实施反恐防御。今后，反恐对于美国来说，不再是国际意义上的反恐，而是高度聚焦的国家反恐。美国对反恐的投入将减少，打击恐怖主义力度可能有所下降，开始将精力转向其他战略关注点，比如应对新兴市场国家的崛起等。这也引发了外界对美国逐步撤军阿富汗后，地区安全形势以及全球恐怖组织得以喘息之机、重新发动袭击的担忧。鉴于恐怖主义活动猖獗、发展势头不减,国际反恐之路仍任重道远,需要明确各国在反恐中的国际责任,持续不断地共同努力和密切合作,以稳定国际反恐阵线,有效遏制恐怖主义发展。

(作者为中国国际问题研究所国际战略研究部助理研究员)

携手共建全球生态安全

中国国际问题研究基金会生态安全研究中心

在全球一体化下，人类生存安全的空间变得越来越小。也许，亚马逊原始森林的一只蝴蝶扇动一下翅膀，就会在地球的另一边刮起一场飓风。同样，地球某个角落的一次突发事件或生态危机，很快便会波及或影响全世界。

这绝非危言耸听。2011年日本"3·11"地震海啸并引发核泄漏在全球范围引起了核辐射恐慌；中国的"染色馒头"、欧洲"毒黄瓜"事件令人一度谈"食"色变；2010年美国墨西哥湾漏油事件导致大约28万只海鸟，数千只海獭、斑海豹、白头海雕死亡，而2011年中国渤海蓬莱油田溢油致使840平方公里水域水质为劣四类。每天，当我们翻开报纸、打开电视、点击网络，高温、干旱、洪涝、龙卷风等与极端气候相关的新闻频现于眼前，非洲干旱、南亚洪涝暗示我们，难道极端天气时代已经来临？

另一方面，我们却不得不正视自己的行为：早在20多年前，人们便已经承认全球气候正在变暖，并认识到导致变暖的原因主要是人类燃烧化石能源和毁林开荒等行为向大气排放大量温室气体，导致大气温室气体浓度升高，加剧温室效应，而且，联合国政府间气候变化专门委员会也在历次评估报告中警示人们，应当尽快大幅减少温室气体排放，否则全球气温升高将导致海平面上升、粮食减产、传染病增加、水资源短缺、濒危物种灭绝等严重后果，对自然生态系统和人类社会产生相当不利的影响。然而时至今日，世界各国仍然在围绕应对气候变化是否承担"共同但有区别责任"这一问题展开一轮又一轮不见成效的角力。仅2011年，气候变化谈判各方已分别在泰国、德国和巴拿马进行三次，发达国家和发展中国家仍然在谁先减排、减多少、如何减、如何提供资金和气候友好型技术支持发展中国家应对气候变化等事关各国当前和未来经济竞争力以及发展空间的核心问题上无法达成共识。一些环保人士质疑，难道开往2012气候变化大会的列车，仍然搭乘的是一群不着边际的政客？

灾害不断，危机重重。担忧、观望、焦虑，这些都无法促进人类生存安全空间的改善与扩张。当危机迫在眉睫，人类需要的是果断担当与共同应对，需要的是国际视野与全球责任，需要的是深入反思与科学发展，才能共同面对气候变化、生态安全与可持续发展等系列挑战。

极端气候

气候变化是世界各国关注的焦点，因为它深刻地影响着人类的生存和发展，也是人类面临的最大挑战。由人类自身的活动特别是工业化的进程引起全球温室气体排放增加，使得全球变暖，进而加剧了极端气候出现的频率，而极端气候使一些地区遭受更频繁、更持久或更严重的干旱，并促使一些较寒冷地区暴风雪的强度和频率增加。

干旱是人类面临的主要自然灾害之一，即使在科学技术发达的今天，它造成的灾难性后果仍然严重，尤其对农业产量和粮食安全威胁最大。近年来，各地区干旱情况出现的频率越来越高，仅2011年就有美国、中国、非洲等国家和地区的持续干旱造成严重危害。

2011年上半年，中国湖北、湖南、江西、安徽等省持续数月干旱无雨，出现近半个世纪以来最严重的旱情，这给工农业生产造成极大威胁。2011年3—5月，美国德克萨斯州的持续干旱致使该地区的新作小麦大多枯萎，正在播种的其他作物亦缺乏水分，这是德克萨斯州有受灾记录以来最长期的干旱，因干旱至少发生9000起野火，毁灭或破坏400多户住宅，烧焦89万公顷土地。7月，非洲之角地区索马里、吉布提、厄立特里亚和埃塞俄比亚等国遭遇60年来的最严重旱情，受灾人口超过1330万。严重的干旱导致牲畜大量死亡，饥荒也在这一地区蔓延，而一些国家的国内冲突以及粮价上涨使旱情的影响更加严重。

洪灾是自然灾害威胁人类的又一天敌。由于洪水灾害发生得较为频繁、突然，而且危及面相对集中，直接威胁了人类生命和财产安全，世界范围内的洪灾损失呈逐年增长趋势。仅2011年就有肯尼亚、巴西、泰国、柬埔寨等国遭受洪灾，造成重大的经济损失和人员伤亡。

4月，泰国南部水灾，60多人在泰南洪灾中丧生，逾8万人感染与水灾有关的疾病，而7月底到10月，泰国中部、北部和东北部又持续出现大范围降水，并引发洪水、泥石流、山体滑坡等生态灾害，这是泰国十多年来最为严重的一次洪涝灾害。8月，柬埔寨湄公河等河水水位不断上涨，19个省市发生严重洪灾，估计洪灾造成的各类经济损失接近两亿美元。9月，巴基斯坦南部遭遇的季风性强降雨和洪水导致近200人死亡，至少500万人受影响。11月，位于肯尼亚境内的达达布难民营遭到暴雨袭击，营地中出现霍乱疫情，增加了疫病蔓延的风险及人道救援行动的难度，有些难民缺乏安全的饮用水。

人类目前可能无法防止诸如地震、海啸、干旱和洪水等重大自然灾害的发生。然而，通过各级政府更好地做好应对灾难的准备，就能够减少灾害带来的风险，可以挽救许多生命，减少财产损失。因此，联合国近年来一直在强调，各国进一步加强其预防灾害和降低风险行动的能力至关重要。

水资源匮乏

随着全球人口的快速增加、水资源的不合理利用以及水资源污染等因素影响，全球淡水资源紧缺的局面正在逐渐显现，全球正面临"水破产"危机。专家称，水资源今后可能比石油还昂贵。而今后20年内，人类争夺水资源的竞争会愈演愈烈。为保证农业灌溉和水库提供水源，全球70%的主要河流将面临枯竭，但在许多地区，廉价的水资源长期被浪费和过度使用。

2010年联合国发出警告，全球已有11亿人口无法获得安全的水资源，到2050年世界将有一半人口（约40亿人）面临水资源危机。数据显示，中国水资源总量达到2.8万亿立方米，但人均水资源占有量只有2200立方米，相当于世界人均水平的四分之一。同时，中国的水资源在时间和空间上分布不均匀，夏秋多，冬春少；南多北少，东多西少。除了自然因素外，环境污染正严重影响中国的水资源供给。

水资源之所以是全球所关注的焦点，是因为水资源关系到我们的生存，并与贫困、健康、粮食问题紧密相连，随着水资源日益紧张，确保水资源安全、提高农业用水效率、维护和公平合理利用跨界水资源，保护水资源的可持续发展显得尤为重要。

粮食危机

在中国，2011年日常生活中最不缺的就是"涨"声，蔬菜、大米、鸡蛋价格持续攀升，肉制品接着飙升，并引起食品行业的各种搭车涨价。与我们生存息息相关的粮食价格持续上涨，甚至在某些国家引发骚乱和政治动荡。近年来日益严峻的气候变化，使粮食安全面临最大挑战，温度上升带来的粮食减产、干旱洪涝等极端气候、病虫害加剧等问题，影响到全球的农业生产，造成许多地区粮食短缺，加上粮食价格持续上涨，极易导致饥荒蔓延。

7月，严重干旱导致的非洲之角大饥荒使得受灾人口超过1330万，几百万人挣扎在死亡边缘，饥荒也在此地区大面积蔓延。10月，尼日尔遭受严重干旱，导致庄稼歉收，比2005年和2010年两个危机年的歉收情况更糟糕，如不及早采取行动，尼日尔将再次陷入全面粮食危机。世界粮食计划署11月4日表示，柬埔寨境内超过10%的稻米庄稼由于近期发生的严重洪涝灾害而颗粒无收，由此促使当地市场大米价格持续攀升，并导致贫困家庭面临粮食短缺的问题。

目前全球粮食安全依然没有解除危机，甚至某些指标还在恶化，怎样确保粮食安全是人类面临的一大问题。应积极建立饥荒预警机制，提高全球性耕地的资本投入，创建协调性与联动性的国际机制等措施以保证全球粮食安全。

食品安全

粮食危机造成一些国家和地区食物短缺，人们营养不良，而另一方面，食品生产原料污染、加工环节添加剂使用不当、运输贮存条件不合格等，严重影响食品安全。2011年中国餐桌上接连发生的"染色馒头"、"瘦肉精"、"牛肉膏"、"台湾塑化剂"等食品安全事件，令民众谈"食"色变。这也让中国政府下决心整治不断发生的食品安全事件，根据本国实际情况制定了相关的法律体系、加大监管力度、启动全程监管模式、完善食品召回制度等，以确保食品安全流通。在中国多发食品安全事故的同时，世界许多发达国家的食品安全也陷入多事之秋，如欧洲号称有世界上最安全的食品、最严格的食品管理，但这并不意味着欧洲的食品是"零风险"。2011年欧洲就爆发了两起比较严重的食品安全事件，一是年初德国爆发的"二恶英毒饲料"事件，另一起则是6月发生在欧洲的由"毒黄瓜"引起的血溶性大肠杆菌事件。

食品安全不分国界、不分贫富，重视食品安全，就是尊重生命。我们需要在一次次的食品安全危机中，日益完善食品安全体系，并在监管方面进行许多大胆探索，才能使恶性食品安全事件大幅下降。

人口过快增长

在以前,总觉得世界人口达到 70 亿的日子离我们很遥远,但就在 2011 年 10 月 31 日,世界各地都在以各种方式庆祝第"70 亿宝宝"的诞生。与此同时,一系列问题也摆在了我们面前。

统计显示,世界人口从 60 亿增加到 70 亿,仅用了 12 年时间。联合国秘书长潘基文在 10 月 31 日接受美国《时代周刊》记者采访时说:"(虽然现在)食物丰富,但每晚仍有 10 亿人饿着入睡。许多人享受奢侈生活,仍有许多人忍受贫困。"他认为,"70 亿宝宝"应被视作"吹响采取行动(控制人口增长)的号角"。人口持续增长,由此带来的粮食危机、资源分配不公、老龄化危机、性别歧视、就业压力剧增、城市不堪重负、资源紧缺、环境加剧恶化等问题日益凸显,但同时它也为社会的发展提供了可持续的人力资源,为经济的发展提供可持续动力。只要我们能以科学的态度,分析各自人口的年龄结构、性别结构,及早做出人口政策的调整,就能实现地球资源的健康可持续发展。

海洋污染

因原油泄漏导致的海洋污染,在国际上被广泛认为是海洋生态灾难。海上原油泄漏不仅破坏海洋水质,还对海洋生态系统安全、渔业水产养殖乃至沿海居民健康构成持续性的影响。

海洋蕴藏着丰富的石油、天然气等重要资源，海洋资源开发是各国经济发展的重要保障，也事关国家的可持续发展战略。但对海洋资源的过度开采以及海上原油泄露等促使了"海洋荒漠化"。2010年墨西哥湾漏油对海洋生态系统的影响还未消除，2011年6月，中国渤海蓬莱19-3油田发生溢油事故。8月，英国北海海域油田发生漏油事故……

近年来，随着全球"采油"行动迅速扩张，海上溢油污染风险空前增大，许多国家从行政监管到法律，都缺乏有效的应对。这些原油溢油事故充分暴露了当前海洋石油开发中的环保监管体系不足以及企业社会责任缺失。我们应该从每次生态突发事件中汲取教训以加强生态危机预警机制，开展海洋生态灾害评估，制定规划监测生态系统恢复情况，降低海洋生态系统损害的影响。

总体评价

极端气候、水资源匮乏、粮食危机、食品安全、人口过快增长、海洋污染，这仅仅是2011年度国际生态安全领域中相对突出的几个议题。事实上，当前全球生态安全形势依然严峻，生态恶化的趋势没有根本改变。总体来看，2011年度全球生态安全形势呈现以下几个共性：

一是全局性。随着全球化的发展，一个国家、一个地区的生态安全不再是这个国家和地区的问题了。局部生态环境的破坏可能引发全局环境问题，甚至会使整个国家和民族乃至全球的生存条件受到威胁。目前，有效缓解由人类活动引起的全球气候变化问题迫在眉睫，全球变暖令气候更极端，极端气候更可能触发人类大规模迁徙。一些岛国或会因海水水位上升引致的猛烈风暴吹袭，影响农作物收成，若天灾发生频密或强度增加，令人类定居处被彻底摧毁，许多居民将被迫迁徙。此外，跨国界的重大生态灾难极易造成生态灾民四处流散，可引发诸如霍乱、疟疾等传染病，给周边国家带来一系列不稳定与国家安全问题。因此，各国应重视国际间的生态环境合作，以求得共同的生态安全利益。

二是区域性。生态安全问题具有区域性、局部性，真正导致地区乃至全球生态灾难不是普遍的，某个地区不安全，并不意味着全球不安全。地域不同，对象不同，生态安全的表现形式也有所不同，我们研究的对象和将要采取的措施也不同。比如洪涝灾害、泥石流、沙尘暴、城市内涝、重金属污染等大多数属于区域性，可按区域（流域）或行政区进行研究。我们只有对各区域的生态安全事件研究清楚，掌握事件发生的根源才能采取有效的防治措施解决生态安全问题。

三是不平衡性。气候变化对全球都有深刻的影响，相应的生态灾难也接踵而来，但一些生态脆弱、生产力相对落后的国家和地区更易受到气候变化的侵袭。专家称，亚太地区是世界上最容易发生自然灾害的地区。未来气候变化将引发更多的热带风暴、洪水、干旱等各种极端天气事件和自然灾害，对亚太民众的生活带来日益严重的威胁。适应气候变化是所有国家的一个优先事项，但大多数的脆弱国家需要在资源和技术上得到帮助，共同抵制气候变化带来的灾难。

四是相对性。万事万物都是发展变化的，生态安全也不例外。它不是一成不变的，它可以随环境变化而变化，即生态因子变化，反馈给人类生活、生存和发展条件，导致安全程度的变化由安全变为不安全。同样，生态安全也会随着其影响要素的发展变化而在不同时期表现出不同的状态。因此，控制好各个环节使其向良性发展是维持生态安全的关键。我们要用辩证的眼光看待生态安全问题，利用人类的智慧让生态安全朝着良性方向发展。

五是可控性。影响生态安全的因素很多，只要其中一个或几个因素不能满足人类正常生存和发展的需求为生态不安全。对于不安全的状态、区域，人类可以通过整治措施加以减轻、解除，变不安全因素为安全因素。生态安全威胁往往来自于人类本身的经济活动，人类活动引起生态的破坏，导致自己所处的生态系统形成对自身的威胁。要消除这种威胁，人类需要付出很大代价，维护生态安全需要成本，需要投入。随着世界一体化的进程，全球需加强合作，共同携手改善人类周边和全球的生态环境，保证生态安全。

2011年度全球生态安全形势的上述特点再次印证了国际生态安全合作组织总干事、中国国际问题研究基金会生态安全中心主任蒋明君编著的《生态安全学导论》一书中提到的见解。在他看来，生态安全（生存安全）是地球生命系统赖以生存的环境（空气、土壤、海洋、森林、水等）不被破坏与威胁的动态过程。生态安全可分为三类，一是自然生态安全，自然生态安全是由天文地质原因引起的。例如，大陆板块运动，火山，飓风，海啸，地震，陨石撞击等；二是生态系统安全，例如：由森林系统安全，湿地系统安全，海洋系统安全，构成了三大生态系统安全；三是国家生态安全，国家生态安全是由于人类生活和经济活动引起的，例如，非传统安全、环境安全、物种安全、自然遗产安全、核安全与辐射、生命安全、城市安全、资源安全与可持续发展等。在蒋明君博士看来，生态安全有三个基本特征，一是生态危机可以削弱国家的经济支撑能力，二是生态危机可以形成大量的生态难民,易引发局部动乱和社会不稳定,三是生态危机可以对一国及周边国家甚至全球经济带来冲击,易引发外交纠纷,甚至局部战争。一场局部战争要有一个漫长的外交过程,而突发性生态灾难却是瞬间的,其造成的人员伤害和经济损失要比一场局部战争严重得多。

因此,维护生态安全,保护生态环境,是国民经济和社会发展的基础,是每一个国家和政府机构基本的职能,我们要从国家战略高度定位生态安全。要充分认识到,保护生态环境就是保护生产力,改善生态环境就是发展生产力。生态安全一旦遭到破坏,不仅影响经济发展,而且直接威胁人类最基本的生存条件。特别在经济全球化的大环境下,人流、物流、信息流每日都在快速流动,各个国家相互依赖,一国或一个地区发生重大生态危机将不可避免地"殃及池鱼"。生态文明始于心,生态安全践于行。生态、健康、和谐的地球家园需要我们共建,人类福祉需要我们共享!